„Städte sind wie Frauen. In manche davon ........................ ...eftig – auf den ersten Blick verlieben, weil ihre Schonnen g...... .............. [...] Zürich, kein Zweifel ist gewiß nicht das Aschenbrödel unter den Städten, aber Zürich, meine ich, ist gewiß auch keine Stadt, deren Schönheit den Fremden unmittelbar trifft, bewegt und erregt. Zürichs Schönheit hat nichts Plötzliches, nichts augenblicklich Überwältigendes, nichts Direktes [...] Die Schönheit dieser Stadt muß man allmählich entdecken, Schritt für Schritt, Tag für Tag, Jahr für Jahr. Auch darf man sie nicht mit den trügerischen Augen suchen wollen, man muß sie mit dem Herzen finden." (Werner Wollenberger)

Diese Stadt, deren Namen fast automatisch mit Banken und Wirtschaft in Verbindung gebracht wird, hütet einen erstaunlichen kulturellen und geistigen Reichtum, der über das „Schauspielhaus", →Büchner, →Lenin, →Frisch und →Dürrenmatt hinausgeht. Sie mit den Augen von 150 Dichterinnen und Dichtern zu betrachten, heißt, ihren widerspruchsvollen Geist schrittweise zu ergründen. Denn diese Menschen waren (und sind noch) von den politischen, religiösen und sozialen Strukturen Zürichs abhängig; ihrerseits sind sie Teil des Gedankenguts geworden. Viele Schriftsteller sprechen, heiter oder zornig, dankbar oder bitter, über Zürich und über seine Bewohner. Ihnen zuzuhören, bedeutet die alten Klischees zu vergessen und einen vorurteilsfreien Blick auf die komplexe Realität zu richten: Eine reizvolle Beschäftigung, die am Ende die Leser der wirklichen Schönheit der Stadt näher bringt. Wandeln sie mit diesem „Literarischen Stadtplan" durch Zürich oder die nahen Seegemeinden auf den Spuren der Denker und Dichter, so können sie, wie einst →Heinrich Meister ihre eigene Entdeckungsreise „von Zürich nach Zürich" unternehmen.

## BLÜHENDE RITTERLICHE KULTUR: ZÜRICH UM 1300

Auch wenn Bischof Otto von Freising schon Mitte des 12. Jahrhunderts Zürich als „die vornehmste Stadt Schwabens, hervorragend durch ihren vielfältigen Reichtum" bezeichnet, wird sie erst um die Wende zum 14. Jahrhundert ein namhaftes Zentrum des Minnesangs und der schönen Künste. Dies verdankt die reichsfreie Stadt sowohl ihrem wirtschaftlichen Aufschwung als auch einer neuen politischen Umschichtung. Zu der Zeit lebt ein Großteil der 5000 Einwohner vom Textilgewerbe: hauptsächlich wird Rohseide verarbeitet, die aus Bergamo über die Bündner Pässe, den Walensee und den Zürichsee kommt und mit ihr technisch versierte Handwerker. Aber auch Textilbranchen wie Wolle und Leinen tragen zum Reichtum bei. Der aktive Binnen- und Fernhandel hat sich nach den Kreuzzügen und der Ostkolonisation stark ausgeweitet. Der Lebensnerv der Stadt ist die Limmat. Über sie wird die wirtschaftliche und kulturelle Verbindung zum Oberrhein hergestellt. Nach Norden stellt der kunstträchtige Bodenseeraum das Tor nach Schwaben dar. Im 13. Jahrhundert teilen sich zwei rivalisierende Gruppen die Macht in Zürich: die Patrizier- und Bürgerfamilien auf der einen Seite, die hohe Geistlichkeit auf der anderen. Sichtbare Zeichen für den Reichtum der bürgerlich-feudalen Schicht sind die hohen steinernen Wohntürme (Bilgeriturm, Grimmenturm), deren prächtige, z. T. erhaltene Wandmalereien das kultivierte Leben dieser etwa hundertköpfigen, ratsfähigen Oberschicht ahnen läßt. Ihr wachsendes politisches Selbstbewußtsein äußert sich um die Mitte des 13. Jahrhunderts im Bau des ersten Rathauses auf der „Unteren Brücke" (heute Rathausbrücke). In einem dieser Wohntürme sind (und noch) von den Sitz des Ritters Rüdiger Manesse d. Ä. (heutige Adresse: Münstergasse 22/Napfgasse 2), geachtetes Ratsmitglied und versierter Rechtsgelehrter. Im Besitz der Familie befindet sich die Burg Manegg, deren Ruinen in Unter-Leimbach noch stehen und die durch →Gottfried Kellers Novelle *Der Narr auf Manegg* berühmt geworden ist. Zusammen mit seinem Sohn Johannes, Kustos der Propstei des Großmünsters, legt er eine Sammlung von „liederbuochen" an. Es ist heute nachgewiesen, daß die *Große Heidelberger Liederhandschrift*, die →Johann Jakob Bodmer als

1

*Manesse Handschrift* im 18. Jahrhundert herausgeben wird, in Zürich entstanden ist. Sie enthält die Werke von 140 meist adeligen Minnesängern des deutschen Sprachraums und ist durch kunstvolle Miniaturen illustriert. Unter ihnen ist der Zürcher Bürger und Dichter →Johannes Hadlaub vertreten. In mehreren Liedern preist er seine Gönner, u.a. die Manesses und die Äbtissin des Fraumünsters.

Die Wahrzeichen der Hohen Geistlichkeit sind die schlanken Türme des Fraumünsters und die hohen Doppeltürme des Großmünsters. Zwischen beiden Kirchen steht an der Holzbrücke die sogenannte Wasserkirche auf der Hinrichtungsstätte der Stadtmärtyrer Felix und Regula. Viele Pilger machen hier Halt, bevor sie weiter nach Einsiedeln ziehen. Elisabeth von Wetzikon ist wie alle Äbtissinnen des Fraumünsterstiftes Reichsfürstin und größte Grundherrin der Stadt. Sie drückt dem kulturellen Leben ihren persönlichen Stempel auf. Um sie schart sich eine Gruppe von Bürgern, hohen Geistlichen und ostschweizerischen Landadeligen, die am Minnesang, an den Schönen Künsten und an der Musik interessiert sind. Das Chorherrenstift Großmünster übernimmt jedoch nach und nach die geistliche und politische Vormachtstellung. Die Lateinschulen beider Stifte repräsentieren das Rückgrat des gesamten Zürcher Bildungswesens. Doch das Großmünster wird bald seiner Rivalin den Rang ablaufen und bis ins 19. Jahrhundert eine weit über die Grenzen Zürichs berühmte Bildungsinstitution betreiben, das spätere „Collegium Carolinum". Bedeutende Bibliotheken findet man nicht nur in den Stiftsgebäuden, sondern auch in den Klöstern der aufstrebenden Bettelorden, deren Klosterschulen die städtische Oberschicht ausbilden. In diesen konventualen Gemeinschaften leben hochgebildete Persönlichkeiten wie die Dominikanerin →Elsbet Stagel, deren Werke in die Weltliteratur eingegangen sind. Spuren dieser großen Epoche sind heute noch in der Stadttopographie nachzuspüren: Neben einigen noch bestehenden Wohntürmen und den Kirchen zeichnet sich der Verlauf der 1270 fertiggestellten, imposanten Stadtbefestigung in den Hirschen- und Seilergraben, der Rämi- oder der Bahnhofstraße ab.

## HOCHBURG DER REFORMATION UND DES BUCHDRUCKS

Die vom Chorherrn Huldrych Zwingli in der ersten Hälfte des 16. Jahrhunderts eingeleitete Reformation hat dazu geführt, daß Bibeln, Bibelkommentare, Predigtsammlungen und Katechismen, theologische Werke, Gesang- und Unterrichtsbücher verstärkt gedruckt werden. Allein im 16. Jahrhundert werden in Zürich über eine Million Bücher fertiggestellt, davon 80 % von der Offizin Froschauer, die sie im gesamten deutschsprachigen Raum – z. B. auf der Frankfurter Messe – absetzen. Wie in anderen Gegenden hat die Voraussetzung, daß die Bücher, die zur Volksbelehrung beitragen sollen, von allen verstanden werden, zur Bereinigung der mundartlichen Sprache und Reform der Orthographie geführt.

Der Beitrag Froschauers und seiner Zunftkollegen zum kulturellen Leben der Stadt besteht nicht nur in frommer Erbauungsliteratur. Sie geben fremdsprachige Werke, Stadtansichten, Karten und wissenschaftliche Werke heraus. Ihre literarische Produktion besteht zum größten Teil aus zweitrangiger Gelegenheitsdichtung und durchschnittlichen biblischen Dramen. Zwei Autoren ragen jedoch hervor: →Jos Murer und →Johann Wilhelm Simmler. 1550 wird das Theater als „papistischer Zeitvertreib" verpönt – dies bis ins frühe 19. Jahrhundert. In seiner Streitschrift *Bedencken von Comoedien oder Spilen* meint →Johann Jakob Breitinger, das Theatervergnügen fördere Müßiggang und Luxus und bedrohe zudem die staatliche Autorität. Die Kleider- und Sittenmandate nehmen überhand und beherrschen Zürich bis Ende des 18. Jahrhunderts, lange nachdem sie in anderen Ländern abgeschafft worden sind. Ab 1630 wird schließlich die Zensur eingeführt, die alle Druckerzeugnisse und den Briefverkehr überwacht. Dies kann jedoch nicht die Expansion der Zeitungen verhindern, die Zürichs Ruf als „Zeitungsstadt" bis in jüngste Zeit begründen. Eine wichtige Rolle spielt die Tatsache, daß das Buch- und Druckgewerbe von den rigiden Zunftgesetzen ausgenommen wird. Erwähnenswert wäre u.a. die von David Gessner in seiner Offizin herausgegebene *Montägliche Wochenzeitung*, die spätere *Montags-Zeitung*; sein Sohn →Salomon Gessner wandelt sie im 18. Jahrhundert in ein politisches Blatt um, das zweimal wöchentlich erscheint: die *Zürcher Zeitung*, seit 1821 *Neue Zürcher Zeitung* genannt.

In dieser bildungshungrigen Epoche veranlaßt die Vielfalt der Buchdruckerzeugnisse die Gelehrten dazu, sich auf die Bedeutung einer geordneten Bibliothek zu besinnen: Die Wasserkirche wird z. B. in eine öffentliche Bücherei umgewandelt. Anfang des 17. Jahrhunderts führt eine wichtige Schulreform zur Gründung des „Collegium Carolinums". Es wird bis zu seiner Auflösung 1832 die Funktionen einer Universität übernehmen, diese jedoch nicht ersetzen. Will der junge Zürcher lieber Jura, Mathematik, Medizin oder Philosophie studieren als Theologie und Hebräisch, dann besucht er eine ausländische Universität. Diese Aufenthalte in fremden, oft katholischen Ländern prägen die geistige Elite Zürichs nachhaltig. Der Schüler bzw. Student, der aus ärmeren Verhältnissen stammt, erhält Unterstützung: Er wird im „Alumnat" untergebracht, einem Internat, das in einem Kreuzgangflügel des Fraumünsterstifts eingerichtet ist. Als „Zuchtherren" sind dort u. a. →Gotthard Heidegger und →Johann Wilhelm Simler tätig. Das Soldbündnis der Eidgenossenschaft mit Frankreich, Holland und Venedig fördert im 17. Jahrhundert den Kontakt der Zürcher mit andersartigem Kulturgut und die Zirkulation neuer Ideen- und Kunstströmungen.

## AUFKLÄRUNG IN ZÜRICH: DAS LIMMAT-ATHEN

Schon zwischen 1679 und 1709 formieren sich Diskussionszirkel, die sich geradezu konspirativ in privaten Stadt- oder Landhäusern treffen, um der Aufsicht einer strengen Obrigkeit zu entgehen. Kleine Kreise von jungen Geistlichen und Professoren aus dem „Collegium Carolinum", Magistraten, Medizinern und Kaufleuten, Offizieren und Handwerkern versammeln sich um einen Hausherrn, der Ott, Hess, Hirzel Escher oder Rahn heißen kann. Sie streben die Aufklärung des in Unwissen gehaltenen Volkes an, damit es „die augen öffnet, seine freyheiten aus allen winkeln hervorsuchet, vil darüber discutiert, im reden freymüthig wird, seine eigenen fehler besser und den blinden gehorsam fahren lasset." Keine religiösen oder politischen Streitfragen werden ausgespart: Hier nimmt die Bürgerbewegung ihren Lauf und mit ihr die Expansion der aufklärerischen Ideen.

Zürich zählt ca. 10.000 Einwohner und erlebt erneut eine außerordentliche wirtschaftliche Blüte. Überwunden sind die Kriegsschäden und –unruhen. Der auffallende Reichtum der Stadt, den →Addison an den öffentlichen Gebäuden und Stadtpalais feststellt, basiert vor allem auf der Seiden- bzw. Baumwollfabrikation und dem weltweiten Export von Seidenstoffen, -schals und -strümpfen. Die alteingesessene Oberschicht von ca. 85 städtischen Unternehmensfamilien, „Seidenbarone" wie Werdmüller, Escher, Orelli, Muralt, Bürkli oder Bodmer, haben schon Ende des 16. Jahrhunderts Rohseide aus Italien importiert und in Zürich und der Gegend um den Zürichsee verarbeiten lassen. Die Zürcher Seidenindustrie hat außerdem von der Aufhebung des Edikts von Nantes 1685 in Frankreich profitiert: qualifizierte technisch versierte Hugenotten bringen – als geduldete Flüchtlinge – ihre Beziehungen und ihre Fachkenntnisse nach Zürich. In der heutigen Stadt erinnern Familien- und Straßennamen an dieses bis ins 21. Jahrhundert ausgeübte Gewerbe, wie z. B. die „Seidenstraße" oder der „Seidenhof".

Die strengen Strukturen des Stadtregiments, die einengenden Kleider- und Sittenmandate, die Zensur und die starren Zunftgesetze erregen unter den weltläufigen Patriziern und Bürgern Unmut. Das Umfeld ist zunächst ungünstig für neue Ideen. Die Theaterfeindlichkeit hält an; lediglich durchreisende Wandertruppen dürfen auftreten – bevorzugt mit Puppen- und Schattenspielen. →J. C. Lavater beklagt: „Inzwischen ist es schlimm, von diesen Dingen öffentlich zu reden. Ist man mit noch so vielen Einschränkungen und Behutsamkeiten *dafür*, so schreyt der Pöbel, so schreyen alle Freunde der Andacht [...]: Seht! Dieser fromme Mann, dieser Geistliche vertheidigt die Comödie, diese Schule des Teufels [...] Ist man *darwider*, und eifert man noch so behutsam [...] nicht wider die Sache *an sich*, sondern nur wider die gegenwärtige Beschaffenheit der Bühne [...] so sind die witzigen Lustigmacher unsers jovialischen Zeitalters gleich fertig, so fort ihr beissendes Anathema über uns auszusprechen." Deswegen versteht →Bodmer seine Stücke nur als Lesedramen, und →Wieland läßt sein Trauerspiel *Lady Johanna Gray* 1758 in Winterthur uraufführen. Ebenso wird der höfische Roman von →Gotthard Heidegger als Werkzeug des Teufels angeprangert.

3

Nichtsdestotrotz entwickelt sich Zürich zu einem dynamischen Gemeinwesen. Der wirtschaftliche Aufschwung begünstigt eine neue Blüte in Kunst, Wissenschaft und Literatur. Nachträglich erhält die Stadt die Beinamen „Limmat-Athen" und „Das literarische Rom". Eine jüngere Generation von Patriziern, Stadtbürgern und reformierten Geistlichen, Künstlern, Dichtern und Politikern streben dasselbe Ziel an: die Selbstentfaltung des Menschen. Trotz der angedrohten (und zuweilen vollzogenen) harten Strafen wie Verbannung, Enteignung oder Hinrichtung, versuchen sie, die Zensur zu überlisten. Sie erfinden Pseudonyme, geben fingierte Erscheinungsorte an und halten den Versammlungsort mancher literarischer oder wissenschaftlicher Gesellschaft geheim. Wollen sie ein neues Theaterstück genießen, dann fahren sie nach Winterthur oder – außerhalb der Grenzen des Stadtstaats – ins nahe Baden. In →Gottfried Kellers Novelle *Der Landvogt von Greifensee* wird anschaulich geschildert, wie die Stadtbürger sich trotz der Mandate, die alle öffentlichen Freuden verbieten, hinter verschlossenen Türen doch munter vergnügen und „revolutionäre" Ideen austauschen. Ein weiterer unverdächtiger Treffpunkt ist die heutige Platzspitzanlage, damals beliebte Promenade der Gelehrten und der guten Gesellschaft. →Ewald von Kleist schreibt an Ludwig Gleim: „Zürich ist wirklich ein unvergleichlicher Ort, nicht nur wegen seiner vortrefflichen Lage, sondern auch wegen der guten und aufgeweckten Menschen, die darin sind. Statt daß man in dem großen Berlin kaum drei bis vier Leute von Genie und Geschmack antrifft, trifft man in dem kleinen Zürich mehr als zwanzig bis dreißig derselben an [...] Allein sie denken und fühlen doch Alle und haben Genie, einer zur Poesie, der andere zur Malerei, Kupferstechen, usw., und sind dabei lustige und witzige Schelme." Und der Theologe und Altphilologe J.J. Hottinger bemerkt über seine Kollegen: „Man nenne mir die Stadt, welche bei so unbeträchtlichem Umfang jemals eine solche Anzahl verdienstvoller Gelehrten, die sich alle noch kannten, aus ihrer Mitte hervorgehen sah."

Die kulturelle Achse verläuft von dem Oberen Schönberg zur Kirche St. Peter, mit einem Schlenker über die heutige Rämistraße, die Münstergasse, die Spiegelgasse und den Weinplatz. Oben auf dem Berg, auf dem rechten Ufer, wohnt →Johann Jakob Bodmer. Es ist sein Verdienst und der seines Freundes →Johann Jakob Breitinger, daß Zürich zum neuen literarischen Zentrum wird. Ihre international geschätzte Herausgabe mittelalterlicher Dichtung macht das Schwäbische wieder hoffähig – in einer Zeit, in der das Französische die „lingua franca" ist. Einige von Bodmers Schülern ziehen in Weltstädte, in denen sie erfolgreich wirken und eine fruchtbare Verbindung mit Zürich aufrechterhalten: →Maler Füssli in London, →Heinrich Meister in Paris, →Obmann Füssli in Rom und J.G. Sulzer in Berlin. In Bodmers Haus lassen sich zahlreiche erlauchte auswärtige Besucher sehen, wie →Johann Wolfgang Goethe – zunächst mit den Brüdern →Stolberg, später mit dem Herzog von Sachsen-Weimar – oder →Ewald von Kleist.

An der Ecke der heutigen Rämistraße und Stadelhoferstraße befindet sich der nächste Treffpunkt der Zürcher geistigen Elite. →Barbara Schulthess-Wolf betreibt wie einige ihrer Mitbürgerinnen einen literarischen Salon in ihrem Haus „Zum Schönenhof". Wenn Frau von Grebel-Lochmann den Dichter →Wieland als Lehrer in ihr Haus zu locken gelungen ist; kann sich Frau Schulthess rühmen, die Seelenfreundin von →Lavater und →Goethe zu sein. Man mag sich vorstellen, daß sich auf ihren Abendgesellschaften einige kulturbeflissene Vertreter des Zürcher Gemeinwesens treffen, wie Johann Hartmann Rahn – Seidenhändler, Schwager von →Klopstock und Schwiegervater von →Fichte –, Johann Conrad Heidegger – Bürgermeister, Präsident der „Bürgerbibliothek" und Mitbegründer der ersten Zürcher Bank – oder auch Hans Caspar Werdmüller – ein alteingesessener Musselinfabrikant, gleichzeitig Stadtrichter, Zunftmeister, Obervogt und Präsident der Musikgesellschaft. Der im Haus wohnende Frankfurter Musiker Philipp Christoph Kayser sorgt für die künstlerische Unterhaltung. Nur ein paar Straßen entfernt erhebt sich in der Münstergasse das prächtige Stadthaus von →Salomon Gessner. Der zu seiner Zeit meistübersetzte Autor ist zugleich Verfasser von Idyllen, Maler, Zeichner und erfolgreicher Verleger. Er wird als „Genie" bewundert und trägt zur internationalen literarischen Bekanntheit Zürichs bei. Zusammen mit einigen Mitgliedern der „Naturforschenden Gesellschaft" gründet er 1763 eine Porzellanmanufaktur. Ihre hochwertigen Erzeugnisse, für die Gessner die künstlerischen Vorlagen geliefert hat, können heute im ehemaligen „Zunfthaus zur Meisen" bewundert werden.

In der zweiten Hälfte des 18. Jahrhunderts ist →Lavater der eigentliche Magnet für Besucher aus der Schweiz und ganz Europa, darunter Fürsten ebenso wie einfache Menschen. Weniger bekannt als seine physiognomischen Untersuchungen ist sein glühender Patriotismus, sein furchtloses Eintreten für die Freiheit und sein unermüdlicher Briefverkehr auf internationaler Ebene. Von nicht geringer Bedeutung ist die Herberge für alle erwähnten bedeutenden Besucher: das „Gasthaus Zum Schwert" – damals „Hotel de l'Epée" – auf dem Weinplatz mit seinen kultivierten Wirtsleuten, die zeitweilig →Fichtes Arbeitgeber sind.

Die Formenvielfalt der literarischen Produktion im Zürich der Aufklärung ist beeindruckend: Lehrgedichte, Fabeln, Idyllen, literatur- und staatstheoretische Schriften, Tagebücher, autobiographische Aufzeichnungen. Die enorme Schreibfreudigkeit dieser Epoche fördert die Entstehung aufklärerischer Gedanken und Werke – oftmals an der Zensur vorbei. Neben den sechs schon existierenden Offizinen gibt es vier weitere aufstrebende Unternehmen, ohne die der literarische Aufschwung Zürichs nicht denkbar gewesen wäre. Besonders erwähnenswert ist der Verlag „Conrad Orell und Comp". 1734 von →Johann Jacob Bodmer, seinem Neffen Conrad Orell und seinem Freund Conrad von Wyss gegründet, um eine größere Unabhängigkeit zu erlangen, wird er unter Beteiligung von →Salomon Gessner (ab 1761) und Obmann →J. Heinrich Füssli (ab 1770) zu einem der renommiertesten Verlagshäuser im süddeutschen Raum: „Orell, Geßner, Füßli und Comp." (heute „Orell Füssli"), das nach Goethes Meinung „durch ihre guten und vortrefflichen Verlagsartikel der wahren Literatur mehr Dienste gethan hat als der halbe Buchhandel Deutschlands". Ebenso wichtig für die Verbreitung dieser Ideen sind die zahlreichen, wenn auch kurzlebigen Gelehrten-Zeitschriften (*Discourse der Mahlern, Der Erinnerer, Der Sammler*), Fachzeitschriften (*Das Schweitzer Museum*) und neue Zeitungen. Unter letzteren sind die *Zürcher Freitags-Zeitung*, bis 1914 erschienen, und die *Donnstag-Nachrichten von Zürich* mit den allerersten Werbeinseraten, nach 1837 umbenannt in *Tagblatt der Stadt Zürich* erwähnenswert. Wer jedoch unzensierte aktuelle Nachrichten lesen will, bezieht handgeschriebene Nachrichtenblätter oder abonniert eine auswärtige Zeitung. Eine breite Leserschaft ist vorhanden, darunter viele Frauen, die regelmäßig literarisch-philosophische Zirkel besuchen oder selbst solche gründen. Ein Reisender vermerkt anerkennend: „Selbst die Damen lieben hier die Lektüre deutscher Schriften, da hingegen in Bern kaum fünf Frauenzimmer von Stande sein werden, die unseren Gellert oder Rabener gelesen haben." Neu entstandene Leihbibliotheken, „Lesegesellschaften" auf dem Land und die „Literarische Gesellschaft für politisches Journal" in Zürich sorgen für die allgemeine und literarische Bildung.

Auch in anderen Bereichen lockern die neuen Ideen die starren Strukturen: „Die aufklärerische Bewegung in der Schweiz und ihre spezifische schweizerische Konzeption läßt sich mit dem Begriff 'Helvetismus' erfassen. Seine Eigenheiten sind die christliche Auffassung des Naturrechts, die patriotische Ethik, der philosophische Ansatz vom gesunden Menschenverstand her und die enge Verbindung mit ökonomischer und pädagogischer Praxis, u.a. der Sinn für sparsames Haushalten", konstatiert das *Historische Lexikon der Schweiz*. Auf diesem spezifischen Naturrecht gründen sich die Reformbestrebungen in der Theologie, der Staatskunde, der Pädagogik, der Geschichte, den Künsten und Wissenschaften. Die Theologen – Lavater voran – verlangen, daß man der Vernunft mehr Gewicht einräumt als dem Auswendiglernen der „richtigen" Glaubenssätze. Der Abbau von konfessionellen Schranken gehört ebenfalls zu ihren Zielen. Jedoch werden Geistliche mit allzu freigeistigen Ansichten abgesetzt, und →Heinrich Meister wird wegen der Publikation einer angeblich atheistischen Schrift ins Exil gezwungen. Vom englischen Modell beeinflußt, propagieren die Schweizer Staatstheoretiker unverletzliche Rechte wie Freiheit des Gewissens und Recht auf Widerstand gegen die Tyrannei. Glückseligkeit soll das Ziel der menschlichen Existenz sein und durch soziale Gerechtigkeit garantiert werden. →Bodmer, →Breitinger, →Pestalozzi und →Lavater schreiben ebenfalls politische Abhandlungen. Diesen modernen republikanischen Ansichten steht die ernüchternde Wirklichkeit entgegen: die erbitterte Verteidigung althergebrachter Vorrechte durch die Obrigkeit.

Bestes Beispiel hierfür ist der „Stäfner Handel": Die Klageschrift der ländlichen Gemeinde über ungleiche politische Rechte wird vom Stadtzürcher Regiment als Umsturzversuch interpretiert; →Lavater und sein Bruder haben Mühe, die Inhaftierten vor der Todesstrafe zu retten. Eine 1796 verfaßte Bemerkung →Goethes zeigt, daß der soeben geborene Mythos der Schweiz als Wiege der Freiheit nicht alle zu blenden vermag: „Frei waren die Schweizer? Frei diese wohlhabenden Bürger? [...] Sie machten sich einmal von einem Tyrannen los und konnten sich in einem Augenblick frei denken; nun erschuf ihnen die liebe Sonne aus dem Aas des Unterdrückers einen Schwarm kleiner Tyrannen durch eine sonderbare Wiedergeburt; nun erzählen sie das alte Märchen immerfort [...] und nun sitzen sie hinter ihren Mauern, eingefangen von ihren Gewohnheiten und Gesetzen, ihren Fraubasereien und Philistereien [...]."
1761 wird die „Helvetische Gesellschaft" in Schinznach unter Beteiligung von →S. Gessner, gegründet. Ihr Ziel ist der „Aufbau eidgenössischer Freundschaft zwischen Bürgern aller Kantone in Wiederbelebung einstiger Bundestreue der heroischen Epoche." Prominente Mitglieder sind u.a. →Lavater und →Bodmer. Sie tagt ab 1780 in Olten und ist bis heute als „Neue Helvetische Gesellschaft" eine feste Institution der Schweiz. Da die neue Geschichtsschreibung Rücksicht auf Traditionen und Sitten der Völker nimmt, erregt die Autobiographie →Ulrich Bräkers große Aufmerksamkeit, weil sie einen unverfälschten Einblick in das damalige Leben der unteren Bevölkerungsschichten erlaubt.
Die 1764 neugegründete „Physikalische Gesellschaft" setzt sich zum Ziel, die neuen ökonomischen Theorien des Franzosen François Quesnay in der Schweizer Landwirtschaft durchzusetzen, d. h. die karge, herkömmliche Weidewirtschaft nach und nach durch Stallfütterung und ertragreichere Dreifelderwirtschaft zu ersetzen. Um die von den aufklärerischen Ideen unberührt gebliebene Landbevölkerung in diesem Sinne zu erziehen, wird Jakob Guyer („Kleinjogg") zum Propagandisten bestimmt. Durch J.C. Hirzels vielfach übersetzte Abhandlung *Die Wirthschaft eines philosophischen Bauers* international bekannt, erhält er auf seinem Muster-Gut, dem Katzenrütihof bei Rümlang, Besuch von vielen Prominenten. In Erziehungsfragen versucht →Pestalozzi auf die Bildung und den Schulunterricht der ländlichen Bevölkerung einzuwirken. Wie bei Rousseau beruhen seine Erziehungsprinzipien „auf der Erkenntnis, daß die Ausbildung des Kindes nur in der Entwicklung seiner innewohnenden individuellen Anlagen zu einem ganzen Menschen bestehen kann."
Johann Georg Sulzer, ein Schüler von →Bodmer, und Leonhard Usteri erreichen, daß 1774 die erste Zürcher „Töchterschule" am Hirschengraben eröffnet wird.
Bis zur Mitte des 18. Jahrhunderts im europäischen Bewußtsein noch weitgehend Terra incognita, erfreut sich die Schweiz steigender Beliebtheit: →Gessners Idyllen, später Rousseaus Roman *La Nouvelle Héloïse* haben das Bild von „Naturleben und Freiheit in urtümlicher Landschaft" verklärt. In den 1770er Jahren ist Helvetien das bevorzugte Ziel der romantischen „Genie-Reisen". Die Reisenden entstammen hauptsächlich einer bürgerlichen und adeligen Oberschicht aus der Schweiz, England (Gibbon, Coxe), Frankreich (→Dumas, →Hugo) und Deutschland (→Seume, →La Roche, →Spazier). Man wandert auf festgelegten Routen in die Urkantone und macht fast immer Station in Zürich. Da die Seen jetzt als integraler Bestandteil der grandiosen Berglandschaft gelten, besingen Dichter wie →Klopstock, →Stolberg und →Hölderlin die Schönheit des Zürichsees (oder Zürcher Sees) in Versen und Prosa und verbinden ihn neuerdings mit der Stadt zu einem Gesamtbild.

## DAS LIBERALE ZÜRICH UND DIE DEUTSCHEN EMIGRANTEN

September 1799. Ein halbes Jahr zuvor ist die Helvetische Einheitsverfassung proklamiert worden. Die meisten Bürger frohlocken, die aufklärerischen Menschheitsideale verwirklicht und die Zünfte zugunsten der Handels- und Gewerbefreiheit aufgehoben zu sehen. Jedoch ist das französische Protektorat von Krieg, Zerstörungen und Plünderungen begleitet. Zürich wird nun ein Verwaltungsbezirk der nach französischem Vorbild unteilbaren „Helvetischen Republik", ab 1803 ein selbständiger Kanton, dessen Grenzen definitiv festgelegt sind.
In seinem äußeren Erscheinungsbild bleibt Zürich lange unverändert. Erst ab 1830 verwandelt sich die Stadt schlagartig durch den Impuls der einsetzenden kapitalisti-

schen Wirtschaft. Der 1831 unblutig an die Macht gekommene Liberalismus erlebt zwar 1839 einen kurzen Rückschlag nach der Berufung des fortschrittlichen Tübinger Theologie-Professors David Friedrich Strauss und dem daraus entstandenen konservativen „Züri-Putsch" – ein Zeuge ist der Tourist →Victor Hugo. Die liberalen Ideen können sich aber Mitte der 1840er Jahre wieder behaupten. 1848 wird ein neuer Schweizerischer Bundesstaat gegründet, in dem Zürich die politische Führung übernimmt, jedoch nicht als Bundeshauptstadt. Unter Nationalrat Alfred Escher wird Zürich zum heutigen Finanzplatz: u.a. hat die „Schweizerische Nationalbank" dort ihren Sitz und eine Börse wird 1877 ins Leben gerufen. Nach dem Schleifen der mittelalterlichen und barocken Befestigung steht der neue Bahnhof im Zentrum des Liniennetzes der „Schweizerischen Nordostbahn", was den Transport von Waren begünstigt und verbilligt. Die Seidenverarbeitung bleibt bis zum Ersten Weltkrieg ein wichtiger Industriezweig und konzentriert sich nun ebenfalls entlang den beiden Ufern des Zürichsees (Horgen, Thalwil). Der wirtschaftliche Aufschwung äußert sich im Bau der Bahnhofsbrücke und der Quaianlagen, in den zahlreichen prunkvollen Gebäuden, repräsentativen Geschäftshäusern, reichen Villen und in der umgebauten Bahnhofstraße. Dieses großbürgerliche Gesicht, das die Stadt uns heute noch zeigt, kontrastiert mit den billigen Wohnkasernen der peripheren Industrieviertel (Aussersihl, Industriequartier). Ein Kreis reich gewordener und politisch mächtiger Bürger gewinnt Einfluß auf die Gesellschaft und prägt die neue kulturelle Blütezeit.

1832 fällt die Entscheidung, daß Zürich eine Universität erhalten soll. Die kantonale Hochschule, 1833 im „Hinteramt" (Münzplatz/Augustinergasse) eingeweiht, kann Kapazitäten aus Deutschland wie →Georg Büchner, Friedrich Theodor Vischer, →Gottfried Kinkel oder Ferdinand Sauerbruch als Lehrer gewinnen. Alfred Escher setzt sich dafür ein, daß Zürich Standort eines Polytechnikums (heute Eidgenössische Technische Hochschule, ETH) wird; ursprünglich hätten die Subventionen des Bundes der Errichtung des Hochschulgebäudes gelten sollen, aber die welschen Kantone hatten gegen eine „germanische" eidgenössische Universität opponiert. Ab 1867 werden in beiden Institutionen Frauen zugelassen und examiniert – wenn auch widerstrebend; →Ricarda Huch gehört zu den ersten promovierten Studentinnen. Dies führt u.a. zur Bildung einer größeren russischen Kolonie, denn viele Russinnen absolvieren an der Universität das Medizin-Studium, das ihnen in der Heimat verwehrt ist. Den Kontakt zu dieser Kolonie suchen bald Radikale wie Bakunin, Lavrov, Kropotkin oder Trotzki.

1834 erhält Zürich endlich in der umgebauten mittelalterlichen Barfüsserkirche ein festes Theater, das „Aktientheater". Nach dessen Brand zu Neujahr 1890 wird ein neues, prunkvolles Gebäude am Utoquai errichtet und „Stadttheater" getauft (heute Opernhaus). Am Alpenquai wird 1895 die „Tonhalle" mit →Ricarda Huchs *Spiel von den vier Zürcher Heiligen* eingeweiht; für das erste Konzert dirigiert Brahms sein *Triumphlied*. In den Häusern der deutschen Emigranten Otto und Mathilde Wesendonck, François und Elisa Wille, Ludwig Follen und der Zürcherin Lina Trafford-Schulthess, Lebensgefährtin von →Heinrich Leuthold, etablieren sich literarische Salons. Auch Cafés werden bald wie in Wien und Paris zum Treffpunkt der Intellektuellen; das berühmteste ist damals das „Café littéraire", der Geburtsort von →Ernst Zahn. Vor allem aber leisten zwei prominente Lesegesellschaften den literarischen Interessen der Zürcher Bevölkerung Vorschub. Zum einen erfolgt 1834 die Gründung des „Lesemuseums", das sich zur Aufgabe macht, seinen Mitgliedern guten Lesestoff zu vermitteln. Es besteht heute noch unter dem Namen „Museumsgesellschaft Zürich". Zum anderen wird 1882 der „Lesezirkels Hottingen" ins Leben gerufen, der 1902 einen „Literarischen Club" gründet und 1905 die „Schweizerische Schillerstiftung", welche von 1920 an bis heute den Großen Schillerpreis verleiht.

Zürichs Ruf als wohlhabende, liberale Stadt und kulturelles Zentrum mit zwei Hochschulen zieht viele politische Flüchtlinge aus Deutschland an. Nach der gescheiterten Revolution von 1830 suchen dort hauptsächlich Handwerksgesellen Zuflucht, ebenso einige verfolgte republikanische, „jungdeutsche" Schriftsteller wie →Georg Büchner. Die politische Tätigkeit der Handwerkervereine wird von deutschen und Schweizer Behörden genau überwacht, Verhöre und Prozesse gegen einzelne Persönlichkeiten geführt. Es entstehen Emigranten-Verlage wie das 1841 von Julius Fröbel und Ludwig Follen gegründete „Litterarische Comptoir Zürich und Winterthur", das

„Vormärz"-Dichter wie →Georg Herwegh und →Hoffmann von Fallersleben veröffentlicht. Die revolutionären Ideologien gewinnen bald an Boden in den armen Zürcher Arbeiterschichten, die sich zunehmend aus italienischen oder osteuropäischen Gastarbeitern zusammensetzen. Nach der 1848er Revolution sind die politischen Flüchtlinge in ihrer Mehrzahl Künstler und Intellektuelle wie Gottfried Semper, Theodor Mommsen, →Gottfried Kinkel, (erneut) →Georg Herwegh und →Richard Wagner oder Politiker wie der Italiener Francesco De Sanctis. In Zürich findet →August Bebel bessere Voraussetzungen für seine politischen Aktivitäten als in Berlin. Die Stadt entwickelt sich zum Zentrum der exilierten deutschen Sozialdemokratie. Ihre Zeitung *Der Sozialdemokrat* wird von dort aus über die Grenze geschmuggelt; ihr internationaler Treffpunkt ist das Restaurant im Vereinshaus „Eintracht" am Neumarkt 5. Der gleichnamige Arbeiterverein ist einer der erfolgreichsten in der Schweiz. Das harte Durchgreifen der Machthaber folgt auf den Fuß: 1888 werden – auf Bismarcks Wunsch – deutsche Exil-Sozialisten aus Zürich ausgewiesen, und eine politische Polizei entsteht.

Die Ideen des „Jungen Deutschland" und die politische Dichtung des „Vormärz" üben auf die lokale Literatur kaum Einfluß aus. Hingegen etabliert sich in Zürich seit den 1840er Jahren der sogenannte bürgerliche bzw. poetische Realismus. Vertreter dieser Richtung sind →Gottfried Keller und →Conrad Ferdinand Meyer, jeweils mit unterschiedlichem Temperament: Während Keller sich humorvoll-kritisch vor allem mit der Gesellschaft seiner Zeit auseinandersetzt, entnimmt Meyer den Stoff seiner Werke bevorzugt der Schweizer Geschichte. Beide werden nach ihrem Tod zum Mythos und Maßstab für literarische Größe. Zu einer Nebenströmung des Realismus zählt der Zürcher Lyriker →Heinrich Leuthold. Eine beginnende Erneuerung von Form und Inhalt macht sich hingegen in →Carl Spittelers Versepos *Olympischer Frühling* bemerkbar. Damals schwer einzuordnen ist →Robert Walsers Roman *Geschwister Tanner*; der geniale Dichter und Erzähler fällt aus dem genormten Rahmen und wird erst viel später richtig eingeschätzt. Nicht nur auf lokaler Ebene, sondern auch in Deutschland erfreut sich die Zürcher, z. T. in Dialekt verfaßte Heimatdichtung großer Beliebtheit. Ihre Vertreter sind u.a. →Nanny von Escher, →Meinrad Lienert, →Ernst Zahn, →Jacob Bosshart, →Heinrich Federer und der Bestseller-Autor →Jakob Christoph Heer. Mit ihrer kleinen Heldin Heidi, welche die traditionelle alpine Schweiz verkörpert, trifft →Johanna Spyri den Nerv der Zeit und bestimmt endgültig in der ganzen Welt den Mythos Schweiz.

## PAZIFISMUS, DADAISMUS UND HELVETISMUS

Seit einem Jahr tobt „draußen" der Erste Weltkrieg. Für viele ausländische Kriegsgegner stellt Zürich eine Oase dar. Im „Café de la Terrasse" und um „Café Odeon", die als eine Art Literatur- und Nachrichtenbörse fungieren, treffen sich pazifistische Künstler und Intellektuelle aus Deutschland, der Donaumonarchie, Rußland und anderen europäischen Ländern: „Die Schweiz ist die Zuflucht all derer, die einen neuen Grundriß im Kopf tragen. Sie war und ist jetzt, während des Krieges, der große Naturschutzpark, in dem die Nationen ihre letzte Reserve verwahren", stellt →Hugo Ball fest. Die Emigranten finden in Zürich einen gewissen Freiraum, um ihre Meinung zu äußern: Literarisch-politische Zeitschriften (*Die Weißen Blätter, Der Mistral*) haben hier eine neue Niederlassung gefunden. Diese Freiheit schließt jedoch scharfe Polizeikontrollen und Zwangsmaßnahmen wie Haft oder Durchsuchungen nicht aus. Im „Café Odeon" ersinnen →Lenin und Trotzkij ihre bald berühmten Manifeste, →James Joyce seine literarische Revolution. Einigkeit herrscht unter den Exil-Literaten jedoch nicht. Die sogenannten „Moraliker" oder „Ethiker" bestehen aus Linken, Expressionisten und Pazifisten wie →Albert Ehrenstein, →Ernst Bloch, →Stefan Zweig, →René Schickele, →Ludwig Rubiner, →Leonhard Frank, →Else Lasker-Schüler und dem Ehepaar →Goll. Die Kollegen, die in solchen schweren Zeiten angeblich nur an Kunst denken, werden dagegen als „Ästhetiker" beschimpft. Zu ihnen zählen die Deutschen →Emmy Hennings, →Hugo Ball, →Richard Huelsenbeck, →Walter Serner, →Hans Richter, →Otto Flake, der Elsässer →Hans Arp, die Schweizer Sophie Täuber und Hans Heusser, die Rumänen Marcel Janco und →Tristan Tzara sowie zahlreiche Maler: „Angeekelt von den Schlächtereien des Weltkriegs gaben wir uns in Zürich den schönen Künsten hin. Während in der Ferne der Donner der Geschütze grollte, sangen, malten, klebten, dichteten wir aus Leibeskräften. Wir suchten eine elementare Kunst, die den Menschen vom Wahnsinn der Zeit heilen und eine neue Ordnung, die das Gleichgewicht zwischen Himmel und Hölle herstellen sollten", schreibt Arp.

Ein paar Straßen weiter, in der „Meierei", Spiegelgasse 1, bieten exilierte Expressionisten eine provozierende Anti-Kunst, etwas noch nie Dagewesenes, das eine heilsam schockierende Wirkung auf die Gewissen ausüben soll. Als erstes literarisches Kabarett wird 1914 das prädadaistische „Cabaret Pantagruel" gegründet, zusammen mit der gleichnamigen Zeitschrift. Als Nachfolger eröffnet das „Cabaret Voltaire" am 5. Februar 1916. Künstler aller Richtungen werden eingeladen, ihre eigenen Werke vorzutragen. Das Programm erreicht schnell ein hohes Niveau: „Mit dem Laut-, Simultan- und bruitistischen Gedicht, der Collage, dem Fotogramm, der Benutzung bisher nicht verwendeten Materials in der Kunst, dem abstrakten Tanz sowie Exkursen in die atonale Musik strebten sie die absolute Freiheit und Spontaneität ihrer künstlerischen Äußerungen an." Kurze Zeit später fällt hier zum ersten Mal ein Wort, das berühmt werden sollte: Dada. „Wir fanden Dada, wir sind Dada und wir haben Dada [...] Dies ist das bedeutende Nichts, an dem nichts etwas bedeutet", proklamiert →Tzara. Zeitschriften wie →Balls *Cabaret Voltaire*, Tzaras *Dada* und *Der Zeltweg* ebenso wie eine Publikations-Reihe, die *Collection Dada*, propagieren das Dada-Manifest, das auf einem Autoren-Abend am 13. Juli 1916 im Zunfthaus „Zur Waag" von Hugo Ball vorgetragen wird: „Dada ist eine neue Kunstrichtung. Das kann man daran erkennen, dass bisher niemand etwas davon wußte und morgen ganz Zürich davon reden wird. [...] Ich will keine Worte, die andere erfunden haben. Alle Worte haben andere erfunden. Ich will meinen eigenen Unfug, und Vokale und Konsonanten dazu, die ihm entsprechen." Huelsenbeck fügt hinzu: „Dada ist ein Wort, das in allen Sprachen existiert – es drückt nichts weiter aus als die Internationalität der Bewegung." Die Zahl der Zürcher Gäste bleibt relativ gering: „Der Bürger sah im Dadaisten einen lockeren Unhold, revolutionierenden Bösewicht, sittenrohen Asiaten, der es auf seine Glocken, Kassenschränke und Ehren abgesehen hat", mokiert sich Huelsenbeck. Unter den einheimischen Stammgästen sieht man →Friedrich Glauser, →J. C. Heer, →Charlot Strasser und den anarchistischen Armenarzt Fritz Brupbacher.

Das Kriegsende bewirkt die Auflösung der Zürcher Dada-Gruppe, denn der größte Teil ihres engagierten Emigranten-Publikums verläßt die Stadt. Das furiose Finale der Dadaisten am 9. April 1919 in den „Kaufleuten" wird von der lokalen Presse weitgehend ignoriert. Die Dada-Bewegung setzt sich in weiten Teilen der Welt fort, vorwiegend in Paris und Berlin; neben ihrer politischen Botschaft wird sie dort bedeutende Impulse für die Moderne auslösen. Dagegen hat sie in Zürich bis auf ein Interesse an literarisch-politischem Kabarett und zaghafte Erneuerungsversuche der Literatur kaum Spuren hinterlassen: Werner Zemp bleibt mit seiner „poésie pure" ein Außenseiter und der Einfluß des Expressionismus auf →Karl Stamm stammt direkt aus München und Berlin.

Auch wenn →Richard Huelsenbeck witzelt: „Schweizer sind damals in Zürich nicht vorhanden gewesen", hat es doch eine einheimische literarische Szene gegeben, allerdings ohne fruchtbaren Dialog zwischen emigrierten und Zürcher Literaten bzw. Künstlern. Eine Ursache ist die bewußte „Verschweizerung" der Literatur und Kultur zu der Zeit, u.a. hervorgerufen durch den Umstand, daß bei Ausbruch des Ersten Weltkriegs ca. ein Fünftel der Stadtzürcher Bevölkerung Reichsdeutsche sind, z. T. mit spürbar chauvinistischen Tendenzen. Der *Tages-Anzeiger* ist seit seiner Gründung fest in deutschen Händen; manche Redaktionssitze werden von Deutschen besetzt. Diese einflußreiche Kolonie hat →Kurt Guggenheim in seinem Roman *Alles in allem* anschaulich beschrieben. Der Besuch von Wilhelm II. in der deutschen Schweiz (Zürich im September 1912) schürt den zunehmenden Argwohn und die Ängste im Tessin wie in der französischen Schweiz: Spannungen, die durch die Kriegsereignisse verstärkt werden. Um dem drohenden Verlust der nationalen Zusammengehörigkeit und Neutralität entgegenzuwirken, wird im Februar 1914 in Zürich die „Neue Helvetische Gesellschaft" gegründet. Im Dezember versucht dort →Carl Spitteler in einer für die Zeit mutigen Rede den Deutschschweizern klarzumachen, daß ihre „Brüder" jenseits der Saane (Romandie) und nicht jenseits des Rheins zu finden seien. Aus demselben Geist war schon 1912 der „Schweizerische Schriftstellerverband" in Zürich gegründet worden. 1915 startet der „Verlag Rascher" eine Schriften-Reihe *Für Schweizer Art und Kunst*: „Ihre Autoren sollten schweizerische Belange nicht durch die Brille des Auslands betrachten, sondern bei ihrer Beurteilung einen Schweizer Standpunkt einnehmen." Er fördert außerdem namhafte sowie junge Schweizer Schriftsteller. Darüber hinaus werden Broschüren und persönliche Zeugnisse von ausländischen Pazifisten ins Verlagsprogramm aufgenommen. Die reichsdeutschen Stellen finden solche Publikationen anstößig. Um drohenden Einwirkungen auf den Verlag zu entgehen, der eine Filiale in Leipzig unterhält, wird eine zweite, nur in Zürich eingetragene Firma „Max Rascher Verlag" gegründet, deren „Tendenz die Förderung der gesamteuropäischen Idee ist, von der Überzeugung ausgehend, dass die Schweiz dasjenige Land ist, das vor allem berufen ist, in dem Kampf für die europäische Idee voranzugehen." Der alte Verlag betreut nur Schweizer Autoren und gründet die Reihe „Schweizerische Bibliothek", von Eduard Korrodi herausgegeben; im neuen Verlag sammelt die von →René Schickele herausgegebene Reihe „Europäische Bücher" brisantere Publikationen wie →Leonhard Franks *Der Mensch ist gut* oder Henri Barbusses *Le feu (Das Feuer)*. Fernerhin organisiert der Verlag 1917/18 Vortrags- und Vorleseabende. Max Rascher wird durch seine Unterstützung der Kriegsgegner, der Engagierten und der Progressiven als der „Oprecht" der ersten Emigration des 20. Jahrhunderts bezeichnet.

## DIE RUHE VOR DEM STURM

„Selige Zwanzigerjahre! Heitere, besonnte! Zürich lag damals in einem tiefen Schlaf [...] Ein Krematorium, ein Mausoleum, das war der literarische Aspekt von Zürich. Auf jede Weise gab man uns Schriftstellern zu verstehen, dass man uns entbehren könne [...] Nach dem Auszug der Dadaisten war Zürich eine stille Stadt geworden, und auch wir, seine Dichter und Sänger, waren stille Menschen." →Humms Eindruck wird von etlichen damaligen Autoren und Kritikern geteilt. Das unerreichbare Ideal der „Großen Drei" – Gotthelf, →Keller und →Meyer – hemmt den Durchbruch literarischer Neuerungen. 1921 wird z. B. die „Martin Bodmer-Stiftung" gegründet und mit ihr der „Gottfried-Keller-Preis". In den Buchhandlungen finden wir auf der einen Seite eine realistische Heimatdichtung, die sich seit Jahrzehnten gut verkauft, da Zeitkonflikte ausgeklammert werden. Auf der anderen Seite setzt sich der (diskrete) Protest gegen überholte bzw. erstarrte literarische Normen fort, der schon in →Robert Walsers Frühwerk spürbar wird. Durch das Erlebnis des ersten modernen Massenkrieges aufgerüttelt, erheben viele Autoren ihre Stimme gegen Egoismus, Materialismus und Oberflächlichkeit, verlangen soziale wie moralische Erneuerung. Der Protest gegen die heimatlichen Verhältnisse und Enge materialisiert sich im literarischen Typus des Ausreißers. Die Titel damaliger Kultbücher, wie →Karl Stamms *Aufbruch des Herzens* und →Albin Zollingers *Die große Unruhe*, sprechen für sich. Unter dem Einfluß der sich um →C. G. Jung und das „Burghölzli" entwickelnden Tiefenpsychologie sucht man in Literatur, Kunst und Musik die Öffnung des Verstands, des Gefühls und der überholten Formen. Vertreter dieser neuen Richtung sind u. a. →Robert Faesi, →Karl Stamm und →Kurt Guggenheim. Ein anderes Beispiel bietet →R. J. Humm mit seiner leichten und bissigen Prosa. Er unterstützt ab 1933 unermüdlich emigrierte Kollegen. Sein privates Domizil, das „Rabenhaus", verwandelt sich bald in ein gutbesuchtes literarisches Zentrum, in dem zwischen 1934 und 1938 vielversprechende Neulinge, wie →Friedrich Glauser, aus ihren Werken gelesen haben. →Max Frisch verfaßt seine Erstlingswerke ab 1932, allerdings vom „Verlag Guggenbühl und Huber" standhaft ignoriert. Der Lyriker →Albert Ehrismann geht 1930 mit seinem erfolgreichen Gedichtband *Lächeln auf dem Asphalt* ungewohnte Wege. Eine eindeutig politisch orientierte Literatur existiert nur in Ansätzen. Es handelt sich eher um eine sozial-kritische Strömung als um echte „Arbeiterliteratur": Neben Ehrismann sind in Zürich →Jakob Bührer, →Hans Mühlestein und →Charlot Strasser zu nennen. Es besteht zwischen den Kriegen vielmehr der Wunsch nach entpolitisierter Literatur – ein Ansinnen, das der „Lesezirkel Hottingen" und Eduard Korrodi unterstützen. Dieser nutzt seine einflußreiche Stellung als Feuilleton-Chef der *Neuen Zürcher Zeitung* einerseits, um junge Talente wie →Albin Zollinger oder →Max Frisch zu fördern. Andererseits bestimmt er bis zu seinem Rücktritt 1950 sehr eigenwillig, wer und was literarisch genehm ist: „das literarische Bundesgericht", wie Max Frisch bitter ironisiert. Dieses

Vorrecht wird Korrodi 1936 auch gegen die Emigrantenliteratur, insbesondere gegen die jüdische, einsetzen. Einen Ausgleich schafft Max Rychner. Er ist nicht nur der literarische Leiter der Zeitschrift *Die Tat*, sondern auch ein maßgeblicher Kritiker, der Beziehungen zu der internationalen Literaturszene unterhält, und ein brillanter Essayist, der den Zürcher Literaturbetrieb nach Europa hin öffnet. Seine Aufmerksamkeit richtet sich vornehmlich auf die Autoren der Moderne (u. a. →Joyce, →Valéry), und er betrachtet die französische Literatur als Partnerin der deutschsprachigen.

Die Weltwirtschaftskrise 1929 erschüttert die Strukturen der Schweiz im Nachhinein und vielleicht nicht so grundlegend wie in anderen Ländern. Sie stellt jedoch eine vielfältige Herausforderung für die nationale Identität dar. Auf dem Gebiet der Außenpolitik wird es notwendig, sich auf einen streng neutralen Standpunkt zurückzuziehen. Innenpolitisch muß die Demokratie etabliert und gegen Angriffe von links und rechts verteidigt werden; die Verfemung der Kommunisten – durch verfassungsmäßige Verbote verschärft – wird eine der Konsequenzen sein. Wirtschaftliche Not und gravierende Unterbeschäftigung verursachen Spannungen in der Zürcher Gesellschaft. Die wirtschaftliche Krise bedeutet auch eine Zäsur im Geistesleben. Viele Schriftsteller geben resigniert auf und üben nur noch ihren ursprünglichen Beruf aus. Um dieser Tendenz entgegenzuwirken, wird 1930 vom Stadtrat eine Literaturkommission eingesetzt mit der Aufgabe, die Literatur durch „Anerkennungsgaben" bzw. „Unterstützungsgaben" zu fördern. Der heute noch bestehende „Zürcher Literaturpreis", dotiert mit damals 8000 Franken, wird 1932 erstmals vergeben, und zwar an →C. G. Jung. 1939 meint →C. Strasser: „Zürich hat mit seinem Literaturkredit und Literaturpreis der geistigen Landesverteidigung ein Fort gebaut, das wie unsere Grenzwehren, nicht im ersten Ansturm überrannt werden kann."

Der einzige vernachlässigte literarische Bereich bleibt das Theater, ein Opfer jahrhundertelangen Mißtrauens. Seit 1930 gibt es eine öffentliche Kontroverse älteren Ursprungs über den Stellenwert des Berufs- bzw. Stadttheaters und des Volkstheaters. Ersteres wird als provinzieller Ableger des reichsdeutschen Theaters abgetan, während das andere, meistens durch Laientruppen vertreten, als das eigentlich schweizerische, mundartliche Theater verstanden wird. Die Angst vor „Überfremdung" bzw. „Verdeutschung" wird nach 1933 im „Schauspielhaus" zunehmen, weil dann namhafte Exilschauspieler das Programm gestalten werden, in dem kein Schweizer Dramatiker vertreten ist. Das Volkstheater hat in Zürich mit der Gründung der „Freien Bühne" 1917 durch →Jakob Bührer schon an Kraft und Qualität gewonnen. 1931 konstituiert sich nunmehr die „Volksbühne Zürich". Ihre Laiendarsteller erhalten von professionellen Schauspielern, darunter auch die Truppe bleibt bis 1945 eine der wichtigsten Arbeitertheatergruppen. Sie bringt im August 1939 auf der „Landesausstellung" etwas völlig Neues und Aufrüttelndes: →Albert Ehrismanns *Der Neue Kolumbus*.

## ZÜRICH ALS METROPOLE DES EXILS (1933–1946)

Eine Massenbewegung anderer Art, an der ein beträchtlicher Teil der Zürcher deutschen Kolonie teilnimmt, veranstalten die Nazi-Organisationen schon vor 1933 in der Tonhalle, auf Fußballplätzen und im Hallenstadion. Ihre Zeitung *Der Reichsdeutsche* liegt auf der Linie der NSDAP. Bei den Zürcher Gemeinderatswahlen 1933 und 1938 gehen die freisinnigen (bürgerlichen) Parteien und die NSDAP nahestehenden „Fronten" eine „Vaterländische Allianz" ein. Dennoch behauptet sich jedesmal die linke Mehrheit deutlich. "Die ganzi Schwyz isch leider sone Garte. / Do grabts und wiehlts und nagts versteggt. / [...] Die bruune Käfer frässe d'Pflänzli, / Sie gnage unseri Wurzle-n-ab. / [...] Äntlig radikal ewägg / Mit de bruune Dupfe!", singt Alfred Rasser im „Cabaret Cornichon". Eine Propagandaflut überschwemmt die Schweiz: Zürcher Feuilletonredaktionen kaufen z. B. aus Kostengründen Texte oder Feuilleton-Romane, die von den reichsdeutschen Presseagenturen zu Niedrigpreisen angeboten werden – in Wirklichkeit verkapptes braunes Gedankengut. Angesichts ohnmächtiger Behörden konkretisiert sich der Gedanke der „geistigen Landesverteidigung", eine „der zentralen innen- und kulturpolitischen Gedanken der dreissiger und vierziger Jahre, und damit auch der Literaturszene" – zunächst informell, dann im Dezember 1938 zur Staatsdoktrin erhoben und Bestandteil der schweizerischen Gesamtpolitik. Was darunter verstanden wird, reicht vom „aktiven, auch internationale Solidarität und

Verteidigung sozialer Position einschliessenden Antifaschismus bis zum hemdsärmeligen [...] Chauvinismus", schreibt Gustav Huonker. Vor diesem Hintergrund muß man die Gründung der Zeitschrift *Schweizer Spiegel* 1925 in Zürich durch Guggenbühl und Huber verstehen: Anfangs eher strikt nationalistisch gesinnt, bringen die Herausgeber 1935 erste detaillierte Berichte über Konzentrationslager in Deutschland heraus. Der zugehörige Verlag druckt →Wolfgang Langhoffs KZ-Erlebnisse *Die Moorsoldaten*. Die Konsequenz ist ein Verkaufsverbot der Verlagproduktion in Deutschland. Ebenfalls engagiert sich Martin Hürlimann mit seinem „Atlantis Verlag AG", 1936 ins Leben gerufen, für die „geistige Landesverteidigung". 1939 hat die neue Stiftung „Pro Helvetia" mit Sitz in Zürich den Auftrag, „den Glauben des Schweizervolkes zu stärken". In der Folge werden die „Schweizer Filmwochenschau" und die „Schweizer Feuilletonzentrale" gegründet, um gegen die Flut nationalsozialistischer Angebote zu kämpfen. Höhepunkt der „geistigen Landesverteidigung" ist die Schweizerische Landesausstellung („Landi") 1939 in Zürich, an der sich auch lokale Schriftsteller und Bühnen aktiv beteiligen.

Seit Hitlers Machtergreifung erreicht die Massenflucht der Diktaturopfer – hauptsächlich Juden, Kommunisten und Antifaschisten aus Deutschland, Österreich und Italien – vor allem Zürich in mehreren Wellen. Was die Flüchtlinge aber nicht ahnen, ist die Reaktion der offiziellen Stellen. Zum 1.1.1934 tritt das Ausländergesetz von 1931 in Kraft: „Es muss in erster Linie dafür gesorgt werden, dass durch die Flüchtlinge weder die innere noch die äussere Sicherheit gefährdet wird." Die Angst vor „Überfremdung" und die daraus resultierende Fremdenfeindlichkeit sind aber nicht neu. Nach Ausbruch des Zweiten Weltkriegs knebelt die Zensur u. a. die vielen Tages- und Wochenzeitungen. Ferner erfolgt eine Zuspitzung der gesellschaftlichen Widersprüche. Während sich in der Schweizer Bevölkerung eine Solidaritätsbewegung mit den ersten Emigranten gegen die antidemokratischen Kräfte formiert, betreibt ein Großteil der regierenden Kreise und der Armee eine Politik der Anpassung und sucht in vielen Fällen ein Arrangement mit dem Dritten Reich: Die Schweiz sei mit Deutschland wirtschaftlich zu eng verbunden, heißt es offiziell. Ein eklatantes Beispiel bietet die Firma „Bührle & Co" in Zürich-Oerlikon: Vor dem Krieg sind Frankreich und England Hauptabnehmer für ihre Kanonen, ab 1939 nunmehr die Achsenmächte. Der „Fall Bührle" und der Versuch des damaligen Konzernherrn, durch das öffentliche Auftreten als kultureller Mäzen seine Waffengeschäfte zu verschleiern, kann durchaus als Hintergrund gesehen werden für →Max Frischs 1954 geschriebenes Hörspiel *Eine Lanze für die Freiheit*. Die zunehmend restriktive Asylpolitik der damaligen, mit Vollmachten ausgestatteten Bundesregierung ist durch eine bedingungslose Neutralität und einen deutlichen Antisemitismus bestimmt. „Das Boot ist voll" wird später zum geflügelten Wort. Zürich wird von der Fremdenpolizei grundsätzlich als Transitstadt deklariert, ob für einfache Bürger oder für Prominente aus Politik und Kultur. Die Aufenthaltsgenehmigung, die sogenannte „Toleranzbewilligung", wird nur für kurze Zeit erteilt. Auflage ist zum einen, daß die Emigranten in keiner Weise erwerbstätig sein dürfen, um den heimischen Arbeitsmarkt nicht zu belasten; zum anderen, daß sie „sich jeglicher politischen Tätigkeit zu enthalten hätten und dass die Toleranzbewilligung sofort hinfällig würde im Falle einer Übertretung dieses Verbots. Unter politischer Tätigkeit ist jedes aktive Tätigwerden für eine Partei zu verstehen, namentlich auch das Verteilen von parteipolitischer Literatur, Mitarbeit und Besuch von parteipolitischen Vereinigungen und Gruppen (mit Ausnahme der VPOD), das Beherbergen von Emigranten usw." Israeliten werden „nur dann als politische Flüchtlinge im Sinne des Bundesratsbeschlusses" betrachtet, „wenn sie aus politischen Gründen fliehen mussten; der Boykott ist nicht als politischer Grund zu werten." Der Beginn der „Endlösung" in Deutschland 1942 wird daran nichts ändern und auch die vollständige Schließung des Schweizer Grenze im August 1942 nicht verhindern. Ebenso unerwünscht sind die Kommunisten, durch den Hitler-Stalin-Pakt diskreditiert. Schon ab 1940 werden die wenigen an der Grenze hereingelassenen, oft mittellosen Flüchtlinge in Arbeitslagern in der Umgebung von Zürich (Egetswil, Birmensdorf, Bonstetten u. a.) untergebracht, die Familien auseinandergerissen. Die „Linksextremisten" weist man vorsichtshalber in Gefängnisse und Zuchthäuser ein: Der freie Aufenthalt von Flüchtlingen könne Spionage, Sabotage oder Beunruhigung der Bevölkerung nach sich ziehen. Schriftsteller und Künstler, die nicht zu den erwähnten Kategorien gehören, erfahren u.U. eine etwas bessere Behandlung. Erstere müssen allerdings die Bestätigung des „Schweizerischen Schriftstellerverbands" (SSV) abwarten, ob sie zu „den wirklich hervorragenden und den politisch verfolgten Autoren" gehören und außerdem für die einheimischen Literaten keine Konkurrenz darstellen. Diese heute merkwürdig anmutende Haltung beruht nicht nur auf der Angst vor der „Verdeutschung" des Schweizer Schrifttums, sondern hat auch ökonomische Gründe: Schweizer Autoren haben ab 1933 nur noch einen eingeschränkten Bücherabsatz in Deutschland und sind nun stärker auf den engen einheimischen Markt angewiesen. Vermutlich aus ähnlichen Gründen wird im März 1936 eine neue Niederlassung des Verlags „S. Fischer" in Zürich, dem viele namhafte Autoren angehören, von der Polizeidirektion des Kantons abgelehnt, denn „die Zukunft dieses Verlags wird allgemein als derart unsicher bezeichnet, daß es weder eine schweizerische noch eine europäische Aufgabe Zürichs sein kann, einen solchen Fremdkörper in der heutigen Zeit intra muros aufzunehmen." Jedoch wird kurz nach der Gleichschaltung der „Büchergilde Gutenberg" in Berlin 1933 eine neue freie „Büchergilde" in Zürich gegründet. Trotz Boykott des „Buchhändler- und Verlegervereins" wächst die Zahl ihrer Mitglieder stetig. Zwischen 1936 und 1945 schreibt sie vier literarische Wettbewerbe aus, um junge Schweizer Schriftsteller zu fördern.

Bis zum Kriegsausbruch betrachten viele Emigranten Zürich ohnehin nur als Durchgangsstation: entweder finden sie das Leben dort zu teuer und lassen sich im billigeren Tessin nieder, oder sie wollen in ein anderes, noch freies Land weiterflüchten (meistens die USA); oder aber sie hoffen insgeheim auf eine baldige Rückkehr. Ihre Lage ist in jedem Fall äußerst prekär, ihr Leben von behördlichen Schikanen, Arbeitsverbot, Armut und Angst vor dem langen Arm der Gestapo geprägt. „Das Brot des Exils ist bitter zu essen und es ist karg [...]. Unter der Peitsche der Not reift kein Werk. Die Verlage, die sich der exilierten Literatur annehmen, führen eine bedrohte Existenz [...] Aber nicht genug kann betont werden, daß es sich um mehr handelt als um Hilfe für den einzelnen leidenden Autor: nämlich darum, einem der Humanität verbundenen und aller Humanität werten Deutschtum, das heute im Reich nur in Ausnahmefällen, unbemerkt und ungeehrt, sich äußern kann, behilflich zu sein, der Zeiten schwere Ungunst zu überdauern" , heißt es in einem Aufruf zur Unterstützung emigrierter deutscher Schriftsteller. Nur wenigen gelingt es, offiziell als politische Flüchtlinge anerkannt zu werden wie z. B. →Thomas Mann oder →Bernard von Brentano. Eine größere Zahl schafft es trotzdem, illegal mehrere Monate oder sogar Jahre in Zürich zu überleben. Charakteristische Beispiele dafür sind →Hans Sahl, →Else Lasker-Schüler und →Albert Ehrenstein.

Auf der einen Seite stören die Zürcher „Fröntler" mit Gewalt Aufführungen von →Erika Manns literarisch-politischem Kabarett „Die Pfeffermühle", das auf seiner Schweizer Tournee 1933–34 u. a. während längerer Zeit in Zürich im „Gasthof Hirschen" auftritt; mit Hinweis auf diese Krawalle verweigern einige Schweizer Kantone und Orte Auftrittsgenehmigungen für die „Pfeffermühle". Ähnliche frontistische Krawalle behindern gelegentlich Aufführungen des „Schauspielhauses", das als „Jüdisch-marxistische Tendenzbühne" verfemt wird. Auf der anderen Seite fehlt es nicht an Hilfe für Flüchtlinge. Vorwiegend engagiert sich die „Schweizerische Arbeiterbewegung": „Dabei standen den Hilfsorganisationen keine grossen finanziellen Mittel zur Verfügung [...] Alle Gelder wurden durch die Arbeiterschaft selber aufgebracht. Dafür nahmen viele Helfer [...] Schwierigkeiten mit der Bundespolizei in Kauf. Eine angemessene Würdigung dieser selbstlosen Solidarität ist bis heute nicht erfolgt, ebensowenig wie die Rehabilitation von Strafverfolgungen in diesem Zusammenhang", bemerkt ein Veranstalter der Ausstellung *Über die Grenzen*. „Straßen der Illegalität" werden die Neubühl-Siedlunghäuser und Arbeiterwohnungen in der Rotwand-, Zurlinden- und Gertrudstraße in Zürich-Wiedikon getauft. Einige Zürcher Bürgerhäuser werden ebenfalls zu Zentren antifaschistischen Protestes (→Rosenbaum-Ducommun, Fleischmann, Reiff, Katzenstein-Sutro, Morgenthaler, Giedion-Welcker) und versuchen, durch Solidarität mit den vertriebenen Künstlern das humanistische Ideal zu retten. Die „Genossenschaftsbuchhandlung am Helvetiaplatz", der „Lesezirkel Hottingen", das „Studio Fluntern" in der Gloriastraße ebenso wie das „Rabenhaus" am Heimplatz organisieren regelmäßig „unpolitische" Leseabende für geflüchtete Literaten. Offene – und beliebte – Treffpunkte der Emigranten sind außerdem die Räume der „Büchergilde Gutenberg" sowie die Säle und Bibliothek der „Museumsgesellschaft". Zürcher Autoren wie →R. J. Humm oder →Carl Seelig sind unermüdliche Helfer ihrer exilierten Kolleginnen und Kollegen. Darüber hinaus setzen sich der Verleger Emil Oprecht und seine Frau Emmie beispielhaft für das Überleben der internationalen Exil-Literatur und der -Literaten ein, in Zürich ebenso wie im Ausland. Dazu gehört 1935 die Gründung des „Europa Verlags" in Zusammenarbeit mit der „Büchergilde Gutenberg". Oprecht initiiert ebenfalls 1938 die Gründung der „Neuen Schauspiel AG", um das Schauspielhaus vor der Schließung zu retten und gleichzeitig dem drohenden Zugriff des Goebbels-Ministeriums zu entziehen. Denn diese Bühne ist seit 1933 zur Nische für einen Großteil der emigrierten Dramatiker (u. a. →Bert Brecht, →Else Lasker-Schüler, →Franz Werfel, →Leonhard Frank), Schauspieler (u. a. Leonhard Steckel, Karl Paryla, Therese Giehse, Ernst Ginsberg, Kurt Horwitz, →Wolfgang Langhoff), Dramaturgen (Kurt Hirschfeld), Regisseure (u. a.Leopold Lindtberg) und Bühnenbildner (Teo Otto) geworden: „Daß es möglich war, inmitten Europas, das von barbarischer Kultur gedemütigt wurde, ein Theater am Leben zu erhalten, das an den alten Werten des Humanismus festhielt, galt als aufsehenerregende Sensation, die auch innerhalb der Schweiz zur Aufrechterhaltung des Selbstverteidigungswillen wichtig wurde" , konstatiert Beat Schläpfer. Die Arbeitsbedingungen sind hart: zehn- bis zwölfstündige Arbeitszeit tagtäglich, eine unzureichende Bezahlung als „Saisonarbeiter" und das Damoklesschwert der Entlassung, welche die „Ausschaffung" (Ausweisung) und u. U. den Tod zur Folge hätte. Im „Gasthof Hirschen" geben die spöttischen Texte des schweizerischen „Cabaret Cornichon" mehrmals Anlaß zu Auseinandersetzungen mit der Schweizerischen Bundesanwaltschaft und dem Deutschen Generalkonsulat in Zürich. Sein Direktor Walter Lesch wehrt sich selbstbewußt: „Verbietet man uns die künstlerische Freiheit der indirekten Meinungsäußerung (durch künstlerische Gestaltung), so verbietet man uns die Wirksamkeit überhaupt und damit ein Instrument der geistigen Landesverteidigung, das nach der Meinung eines großen und guten Publikums die Achtung und den Schutz jeder Schweizer Behörde verdient."

Auch wenn in den Kriegsjahren der Literaturbetrieb gedrosselt wird, fehlt es nicht an kreativen Einzelinitiativen. Zum Beispiel konstituiert sich 1942 die „Zürcher Freitagsrunde", die sich erst 1974 auflösen wird: „Im ‚Odeon' [...] lassen sich [...] am Freitagnachmittag einige Männer der Feder an einem Tischchen nieder – selten wird eine Frau zugebeten, nur falls sie weither und für kurze Zeit kommt –, doch ein Stammtisch ist das nicht eigentlich, sondern ein planmässig improvisiertes Symposion von der Sorte, wie sie im alten Wiener Kaffeehaus ihre klassische Stätte fand" , berichtet Erwin Jaeckle. Zu diesem Kreis zählen ferner Persönlichkeiten wie Max Rychner, Walther Meier (Gründer des „Manesse Verlags" und der „Manesse Bibliothek der Weltliteratur") sowie die Literaturprofessoren →Robert Faesi und Emil Staiger. Ein anderes Beispiel bietet die literarische Monatsschrift *du* (Chefredaktor →Arnold Kübler), die noch heute erscheint. Einige Versuche, Literaturzeitschriften des deutschsprachigen Exils herauszugeben (*information, Mass und Wert* oder die Kulturzeitschrift der Flüchtlingslager *Über die Grenzen*), sind mangels Abonnenten rasch gescheitert.

## DIE NACHKRIEGSZEIT

Kurze Zeit nach Kriegsende entwickelt sich ein besonders fruchtbarer Austausch zwischen deutschen Exilautoren und der Zürcher Kulturszene: Ihr gemeinsames Ziel ist die Wiederbelebung der deutschsprachigen Literatur und Bühnen. Um die im Exil entstandene Literatur den Schweizern zugänglich zu machen, wird im Mai 1945 der „Schutzverband deutscher Schriftsteller" u. a. von →Jo Mihaly und →Georg Kaiser initiiert. Das Ensemble des „Schauspielhauses" verhilft einer später weltweit berühmten Schweizer Dramatik zum Durchbruch: „Kurt Hirschfeld war es, der Frisch ermunterte, sich seiner alten Liebe, der Bühne zuzuwenden; Kurt Horwitz und Ernst Ginsberg waren die ersten Leser der Dramen Dürrenmatts." Im Gegenzug leistet das „Schauspielhaus" eine Art Entwicklungshilfe im Nachkriegsdeutschland: „In wenigen Wochen gingen Pakete mit Stückmanuskripten von Zürich nach Hamburg, Düsseldorf, Berlin und München, und die Spielpläne der deutschen Bühnen in den ersten Nachkriegsjahren lesen sich gelegentlich wie Neuauflagen derjenigen in Zürich während des Krieges", so Schläpfer. Einige Mitglieder des Ensembles werden noch mehrere Jahre in Zürich bleiben und an der Weiterentwicklung des Theaters maßgeblich teilhaben. Die Zürcher Verlage – darunter Neugründungen wie „Arche" oder „Diogenes" – drucken zunächst die Werke deutscher Autoren, die von den Nazis verboten worden oder jahrelang unerreichbar waren. Eine Notbibliothek für deutsche Gefangene in englischen Lagern wird vom „Arche Verlag" konzipiert: *Die kleinen Bücher der Arche*. Und die „Büchergilde Gutenberg" erhält bald Konkurrenz von neuen Buchgemeinschaften wie „Ex Libris" oder der „Neuen Schweizer Bibliothek". 1948 ruft das „Schweizer Arbeiterhilfswerk" die Aktion ‚Zürich hilft Wien' ins Leben, die sich größtenteils auf den kulturellen Sektor erstreckt. Ebenfalls in Zürich findet 1947 der internationale PEN-Kongreß statt, an dem berühmte Vertreter der deutschsprachigen Literatur teilnehmen (u. a. →T. Mann, →A. Kerr, →O. Kalenter, →W. Bergengruen, E. Kästner). Dies ist eine Gelegenheit für die Nicht-Schweizer, die zu Hause täglich Hunger und Not erleben, den unversehrten Wohlstand der Schweiz mit gemischten Gefühlen zu entdecken.

In Zürich wie in der ganzen Schweiz kommt in den 1950er Jahren die Zeit der Rückbesinnung. „Wie klein unser Land ist. Unsere Sehnsucht nach Welt, unser Verlangen nach den großen und flachen Horizonten, nach Masten und Molen [...] nach Wolken über dem offenen Meer, nach Wasser, das verbindet mit allen Küsten dieser Erde; unser Heimweh nach der Fremde – [...]", schreibt →Max Frisch. Die erzwungene Enge der kriegsbedingten Isoliertheit hat eine Verengung des geistigen Horizontes zur Folge. Die Suche junger Zürcher Schriftsteller nach neuen Perspektiven, ebenso wie ihre Reflexion über die unmittelbare Vergangenheit wird jedoch bald durch einen maskierten Gesinnungsterror verhindert, der erst 1989 im „Fichen-Skandal" aufgedeckt wird. →W. M. Digglemann und →N. Meienberg, zwei kritische Autoren, die an Tabus zu rühren wagen, gehen an den öffentlichen Anfeindungen zugrunde. Antikommunismus, gepaart mit Ausländerfeindlichkeit, bemächtigt sich der Stadt und der Kulturszene von 1949 an bis Ende der 1960er Jahre. Als mutige Einzelkämpfer ragen zwei Autoren heraus, die einen Neuanfang der Zürcher bzw. Schweizer Literatur und Dramatik einläuten: →Max Frisch und →Friedrich Dürrenmatt. Die Attacken der Presse und etablierten Literaturwissenschaftler verhindern ihre internationale Anerkennung nicht. Erst nach ihrem Tod bezeichnet man sie in der Schweiz als „kritische Patrioten".

## UMBRUCH IN DER LITERATURSZENE: DIE 1970er JAHRE

Die „Kulturrevolution", die im Mai 1968 in Paris begonnen hat, erreicht verzögert die konservative Stadt Zürich. Da sich starre Konventionen, Ordnungsdenken und kulturelle Langweile seit zwanzig Jahren festgesetzt haben, macht sich der Unmut der Jugendlichen mit Gewalt Luft. Die „Helvetische Malaise" gründet primär auf Ängsten: vor dem Kommunismus, vor den Intellektuellen, vor der Kritik an der eigenen Vergangenheit. Nunmehr versuchen junge Zürcher, neben der traditionellen eine alternative Kultur zu erschwinglichen Preisen in Kellern und stillgelegten Fabriken zu etablieren. Junge Autoren bieten experimentelle Hörspiele, Theaterstücke oder Gedichtmappen an. Hans-Rudolf Hilty stellt fest: „Wenn ich [...] versuche, gewissermaßen den Grundakkord des ‚Literarischen Zürich' 1966/67 zu formulieren, so müsste ich sagen, dass da in eigentümlicher Weise Engagement und Abschied zusammenklingen,...[so] kommt man zu der Feststellung, etwa in diesem Jahr sei im literarischen Leben unserer Stadt die Nachkriegszeit zu Ende gegangen."

Die gravierendste Veränderung in der Literaturszene besteht jedoch in der steigenden Zahl von Frauen, die sich, nachdem sie 1971 endlich das Wahlrecht bekommen haben, langsam und mit Mühe in der Öffentlichkeit behaupten und den konservativen, männlich dominierten Literaturbetrieb nach und nach erobern. Schriftstellerinnen wie →Hanna Johansen oder →Margrit Baur sind nicht nur Zeuginnen der weiblichen Emanzipation, sondern führen innovative Tendenzen in Stil und Themen ein. Darüber hinaus sind Literaten und ihre Leserschaft zu gleichen Teilen von der zunehmenden Pluralisierung der Gesellschaft und dem Wertewandel betroffen. Das traditionelle Theater verliert an Bedeutung, ebenfalls die Lyrik, obwohl sie neue Formen entwickelt wie die konkrete Poesie oder das politisch engagierte Gedicht. In den Vordergrund tritt nun die Prosa, mit dem Schwerpunkt auf Kurzgeschichten, die das

Ungesicherte des Lebens ausdrücken. Die Beliebtheit der Tagebuchform unter den Autoren bedeutet ihrerseits einen Rückzug auf die Individualität, ein Alternativprogramm zur erzwungenen Gemeinschaft von Vaterland und Familie. Krankheit und Tod werden neuerdings als eine andere Art der Flucht aus der Enge proklamiert (→Fritz Zorn, →Matthias Diggelmann, →Hermann Burger, →Adolf Muschg).

## DIE ZÜRCHER LITERATURSZENE HEUTE

Zürich ist im 21. Jahrhundert weiterhin ein wichtiger Finanzplatz, der Sitz der meisten Schweizer Großbanken und Versicherungen und seit kurzem ein Technologiezentrum. Das andere Gesicht der Stadt zeigt sich im 1999 eröffneten „Literaturhaus": In den Räumen der altehrwürdigen „Museumsgesellschaft" werden Literaturpodien, Lesungen und Diskussionen mit Autorinnen und Autoren aus Zürich, der Schweiz und dem Ausland veranstaltet. Damit ist es endlich gelungen, der lebendigen Zürcher Literaturszene ein öffentliches Forum zu geben. Denn ca. 160 Literaten haben in Zürich ihren Wohnsitz, auch wenn einige sich oft und lange im Ausland aufhalten. Ihnen zur Seite stehen ca. 75 Verlage, d. h. ein Drittel der gesamten deutschschweizerischen Verlagshäuser. Im „Bernhard-Theater" findet regelmäßig der „Bernhard littéraire" (Lesungen, Diskussionen, Nachtveranstaltungen) statt und der „Strauhof" ist ein Ort für literarische Ausstellungen geworden. Der „Zürcher Literaturverein" ist aktiv. In den Quartieren sorgen Kulturzentren wie die „Rote Fabrik" für alternative Veranstaltungen. Zahlreiche Literaturpreise werden verliehen: der Literaturpreis und die Ehrengaben der Stadt Zürich, die Johann-Jakob-Bodmer-Medaille für Verdienste um das literarische Schaffen, der Große Schiller-Preis, der Gottfried-Keller-Preis sowie der Max-Frisch-Preis.

Das gemeinsame Hauptmerkmal von Gesellschaft und Literatur ist eine gewisse, jedoch nicht typisch zürcherische Orientierungslosigkeit. Man mißtraut der Wirklichkeit, auch bzw. gerade wenn sie eindeutig erscheint. „Eigenwillige Formen haben Gewicht, dem Problem der Erzählbarkeit der Gegenwart begegnet man lakonisch. Oder man tendiert zu ironisch-parabolischer Überformung. Stofflosigkeit ist nicht zu beklagen [...] Daneben ergeben die Themen, Schreibweisen und Töne eine bemerkenswerte Vielstimmigkeit", stellen Reto Sorg und Andreas Paschedag fest. Sie weisen auf ein weiteres Problem der deutschsprachigen Schweiz hin: „Es gibt in unserer Zeit keine Literatur mehr, der Merkmale des typisch Schweizerischen innewohnen würden. Nach dem Schweizer Dichter zu fragen, ist nicht mehr richtig." Selbstbewußt tritt jedoch auf der Frankfurter Buchmesse 1998 die Schweiz als Gastland mit 150 Literaten auf. Ein Abwehrreflex? „Die Angst der deutschschweizer Autorinnen und Autoren, in der Anonymität einer von Deutschen und Österreichern beherrschten deutschsprachigen Literaturszene aufzugehen und dadurch an Beachtung zu verlieren, war in den letzten Jahrzehnten immer wieder zu spüren". Die Identitätsfrage hängt fernerhin mit einem sprachlichen Problem zusammen: Der eigene spontane Ausdruck ist mundartlich, dagegen wird das genormte „Schriftdeutsch" als etwas Angelerntes, als ein „Über-Setzen" empfunden, wie →Urs Widmer erklärt. Er fügt aber hinzu: „ Nicht dass uns die derzeitige deutsche Kultur besonders gefiele. Sie ist dennoch unsere. Wir Dichter aus der deutschsprachigen Schweiz sind deutsche Dichter." Einige Zürcher Autorinnen und Autoren wie →Hugo Loetscher, →Paul Nizon, →Adolf Muschg, →Hanna Johansen, →Urs Widmer oder →Thomas Hürlimann sind international berühmt. Darüber hinaus gibt es viele junge Hoffnungsträger wie Lukas Bärfuss, Peter Weber, Catalin Dorian Florescu oder Christian Uetz. Literaten ausländischer Herkunft – von Max Frisch als „die andere Literatur der Schweiz" bezeichnet – gehen stilistisch und thematisch andere Wege, wie die jüngst verstorbene →Aglaja Veteranyi. Auch der enge Zusammenhang zwischen Literatur und Tiefenpsychologie besteht heute noch: Davon zeugen Werke von Paul Parin und Jürg Acklin.

Dieter Bachmann stellt 1998 fest: „Ich denke, die Identitätsdiskussion ist ausgestanden. Wir sollten inzwischen wissen, wer wir sind: das, was wir erst werden müssen. Ich denke, langsam findet sich eine Mehrheit für den Gedanken, dass wir in Zukunft erst wieder Schweizer sein dürfen, wenn wir Europäer sind." Ersetzen wir das Wort „Schweizer" durch „Zürcher" und lesen nun, wie europäisch diese Stadt im Laufe der Jahrhunderte schon war, auch wenn sie es sich nicht gern eingesteht.

# 1. JOSEPH ADDISON

(1672 Milston/Wiltshire – 1719 London)
Dichter, Dramatiker, Essayist, Politiker

Der achtundzwanzigjährige Dichter und Tutor am Oxforder Magdalen College unternimmt 1699–1704 eine „Grand Tour", d.h. eine ausgedehnte Bildungsreise durch Europa: Er soll Kontakte zu den englischen Diplomaten auf dem Kontinent aufnehmen, und außerdem möchte er die führenden Literaten der Zeit treffen. Nach einem langen Aufenthalt in Frankreich und in Italien verbringt er die Jahre 1701–02 in Genf. Dann bricht er Anfang August 1702 nach Wien auf, über Fribourg, Bern, Solothurn und Zürich. Dort übernachtet er im ■ I „Gasthaus Zum Schwert".
„Folgenden Tags speisten wir zu Mittag in Zürich, das am unteren Ende des Sees gelegen ist und als die hübscheste Stadt der Schweiz gilt. Die wichtigsten Dinge, die man den Fremden zeigt, sind das Zeughaus, die Bibliothek und das Rathaus. Letzteres ist erst kürzlich fertiggestellt worden und ist ein sehr feines Stück Architektur [...] Das ganze Gebäude ist in der Tat so gut konzipiert, daß es sogar in Italien eine gute Figur machen würde. Schade nur, daß man die Schönheit der Mauern durch eine große Menge kindischer lateinischer Sprüche verunstaltet hat, die oft ein bloßes Wortgeklingel sind [...] Die Bibliothek ist ein sehr großer Raum, sehr gut ausgestattet", notiert er in seinem Reisebericht. Sein größter literarischer Verdienst ist die Zeitung *The Spectator*, die er 1711–12 zusammen mit seinem Freund Steele herausgibt. Mit seinen kritischen Essays, zum größten Teil der Literatur gewidmet, beabsichtigt er, den Geschmack des breiten Publikums zu bilden. Der immense Erfolg vom *Spectator* hat nicht nur den damaligen englischen Roman beeinflußt, sondern auch u. a. → Bodmer und → Breitinger dazu inspiriert, ihrerseits moralische Wochenschriften ins Leben zu rufen.

W: *Remarcs on several parts of Italy, etc. in the years 1701, 1702, 1703* (1705).
📖 P. Smithers: *The Life of Joseph Addison* (1954); H. J. Possin: *Natur und Landschaft bei Addison* (1965); R. M. Otten: *Joseph Addison* (1982).

# 2. JÜRG AMANN

(1947 Winterthur ZH) Dramatiker, Erzähler, Romancier, Kritiker, Lyriker

Der Sohn eines Lyrikers ist nach seinem Studium der Germanitik, europäischer Volksliteratur und Publizistik in Zürich und Berlin als Dramaturg am ■ N „Schauspielhaus" 1974–76 tätig.
Seine erste literarische Arbeit ist folgerichtig ein Theaterstück: *Das Fenster*. Ferner arbeitet er als Literaturrezensent beim Zürcher *Tages-Anzeiger* und dem Schweizer Radio. Seit

1976 ist er freier Schriftsteller. Für die Erzählung *Rondo* (in *Die Baumschule*) wird er 1982 mit dem „Ingeborg-Bachmann-Preis" ausgezeichnet und schafft damit den literarischen Durchbruch. Mit zwei Schriftstellern, → Franz Kafka und → Robert Walser, setzt er sich in mehreren Büchern auseinander: Beide sind in erster Linie Künstler und durch ihre Realitätsfremdheit unfähig, menschliche Beziehungen einzugehen. Amanns spätere Texte und Theaterstücke zeigen eher, das ein engagiertes Leben mehr Gewicht erhalten kann als ein isoliertes Künstlerdasein. Jürg Amann hat zahlreiche Literaturpreise erhalten (u. a. „Conrad-Ferdinand-Meyer-Preis", „Preis der Schweizerischen Schillerstiftung" und dreimal den „Preis des Internationalen Hörspielzentrums"). Er lebt heute im ■ 2 „Haus Zum Spiegel", Napfgasse 3.

W: a) Prosa: *Die Baumschule* (1982); *Robert Walser. Auf der Suche nach einem verlorenem Sohn.* Essay (1985); *Tod Weidigs* (1989); *Schöne Aussicht* (1997); *Ikarus* (1998); *Kafka. Wort-Bild-Essay* (2002); *Am Ufer des Flusses* (2001). b) Theater: *Das Fenster* (1975); *Büchners Lenz* (1984); *Nach dem Fest* (1988); *Ich bin nicht Ihre Luise* (1995); *Reise zum Nordpol* (1997); *Weil immer das Meer vor der Liebe ist* (2000). c) Lyrik: *Und über die Liebe wäre wieder zu sprechen* (1994).

📖 B. v. Matt (Hg.): *Antworten. Die Literatur der deutschsprachigen Schweiz in den achtziger Jahren* (1991).

### 3. HANS ARP
(1887 Straßburg – 1960 Basel)
Maler, Bildhauer, Dichter
Kontakt mit der Schweiz hat Arp schon 1908 bis 1910, als er „einsam am Fuße der Rigi zwischen Weggis und Greppen" dichtet, zeichnet, malt und bildhauert, und 1911 als Mitbegründer der schweizerischen Künstlervereinigung „Moderner Bund". Obwohl dieses Land ihm mehrmals die Verleihung der Staatsbürgerschaft verweigert hat, zieht er 1915 nach Zürich und wohnt zunächst ■ 3a Forchstraße 114. Dort findet er andere pazifistische Kollegen aus seiner Straßburger Studentenzeit wieder wie → René Schickele und → Otto Flake. „Eine Ausstellung in der Zürcher Galerie Tanner im November 1915 sollte in meinem Leben entscheidend werden. Ich begegnete dort Sophie Taeuber." In Zürich lernt er ebenfalls weitere Künstler und Schriftsteller kennen, mit denen er die ➤ Dada-Bewegung im ■ D „Cabaret Voltaire" ins Leben ruft. „Wahnsinn und Mord wetteiferten miteinander, als Dada 1916 in Zürich aus dem Urgrund emporstieg [...] Wir sprachen von Dada als von einem Kreuzzug, der das gelobte Land des Schöpferischen zurückgewinnen werde", erinnert er sich. In seinem Atelier am ■ 3b Zeltweg 83 – zeitweilig Hautquartier der Dada-Bewegung – entwickelt Arp einerseits sein künstlerisches Können, bei dem nun der Zufall als Kompositionsprinzip eine

Rolle spielt; allerlei Materialien werden benutzt: „Sophie Taeuber und ich malten, stickten und klebten im Jahre 1915 Bilder, die wahrscheinlich die ersten Werke ‚konkreter Kunst' sind." Als Broterwerb unterrichtet er Kunst: „Es gehörte viel Mut dazu, im Jahr 1915 an der Kunstgewerbeschule von Zürich zu unterrichten, wenn man die Absicht hatte, den Kampf gegen den Blumenkranz aufzunehmen. Der Blumenkranz war ein Ungeheuer [...] Scharen junger Mädchen eilten aus allen Kantonen der Schweiz nach Zürich mit dem brennenden Wunsch, unaufhörlich Blumenkränze auf Kissen zu sticken." Andererseits versucht er sich erneut als Dichter. Wie die anderen Dadaisten experimentiert er mit einfachen Wörtern und Lautmalerei. „Entwurf folgte Wurf auf Wurf auf Entwurf. Es fiel uns ein, es fiel uns aus. Es wurde verworfen angenommen verworfen. Auf meine Dichtung hatte diese Zeit einen förderlichen Einfluß." In seiner Anthologie *Zeitgenössische Dichtung des Elsasses* (1905) hatte Karl Gruber schon nachdrücklich auf die Meriten des jungen Dichters hingewiesen. Arps neue dadaistischen Dichtungen erscheinen – von ihm selbst illustriert – in den Zeitschriften *Dada 4/5* und *Der Zeltweg*. 1919 verläßt er mit Sophie Taeuber Zürich, um sich mit Max Ernst aktiv an der Kölner Dada-Bewegung zu beteiligen. Nach Zürich kommt er nochmals 1942, als er mit seiner Frau aus Paris über Südfrankreich flieht und versucht, in die USA zu emigrieren. Sophie Taeuber-Arp stirbt 1943 in Zürich und Arp kehrt nach Paris zurück.

W: *Die Wolkenpumpe* (1920); *Erinnerungen und Bekenntnisse.* In: *Dada in Zürich* (1957); *Unsern täglichen Traum. ... Erinnerungen, Dichtungen und Betrachtungen aus den Jahren 1914–1954* (1995).
📖 *Zürich überhaupt* (1970); *Sophie Taeuber – Hans Arp.* Katalog der Ausstellung in Bern 1988; *Hans Arp.* Katalog der Ausstellung in Nürnberg, Stuttgart, Zürich 1994.

## 4. INGEBORG BACHMANN
### (1926 Klagenfurt/Kärnten – 1973 Rom)
### Dichterin

Die Beziehung Ingeborg Bachmanns zu Zürich ist bedingt durch ihr Liebesverhältnis zu → Max Frisch. Nach einer ersten kurzen Begegnung 1957 in München und einer zweiten flüchtigen in Paris 1958 überstürzen sich die Ereignisse. Bald reist Ingeborg Bachmann nach Zürich. „Die Verstörte am Bahnhof; ihr Gepäck, ihr Schirm, ihre Taschen. Eine Woche in Zürich als Liebespaar und aus klarer Erkenntnis der erste Abschied", schreibt Frisch in *Montauk*, eine Erzählung mit stark autobiographischen Zügen. Denn die schwankende Liaison ist literarisches Material und hinterläßt (unterschiedliche) Spuren in beider Werken. Im Roman *Mein Name sei Gantenbein* trägt Lila

Züge der Geliebten; in *Tryptichon mit Dame* ist sie ebenfalls anwesend. Das Zusammenleben in Rom gestaltet sich schwierig, deswegen schlägt Frisch vor, es in Zürich mit zwei Wohnungen zu versuchen. Sieben Monate verbringt Ingeborg Bachmann 1958/59 „in dem Haus, wo Gottfried Keller als Staatsschreiber gewohnt hat, mit Türen aus Nußbaum, Beschläge aus Messing", ■ 4a Kirchgasse 33. Später wird sie doch Frischs „Haus zum Langenbaum" in ■ 4b Uetikon, Seestraße 152 teilen. Aber auf eine feste Bindung mit dem soeben geschiedenen Autor läßt sie sich nicht ein und möchte ihre Freiheit behalten („Ihre Freiheit gehört zu ihrem Glanz", bekennt Frisch). Sie hält ihn auch fern von ihrer Mitarbeit in der „Gruppe 47" und lebt dann vorwiegend in Italien, wo Frisch sie zeitweise besucht. Die inzwischen berühmte Dichterin erhält 1959 den Hörspielpreis für *Der gute Gott von Manhattan* und belegt 1959/60 als erste Dozentin den neugegründeten Lehrstuhl für Poetik an der Universität Frankfurt. 1961 wird sie in die Berliner Akademie der Künste aufgenommen, im Erscheinungsjahr ihres preisgekrönten Erzählbands *Das dreißigste Jahr*. In Übersetzungen von Gedichten Giuseppi Ungarettis zeigt sie ihre gesamteuropäische Sicht der Literatur. Trotz wiederholter Aufenthalte in Zürich, wo sie die Großen der Literaturszene u. a. in der ■ K Kronenhalle kennenlernt, kränkelt 1962/63 ihre Beziehung zu Frisch. Nach einem psychischen Zusammenbruch muß die Dichterin für vier Wochen in die Zürcher Bircher-Benner-Klinik eingewiesen werden – der Beginn einer langen Reihe von Krankenhausaufenthalten. 1963 treffen sich Frisch und Bachmann zum letzten Mal in Rom. In einigen ihrer Werke – u. a. *Malina, Requiem für Fanny Goldmann* und *Der Fall Franza* – kommt in oft experimentellen Formen immer wieder als Leitmotiv die kaltblütige Vernichtung von Frauen durch die patriarchalische Gesellschaft vor: Verbrechen, die man „Indiskretion oder Hochverrat am anderen nennen kann." Ein guter Bekannter beschreibt ihren Zustand Anfang 1964: „Die mehrjährige Beziehung zu einem Schweizer Schriftsteller war – zumindest empfand sie es so – zu einem mörderischen Existenzkampf ausgeartet, der sie als Verlierer auf allen Linien zurückgelassen hatte."

W: *Malina* (1971); *Requiem für Fanny Goldmann* (Fragment); *Der Fall Franza* (Fragment); *Todesarten* (Projekt, 1995).
📖 H. Pausch: *Ingeborg Bachmann* (1987); P. Beicken: *Ingeborg Bachmann* (1988); M. Albrecht: *,Die andere Seite'. Zur Bedeutung von Werk und Person Max Frischs in Ingeborg Bachmanns ,Todesarten'* (1989); *Ingeborg Bachmann. Das Lächeln der Sphinx. Wiederbegegnung mit der Autorin*. In: *du* September 1994; *Ingeborg Bachmann*. Sonderband von *Text + Kritik* (1995); H. Höller: *Ingeborg Bachmann* (1999); J. Hoell: *Ingeborg Bachmann* (2001); R. Schneider: *Die Dichterin und der Literat: Ingeborg Bachmann und Max Frisch*. In: *Berliner Illustrierte Zeitung* vom 26. 8. 2001.

## 5. HUGO BALL
### (1886 Pirmasens – 1927 Sant'Ab... ...dio TI)
### Schriftsteller, Schauspieler, Journalist

Als er sich nach Zürich begibt, hat Ball in Berlin und München ein Theaterstück sowie Gedichte und Essays über das Theater veröffentlicht, außerdem arbeitet er an avantgardistischen Zeitschriften mit. → Richard Huelsenbeck lernt er in Berlin 1914 und → Emmy Hennings in der Künstlerkneipe „Simplicissimus" in München 1912 kennen. Zusammen mit dieser verläßt er 1915 Deutschland, um seiner Einberufung zur Wehrmacht zu entgehen. In Zürich meldet er sich unter dem Namen John Höxters an, was ihm eine Gefängnisstrafe wegen falscher Ausweispapiere einbringt. Seine Wohnung wechselt er oft: ■ 5a Schoffelgasse 7, ■ 5b Niederdorfstraße 13, ■ 5c Hirschengraben 74, ■ 5d Schützengasse 22 und ■ 5e Predigerplatz 44. Von Zürich hat er gemischte Eindrücke: „Man lebt in Zürich: Ländlich unter Morphinisten. Viele Franzosen gibt es [...] Die elektrischen Wagen sind blau wie in München [...] Singende Aale und Wasserratten von der Limmat her. Dahinter der See: Ein blaugrauer Sack. Auf der Straße begibt sich: Die larmoyante Musik der Heilsarmee [...] Die Zeit ist vorsichtig und langsam [...] Sehen Sie, so kultiviert man hier in der Arbeiterschaft und unter Gebildeten: ganz ohne Lärm, ganz ohne Aufsehen." In *Flametti* sieht er die Altstadt poetischer: „Die Giebel zerschnitten sich hoch in der Luft. Die Häuser barsten von Feuer und Licht. [...] Auf ging der Mond und in den Konzertlokalen tummelten freundliche Sängerinnen und früheste Zauberkünstler bereits ihre Stimmen." Er, der sich in Berlin mit den Schriften Bakunins und Kropotkins auseinandergesetzt hat, tritt im ➤ Restaurant „Schwänli" in Kontakt zu dem Zürcher anarchistischen Armenarzt Fritz Brupbacher und schreibt Artikel für dessen Zeitschrift *Der Revoluzzer*. Für → René Schickeles *Weiße Blätter* verfaßt er ebenfalls pazifistische Beiträge. Im Herbst 1915 müssen sich Hugo Ball und Emmy Hennings dem Varieté-Ensemble „Maxim" im ■ J „Gasthof Hirschen" anschließen, um zu überleben. Bei regelmäßigen Zusammenkünften im ■ O 5 „Café de la Terrasse" oder im ■ E „Café Odeon" plant Ball zusammen mit Richard Huelsenbeck, → Tristan Tzara, → Hans Arp, Marcel Janco und Sophie Täuber, in Zürich jene künstlerischen Projekte weiter zu entwickeln, die einige von ihnen in München und Berlin teilweise realisiert hatten. Am 9.2.1916 meldet die *Neue Zürcher Zeitung:* „Am Abend des 5. Februars fand die Eröffnung des neuen Künstlerkabaretts ‚Voltaire' statt, das nach dem Vorbild des Münchner ‚Simplicissimus' unter Leitung des früheren Dramaturgen des Münchner Kammerspiele, Hugo Ball, Zürich wiederum um eine interessante und unterhaltende Geistes-

und Vergnügungsstätte bereichert. [...] Die ungetrübte Freude der Anwesenden, die im lebhaften Beifall der Vorträge Ausdruck fand, die animierte Stimmung bewies, dass das Kabarett, dem Anfang nach zu schliessen, eine gewisse künstlerische Höhe zu halten sich bestrebt." Die ➢ Dada-Bewegung hat im ■ D „Cabaret Voltaire" ihren Lauf genommen. Ball, der in die ■ 5f Hornbachstraße 68, dann in die ■ 5g Theaterstraße 22 umgezogen ist, gründet die Zeitschrift *Cabaret Voltaire*, in der dreisprachige Beiträge zu lesen sind. Er will „über den Krieg und die Vaterländer hinweg an die wenigen Unabhängigen [...] erinnern, die andere Ideale haben." Im Juli 1916 bricht Ball mit Dada und beendet sein Buch *Flametti*. Zwischendurch in Ascona (TI) verweilend, beginnt er seinen Roman *Tenderenda der Phantast*, der erst 1967 erscheinen wird. Trotz einiger Unstimmigkeiten eröffnet er im März mit →Tzara die ■ H „Galerie Dada" 1917. Zwei Monate später überwirft er sich mit ihm, verläßt Zürich endgültig und geht ins Tessin, dann nach Bern, wohin ihm Emmy Hennings bald folgt.

W: *Dada-Gedichte* (1916); *Flametti oder Vom Dandysmus der Armen* (1918); *Die Flucht aus der Zeit* (1927); *Tenderenda der Phantast* (1967); *Hugo Ball und Emmy Hennings: Damals in Zürich. Briefe aus den Jahren 1915–1917* (1978).

📖 H. Hesse: *Nachruf auf Hugo Ball* (1927); E. Hennings: *Hugo Ball. Sein Leben in Briefen und Gedichten* (1930); F. Glauser: *Dada, Ascona und andere Erinnerungen* (1977); R. Huelsenbeck: *Bis ans Ende der Freiheit* (1984); G. Huonker: *Dada ist – was ist Dada?* In: ders.: *Literaturszene Zürich* (1986); *Dada Zürich* (1998); *Emmy Ball-Hennings." ich bin so vielfach ...".* Katalog der Ausstellungen in Zürich und Flensburg 1999.

## 6. EMMY BALL-HENNINGS

(1885 Flensburg – 1948 Sorengo TI)
Schauspielerin, Schriftstellerin

„Wir kamen recht spät in der Nacht in Zürich an, und schon früh am nächsten Morgen legte Hugo seine sämtlichen, grundehrlichen Ausweise auf den Tisch, bis auf das Zeugnis, daß er als Kind mit Erfolg geimpft worden sei. Es regnete in Strömen, war kühl und ungemütlich. Noch saßen wir am häuslichen Herd [...] als es schon an der Tür klopfte, und herein kam ein Herr mit tropfnassem Regenschirm, der um Entschuldigung bat, weil er zu so früher Stunde stören müsse, er sei Kriminalbeamter, dem es von Berufs wegen nicht gestattet sei, vorher schriftlich anzufragen, ob sein Besuch angenehm sei oder nicht [...]", berichtet sie in ihrer Autobiographie. Daraufhin wird → Hugo Ball zwecks Überprüfung abgeführt und erst zwölf Tage später entlassen. Emmy Hennings hat den Dichter 1912 in München kennengelernt, wo sie als Vortragskünstlerin auftrat und mit der gesamten Boheme befreundet war. 1915 folgt sie ihm als Kriegsgegnerin nach Zürich. „Ich habe im Grunde eine unbesiegbare Aversion gegen jedes System und keine Lust mich einem anderem Gesetz unterzuordnen, als dem heiligen Eigensinn." Sie arbeitet zunächst als Diseuse in der „Bonbonnière": „[...] im Mittelpunkt der Stadt, nahe dem Hauptbahnhof [...] Im Kabarett tritt auf: Emmy Hennings: grüne Joppe, schwarze Satinhosen, blonder Schopf." Sie figuriert dann in „Marcellis Damenensemble" und wird anschließend wie Ball Mitglied des „Maxim"-Ensembles im ■ J „Gasthof Hirschen". In der ■ 6a Schoffelgasse 7 und der ■ 6b Niederdorfstraße 13 lebt sie mit Ball zusammen in bitterer Armut und schreckt gelegentlich selbst vor der Prostitution nicht zurück, um zu überleben und ihre Morphiumsucht zu befriedigen. 1916 ist sie Mitbegründerin des ■ D „Cabaret Voltaire", dessen Hauptattraktion sie bildet, und später der ■ H „Galerie Dada". →Richard Huelsenbeck urteilt: „Emmy Hennings wurde die Seele des Cabarets, ihre Couplets retteten uns vor dem Hungertod." Sie selbst dichtet über ihr Nachtleben: „Ich gehe morgens früh nach Haus. / Die Uhr schlägt fünf, es wird schon hell, / Doch brennt das Licht noch im Hotel. / Das Cabaret ist endlich aus. / Zum Markte fahren schon die Bauern, / Zur Kirche geht man still und alt [...]" Das dichterische Werk Emmy Hennings' stand lange im Schatten Hugo Balls. In Zürich hat sie maßgeblich zur Gründung der ➤ Dada-Bewegung beigetragen, zahlreiche Gedichte verfaßt, ihr Buch *Gefängnis* fertiggestellt und am neuen Roman *Das Brandmal* gearbeitet. Nach dem Bruch Balls mit Dada 1917 und seiner Übersiedlung nach Bern wird sie ihm dorthin folgen und nur noch gelegentlich nach Zürich kommen; dann wohnt sie in der ■ 6c Theaterstraße 22 und ■ 6d Stüssihofstatt 14. „Sie ist die reinste Reinkarnation des weiblichen Vagabundes, die in der deutschen Dichtung vielleicht je da war", schreibt ihr Freund Klabund.

W: *Betrunken taumeln alle Litfaßsäulen. Frühe Texte und autobiographische Schriften 1913–1922.* Hg. v. B. Merkelbach (1990); *Hans von Kalleby* (1917); *Gefängnis* (1919); *Das Brandmal* (1920); *Hugo Ball. Sein Leben in Briefen und Gedichten* (1930); *Ruf und Echo. Mein Leben mit Hugo Ball* (1953, ²1990); *Hugo Ball und Emmy Hennings. Damals in Zürich. Briefe aus den Jahren 1915–1917* (1978); *Rebellen und Bekenner* (Typoskript). ▭ H. Ball: *Flucht aus der Zeit* (1927); K. Guggenheim: *Alles in allem* (1952ff); *Dada Zürich* (1998); R. Gass: *Emmy Ball-Hennings. Wege und Umwege zum Paradies. Biographie* (1998); *Emmy Hennings 1885–1948. „ich bin so vielfach …" Texte. Bilder. Dokumente.* Katalog der Ausstellungen Zürich und Flensburg 1999; B. Reetz: *Emmy Ball-Hennings. Leben im Vielleicht* (2001).

## 7. MARGRIT BAUR
### (1937 Adliswil ZH) Schriftstellerin, Schauspielerin

„Sie schlitzen uns den Leib auf und stopfen uns ihre Sprache rein", so stellt die Autorin ihre Machtlosigkeit gegenüber der Manipulation durch Sprache in *Von Straßen, Plätzen und ferneren Umständen* fest. Dagegen protestiert sie durch den provokanten Untertitel „Drei Romane" und einen bewußt kühlen, sachlichen Stil: Der

Roman besteht nur noch aus extrem kurzen Kapiteln und löst sich als solcher auf. Ebenfalls in *Überleben* und *Ausfallzeit* gibt die ehemalige Schauspielerin ihre aktuelle Erfahrung wieder – als Frau zwischen Beruf und Privatleben aufgespalten, durch einen tristen Alltag und Krankheit zermürbt. In *Überleben* zerpflückt sie den Mythos Zürich: „Zürich, sagen die Touristen, ist eine behagliche Stadt. Und wenn sie die Behaglichkeit einer Gummizelle meinen, gebe ich ihnen recht. Wer nicht an die Wände anstößt, spürt ihre Beschaffenheit nicht, und wer sich schön still hält, wird belohnt mit jener dumpfen uterinen Geborgenheit, die für viele das Wohlbefinden macht [...] Und übrigens haben sie auf mehr Bequemlichkeit – falls es sie gibt – natürlich ein Recht, denn sie meinen es gut und väterlich, und was man gegen sie vorbringt, ist erstunken und erlogen; eine Legende; ein gewaltiges Mißverständnis; Geschwätz. Nur wir natürlich, wir sind darauf hereingefallen, weil wir Proleten sind. Weil wir ohnehin nichts begreifen." Sie gehört zu der Schriftstellerinnen-Generation, die sich erst ➤ nach 1971 in der männlich dominierten Literaturszene Gehör verschaffen kann. Ihr Nachdenken über die Sprache wirft die Frage nach dem Sinn des Erzählens auf: In *Geschichtenflucht* erzählen sich Paare Geschichten von Geschichten, um gegen ihre Angst vor dem Alleinsein, dem Tod und der eigenen Sprachlosigkeit anzukämpfen. 1981 erhält sie den Preis der ➤ „Schweizerischen Schillerstiftung" und die Ehrengabe der Stadt Zürich. Sie wohnt heute in

■ 7 Gattikon (ZH), Sihlhaldenstr. 35.

W: *Von Straßen, Plätzen und ferneren Umständen* (1977); *Überleben. Eine unsystematische Ermittlung gegen die Not aller Tage* (1981); *Ausfallzeit* (1983); *Geschichtenflucht* (1988); *Alle Herrlichkeit* (1993).

&#128214; B. v. Matt: *Antworten. Die Literatur der deutschsprachigen Schweiz in den achtziger Jahren* (1991); I. Sebestová: *Frauenliteratur der 70er Jahre in der Schweiz* (2002).

## 8. AUGUST BEBEL

**(1840 Deutz b. Köln – 1913 Passugg GR)**
**Sozialdemokratischer Abgeordneter,**
**politischer Schriftsteller**
Der Gründer und Führer der deutschen „Sozialdemokratischen Arbeiterpartei" (später „Sozialistische Arbeiterpartei Deutschlands") und Reichstagsabegeordnete hat schon mehrere Gefängnisstrafen wegen „Hochverrats" und „Majestätsbeleidigung" abgesessen, als sich seine Situation wegen des vom Reichstag beschlossenen „Sozialistengesetzes" weiter verschlimmert. Bebels berühmtes Werk *Die Frau und der Sozialismus* – als Manifest der Gleichberechtigung angesehen – wird daher heimlich in Leipzig gedruckt und die Zürcher „Volksbuchhandlung des Schweizeri-

schen Arbeiterbundes" zur Tarnung als Verlag angegeben. 1878 beschließt er, vorübergehend nach Zürich ins Exil zu gehen. Die ➢ Sozialdemokratie kann sich in der liberalen Stadt ausdehnen und Bebel die Parteiarbeit von Zürich aus organisieren. Dort ist seine Tochter Frieda mit einem Schweizer Arzt verheiratet und lebt im ■ 8a „Haus Schanzenberg", Schönberggasse 5 (heute kantonale Maturitätschule für Erwachsene), wo Bebel einen Teil seiner Memoiren verfaßt. Er ist Mitbegründer des ab 1879 in Zürich gedruckten und erscheinenden Parteiorgans *Der Sozialdemokrat*, das von dort aus in ganz Europa verbreitet wird: „Illegal, gesetzwidrig vom Standpunkt des Sozialistengesetzes aus, legal, gesetzlich im Ausland, wo sie [die Parteipresse] erschien." 1882 stabilisiert sich die Lage: „Das unter der Firma Schweizerische Vereins- und Volksbuchhandlung bestehende Geschäft, in dem ‚Der Sozialdemokrat' und die Parteischriften gedruckt wurden und das bisher in den Händen eines schweizerischen Genossen [A.Herter] gewesen war, ging in unser Eigentum über. Und zwar wurde der Genosse C.Conzett [...] Leiter desselben [...]." Bebel tritt öfters als Redner in der Schweiz auf und bewundert, daß es dort möglich ist, „die Angehörigen dreier Rassen unter einheitlichen Gesetzen zu einem allen förderlichen Nationalverband zusammenzubringen." 1893 betätigt er sich als Mitorganisator des ➢ Internationalen sozialistischen Arbeiterkongresses in Zürich. Obwohl noch in Berlin ansässig, läßt sich Bebel 1897 in ■ 8b Küsnacht, Seestraße 176, ein Haus bauen, das er nach seiner Frau „Villa Julie" tauft (heute „Villa am See"). Ein Herzleiden zwingt ihn zu einem Kuraufenthalt in Passugg, wo er stirbt. Er wird im Zürcher „Volkshaus" aufgebahrt und anschließend – laut testamentarischer Verfügung – auf dem ■ G 10 Friedhof Sihlfeld begraben; die Zeitungen berichten, daß ca. 15 000 Personen – hauptsächlich Zürcher – am Trauerzug durch die Innenstadt teilgenommen haben.

W: *Die Frau und der Sozialismus* (1879); *Aus meinem Leben* (1910–14).

▢ W.Jung: *August Bebel. Deutscher Patriot und internationaler Sozialist* (1986); *August Bebel 1840–1913. Ein Großer der deutschen Arbeiterbewegung.* Katalog der Ausstellung des Archivs des sozialen Demokratie/Friedrich-Ebert-Stiftung und der Stiftung Preußischer Kulturbesitz. Bonn 1988; H.Hirsch: *August Bebel* (mit Selbstzeugnissen und Bilddokumenten) (1988); *August Bebel: eine Biographie.* Hg. v. e. Autorenkollektiv (1989).

## 9. RICHARD BEER-HOFMANN
### (1866 Rodaun b. Wien – 1945 New York)
### Schriftsteller, Dramatiker, Lyriker

Der jüdische Schriftsteller gehört zum Kreis des Jungen Wien um Hofmannsthal und Schnitzler. Er erlangt um 1900 eine gewisse Berühmtheit durch seine Erzählung *Der Tod Georgs*, in welcher der innere Monolog zum ersten Mal in der deutschen Literatur als Stilmittel angewendet wird. Nach dem „Anschluß" Österreichs 1938 und der Verbrennung seiner Bücher durch die Nazis plant Beer-Hofmann, zusammen mit seiner Frau Paula in die USA auszuwandern, wo ihre Töchter leben. Da dieser Plan jedoch scheitert, flieht das Paar kurz vor Kriegsausbruch nach Zürich. Sie kommen beim Industriellen Bernhard Altmann unter. Am 30. Oktober erliegt Paula einem Herzinfarkt und wird auf dem ■ G 4 Jüdischen Friedhof Unterer Friesenberg bestattet. Der Schriftsteller ersucht um eine Aufenthaltsgenehmigung in der Schweiz, die ihm verweigert wird. Er verläßt Zürich am 21. 11. 1939 und erreicht – nach einer abenteuerlichen Odyssee durch Europa – endlich New York. Heute ruht er nach eigenem Wunsch an der Seite seiner Frau in Zürich.

W: *The Correspondance of Stefan Zweig with Raoul Auernheimer and with Richard Beer-Hofmann* (1983); *Große Richard Beer-Hofmann-Ausgabe in sechs Bänden* (1993 ff). ▢ *Deutschsprachige Exilliteratur seit 1933* (1976 ff); E. N. Elstun: *Richard Beer-Hofmann. His Life and Work* (1983); D. Foppa: *Berühmte und vergessene Tote* (2000).

## 10. WERNER BERGENGRUEN
(1892 Riga/Lettland – 1964 Baden Baden)
Erzähler, Lyriker, Übersetzer

1946 folgt Bergengruen einer Einladung seines neuen Verlegers Peter Schifferli (Arche Verlag) nach Zürich. Nach seinem Ausschluß aus der Berliner Reichsschrifttumskammer 1937 und dem Verbot seiner Bücher war er aus Protest gegen das Regime in die „innere Emigration" gegangen. Nach dem Krieg läßt er wieder seine Werke veröffentlichen – und zwar in Zürich: drei Gedichtbände *Zauber und Segenssprüche*, *Lobgesang* und *Der hohe Sommer*. Bergengruen wohnt mit seiner Frau bei Freunden in Oerlikon, zunächst in der ■ 10a Allenmoosstraße 106, später ■ 10b Beckhammer 33, wo sie bis 1958 bleiben. 1947 nimmt er am Internationalen PEN-Kongreß in Zürich teil. Im gleichen Jahr wird er von ➤ Kurt Hirschfeld in dessen Wohnung eingeladen, wo ein Treffen u. a. mit →Frisch, →Brecht und →Zuckmayer stattfindet: Die dort versammelten Schriftsteller wollen einen internationalen Friedensappell entwerfen. In den darauffolgenden Zürcher Jahren verfaßt Bergengruen weitere Gedichte, Novellensammlungen, Romane, literarische Betrachtungen und Reiseerinnerungen. In seinem erzählerischen Werk bemüht er sich, „Weltgeschichte zu schreiben aus Geschichten". Seine Figuren sind oft skurile Charaktere, die „unerhörten Begebenheiten" ausgeliefert sind. Erzählen ist für Bergengruen ein „Urbedürfnis der menschlichen Natur". Zeitlebens bleibt er dennoch der Landschaft und der Kultur seiner baltischen Heimat eng verbunden.

W: a) Lyrik: *Zauber und Segenssprüche* (1946*); Lobgesang* (1946); *Der hohe Sommer* (1946); *Dir zu gutem Jahrgeleit* (1949); *Die lombardische Elegie* (1951); *Mit tausend Ranken* (1956); b) Novellensammlungen: *Sternenstand* (1947); *Die Flamme im Säulenholz* (*1953); *Zorn, Zeit und Ewigkeit* (1959); c) Romane: *Pelageja* (1946); *Das Feuerzeichen* (1949); *Die Rittmeister-Trilogie* (1953, 1954, 1962); d) Betrachtungen, Reden: *Im Anfang war das Wort* (1948); *Rede über Goethe* (1949); *Das Geheimnis verbleibt* (1952); *Privilegien des Dichters* (1956).

📖 C. J. Burckhardt: *Über Werner Bergengruen* (1968); H. Kunisch: Artikel *Bergengruen*. In: *Kleines Handbuch der deutschen Gegenwartsliteratur* (1969); H. Bänziger: *Werner Bergengruens Weg und Werk* (⁴1983).

## 11. SILVIO BLATTER

(1946 Bremgarten AG)

Schriftsteller, Regisseur, Maler, Lehrer

„Eigentlich schrieb ich schon immer", bekennt er. Ob beruflich tätig als Grundschullehrer, Hörspielregisseur beim Radio Zürich, Maschinenarbeiter in der Industrie oder als spätberufener Germanistik-Student an der Zürcher Universität, er verfaßt Erzählungen und Romane. Seit 1976 freier Schriftsteller, unterbricht er seine literarische Produktion lediglich von 1992 bis 2001, um sich ganz der Malerei zu widmen. In seinem Werk ragen zwei Hauptthemen hervor: Die Entfremdung von Arbeit und Leben sowie das Zeit- und Sittengemälde des Freiamts Bremgarten. In *Schaltfehler* und *Genormte Tage, verschüttete Zeit* greift Blatter seine Erfahrung und Beobachtungen aus der Fabrikwelt auf. Es handelt sich dabei nicht um Dokumentarisches, sondern um menschliche Porträts von Arbeitern, die zwar die herrschenden Verhältnisse akzeptieren, jedoch um ihre persönliche Entfaltung gebracht werden. Dagegen steht die zerbrechliche Welt seiner Heimat im Zentrum der Trilogie *Zunehmendes Heimweh, Kein schöner Land* und *Das sanfte Gesetz.* Umgekehrt werden in *Avenue Amerika* Räume und Zeiten aufgehoben, die geistige Heimat gewinnt an Bedeutung: „Wenn du an die Distanzen zwischen den einzelnen Sternen denkst, verlieren alle Maßstäbe ihre Bedeutung und Lichtjahre werden zu Katzensprüngen, dann ist der Weg von Zürich nach Bern nichts mehr, gar nichts." Zahlreiche Auszeichnungen krönen sein Werk („Conrad-Ferdinand-Meyer-Preis", zweimaliger „Förderungspreis der Stadt Zürich", „Preis der Neuen-Literarischen-Gesellschaft Hamburg"). Er lebt abwechselnd in München und ■ 11 Oberglatt (ZH), Bahnrein 3.

W: *Eine Wohnung im Erdgeschoss* (1970); *Schaltfehler* (1972); *Mary Long* (1973); *Genormte Tage, verschüttete Zeit* (1976); *Zunehmendes Heimweh* (1978); *Kein schöner Land* (1983); *Das sanfte Gesetz (1988); Avenue Amerika* (1992); *Die Glückszahl* (2001).

📖 H. Ester: *Heimat und Identität im Werk Silvio Blatters.* In: R. Acker / M. Burkhard (Hg.): *Blick auf die Schweiz* (1970); *Die zeitgenössischen Literaturen der Schweiz* (1974); H. M. Vaidson: *Silvio Blatter: Realism and Society in Modern Switzerland.* In: *World Literature Today*, Bd. 1 (1990).

## 12. ERNST BLOCH

(1885 Ludwigshafen – 1977 Tübingen)
Schriftsteller, Philosoph
Schon 1917–19 lernt der überzeugte Kriegsgeg-
ner Zürich kennen. Er residiert zwar in Bern, wo
er an einem Forschungsauftrag des Heidelberger
„Archivs für Sozialwissenschaften" über *Politische
Programme und Utopien in der Schweiz* arbeitet.
Aber man findet ihn zeitweilig im ■ E „Café Odeon" unter den
➤„Ethikern". Sein erstes, in dieser Zeit entstandenes Hauptwerk
*Geist der Utopie* ist ein Dokument des Expressionismus, in dem der
brennende Wunsch nach einer neuen Welt und einem neuen Menschen zum Ausdruck kommt. Die mit ihm befreundete →Margarete
Susman begrüßt in der *Frankfurter Zeitung* überschwenglich die
Geburt einer „neuen deutschen Metaphysik". Nach Berlin zurückgekehrt, arbeitet er als Feuilletonist für mehrere Zeitungen, in denen
er schon früh vor den heraufkommenden faschistischen Tendenzen
warnt. Deshalb und wegen seines Eintretens für die KPD muß er mit
seiner Lebensgefährtin und späteren Frau Karola im März 1933
schließlich nach Zürich fliehen. Er kommt in ■ 12a Küsnacht,
Schiedhaldensteg 12 unter, dann in der Wohnung des Schriftstellers
→Hans Mühlestein in der ■ 12b Zollikerstr. 257. Bloch verfaßt ebenfalls zwei Aufsätze für die Exilzeitschrift *Die Sammlung: Aus der
Geschichte der großen Verschwendung* und *Der erste deutsche Rassenphilosoph.* Erst 1935 kann *Erbschaft dieser Zeit*, ein Buch gegen
den Nationalsozialismus, in ➤Oprechts „Europa Verlag" gedruckt
werden. 1934 wird er aus Zürich ausgewiesen, flieht über Österreich
und Frankreich in die Tschechoslowakei und schließlich in die USA.

W: *Kampf, nicht Krieg. Politische Schriften 1917–19*; *Politische Programme und Utopien
in der Schweiz* (1918); *Geist der Utopie* (1918); *Erbschaft dieser Zeit* (1935); *Der erste deutsche Rassenphilosoph* (1935); *Aus der Geschichte der großen Verschwendung* (1935).
📖 S. Markun: *Ernst Bloch* (1977); *Deutsche Intellektuelle im Exil* (1993); K. Bloch: *Aus
meinem Leben* (1995); F. Wende: *Ernst Bloch.* In: *Deutschsprachige Schriftsteller im
Schweizer Exil 1933–1950.* Begleitbuch zur Ausstellung Frankfurt a. M. 2002.

## 13. JOHANN JACOB BODMER

(1698 Greifensee ZH – 1783 Zürich)
Schriftsteller, Dichtungstheoretiker,
Übersetzer, Historiker, Verleger
Johann Jacob Bodmer und sein Freund →Johann
Jacob Breitinger haben aus Zürich zur Zeit der
➤Aufklärung ein Forum ästhetisch-literari-
scher Auseinandersetzungen gemacht. Nach
seinem Studium am Zürcher ■ F „Collegium Carolinum", das er
1718 abbricht, sammelt Bodmer erst kaufmännische Erfahrungen

in Genf, Lyon, Lugano (wo Verwandte eine Seidenspinnerei besitzen) und Oberitalien: „Anstatt merkantilischer Studien brachte ich aus Frankreich Addisons Spectator und Corneillens Theater, aus der Lombardei Tassos Gerusalemme nach Hause [...] Ich las Miltons Verlornes Paradies [...] Die Neugier, ein Werk von so wunderbarem Inhalt zu kennen, hatte sich meines ganzen Geistes bemächtigt." Diese Begegnung verändert grundlegend seine zuvor der französischen Naturästhetik nahestehenden Kunstauffassung. Er verfaßt mehrere Aufsätze zur Poesie und 1740, im gleichen Jahr wie Breitingers *Critische Dichtkunst*, bringt er seine *Critische Abhandlung über das Wunderbare in der Poesie* heraus, eine ernstzunehmende Kritik an Johann Christoph Gottscheds Thesen (*Versuch einer Critischen Dichtkunst*). Bodmer zufolge soll der Dichter das Wesen der Dinge „mahlen" wie es seine „Phantasie" (und nicht nur der Verstand) erkenne und so „die Krafft der Gemüther einnehmen und entzücken". Er läßt neben dem Wirklichen auch das Mögliche, d.h. das „Wunderbare" gelten, das der Dichtung Kraft verleiht: „Alleine die Sachen, die nicht weiter bequem sind, als unsern Vorwitz zu stillen, ziehen uns nicht so sehr an sich, als die Sachen, die vermögend sind, uns das Herz zu rühren". Er setzt Malerei und Dichtkunst gleich, auch in ihren künstlerischen Mitteln. Konsequenterweise müsse eine neue poetische Sprache ausgebildet werden, da die Alltagssprache unzureichend sei, um das „Wunderbare" auszudrücken. Infolgedessen verteidigt Bodmer den Gebrauch des Alemannischen – für ihn ist der Zusammenhang von Sprache und Nationalcharakter unauflösbar: „Die Idiotismen [...] machen eine Sprache eigen, und nicht eigensinnig; bilderreich, mannigfaltig; die geben ihr das wahre Launische, das mit dem Gefühl der Nation übereinstimmt". Mit Breitinger gründet er 1720 die „Gesellschaft der Mahler", als deren Organ die moralische Wochenschrift *Discourse der Mahlern* 1721 erscheint (wird 1723 eingestellt und 1746 unter dem Namen *Der Mahler Der Sitten* neu herausgegeben). Bodmers Aufsätze bilden nicht nur die Essenz seines Gesamtwerkes, sondern begründen seinen eminenten Ruf inner- und außerhalb der Schweiz. Er sinnt z. B. auf eine neue Methode, die Schweizer Geschichte darzustellen: Der „Original-Historicus" soll – anders als die alten „Copisten" – Charakter und Sitten „von einem Volck oder von einer Person" berücksichtigen. Mit Breitinger gibt er daher 1735 die *Helvetische Bibliothek* und 1739 die *Historischen und Critischen Beiträge zu der Historie der Eidsgenossen* heraus; 1762 gründet Bodmer die „Historisch-politische Gesellschaft" in Zürich. Der nächste Schritt führt ihn dazu, die nationale, philologische und literarische Bedeutung des „schwäbischen" Minnesangs und der mittelhochdeutschen Epik neu zu entdecken. In Zusammenarbeit mit Breitinger gibt er

1759 die *Manessische Liederhandschrift* (heute *Große Heidelberger Liederhandschrift*) mit Dichtungen von →Johannes Hadlaub vollständig heraus, ebenso das *Nibelungenlied, Willehalm* und Wolfram von Eschenbachs *Parzifal*. Seine Übersetzungstätigkeit und -theorien setzen neue wissenschaftiche Maßstäbe für gut ein Jahrhundert: eine exakte Wiedergabe ist für ihn erstes Gebot. Aus Begeisterung für Miltons *Paradise Lost* – in Zürich nicht ungeteilt – verfaßt er zwischen 1723 und 1780 nicht weniger als sechs neue Übersetzungen des Werkes. Außerdem überträgt er Homers Werke in Hexametern ins Deutsche: „Der Herzog [Carl-August von Sachsen-Weimar] sagte gleich, daß er käme, den Vertrauten Homers zu begrüßen [...] Der Herzog fragte, wie lange ich daran gearbeitet habe. Ich sagte, nicht achtzig Jahre, wie jemand gesagt hätte, aber wohl sechzig Jahre hab ich mit ihm Bekanntschaft gehabt", berichtet Bodmer im November 1779. Die Auseinandersetzung mit Konkurrenten und Kritikern führt ihn dazu, übersetzungstheoretische Schriften zu verfassen. Nach mancherlei Querelen mit seinen Verlegern gründet er 1734 mit seinem Neffen Conrad Orell die ➤ Verlagsbuchhandlung „Conrad Orell und Comp.", welche die berühmtesten Werke und Übersetzungen des südlichen deutschen Sprachraums herausgibt. Gemäß seinen Ansichten fördert er unablässig Zürcher wie fremde Dichter, was ihm den Spitznamen „Vater der Jünglinge" einbringt. Zu seinen berühmtesten Schülern zählen sowohl Deutsche, die seine Gäste sind (→Klopstock, →Wieland), als auch seine Studenten am ■ F „Collegium Carolinum" (u. a. der Maler und Dichter → J.H. Füssli, der berühmte Altphilologe J.J. Steinbrüchel und →Lavater). „Die hageren Beine übereinandergelegt, im Stuhle zurückgelehnt [...] gab er sich in lauter Melancholie dem Andenken an jene trüben Erfahrungen hin, da kurz nacheinander die seraphischen Jünglinge Klopstock und Wieland, die er nach Zürich gerufen, seine heilige Vaterfreundschaft und poetische Brüderschaft so schnöde getäuscht und hintergangen hatten [...]", stellt sich →Gottfried Keller Bodmer in seiner Novelle *Der Landvogt von Greifensee* vor, in der er dem Gelehrten ein humorvolles Denkmal setzt. Prominente Zeitgenossen kommen von weit her und steigen den Weg zum ■ 13 „Oberen Schöneberg" (heute Schönberggasse 15, Sitz des „Thomas-Mann-Archivs"; Gedenktafel) hinauf – wie der Dichter Wilhelm Heinse 1780 („Bodmer ist die lebendige Chronik unsrer Litteratur; zwar Kind, und eitel wie ein Kind, doch äußerst unterhaltend, und noch voll leichter Blitze von Witz und Verstand und feiner Bosheit") oder der Maler Tischbein 1781. Auch →Goethe kommt 1775 mit den Brüdern →Stolberg, dann 1779 mit dem Herzog Carl August von Sachsen-Weimar und bewundert die herrliche Lage von Bodmers Haus, das dieser bezeichnenderweise der

„Töchterschule" testamentarisch vermacht: „Man übersah vieles von dem, was sich von der großen Stadt nach der Tiefe senkte, die kleinere Stadt über der Limmat sowie die Fruchtbarkeit des Sihlfelds gegen Abend. Rückwärts links einen Teil des Zürichsees [...] Worauf man denn, geblendet von allem diesem, in der Ferne die blaue Reihe der höheren Gebirgsrücken, deren Gipfel zu benamsen man sich getraute, mit größter Sehnsucht zu schauen hatte".
→R. J. Humm hat in *Das Schneckenhaus* das Treffen zwischen Bodmer und Goethe witzig dargestellt und →Robert Faesi das Zusammenleben von Klopstock und Bodmer in *Zürcher Idyllen*.

W: a) *Critische Abhandlung von dem Wunderbaren in der Poesie und dessen Verbindung mit dem Wahrscheinlichen. In einer Vertheidigung des Gedichts Joh. Miltons von dem verlohrnen Paradiese; Der beygefüget ist Joseph Addisons Abhandlung von den Schönheiten in demselben Gedichte* (1740); *Lob der Mundart* (1746); *Chriemhilden Rache, und die Klage; zwey Heldengedichte. Aus dem schwaebischen Zeitpuncte* (1757); *Politische Schauspiele* (1768, 1769); *Homers Werke. Aus dem Griechischen übersetzt von dem Dichter der Noachide. 2 Bde* (1778); *Geschichte der Stadt Zürich* (1773).
b) In Zusammenarbeit mit J. J. Breitinger: *Discourse der Mahlern* (1721–23); *Von dem Einfluss und Gebrauch Der Einbildungs-Krafft [...]* (1727); *Helvetische Bibliothek, Bestehend In Historischen, Politischen und Critischen Beyträgen Zu den Geschichten Des Schweitzerlandes* (1735 ff); *Historische und Critische Beyträge Zu der Historie der Eydsgenossen* (1739); *Martin Opitzens Von Boberfeld Gedichte, Erster Theil [...]* (1745); *Proben der alten schwäbischen Poesie des Dreyzehnten Jahrhunderts. Aus der Manessischen Sammlung* (1748); *Fabeln aus den Zeiten der Minnesinger* (1757); *Sammlung von Minnesingern. Aus dem schwaebischen Zeitpuncte CXL Dichter enthaltend [...]* (1758).
📖 L. Meister: *Über Bodmer*. In: ders. *Helvetiens berühmte Männer* (1783); *Johann Jakob Bodmer. Denkschrift zum CC. Geburtstag* (1900); F. Hafner: *Johann Jacob Bodmer, der Vater des europäischen Zürich*. In: *Geist und Schönheit im Zürich des 18. Jahrhunderts* (1968); W. Bender: *J. J. Bodmer und J. J. Breitinger* (1973); H. Brandes: *Die „Gesellschaft der Maler" und ihr literarischer Beitrag zur Aufklärung. Eine Untersuchung zur Publizistik des 18. Jahrhunderts* (1974); P. M. Rohner: *Die Entwicklung eines schweizerischen Sprachbewußtseins bei Johann Jacob Bodmer* (Phil. Diss. Zürich 1984); *Weltliteratur. Die Lust am Übersetzen im Jahrhundert Goethes*. Eine Ausstellung des Deutschen Literaturarchivs im Schiller-Nationalmuseum Marbach a. N. 1982 ($^2$1989; Kap. 6).

## 14. FRANZ BÖNI
### (1952 Winterthur ZH)
### Schriftsteller, Kaufmann

Bis 1979 als Kaufmann tätig, wird er anschließend freier Schriftsteller und lebt in vielen unterschiedlichen Ländern der Welt. 1989 kehrt er nach Zürich zurück und wohnt in der ■ 14 Berninastraße 127. Die Helden seiner Romane und Erzählungen sind Außenseiter, die in einer Welt mit totalitärem Charakter und menschenverachtenden Strukturen zugrunde gehen; sogar die Natur wird als Bedrohung empfunden (*Ein Wanderer im Alpenregen*). Die Suche nach Glück und Geborgenheit nimmt kafkaeske Züge an, wie in *Die Residenz*. Es sind Figuren, die sich in dieser Welt nicht zurechtfinden, und der Verlust ihrer Illusionen führt die Sinnlosigkeit von Leben und Arbeit herbei. Franz Böni hat den ➢ „Conrad-Ferdinand-Meyer-Preis", den „Bremer Förderpreis" und den „Buchpreis des Kantons Zürich" erhalten.

W: *Ein Wanderer im Alpenregen* (1979); *Die Wanderarbeiter* (1981); *Alle Züge fahren nach Salem* (1984); *Die Residenz* (1988); *Am Ende aller Tage. Erzählungen aus fünfzehn Jahren* (1989); *Der Hausierer* (1991); *Amerika* (1992); *In der Ferienkolonie* (2000).

📖 D. Bachmann: *Vision einer Finsternis, der Erzähler Franz Böni*. In: *Tages-Anzeiger-Magazin* vom 19.9.1981; H. Hultberg: *Der Wanderer. Über Franz Böni*. In: *Text u. Kontext* 2/1983; H. Schödel: *Die Tage vor dem Krieg der Tramps*. In: *Die Zeit* vom 5.10.1984; F. Lerch: *Franz Böni, Realist*. In: *WochenZeitung* vom 29.4.1988.

## 15. HANS BOESCH
(1926 Frümsen-Sennwald SG)
Lyriker, Romancier, Ingenieur
Als gelernter Tiefbautechniker wirkt er am Institut für Orts-, Regional- und Landesplanung der ➢ ETH Zürich, wo er für die Verkehrsplanung zuständig ist, verfaßt jedoch nebenbei seit seinem zwanzigsten Lebensjahr Gedichte. Der Titel seines ersten erfolgreichen Buchs *Das Gerüst* ist von seiner Berufserfahrung in der technischen Welt geprägt, ebenfalls einige Essays wie *Menschen im Bau*, *Der Mensch im Stadtverkehr* oder *Die sinnliche Stadt*. Er wolle „keinen patriarchalischen, sondern einen proletarischen Blickwinkel" einnehmen, schreibt er in *Der Schriftsteller und sein Verhältnis zur Sprache*. Zu seinen bekanntesten Romanen zählen *Die Fliegenfalle* und *Der Kiosk*. Die Hauptfigur von *Die Fliegenfalle*, der Ingenieur Pardiel, weiß am Ende nicht, ob er vielleicht der Arbeiter Jul ist. Hier zeigt sich eine unheimliche Verflechtung des Menschen mit der ihn bestimmenden Welt; das Individuum ist in der Gemeinschaft ausgelöscht oder von den ihn umgebenden Gewalten erdrückt. Boeschs Trilogie *Der Sog, Der Bann* und *Der Kreis* spiegelt durch die Lebensgeschichte der Figuren den Ablauf des 20. Jahrhunderts wider. Seine Lyrik *(Oleander der Jüngling)* steht etwas im Schatten seiner Prosa. Er hat zahlreiche literarische Preise erhalten (u.a. „Conrad-Ferdinand-Meyer-Preis", „Preis der Schweizerischen Schillerstiftung", „Bodensee-Literaturpreis", „Joseph-Breitbach-Preis"). Heute wohnt er in ■ 15 Stäfa (ZH), Eichstraße 10.

W: *Oleander der Jüngling* (1951); *Das Gerüst* (1960); *Die Fliegenfalle* (1968); *Menschen im Bau* (1970); *Der Mensch im Stadtverkehr. Bebildertes Essay* (1975); *Der Kiosk* (1978); *Der Sog* (1988); *Der Bann* (1996); *Der Kreis* (1998); *Die sinnliche Stadt. Essays zur modernen Urbanistik* (2001).

📖 W. Bucher / G. Ammann: *Schweizer Schriftsteller im Gespräch* (1970); P. A. Bloch u. a.: *Der Schriftsteller und sein Verhältnis zur Sprache, dargestellt am Problem der Tempuswahl* (1971); *Die zeitgenössischen Literaturen der Schweiz* (1974); B. v. Matt: *Antworten. Die Literatur der deutschsprachigen Schweiz in den achtziger Jahren* (1991).

## 16. JAKOB BOSSHART

B

(1862 Stürzikon ZH – 1924 Clavadel GR)
Erzähler, Lehrer

Der promovierte Pädagoge und innovative Französischlehrer wird 1899 Rektor der gymnasialen Töchterschule Zürich, ■ 16a Rämistraße 58. Damals wohnt er ■ 16b Obstgartenstraße 5; 1914 erwirbt er ein eigenes Haus in der ■ 16c Hadlaubstraße 77. Neben seinem beruflichen Engagement – er setzt z. B. 1902 eine bedeutende Schulreform durch – verfaßt er ein Drama (Der Arbeiterführer) und Novellen (Im Nebel, Das Bergdorf, Die Barettlittochter, Durch Schmerzen empor). 1910 gehört er zum Gründungsvorstand des ➢„Schweizerischen Schriftstellervereins". Am Anfang des Ersten Weltkriegs bemüht er sich als Romanist, den Graben zwischen der welschen und der alemannischen Schweiz zu überbrücken. Krankheitsbedingt widmet er sich ab 1915 ausschließlich der Literatur und zieht sich 1916 in Clavadel zurück. Sein wichtigstes Werk Ein Rufer in der Wüste wird 1922 mit dem erstmalig verliehenen ➢„Gottfried-Keller-Preis" ausgezeichnet und im gleichen Jahr mit dem ➢„Großen Schillerpreis der Schweizerischen Schillerstiftung". Manche Literaturkritiker halten diesen zeit- und gesellschaftskritischen Roman für den großen Schweizer Roman des ersten Drittels des 20. Jhs. und vergleichen ihn mit →Kellers Martin Salander. Der dargestellte Vater-Sohn-Konflikt ist gleichzeitig ein Kampf des idealistischen Sozialismus gegen Materialismus und Karrieredenken. Generationskonflikte, politische Machenschaften und Zeitungsfehden innerhalb der Schweizerischen Gesellschaft spielen eine große Rolle in Bossharts Werk. Selbst auf einem Bauernhof aufgewachsen, beschreibt er gerade kein bäuerliches Idyll, sondern die harte, oft traurige Realität. Die Fortsetzung dieses Romans ist Fragment geblieben.

Während eines Sanatoriumaufenthalts bei Davos lernt er den Maler Ernst Ludwig Kirchner kennen, der Bossharts berühmte Novellensammlung Neben der Heerstraße (1923) illustriert. Etwas bissig urteilt →R. J. Humm: „[...] es ist versehen mit Holzschnitten von E. L. Kirchner, der auf dem Titelblatt und auch auf dem Rücken ein mich immer störendes spiegelverkehrtes N anbrachte, das allerdings dem Inhalt genau entspricht, denn das Buch ist auf das Widerborstigste nach rückwärts gewandt geschrieben, doch mit einer schweren Leidenschaft und von einer an reaktionären Autoren ungewöhnlichen Luzidität." In der Tat versteht sich Bosshart selbst als Warner vor einer sich verdüsternden Welt. Der Schluß einer dieser sozialkritischen Novellen, Der Friedensapostel, spielt auf dem Helvetiaplatz am 17.11.1917, als das Militär während der „Zürcher Unruhen" auf die Demonstranten schießt.

Für den Autor ist das Heil nicht in der Stadt, sondern in einer neu definierten bäuerlichen Einfachheit zu finden.

W: *Der Arbeiterführer* (Dramenentwurf 1892); *Im Nebel* (1898); *Die Barettlitochter* (1900); *Durch Schmerzen empor* (1903); *Früh vollendet* (1910); *Gottfried Keller* (1919); *Ein Rufer in der Wüste* (1923); *Gedichte* (1924); *Neben der Heerstraße* (1923); *Auf der Römerstrasse* (1926); *Bausteine zu Leben und Zeit. Aphorismen.* Hg. v. E. Bosshart-Forrer (1929).

📖 J. Job: *Jakob Bosshart als Erzähler* (1923); M. Konzelmann: *Jakob Bosshart* (1929); K. Fehr: *Jakob Bosshart; der Dichter und die Wirklichkeit* (1964); *Helvetische Steckbriefe* (1981); G. Huonker: *Literaturszene Zürich* (1985); *Frühling der Gegenwart*. Bd. 1 (1990); F. Comment: *Der Erzähler Jakob Bosshart* (1990).

## 17. ULRICH BRÄKER

(1735 Näbisweiler b. Wattwil SG – 1798 Wattwil) Dichter, Arbeiter

Der Sohn eines Kleinbauern aus dem Toggenburg – selbst Großhirt, Knecht, Salpetersieder, Garnhändler, Baumwollweber und zeitweilig unfreiwilliger Söldner im preußischen Heer – ist bekannt als der erste Vertreter der deutschen Arbeiter-Biographie. Schon früh flüchtet er sich ins Lesen und Schreiben, um das alltägliche Elend zu vergessen. Als Mitglied der „Toggenburgischen Moralischen Gesellschaft zu Lichtensteig" findet er ab 1776 nicht nur Bücher, sondern auch Kontakt zu gebildeten Männern. Von seinen Zeitgenossen wird er als Naturtalent bewundert und als sichtbarer Beweis dafür betrachtet, daß Bildung das beste Mittel sei, sich als Mensch zu emanzipieren. Seine berühmte *Lebensgeschichte und Natürliche Ebentheuer des Armen Mannes im Tockenburg* erscheint 1789 in Zürich bei ➤ „Orell, Gessner, Füssli & Co", zuerst abschnittsweise in Füsslis ➤ *Schweitzer Museum* und später in einer zweibändigen Ausgabe. In seinen *Wanderberichten* schreibt er in der dritten Person über seine zu Fuß unternommene Reise (mit Hund) nach Zürich und den ersten Besuch beim Ratsherrn und Verleger → Johann Heinrich Füssli im Juli 1789; er steigt im ■ I „Gasthaus Zum Schwert" ab: „Sein Herz hüpfte ihm hoch auf, als er das liebe und so sehnlich verlangte Zürich erblickte. Er stolperte vollends in die Stadt hinein und gerade nach dem Schwert hin. Sein erstes war, der Wohnung seines herzlieben Herrn Ratsherrn Füßli nachzufragen [...] Donnerstag, den 23. Juli wurde er meistens herumgeführt, ihm die Wasserkirche und andere Merkwürdigkeiten von Zürich gezeigt [...] So brachte er den Tag wieder vollends hin, freudetrunken, daß er als ein ungehobelter grober Toggenburger überall so gut aufgenommen und so menschenfreundlich bewirtet wurde". Bei dieser Gelegenheit lernt er →Lavater kennen. Wehmütig verläßt er die Stadt: „Da liegst du nun, liebe, auserwählte, schöne Stadt in der anmuthigsten Gegend der Welt, dort am Gestade, am Ausflusse

des schönen Zürcher Sees." Im September 1793 weilt er noch einmal in Zürich, dem Ausgangspunkt einer weiteren Wanderung
nach Bern über Luzern.

W: *Lebensgeschichte und Natürliche Ebentheuer des Armen Mannes im Tockenburg*
(= Sämtliche Schriften Erster Theil 1789); *Tagebuch des Armen Mannes im Tockenburg*
(= Sämtliche Schriften Zweiter Theil, 1792); *Etwas über William Shakespeares Schau-
spiele* (1780); *Gesamtausgabe seiner Werke in 5 Bde*, hg. v. Andreas Bürgi u. a. Bern,
München 1998 ff.
📖 H. Mayer: *Aufklärer und Plebejer: Ulrich Bräker, Der Arme Mann im Toggenburg.*
In.: ders.: *Studien z. dt. Literaturgeschichte* (1959); T. Strack: *Ulrich Bräkers „Lebens-
geschichte und Natürliche Ebentheuer".* In: *Neue Perspektiven der deutschsprachigen
Literatur der Schweiz* (1997); B. Volz-Tobler: *Ulrich Bräkers Tagebuch im Lichte des
Programms der Moralischen Wochenschriften* (1998); H. Böning: *Ulrich Bräker. Der
Arme Mann aus der Toggenburg. Eine Biographie* (1998).

## 18. BERTOLT BRECHT

(1898 Augsburg – 1956 Berlin/Ost)
Dramatiker, Theatertheoretiker, Regisseur,
Lyriker
Der erste Kontakt Brechts mit Zürich ergibt sich
im März 1933: Der Schriftsteller und seine Familie müssen nach dem Reichstagsbrand aus Berlin fliehen. Über Prag und Wien erreicht Brecht
allein Zürich, wo er sich nur kurz aufhält und mit befreundeten
Exil-Autoren (u. a. Kurt Kläber, →Anna Seghers) berät, bevor er
aus finanziellen Gründen zu Freunden ins Tessin zieht – der
Anfang einer langen Irrfahrt durch Europa nach Nordamerika.
Am 19.4.1941 wird im ■ N „Schauspielhaus" *Mutter Courage und
ihre Kinder* uraufgeführt (mit ➤ Therese Giehse in der Hauptrolle),
am 4.2.1943 *Der gute Mensch von Sezuan* (Regie: ➤ Leonhard
Steckel) sowie am 9.9.1943 *Das Leben des Galilei.* Als Brecht
Anfang November 1947 den USA den Rücken kehrt, läßt er sich
zunächst in Zürich nieder. Nicht nur das „Schauspielhaus" ist ausschlaggebend; in Grenznähe wartet der Staatenlose ungeduldig
auf eine Einreisegenehmigung nach Westdeutschland, die von
den alliierten Behörden verzögert wird. Er wohnt zuerst im „Hotel
Storchen", dann im ■ 18a „Hotel Urban", Stadelhoferstraße 41
(heute abgerissen); kurz darauf überläßt ihm ein Kollege ein kleines Atelier in der ■ 18b Gartenstraße 38. Als Helene Weigel und
die Tochter Barbara am 19. November nachgekommen sind, zieht
er nach ■ 18c Feldmeilen (Herrliberg), Bünishoferstraße 14 in
eine Dachgeschoßwohnung um. Dort hat er Besuch u. a. von Günter Weisenborn, →Friedrich Dürrenmatt und vom Stammgast
→Max Frisch, der berichtet: „Die Faszination, die Brecht immer
wieder hat, schreibe ich vor allem dem Umstande zu, das hier ein
Leben wirklich vom Denken aus gelebt wird. [...] Zum schwarzen

Kaffee setzen wir uns endlich in seinen Arbeitsraum, der ein schönes Fenster gegen den See und die Alpen hat, die für Brecht allerdings nicht in Betracht kommen. [...] Er wirkt, wenn man ihn so sieht, [...] verkrochen und aufmerksam, ein Flüchtling, der schon zahllose Bahnhöfe verlassen hat, [...] ein Staatenloser, ein Mann mit befristeten Aufenthalten, ein Passant unserer Zeit." Solche Versammlungen erscheinen der Kantons- und Bundespolizei, welche die Wohnung beobachten, höchst verdächtig. Obwohl Brecht Zürich nur als Zwischenstation ansieht, verläuft das Jahr 1947/48 für ihn recht produktiv. Er lernt ➤ Kurt Hirschfeld kennen, der in seiner Wohnung im November 1947 ein Autorentreffen organisiert, um einen Friedensappell zu entwerfen, den Schriftsteller aller Nationen unterschreiben sollen. Am 23.4.1948 hält er eine Lesung seiner Exil-Gedichte an einem der von →Albin Zollinger initiierten „Katakomben-Abende" in der ➤ Genossenschafts-Buchhandlung am Helvetiaplatz. Zusammen mit Caspar Neher bearbeitet Brecht die Hölderlinsche Übersetzung von Sophokles' *Antigone* (Vorproben im „Volkshaus" Zürich am 13.–14. Januar 1948, Uraufführung in Chur am 15.2.1948 mit Helene Weigel in der Hauptrolle, dann Matinee am 14.3.1948 im „Schauspielhaus" Zürich) und probt für die Uraufführung von *Herr Puntila und sein Knecht Matti* am 5.6.1948 im „Schauspielhaus"; wegen der fremdenpolizeilichen Bestimmungen darf er allerdings als Autor im Programm nicht genannt werden. Außerdem stellt er sein *Kleines Organon für das Theater* fertig, beginnt zwei neue Stücke (*Die Tage der Commune, Der Wagen des Ares*), bereitet die Herausgabe seiner *Kalendergeschichten* vor und entwirft das Drehbuch für den Film *Ulenspiegel*. Am 17.10.1948 übersiedeln Brecht und Helene Weigel nach Ost-Berlin; ihre Tochter Barbara bleibt in Zürich und besucht dort die neu gegründete Schauspielschule. Brecht hält sich jedoch von 23.2.–23.5.1949 nochmals in Zürich auf, um u.a. befreundete Schauspieler für das Berliner Ensemble zu gewinnen; sein Eindruck: „Hier ist es nach Berlin ungeheuer langweilig". Er mietet diesmal ein Zimmer im „Haus Au bien être" in der ■ 18d Hottingerstraße 25. In dieser Zeit schließt er die 1. Fassung der *Tage der Commune* ab. Posthum wird *Turandot oder der Kongreß der Weißwäscher* im „Schauspielhaus" Zürich 1969 uraufgeführt.

W: *Große kommentierte Berliner und Frankfurter Ausgabe. 30 Bde.* Hg. v. Werner Hecht u.a. (1988).

📖 *Bertolt Brecht – Caspar Neher.* Katalog der Ausstellung im Hessischen Landesmuseum Darmstadt 1963; M. Kesting: *Brecht* (1967); H. Mayer: *Anmerkungen zu Brecht* (1967; insb. Kap. *Brecht und Dürrenmatt oder die Zurücknahme*); A. Bronnen: *Tage mit B.B.* (1976); Ders.: *B.B. in Zürich* (in: *Tages-Anzeiger-Magazin* vom 5.2.1971); M. Frisch: *Tagebuch 1946–1949* (1973); Ders.: *Erinnerungen an Brecht* (in: *Kursbuch Heft 7*, 1966 – ebenfalls in: *Tagebuch 1966–1971*, 1976); E. u. R. Schumacher: *Leben Brechts* (1978, ²1979); R. Kieser: *Erzwungene Symbiose* (1984); K. Völker: *Brecht-Chro-*

*nik. Daten zu Leben und Werk* (1997); P. Kamber: *Ach, die Schweiz … Über einen Klein-
staat in Erklärungsnöten* (1998; Kap.: *Dichter und Politische Polizei);* U. Kröger /
P. Exinger: *„In welchen Zeiten leben wir!".* Das *Schauspielhaus Zürich 1938–1998*
(1998); *Therese Giehse in Zürich – Brecht im Plakat.* Katalog der Ausstellung im Stadthaus Zürich 27. 2.–8. 5. 1998; *„Das letzte Wort ist nicht gesprochen" – Bertolt Brecht im
Exil 1933–1948.* Begleitheft zur Ausstellung in der Deutschen Bücherei Leipzig
24. 3.–20. 6. 1998; W. Wüthrich: *Bertolt Brecht in der Schweiz* (2001).

# 19. JOHANN JACOB BREITINGER

(1701 Zürich – 1776 Zürich)
Theologe, Philologe, Übersetzer, Historiker,
Literatur- und Kunsttheoretiker
→Goethe nennt ihn einen „tüchtigen, gelehrten,
einsichtsvollen Mann". Einer seiner Schüler,
→Lavater, interpretiert in den *Physiognomischen Fragmenten* sein Profil wie folgt: „Die hel-
leste Denkenskraft, planmachende Klugheit, unbezwingliche Festig-
keit, unermüdete Betriebsamkeit, pünktliche Ordnungsliebe [...]
Mut, und mehr ordnenden, setzenden, reihenden, scheidenden, als
schaffenden Sinn – mehr Verstand als Dichtungskraft [...]." Und
sein Freund und Kollege →Bodmer schreibt – bissig wie immer:
„Ich bin mit Herrn Breitinger ganz vergnügt: er hat mehr Arbeit-
samkeit als ein Maultier". Diese bescheidene Tüchtigkeit läßt
bis heute seine hervorragenden Meriten im Schatten Bodmers
stehen. Er wächst im Haus „Zum Kleinen Hirschhorn" in der
■ 19a Strehlgasse (abgerissen) auf und studiert am ■ F „Collegium
Carolinum", wo er später eine Stelle als Professor für Hebräisch,
Griechisch, Logik und Rhethorik antritt. 1720 wird er ordiniert
und erst 1745 zum Chorherrn des Stiftskapitels am Großmünster
ernannt. Im Kreuzgang des ■ 19b Großmünsters erinnert eine
Gedenktafel an seine dortige Tätigkeit. Zusammen mit Bodmer
gibt er 1721–23 die moralische Wochenschrift *Discourse der Mahlern* heraus, nach dem Vorbild von →Addisons *Spectator.* Außerdem ist er Mitherausgeber der *Freymüthigen Nachrichten.* 1723
erwirbt Johann Jacob Breitinger hohes Ansehen mit einer kom-
mentierten Persius-Ausgabe und 1730 mit seiner vierteiligen Neuausgabe der *Septuaginta.* Seine *Critische Dichtkunst* (1740) – eine
für die Zeit maßgebliche Dichtungs- und Übersetzungslehre – ist
die Antwort auf Gottscheds *Versuch einer Critischen Dichtkunst*
(1730) und gleichzeitig der endgültige Bruch mit der französischen Natur- und Poetikauffassung: „Alles was der menschliche
Verstand von den Würckungen und Kräften der Natur in seinen
Registern aufgezeichnet hat, kann der Poet durch sinnliche Bilder
auszieren, und der Phantasie, als in einem sichtbaren Gemählde,
vorlegen [...] Denn was ist Dichten anders, als sich in der Phantasie neue Begriffe und Vorstellungen formieren, deren Originale

nicht in der gegenwärtigen Welt der würcklichen Dinge, sondern in irgend einem andern möglichen Welt-Gebäude zu suchen sind." Als Mitglied der „Historisch-politischen Gesellschaft" ist er Mitherausgeber einer verläßlichen Edition von Quellen zur Schweizer Geschichte, die bis heute von Historikern geschätzt wird. In Zusammenarbeit mit Bodmer veröffentlicht er 1735 bis 1741 die sechs Bände der *Helvetischen Bibliothek*, ferner Werke der mittelhochdeutschen Literatur: den *Codex Manesse* und einige der „schwäbischen" Minnesänger. Infolgedessen sehen sich die beiden Gelehrten dazu veranlaßt, das Mittelalter und seine Kultur neu zu bewerten. Dank Breitinger, damals Stiftsbauherr, kann mit Bodmers Unterstützung das etwas marode mittelalterliche Großmünster gerettet werden, das nach dem Brand eines Glockenturms 1763 abgerissen und barock neu gebaut werden soll. Sein emphatisches Gutachten findet Gehör und führt zu einer behutsamen Restaurierung: „Das Große, Kühne und Verwegene der Kunst herrscht da überall von dem Fundament bis an den Gipfel des Gebäudes [...] So daß dieses Kirchengebäud nicht nur ein prächtiges Monumentum Antiquitatis Ecclesiae et Urbis Turicensis, sondern eine wahre, und ich dörfte schier sagen, die einzige Zierde der Stadt und der Kunst ist." Außerdem regt er 1768 die Gründung der fortschrittlichen „Theologisch-moralisch-casuistischen Gesellschaft" an. Als Schulrat beteiligt sich Breitinger führend an der ➤ Schulreform der 1770er Jahre in Zürich, und 1772 erhält er die Leitung der Zürcher Bibelrevision.

W: a) *Prolegomena Thesauri Scriptorum Historiae Helveticae* (1735); *Historische und Critische Beyträge Zu der Historie der Eidsgenossen* (1739); *Critische Dichtkunst Worinnen die Poetische Mahlerey in Absicht auf die Erfindung Im Grunde untersuchet und mit Beyspielen aus den berühmtesten Alten und Neuern erläutert wird. Mit einer Vorrede eingeführet von Johann Jacob Bodmer. 2 Bde* (1740); *Rettung eines mittelalterlichen Bauwerks* (1765); b) Weitere Literatur siehe →Bodmer.

   📖 W. Bender: *J. J. Bodmer und J. J. Breitinger* (1973); D. Gutscher: *Das Großmünster in Zürich* (1983; insb. Kap. 11); A. M. Debrunner: *Ein tüchtiger, gelehrter, einsichtsvoller Mann. Zum 300. Geburtstag von Johann Jakob Breitinger* (In: *NZZ* vom 1. 3. 2001).

## 20. BERNARD VON BRENTANO
(1901 Offenbach – 1964 Wiesbaden)
Lyriker, Dramatiker, Romancier, Essayist, Journalist

„Hätte man ihm seine Phädra aufgeführt, [...] es wäre der immer schwierige Brentano auf die Juden vielleicht endlich besser zu sprechen gewesen. Von Brentano weiß heute niemand mehr viel in Zürich, aber damals war er in dieser Stadt eine Figur, und er hat sicher bei uns seine beste und fruchtbarste Zeit erlebt [...] Ich mochte ihn gern, wenn ich ihn auch ein bißchen mühsam fand", erinnert sich →R. J. Humm, in dessen „Rabenhaus" Brentano dreimal aus seinen Werken vorlas. Der politisch für die Linke engagierte Journalist beim *Berliner Tageblatt* betätigt sich ebenfalls als freier Schriftsteller. Wegen einer Publikation gegen das aufkommende Nazitum muß er 1933 Berlin bzw. Wien verlassen und flieht nach Zürich. Kurze Zeit danach bezieht er eine Wohnung in ■ 20 Küsnacht, Glärnischstraße 4 und bleibt dort bis Juni 1949: „Ende Mai teilte mir der Staatsschreiber des Kantons mit, [...] seine Behörde habe beschlossen, mich in Zürich ‚auf Zusehen hin zu dulden', wie die amtliche Formel lautete. Großzügig war, daß man mir auch ‚die Ausübung der Erwerbstätigkeit als freier Schriftsteller' erlaubte, allerdings mit der Einschränkung, daß ‚damit die Politik nicht berührt werde'". Seine *Berliner Novellen* sowie sein Familienroman *Theodor Chindler* – der erste Band einer Trilogie – werden in ➤ Oprechts Verlag herausgegeben; der zweite, *Franziska Scheler,* erscheint im ➤ Atlantis Verlag. Obwohl seine Werke sich in Deutschland seit 1935 auf der Liste des „schädlichen und unerwünschten Schrifttums" befinden, bemüht er sich – umsonst – über das Generalkonsulat Zürich 1934 um eine Wiederaufnahme in die Reichsschrifttumskammer. Dies bringt ihm den Ruf eines Nazi-Sympathisanten ein, gegen den er sich durch einen erfolgreichen Verleumdungsprozeß gegen eine Zürcher Zeitung wehrt. In seinem Roman *Die ewigen Gefühle* beschreibt er überschwenglich die Bahnhofstraße: „Nach einer Weile schaute sie sich um und betrachtete noch einmal die weitgeöffnete Schlucht der breiten, lebendigen Straße, aus der man gekommen war und welche direkt in diese Landschaft aus schneebedeckten Bergen, spiegelndem Wasser und blauem Himmel führte. Daß es das gibt, dachte sie, eine große Stadt und die Gipfel der Alpen in einem Blick umfassen zu können." In *Du Land der Liebe* blickt er als eine Art Rechtfertigung auf seine Zeit in Zürich und die Begegnungen mit anderen Schriftstellern zurück.

W: *Berliner Novellen* (1934); *Wesen der Kritik* (1935); *Theodor Chindler* (1936); *Prozeß ohne Richter* (1937); *Die ewigen Gefühle* (1939); *Phädra* (1939); *Schlegel* (1943); *Tagebuch mit Büchern* (1943); *Goethe und Marianne von Willemer* (1945); *Franziska Scheler* (1945); *Die Schwestern Usedom* (1948); *Du Land der Liebe. Bericht von Abschied und Heimkehr eines Deutschen* (1952).

▢ *Deutsche Literatur im Exil* (1973); U. Hessler: *Ein deutscher Schriftsteller ohne Deutschland* (1984); H. Guggenbühl: *Das lange Exil. Notizen zu Bernard von Brentanos Küsnachter Jahren* (1984); R. J. Humm: *Bei uns im Rabenhaus* (Neuaufl. 2000); F. Wende: Bernard von Brentano. In: *Deutschsprachige Schriftsteller im Schweizer Exil 1933–1950* (2002).

## 21. GEORG BÜCHNER

(1813 Goddelau/Großherzogtum Hessen-
Darmstadt – 1837 Zürich)
Dichter, Revolutionär, Wissenschaftler

„Die politischen Verhältnisse Teutschlands zwangen mich, mein Vaterland [...] zu verlassen." Der Einundwanzigjährige, Student der Medizin in Gießen, hat sich der liberalen und republikanischen Opposition in Oberhessen angeschlossen. Nach dem Erscheinen seiner Kampfschrift *Der Hessische Landbote* („Friede den Hütten! Krieg den Palästen!") wird er von der hessischen Justiz als „Staatsverräter" steckbrieflich verfolgt, entgeht nur knapp seiner Verhaftung und flieht 1835 zunächst nach Straßburg, der Heimat seiner Verlobten. Dort schreibt er in französischer Sprache eine medizinisch-philosophische Abhandlung „Sur le système nerveux du barbeau", die er 1836 der Straßburger „Naturhistorischen Gesellschaft" vorträgt. Ferner verfaßt er *Danton's Tod,* entwirft zwei Fassungen von der Komödie *Leonce und Lena* und beginnt *Woyzeck* sowie die Erzählung *Lenz.* Wegen der strengen französischen Flüchtlingsgesetze und aus Angst, daß seine falsche Identität entdeckt wird, bemüht er sich, ein positives Führungszeugnis der Straßburger Polizei zu erhalten. Damit hofft er, ein Aufenthaltserlaubnis im ➤ liberalen Zürich zu erhalten, obwohl ihm bewußt ist, daß „die Zürcher Regierung [...] natürlich eben etwas ängstlich und mißtrauisch ist, und Flüchtlinge, welche die Sicherheit des Staates, der sie aufgenommen, und das Verhältnis zu den Nachbarstaaten kompromittieren, ausweist." Nach Einreichen seiner oben erwähnten morphologischen Abhandlung an der Philosophischen Fakultät der 1833 gegründeten ➤ Universität Zürich wird ihm im September 1836 die philosophische Doktorwürde verliehen. Daraufhin darf er einen Monat später nach Zürich übersiedeln. Er wird zwar als Asylant der „Sonder-Classe" eingestuft, erhält jedoch nur eine provisorische Aufenthaltsgenehmigung. Im Haus „Zum Hinteren Brunnenturm" in der ■ 21a Spiegelgasse 12 (damals Steingasse; Gedenktafel) bezieht er eine spärlich möblierte Unterkunft. „Die Straßen laufen hier nicht voll Soldaten, Akzessisten und faulen Staatsdienern, man riskiert nicht, von einer adligen Kutsche überfahren zu werden; dafür überall ein gesundes kräftiges Volk und um wenig Geld eine einfache, gute, rein republikanische Regierung, die sich durch eine Vermögenssteuer erhält, eine Art Steuer, die man bei uns überall als den Gipfel der Anarchie ausschreien würde". Kurz darauf, nach einer Probevorlesung *Über Schädelnerven,* wird er zum Privatdozenten für vergleichende Anatomie ernannt und kann anschließend mit seinen akademischen Kursen über *Zootomische*

*Demonstrationen* oder *Vergleichende Anatomie der Wirbeltiere*
beginnen. Gleichzeitig arbeitet er weiter an seinen Dramen. „Ich
sitze am Tage mit dem Skalpell und die Nacht mit den Büchern."
Im Januar 1837 erkrankt er an Typhus und stirbt am 19. Februar.
Er wird auf dem Friedhof „Zum Krautgarten" (heutiger Standort
des „Kunsthauses" am Hirschengraben) beerdigt. 1875 wird sein
Grab in eine kleine Anlage auf dem „Germania-Hügel" in der
■ 21b Krattenturmstraße, am Fuß des Zürichbergs, verlegt und
mit einem Gedenkstein versehen, dessen Einweihung Anlaß zu
einer Feier deutscher Burschenschafter ist. Die Grabinschrift, von
→Georg Herwegh verfaßt, lautet: „Ein unvollendet Lied, sinkt er
ins Grab. / Der Verse schönsten nimmt er mit hinab."
1944 werden Büchners gesammelte Werke von →Carl Seelig in
Zürich heraugegeben. Seine Stücke sind alle nach seinem Tod
aufgeführt worden.

W: *Danton's Tod* (1835); *Leonce und Lena* (1836–37); *Woyzeck* (1836–37); *Lenz* (Fragment, 1835–36).

📖 T. Tob: *„Ein unvollendet Lied". Georg Büchners Aufenthalt in Zürich 1836–37* (1944); *Georg Büchner. Leben, Werk, Zeit.* Katalog der Ausstellung zum 150. Jahrestag des „Hessischen Landboten". Marburg 1985; F. Dürrenmatt: *Georg Büchner oder Der Satz vom Grunde* (1986); *Georg Büchner. Revolutionär, Dichter, Wissenschaftler 1813 bis 1837.* Katalog der Ausstellung Darmstadt 1987; J.-C. Hauschild: *Georg Büchner* (1997).

## 22. JAKOB BÜHRER

(1882 Zürich – 1975 Locarno TI) Erzähler,
Lyriker, Dramatiker, Feuilletonredakteur
Als sein erstes Buch *Kleine Skizzen von kleinen
Leuten* 1910 erscheint, fällt es inmitten der
damaligen ➤ Heimatliteratur auf. Die Handlung
spielt ungewohnt im proletarischen Schaffhausen (SH), wo der Autor aufgewachsen ist, und
die tragischen Heldinnen und Helden sind Arbeiter, Dienstmädchen und eine Kellnerin. Die persönliche Betroffenheit des
Autors wird spürbar, die starken Frauengestalten sind ungewöhnlich. Dieses Engagement für eine humane und soziale Welt bleibt
eine Konstante seines Werks. Bührer selber stammt aus bescheidenen Verhältnissen, wie man es in seinem autobiographischen
Roman *Aus Konrad Sulzers Tagebuch* nachlesen kann. Nach dem
Besuch einer Journalistenschule in Berlin schreibt er sich an der
Universität Zürich ein. Anschließend arbeitet er u. a. als Redakteur
bei den *Nachrichten vom Zürichsee* (Wädenswil). 1912 beginnt
Bührer mit einer Artikelfolge im *Berner Intelligenzblatt* seinen
lebenslangen Kampf für ein schweizerisches Volkstheater. Er plädiert für ein nationales (kein nationalistisches), mundartliches
Theater, das den Bedürfnissen breiterer, auch ärmlicher Bevölkerungsschichten entspräche. Gerade nach Zürich übergesiedelt,

ruft er 1917 mit einer eigenen Laiendarsteller-Truppe die ➤ „Freie Bühne Zürich" ins Leben, die bis 1923 existiert. Dort wird sein bekanntestes Werk *Das Volk der Hirten* uraufgeführt. Diese satirische, sozial-utopische Szenenfolge erfreut sich jahrelang großer Beliebtheit und stellt einen Vorläufer des Zürcher Kabaretts dar. Bührer wird in den darauffolgenden Jahrzehnten noch viele Beiträge zum Arbeitertheater leisten. Nachdem er eine Zeit lang Korrespondent in England und den USA gewesen ist, läßt er sich 1930–1935 in ■ 22 Feldmeilen, Seestraße 214 nieder. Der Roman *Sturm über Stifflis* entsteht, nachdem der Autor anläßlich seiner Teilnahme 1932 an einer blutig niedergeschlagenen Demonstration in Genf einen offenen Anklagebrief im *Volksrecht* am 7.12.1932 schreibt (*Abschied vom Bürgertum*) und anschließend der Sozialdemokratischen Partei beitritt. Hierauf boykottiert ihn jahrelang die bürgerliche Presse, insbesondere ➤ Eduard Korrodi in der *NZZ*. Bührer reagiert mit der *Ballade vom gelynchten Dichter:* „Drum sei ich ein Unruhestifter, / Ein gemeingefährlicher Hund, / Ein richtiger Brunnenvergifter, / So schreien sie und schlugen mich wund [...] / Wie kannst du Poesie verwechseln / Mit Notschrei und Protest! / Ein Dichter soll Hymnen drechseln / Aufs vaterländische Fest [...]" Ein besonderes Anliegen des umstrittenen Romans ist der Kampf gegen die Frontisten. Seine Meinung über den Faschismus drückt er noch deutlicher in einem Leitartikel des *Volksrechts* 1934 aus, was ihm Drohungen und Hetze seitens der Frontenführer einbringt. Da ihm in Zürich die berufliche und existentielle Basis entzogen worden ist, zieht er sich 1936 ins Tessin zurück, wo er u.a. als Lektor für die ➤ „Büchergilde Gutenberg" arbeitet und weiterhin schriftstellerisch tätig ist.

W: *Kleine Skizzen von kleinen Leuten* (1910); *Die schweizerische Theaterfrage und ein Vorschlag zu ihrer Lösung.* Artikelserie im *Berner Intelligenzblatt* (1912); *Aus Konrad Sulzers Tagebuch* (1917); *Die Steinhauer Marie und andere Erzählungen aus Kriegs- und Friedenszeiten* (1918); *Brich auf!* (1921); *Killian* (1922); *Zöllner und Sünder* (1922); *Ein neues Tellenspiel* (1923); *Das Volk der Hirten* (1925); *Man kann nicht ...* (1930); *Abschied vom Bürgertum.* Offener Brief im *Volksrecht* vom 7.12.1932; *Die Pfahlbauer* (1932); *Sturm über Stifflis* (1934); *Faschismus und Schweizerisches Schrifttum.* Artikel im *Volksrecht* vom 30.1.1934; *Das letzte Wort* (1935); *Galileo Galilei* (1935).
📖 D. Zeller u.a.: *Jakob Bührer zu Ehren* (1975); *Jakob Bührer.* In: *Helvetische Steckbriefe* (1981); *Dreissiger Jahre Schweiz* (1982); A. A. Häsler: *Jakob Bührer.* In: ders.: *Aussenseiter – Innenseiter. Porträts aus der Schweiz* (1983); *Frühling der Gegenwart* Bd. 2 (1990); U. Niederer: *Geschichte des Schweizerischen Schriftsteller-Verbandes: Kulturpolitik und individuelle Förderung: Jakob Bührer als Beispiel* (1994); P. Stadler: *Robert Faesi und Jakob Bührer: kulturpolitisches Doppelprofil zweier literarischer Zeitgenossen* (1995).

## 23. ELIAS CANETTI

**(1905 Rustschuk/Kaiserreich Österreich-Ungarn, heute Bulgarien – 1994 Zürich)**

**Romancier, Dramatiker, Philosoph**

„In Zürich habe ich die glücklichsten Jahre meiner Jugend verbracht, und kein Buch würde zur Darstellung dessen ausreichen, was ich meinen Zürchern Lehrern verdanke", schreibt der österreichische Kosmopolit mit britischem Paß in seinen Jugenderinnerungen *Die gerettete Zunge*. Um dem Kriegstaumel in Wien zu entkommen, ziehen 1916 Canetti und seine Mutter – die Brüder leben schon in Lausanne bei Verwandten – nach Zürich. Sie kommen zunächst in einer Pension ■ 23a Scheuchzerstraße 68 („im zweiten Stock [...] bei einem älteren Fräulein, das vom Zimmervermieten lebte") unter, dann in einer kleinen Wohnung ■ 23b Scheuchzerstraße 73. Sie ziehen im Herbst 1919 in die „Villa Yalta" um, ein ehemaliges Mädchenpensionat in der ■ 23c Seefeldstraße (existiert nicht mehr), nahe am Bahnhof Tiefenbrunnen, „[...] sehr nah beim See, nur durch eine Straße und eine Eisenbahnlinie von ihm getrennt, es lag ein wenig erhöht, in einem baumreichen Garten. Über eine kurze Auffahrt gelangte man vor die linke Seite des Hauses, an jeder seiner vier Ecken stand eine hohe Pappel [...]." Der kleine Elias muß als Ausländer die letzte Klasse der Grundschule wiederholen: „Unter den Mitschülern wurde nur Zürichdeutsch gesprochen, der Unterricht in dieser höchsten Klasse der Primarschule war auf Schriftdeutsch, aber Herr Bachmann verfiel oft [...] in den Dialekt, [...] und so war es selbstverständlich, daß ich ihn auch allmählich erlernte [...] In Zürich waren die vielen Worte, die sich auf Krieg bezogen, in die Sprache meiner Schulkameraden nicht eingedrungen." Die Mutter besteht jedoch auf die Reinhaltung der deutschen Hochsprache und leiht sich entsprechende klassische und moderne Literatur aus dem ■ L „Lesezirkel Hottingen". Anschließend besucht Elias Canetti die Kantonschule in der Rämistraße, wo er glückliche Jahre verbringt: „Die Freiheit der Schweizer erlebte ich als Gegenwart und empfand sie an mir selber: weil sie über sich bestimmten, weil sie unter keinem Kaiser standen, hatten sie es fertiggebracht, nicht in den Weltkrieg hineingezogen zu werden." Dennoch erfährt er dort nach Kriegsende rassistische Anpöbelungen: „Er [sein Freund Färber] kannte Juden in anderen Klassen und berichtete mir über die Lage dort. Von allen kamen ähnliche Nachrichten, in allen schien die Abneigung gegen Juden zuzunehmen und sich immer offener zu äußern." 1920 verfaßt er sein erstes Drama in Blankversen, *Junius Brutus*, seiner Mutter gewidmet. Im Jahr darauf findet diese, daß er in Zürich „verblödet" und beschließt, nach Deutschland überzusiedeln, „ein Land, das, wie sie sagte, vom Krieg gezeichnet war. Sie hatte die Vorstellung, daß ich da in eine härtere Schule kommen würde [...] Die einzig vollkommen glücklichen Jahre, das Paradies in Zürich, waren zu Ende." Er verkehrt zwar in der Zwischenkriegszeit im Salon von →Aline Valangin. Aber erst Anfang der 1970er Jahre bezieht Canetti, der seit 1938 in London lebt, eine Zweitwohnung in Zürich, in der ■ 23d Klosbachstraße 88: „Ich habe in vielen Ländern Europas gelebt, nun lebe ich in London und Zürich, halte mich jedoch für einen österreichischen Schriftsteller, denn die Figuren meiner Werke sind meistens Wiener [...]", erklärt er in einem Interview 1979. Nach dem „Büchner-Preis" 1972 und dem ➤ „Gottfried-Keller-Preis" 1977 erhält er 1981 den Nobelpreis für Literatur. Seine letzten Jahre verbringt er zurückgezogen in Zürich. Im August 1994 wird er auf dem ■ G 2 Friedhof Fluntern in einem Ehrengrab der Stadt Zürich bestattet; eine Gedenkfeier findet am 25.9.1994 im ■ N „Schauspielhaus" statt. Testamentarisch hat er seinen gesamten schriftlichen Nachlaß sowie seine umfangreiche Privatbibliothek der ■ A „Zentralbibliothek" vermacht.

W: *Die gerettete Zunge. Geschichte einer Jugend* (1977; Teil 4 u. 5); *Junius Brutus* (1920); *Das Geheimherz der Uhr. Aufzeichnungen 1973–1985* (1987).

📖 D. Barnouw: *Elias Canetti* (1979); E. Piel: *Elias Canetti. Text + Kritik* 38/1984; F. Eigler: *Das autobiographische Werk von Elias Canetti. Verwandlung, Identität, Machtausübung* (= Stauffenburg Colloquium 7, 1988).

## 24. GIACOMO GIROLAMO CASANOVA, CHEVALIER DE SEINGALT
(1725 Venedig – 1798 Dux/Böhmen)
Abenteurer, Schriftsteller

Casanova hat mehrere ausgedehnte Reisen in die Schweiz unternommen (1750, 1761, 1762 und 1769), aber erst 1760 hält er sich – aus Schaffhausen (SH) kommend – vom 5. April an zweieinhalb Wochen im ■ I „Gasthaus zum Schwert" in Zürich auf. Er besucht maßgebliche Persönlichkeiten und einmal erlebt er ein Konzert bei der neugegründeten ➤ „Musikgesellschaft": „Dies war das einzige öffentliche Vergnügen, das man in Zürich fand [...] Ich langweilte mich, die Herren saßen alle zusammen auf der rechten Seite, die Damen auf der linken. Das ärgerte mich, denn trotz meiner frischen Bekehrung sah ich drei oder vier hübsche Damen, die mir gefielen, und die sich oft nach mir umsahen." Vorher hat er das Kloster Einsiedeln besucht, wo er plötzlich als Novize einzutreten beabsichtigt. Jedoch verliebt er sich in die im gleichen Gasthof abgestiegene Baronin Roll von Elmenholtz aus Solothurn (SO), und die nächste Etappe der Reise wird nicht mehr Einsiedeln, sondern gerade diese Stadt sein …

W: *Storia della mia vita* (1790 ff). *Geschichte meines Lebens 1822–28.*

📖 P. Grellet: *Les aventures de Casanova en Suisse* (1919); *Casanova in der Schweiz. Begegnungen, Gespräche und Abenteuer des Chevalier de Seingalt in Lande der Eidgenossen* (1983); Heinz v. Sauter: *Der wirkliche Casanova. Eine Biographie* (1987).

## 25. BERNHARD DIEBOLD
### (eigentl. Dreifus) (1886 Zürich – 1945 Zürich)
### Theaterkritiker, Dramaturg, Romancier

Der junge Bernard Dreifus bricht sein Jura-Studium in Zürich ab und besucht die Schauspielschule am Burgtheater in Wien. Dabei nimmt er als Schauspieler den Namen seiner Mutter an. Er wirkt als Dramaturg und Spielleiter in Wien und München, bevor er in Paris Gastvorlesungen an der Sorbonne hält und in Berlin die Theaterkritik für die liberale *Frankfurter Zeitung* übernimmt. Er gilt als Fachmann für den deutschen Film und das expressionistische Drama: Sein Werk *Anarchie im Drama* ist eine heute noch gültige Dramaturgie des Expressionismus und sein Buch über →Georg Kaisers Dramatik macht ihn als Fachmann bekannt. 1936 überreicht er noch der Redaktion lobende Artikel über das Zürcher ■ N „Schauspielhaus" und das ■ C „Cabaret Cornichon". Dann wird er in der SS-Zeitung *Das Schwarze Korps* denunziert und muß nach Zürich zurückkehren. Er findet eine Wohnung in der ■ 25 Forchstraße 28. Zunächst leidet er unter dem Abbruch seiner glanzvollen Karriere und der Enge der Heimat. Mißtrauen schlägt ihm entgegen. Bald findet er jedoch eine bescheidene Betätigung als Dozent am „Bühnenstudio" des „Schauspielhauses" und von 1939 bis zu seinem Tod als Theaterreferent der *Tat*. Sein Stil und seine umfassenden Kenntnisse lassen ihn an die Seite der damaligen großen Kritiker wie →Alfred Polgar rücken. Nun verlegt er sich ganz auf das Romanschreiben. 1938 gibt er *Das Reich ohne Mitte* heraus, in dem das selbst erlebte Heraufkommen des Nazitums den Hintergrund bildet. →Carl Seelig verreißt das Buch. Das Interesse am Thema ist ansonsten gering. Aus den gleichen Gründen wird sein zweiter, diesmal auf die Schweiz gemünzter Roman *Der letzte Grossvater* schnell vergessen. Nur wenige wie →Albin Zollinger und ➤Erwin Jaeckle verstehen seinerzeit die Qualität dieser Werke. Das zusätzliche Scheitern seiner Bemühungen, dem provinziellen Zürcher Theater neue Impulse zu geben (*Italienische Suite*), läßt ihn resignieren.

W: *Anarchie im Drama* (1921); *Der Denkspieler Georg Kaiser* (1924); *Der Fall Wagner. Eine Revision* (1928); *Das Buch der guten Werke* (1932); *Reich ohne Mitte* (1938); *Italienische Suite* (1939); *Der letzte Grossvater* (1939); *Italienische Suite* (1939); *Der unsterbliche Kranke.* Opernlibretto (1940).

📖 G. Huonker: *Literaturszene Zürich* (1986); C. Linsmayer: *Literaturszene Schweiz* (1989).

## 26. WALTER MATTHIAS DIGGELMANN
(1927 Herrliberg ZH – 1979 Zürich)
Schriftsteller, Journalist

Nach einer unglücklichen Kindheit und Jugend wird der Hilfsarbeiter zunächst durch autodidaktische Studien Journalist und Werbetexter, dann 1949 Regieassistent am Zürcher ■ N „Schauspielhaus". Zu der Zeit hat er eine Wohnung im ■ 26a Loorenrain 36; später zieht er in den ■ 26b Beckenhammer 37. 1956–58 arbeitet Diggelmann als Dramaturg bei Radio Zürich, dessen Verantwortliche ihm fristlos kündigen: seine Meinung sei „nicht konform mit dem, was Rundfunk als öffentliche Meinung vertritt". Nach einer letzten Anstellung 1956–1962 als Werbetexter arbeitet er anschließend als freier Schriftsteller. Er zieht dann nach ■ 26c Herrliberg und wohnt in der Gartenstraße 19. Seine erfolgreichen Romane sind kritische, politisch engagierte Bestandsaufnahmen der schweizerischen Gesellschaft: *Das Verhör des Harry Wind* und *Die Vergnügungsfahrt* denunzieren die Mechanismen der Meinungsmanipulation und das damals herrschende Klima von Angst und Repression; *Ich heiße Tommy* schildert den Generationskonflikt aus der Sicht der 68er Jugend. *Die Hinterlassenschaft* setzt sich mit der Schweizer Flüchtlings-Politik der NS-Zeit auseinander: Dokumentarisch belegte Tatsachen, die er in seine Fiktion einbaut, sind so brisant, daß der dafür vorgesehene Schweizer Verlag sich weigert, das Buch zu drucken; es wird schließlich in München veröffentlicht – mit Vorabdruck in der *Zürcher Woche*. Öffentliche Beschimpfungen des Autors und eine Rufmordkampagne sind die Konsequenzen: „Ich entdeckte eine mir bisher unbekannte Schweiz", stellt er bitter fest. Sein letztes Buch *Schatten – Tagebuch einer Krankheit* ist eine Autobiographie als Krebspatient. Bis zu seinem Tod am 29.11.1979 im Universitätsspital ist Diggelmann ein Ausgegrenzter geblieben: zunächst durch seine Herkunft als uneheliches Kind aus ärmlichen Verhältnissen, dann später als Folge seines politischen Engagements: „Bin ich engagiert? Engagiert in der Zeit? Die Zeit hat mich engagiert. Ich habe mich engagiert. Ich habe mich engagieren lassen. Das heißt: Ich bejahe die Zeit. Ich akzeptiere die Geschichte. Die Geschichte erwartet, daß ich meine eigene Haut zu Markte trage. Nicht die Haut meines Mitmenschen." Zehn Romane, Jugendbücher, Erzählbände, Hörspiele, Filmszenarien, Theaterstücke, Fernsehspiele, Reportagen sowie Tagebücher, Gedichte und zahlreiche Kolumnen machen sein Werk aus, das mit mehreren literarischen Preisen ausgezeichnet worden ist. Er ruht auf dem ■ G 7 Friedhof Manegg.

W: *Das Verhör des Harry Wind* (1962); *Die Hinterlassenschaft* (1965); *Schriftsteller sein in der heutigen Zeit.* In: *Zürcher Almanach* (1968); *Die Vergnügungsfahrt* (1969); *Ich heiße Tommy* (1973); *Schatten – Tagebuch einer Krankheit* (1979); *Spaziergänge auf der Margareteninsel. Erzählungen* (1980).

📖 *Schweizer Schrifttum der Gegenwart* (1964); N. Meienberg: *Diggelmann wird abgedankt*. In: *Das Konzept* Januar 1980.

## 27. ALFRED DÖBLIN
(1878 Stettin/Pommern –
1957 Emmendingen/Breisgau)
Romancier, Arzt

Nach dem großen Erfolg seines Romans *Berlin Alexanderplatz* (1929), der den Durchbruch der Moderne in der deutschen Literatur darstellt, engagiert sich Döblin ungewöhnlich stark in der „Preußischen Akademie der Künste" und als Vorsitzender des „Schutzverbands deutscher Schriftsteller". 1933 sieht er sich als Linksintellektueller und Jude bedroht und flieht am 28. Februar mit seiner Familie in die Schweiz. Sie wohnen zunächst in Kreuzlingen (TG) bei Ludwig Binswanger, dann ziehen sie weiter nach Zürich, wo sie bis September 1933 in einer Pension in der ■ 27a Hochstraße 37 bleiben, im Glauben an eine baldige Rückkehr nach Berlin. Später mieten Döblins resigniert eine Wohnung in der ■ 27b Gladbachstraße 65. Von Zürich aus erklärt der Schriftsteller am 18. März gezwungenermaßen seinen Austritt aus der Akademie. Er arbeitet – bevorzugt in der Zürcher ■ A „Zentralbibliothek" – an seinem Roman *Babylonische Wanderung*, der 1934 in Amsterdam erscheint und als „ein spätes Meisterwerk des deutschen Surrealismus" eingestuft wird: „Mein neuer Roman braucht noch sicher drei Monate", schreibt er am 5. Juli an Hermann Kesten. Hier beschreibt er ein paar Zürcher Lokale: „Wie schön war es, am Quai im Terrassengarten zu sitzen, Kaffee zu trinken, oder abends [...] zu wechseln zwischen dem Garten von Baur au Lac [...] und zwischen Cerutti, da blickten Bilder von einem Dichter herunter, der segnete, was man unten aß und trank [...]". Döblin veröffentlicht außerdem in der ersten Nummer der Emigrantenzeitschrift *Die Sammlung* den Aufsatz *Jüdische Massensiedlung und Volksminoritäten*, in dem er für die zionistische „Freilandbewegung" eintritt. Dieser Beitrag löst bei seinen Kollegen Befremden aus und dient nun dem Naziregime als Beweis für seinen „Landesverrat"; daraufhin wird ihm die deutsche Staatsangehörigkeit aberkannt. Sein Position zur Judenfrage äußert er ebenfalls im Essay *Jüdische Erneuerung*. In Zürich fühlt er sich trotz der schönen Umgebung nicht wohl: „Ich übersiedle cum Familie Anfang September in die Umgebung Paris (will aber das ruhige Zürich mir als Rückzugslinie offenhalten) [...] Die Schweiz ist teuer, auch sehr ,frontistisch' infiziert", teilt er Kesten weiter mit.

W: *Babylonische Wandrung oder Hochmut kommt vor dem Fall* (1933); *Unser Dasein* (1933); *Jüdische Erneuerung* (1933).

📖 *Deutsche Literatur im Exil*, hg. v. H. Kesten (1973); K. Schröter: *Döblin* (1978); H. Kiesel: *Literarische Trauerarbeit: Das Exil- und Spätwerk Alfred Döblins* (1986); M. Prangel: *Alfred Döblin* ($^2$1987).

## 28. ALEXANDRE DUMAS PÈRE
### (1802 Villers-Cotterêts – 1870 Dieppe)
### Schriftsteller, Dramatiker

Der mit 30 Jahren bereits erfolgreiche französische Autor hat gerade die Cholera-Epidemie in Paris knapp überlebt, als er in der Zeitung eine Falschmeldung über seine eigene Erschießung bei einem Aufstand liest! Um seine angegriffene Gesundheit zu verbessern, verläßt er am 21. Juli 1832 auf ärztliche Anordnung die französische Hauptstadt in Richtung Schweiz.

Über den Mont Blanc, Zug und Horgen erreicht er dem Seeufer folgend Zürich: „Die Fahrt am anderen Morgen, rechts dem schönen See, links am Fuß des Albis hin, war eine der reizendsten, nach der wir gegen zwölf Uhr Zürich erreichten, das sich höchst bescheiden das Schweizer Athen nennt." Die Stadt Zürich verbindet er gedanklich mit ➤ Rüdiger Manesse (dabei nimmt er an, alle 140 Minnesänger der „Manessischen Handschrift" seien in Zürich geboren), ferner mit →Gessner, →Lavater und Zimmermann. Er steigt im ■ I Gasthaus Zum Schwert ab und besucht u. a. die ■ A „Stadtbibliothek" in der Wasserkirche, um sich Autographen von Jane Grey und Friedrich dem Großen anzuschauen. Vor allem bewundert er bei einem ausgedehnten Besuch in einem Ende des 18. Jahrhunderts gegründeten Hospiz, wie man in Zürich den Taubstummen das Sprechen und den Blinden das Lesen beibringt. Nachdem er das Großmünster ausgiebig besichtigt hat, begibt er sich zu Lavaters Grab. Über die Stadtbewohner notiert er: „Gewöhnlich fällt bei den Zürchern eine naive Neugier auf, die zunächst verwundert, weil man sie für indiskret hält. Bald stellt sich aber heraus, daß sie begründet ist in jener Bonhommie, die den anderen nichts verbirgt und deshalb glaubt, daß diese ebenfalls keine Geheimnisse vor uns haben dürfen."

Anschließend fährt er mit dem Boot bis Rapperswil und setzt von dort seine Reise nach Bern über Glarus fort.

W: *Impressions de voyage en Suisse* (1833; Neuausgabe 1982).

📖 C. Schopp: *Alexandre Dumas* ($^2$1997); G. Berger: *Alexandre Dumas* (2002).

## 29. FRIEDRICH DÜRRENMATT
(1921 Konolfingen BE – 1990 Neuchâtel NE)
Dramatiker, Schriftsteller, Maler

Friedrich Dürrenmatt unterbricht sein Studium der Deutschen Literatur und Kunstgeschichte in Bern und schreibt sich 1942/43 für die Fächer Germanistik und Philosophie für zwei Semester an der Universität Zürich ein „mit der Ausrede, dort studieren zu müssen". Er kommt zunächst in eine Mansarde in der ■ 29a Haldenbachstraße 21 unter, dann in einem Studentenheim in der ■ 29b Universitätsstraße 22; später zieht er in die Freiestraße um, schließlich ins „Rote Schloß" in der ■ 29c Beethovenstraße 7 (heute „Robert-Walser-Archiv"): „An meiner Türe [...] stand unter meinem Namen ‚Nihilistischer Dichter' [...] Der Winter 1942–43 war kalt. Wenn ich bis gegen drei Uhr morgens geschrieben oder gezeichnet hatte, zog ich meine zwei Wintermäntel an [...] und wanderte durch die verdunkelte Stadt; immer den gleichen Weg: die Universitätsstraße, die Rämistraße hinunter, beim Bellevue über die Brücke, die Bahnhofstraße hinab zum Bahnhof [...] Dann trank ich im Bahnhofsbuffet Milchkaffee", notiert er in *Der Rebell*. Noch schwankt er zwischen einer beruflichen Laufbahn als Schriftsteller oder als Maler; deshalb hält er bevorzugt Kontakt zum Kreis um den Maler Walter Jonas, bei dem er zeitweilig wohnt: „Sein Atelier befand sich irgendwo in einem alten einstöckigen Haus beim Schaffhauserplatz [...] Jonas lebte davon, daß er einen kleinen Kreis von Malern und Nichtmalern unterrichtete. Ich nahm an diesen Unterrichtsstunden als Zuschauer teil [...] Und einmal in der Woche, wenn in der ‚Krone' nebenan Freinacht war, zogen wir um zwei Uhr morgens zum Kronen-Wirt, der jedem illegal zwei Wienerli und ein Glas Weißwein spendete." In dieser „chaotischen Zürcher Zeit" entstehen die bisher nie aufgeführte Komödie *Der Knopf* und seine ersten Erzählungen: „Ich begann Erzählungen zu schreiben, die erste, ‚Weihnacht', am Heiligen Abend 1942. Ich war am Morgen bei trübem, naßkaltem Wetter zufällig auf den Gedenkstein Büchners gestoßen und schrieb danach die wenigen Sätze der Erzählung in einem Café im Niederdorf ohne zu stocken in ein Notizbuch."

Wohnhaft später hauptsächlich in Basel und Neuchâtel (Neuenburg NE), hält er weiterhin den Kontakt mit Zürich; er verfaßt z.B. 1948 und 1960 Sketches für das Zürcher ■ C „Cabaret Cornichon". Für Dürrenmatt ist jedoch das ■ N „Schauspielhaus" lebenswichtig: Seine zahlreichen Theaterstücke werden seit 1947 überwiegend dort uraufgeführt. Die Zürcher Kritik empfindet sie als anstößig, jedoch nur bis sie die Bühnen des Auslands im Sturm erobern. Daß ➤ Therese Giehse die meisten Hauptrollen darin spielt, ist kein Zufall, sondern durch ein kongeniales Arbeitsverhältnis entstanden. Gleiches gilt für ➤ Leonhard Steckel: „ Ich wußte plötzlich, daß ich den ‚Meteor‘ nur hatte schreiben können, weil es Steckel gegeben hatte". Während der Probearbeiten steigt Dürrenmatt meist im „Hotel Sonnenberg", ■ 29d Aurorastraße 98 ab. Einen fruchtbaren Austausch erlebt Dürrenmatt bis zu seinem Lebensende mit →Max Frisch: „Max Frisch ist der einzige lebende Schriftsteller gewesen, mit dem ich mich wirklich auseinandergesetzt habe. Max Frisch war für mich faszinierend", schreibt er 1975, nachdem er seinen anfänglichen „Widerwillen" bezwungen hat („er kann schließlich nichts dafür, daß er ein Zürcher ist"). Dürrenmatt ist zudem von Mai 1970 an mit Unterbrechungen als Sonderberater im Schauspielhaus tätig: Er erarbeitet z.B. 1970 eine *Szenische Fassung* von Goethes *Urfaust* und inszeniert 1972 →Büchners *Woyzeck*. Er ist Mitglied des Verwaltungsrates und des Ausschusses, zieht jedoch 1972 nach internen Querelen seine Kandidatur als Direktor zurück. Seine Bilder und Skizzen zu den Bühnenstücken machen deutlich, daß für ihn das Theater „eine Verbindung zwischen Malerei und Schreiben" darstellt. Neben seiner Theaterarbeit verfaßt er 1951–1953 Theaterkritiken für die *Zürcher Woche.* 1969–1971 ist er Mitherausgeber der neuen Zürcher Wochenzeitung *Sonntags-Journal,* das ihm ein Forum für seine oft explosiven kulturpolitischen und politischen Äußerungen bietet. Denn Mißtrauen und Rebellion gegenüber jeglicher Machtausübung bleiben ein Leitmotiv seines gesamten literarischen und publizistischen Werkes. In einem Interview sagt Dürrenmatt über sich selbst: „Ich war noch nie auf einer Demonstration. Ich bin selber eine." Der Maler Dürrenmatt erfährt spät, jedoch in gebührender Weise Anerkennung: Die Galerie Daniel Keel etwa organisiert 1978 in Zürich eine umfassende Ausstellung seiner Gemälde, gefolgt von einer Retrospektive im Zürcher „Kunsthaus" 1994. Zahlreiche Auszeichnungen huldigen dem Autor: 1960 erhält er den ➤ „Großen Schillerpreis der Schweizerischen Schillerstiftung" und 1986 den „Georg Büchner-Preis" der Deutschen Akademie für Sprache und Dichtung. Die Universität Zürich verleiht ihm 1983 den Titel eines Ehrendoktors. 1987 bietet Dürrenmatt der Schweizerischen Eidgenossenschaft seinen Nachlaß als Schenkung an, unter der Bedingung, daß ein „Nationales Literaturarchiv" gegründet wird. In seinem Nachruf resümiert Günter Grass zutreffend: „Die Schweizer Literatur muß sich verwaist vorkommen [...] Den Mächtigen in der Schweiz ist er unbequem gewesen, jetzt werden sie ihn wohl vereinnahmen."

W: a) Theaterstücke, die im Schauspielhaus Zürich uraufgeführt wurden: *Es steht geschrieben* (19.4.1947), Neubearbeitung *Die Wiedertäufer* (16.3.1967) / *Der Besuch der alten Dame* (29.1.1956) / *Frank V. Oper einer Privatbank* (19.3.1959) / *Die Physiker*

(20.2.1962) / *Herkules und der Stall des Augias* (März 1963) / *Der Meteor* (20. Januar 1966) / Neufassung von *Porträt eines Planeten* (25.3.1971) / *Der Mitmacher* (8.3.1973) / *Die Frist* (Oktober 1977) / *Ein Engel kommt nach Babylon,* Text zur Oper von Rudolf Keltenborn uraufgeführt am 6.10.1977 / *Achterloo* (6.10.1983). b) Reden: *Varlin schweigt* [1967; weiteres über den Zürcher Maler und Dichter Varlin in: *Versuche, 1988*]; *Die Schweiz, ein Gefängnis* [Rede auf Vaclav Havel zur Verleihung des Gottlieb-Duttweiler-Preises am 22.11.1990 in Zürich]; *Georg Büchner oder Der Satz vom Grunde* [Rede zum Büchner-Preis 1986]; Totenrede auf Kurt Hirschfeld (1964); *Israels Lebensrecht* [Schauspielhaus am 17. Juni 1967]; *Albert Einstein (1979); Vorgedanken über die Wechselwirkung (störend, fördernd) zwischen Kunst und Wissenschaft* [Vortrag in der ETH am 24.2.1982] c) *Stoffe I–III. Die Geschichte meiner Schriftstellerei* (1981; Neuauflage 1990 unter dem Titel *Labyrinth. Stoffe I–III.* [2]*1998* insbes. *Der Rebell*) – d) Zeitungsartikel: u. a. die berühmt gewordene Stellungnahme in der *Neuen Zürcher Zeitung* vom Oktober 1973: *Ich stelle mich hinter Israel* e) Erzählungen: *Weihnacht, Der Folterknecht, Die Wurst, Der Sohn* (1942–43).

📖 H. Mayer: *Brecht und Dürrenmatt oder die Zurücknahme.* In: ders.: *Anmerkungen zu Brecht* (1967); E. Brock-Sulzer: *Friedrich Dürrenmatt. Stationen seines Werkes* (1986); *Friedrich Dürrrenmatt.* Sonderband der Monatsschrift *du,* Januar 1991; *Friedrich Dürrenmatt. Schriftsteller und Maler.* Katalog der Doppelausstellung „*F. D. Querfahrt – das literarische Werk*" (Schweizerisches Literaturarchiv Bern, 16. März bis 30. Juli 1994) und „*F. D. Portrait eines Universums – Das zeichnerische und malerische Werk*" (Kunsthaus Zürich, 18. März – 23. Mai 1994); *Über Friedrich Dürrenmatt.* Hg. von D. Keel (1980; [2]1998); J. Knopf: *Friedrich Dürrenmatt* ([4]1988); U. Kröger / P. Exinger: *„In welchen Zeiten leben wir!". Das Schauspielhaus Zürich 1938–1998* (1998); P. v. Matt: *Dürrenmatts Einsamkeit.* In: ders.: *Die tintenblauen Eidgenossen* (2001).

## 30. ALBERT EHRENSTEIN
### (1886 Wien – 1950 New York)
### Lyriker, Erzähler, Essayist

Der „Dichter der bittersten Gedichte deutscher Sprache" ist schon ein anerkannter Expressionist, als er im Dezember 1916 seine Berliner Lektorenstelle kündigt und nach Zürich zieht. Teils führt ihn seine pazifistische Gesinnung hierher, teils seine Beziehung zu der Schauspielerin ➤ Elisabeth Bergner. Er wohnt zunächst in einer Pension, der „Villa Montana", ◼ 30a Zürichbergstraße 16, und findet im „Adlerschen Verein für Individualpsychologie", ◼ 30b Steinwiesstraße 38, eine Sekretärsstellung. Er korrespondiert ausführlich mit Wiener Bekannten, u. a. seinem Gönner Karl Kraus und →Stefan Zweig, der 1917 selber nach Zürich kommt. In →René Schickeles Exilzeitschrift *Die Weißen Blätter* publiziert er seit 1915 flammende Antikriegsgedichte, die gesammelt unter dem Titel *Den ermordenten Brüdern* erst 1919 im Zürcher ➤ Max Rascher Verlag erscheinen. Ehrenstein ist kein resignierter Verzweifelter, sondern ein agressiver und engagierter Satiriker, dessen avangardistische Sprache oft entlarvende Wortspiele aufweist. 1917 tritt er in Verbindung mit dem Kreis um →Ludwig Rubiner. Er ist wieder umgezogen, diesmal in die ◼ 30c Hottingerstraße 23. Er muß aber bis 1918 häufige Aufenthalte im ◼ 30d Kilchberger Sanatorium, Alte Landstraße 70, machen. 1918 beendet er seine Arbeit an Lukians *Hetärenge-sprächen,* bevor er im September Zürich verläßt und nach Berlin zurückkehrt. Nachdem seine Bücher 1933 in Deutschland verbrannt worden sind, gründet Ehrenstein das Aktionskommitee „Internationale Rote Hilfe", das deutschen Exil-Schriftstellern zu helfen versucht. Im August 1934 kommt er in Zürich-Hottingen beim befreundeten Pelzhändler Bernhard Mayer unter, von dem er Unterstützung erhält. „Das war der Frieden: du hattest Ruh, / Arbeit hiernieden – im Himmel stempelst du. / Dann sind die braunen Wuthunde gekommen / und haben ein Reich, ein zweites, ein drittes genommen / [...] O Erde – alte Menschenfalle / Wer hat uns alle verbannt in die Verbrecherkolonie? / Staat? Das ist Stacheldraht! Armut ist Hochverrat [...]", klagt er in seinem *Emigrantenlied.* Im Winter 1935/36 bringt ihm eine Veröffentlichung ohne Arbeitserlaubnis eine Polizeistrafe ein. Im Februar 1936 wird er erneut ausgewiesen, trotz Vermittlung →Hermann Hesses. In dieser Zeit wohnt er ■ 30e Russenweg 8, dann in der ■ 30f Hadlaubstraße 82 und sucht erfolglos einen Verleger für *Das gelbe Lied.* Gleichzeitig entwirft er eine utopische antifaschistische Satire *Schindenbosch* sowie einen satirischen Roman *Die Jungfrau von New Orleans.* Er zieht sich ins Tessin zurück, bis er 1939 ausgewiesen wird. Er erhält noch einmal eine mehrmonatige Aufenthaltsbewilligung in Zürich, während er sich um ein Visum für die USA oder Frankreich bemüht: „Wie Sie sehen, hat Hitler wieder einmal rascher operiert, als sich unsereiner wieder einen neuen Paß beschaffen kann, und ich stehe einmal wieder paßlos da und drastischer eingesperrt in der Schweiz, als mir lieb ist", schreibt er am 20.3.1939 an R.A. Berman, Präsidenten der „American Guild for German Cultural Freedom". Ehrenstein wechselt oft die Unterkunft: ■ 30g Dianastraße 9, dann im Herbst/Winter fährt er zum Essen Mittags und Abends ins Kilchberger Sanatorium, wo er sich 1918 aufgehalten hat und nun kostenlos verpflegt wird; anschließend wohnt er 1940 in der ■ 30h Gotthardstraße 53. Finanzielle Unterstützung erhält er u.a. von der Zürcher jüdischen Gemeinde sowie von Hermann Hesse. Erst im Juli 1940 bekommt er ein Notvisum für die USA und kann schließlich Zürich Anfang 1941 verlassen. In Ehrensteins Nachlaß befindet sich eine kurze Erzählung *Der Emir,* eine bittere Satire auf seine Schweizer Exilerfahrung.

W: *Der Mensch schreit* (1916); *Die rote Zeit* (1917); *Den ermordeten Brüdern* (1919); *Lukian* (Nachdichtung, 1925); *Das gelbe Lied* (1933); *Ausgewählte Aufsätze.* Hg. v. M.Y. Ben-gavriêl (1961); *Wo ich leben werde, wissen die Götter. Briefe aus der Zeit des Exils,* hg. v. P. Engel (1987).

&#9633; O. Loerke: Rezensionen in *Der Neuen Rundschau* (Nr. 28/1917 u. 29/1918) und im *Berliner Börsen-Courier* (1921); J. Drews: *Die Lyrik Albert Ehrensteins* (1969); A. Beigel: *Erlebnis und Flucht im Werk Albert Ehrensteins* (1972); *Wider das Vergessen* (1985); K.-M. Gauss: *Wann endet die Nacht. Über Albert Ehrenstein* (1986); U. Langwitz: *Studien zu Leben, Werk und Wirkung eines deutsch-jüdischen Schriftstellers* (1987); *Albert Ehrenstein.* In: *Deutsche Intellektuelle im Exil* (1993) F. Wende: *Albert Ehrenstein.* In: *Deutschsprachige Schriftsteller im Schweizer Exil* (2002).

## 31. ALBERT EHRISMANN
### (1908 Zürich – 1998 Zürich)
### Lyriker, Erzähler, Publizist

Im Arbeiterquartier Zürich-Aussersihl aufgewachsen, beschließt der junge Buchhalter 1928, freier Schriftsteller zu werden. Sein erster Gedichtband *Lächeln auf dem Asphalt* erzielt 1930 einen so bemerkenswerten Erfolg, daß eine zweite Auflage bereits 1931 erscheinen kann. In dieser Lyrik kommen erstmalig in der Schweizer Literatur die untersten Schichten der Großstadtbewohner zu Wort. Die in Form und Syntax schlichten Texte zeigen ein soziales Engagement, welches das Leitmotiv des späteren Werkes bleiben sollte. Während er sich Mitte der 1930er Jahre eine Zeit lang bei dem Schriftsteller Konrad Falke auf seinem Gut in Feldbach (ZH) aufhält, verfaßt er Kampfschriften für die Sozialdemokratische Partei der Schweiz (*Front der Arbeit spricht*). Er wohnt anschließend in der ■ 31a Mühlebachstraße 21, zieht dann mehrmals um: ■ 31b Schifflände 12, ■ 31c Zeltweg 48 und ■ 31d Eschwiesenstraße 3.

Als freier Publizist liefert er Theaterkritiken für *Das Volksrecht*. Im Januar 1932 wird er wegen Verweigerung des Militärdienstes zu acht Wochen Gefängnis in Meilen (ZH) verurteilt, obwohl sein Freund →Traugott Vogel ihn verteidigt. Für das 1934 neu eröffnete ■ C „Cabaret Cornichon" arbeitet er von Anfang an als Textdichter. In seinen Chansons hört man für gewöhnlich eine soziale Anklage, wie in dem Lied *Von den Kulis und den nutzlosen Schiffen*: „Ich bin ein Matrose / Und ich war ein Kapitän. / Ich bin der arbeitslose / Kuli vom Rhein bis an die Seine. / Mich hat man abgeheuert / Und für mich hat die Welt kein Schiff / Weil sie Kaffee und Weizen verfeuert / Und der Kuli bezahlt den Kniff [...]". Auch auf ‚Zuritütsch' kann er beißend sein: „Ich ha käi Büetz. Henu, bin ich eläige? / Wie männge staat verusse und hät nüüt! / Sötted mir öppe gflickti Tschöope zäige / und mit de Zääne chlappere vor de Lüüt? // Mer wiird is scho nüd laa am Hunger stëërbe [...]" Über 30 Jahre publiziert er satirisch-kämpferische Gedichte dieser Art in der humoristischen Zeitschrift *Der Nebelspalter*. 1939 entsteht in Zusammenarbeit mit dem Komponisten H. G. Früh das lyrische Oratorium *Der neue Kolombus*. Es wird auf der ➤ Z ü r c h e r Landesausstellung von der ➤ „Volksbühne Zürich" mit großem Erfolg aufgeführt, ganz in der Tradition deutscher agitatorischer Massenchorspiele, d.h. quer zu den Tendenzen der damaligen konservativ-chauvinistischen ➤ „geistigen Landesverteidigung".

53

Nach 1945 hat Ehrismann weiterhin wirklichkeitsbezogene, traurig-humorvolle Dichtungen verfaßt, sowie einige ungewöhnliche Erzählungen *(Der letzte Brief, Die unheiligen Heiligen Drei Könige)*. Auch nach den sozialen Unruhen von 1968 in Zürich findet Ehrismann Gehör in der jüngeren Generation, weil er sich eine Sensibilität für bedrohliche Entwicklungen bewahrt hat. 1975 werden ihm der ➤ „Preis der Schweizerischen Schiller-Stiftung" und 1978 der ➤ „Literaturpreis der Stadt Zürich" verliehen. Zuletzt wohnt er ■ 31e Moosstraße 56. Sein Grab befindet sich auf dem ■ G 10 Friedhof Sihlfeld.

W: *Lächeln auf dem Asphalt* (1930); *Front der Arbeit spricht* (1935); *Sterne von unten* (1939); *Der neue Kolombus* (1939); *Kolombus kehrt zurück. Eine dramatische Legende* (1948); *Der letzte Brief* (1948); *Der wunderbare Baum. Poetisches Spazierbüchlein* (1958); *Riesenrad der Sterne* (1960); *Wetterhahn, altmodisch* (1968); *Gedichte des Pessimisten und Moralisten* (1972); *Mich wundert, daß ich fröhlich bin* (1973); *Gegen Ende des zweiten Jahrtausends. Postskripte* (1988).

📖 *Zürich überhaupt*, hg. v. H. Schumacher (1970); E. Attenhofer: *Cabaret Cornichon* (1975); *Grenzgänge. Literatur aus der Schweiz 1933–45* (1981); G. Huonker: *Lächeln auf dem Asphalt*. In: ders.: *Literaturszene Zürich* (1986).

## 32. NANNY VON ESCHER
### (1855 Zürich – 1932 Langnau ZH)
### Heimatdichterin

In einem herrschaftlichen Stadthaus in der ■ 32a Zinnengasse 1–3 in Zürich aufgewachsen (heute restauriert), muß sie 1867 nach dem Tod ihres Vaters mit ihrer Mutter in ein einsames Chalet unter der ■ 32b Albispasshöhe in der Nähe von Langnau umziehen. Hier und in ihrem Zürcher Haus, das sie vermieten und dessen 2. Stock ihnen lediglich zur freien Verfügung steht, unterhalten die beiden Frauen eine Art literarischen Salon. Um sich von der verhaßten Hausarbeit abzulenken, beginnt Nanny von Escher zu schreiben. Zuerst verfaßt sie Gelegenheitsgedichte. Da der im nahen Kilchberg wohnende →Conrad Ferdinand Meyer an ihrer Lyrik Gefallen findet, erteilt er ihr literarische Ratschläge. Später verfaßt sie historische Erzählungen, kulturgeschichtliche Essays, Dramen, Festspielen und ein Epos, die alle im alten Zürich spielen und große Beliebtheit erlangen. Gelegentlich greift sie in ihren Werken auf den Zürcher Dialekt zurück. Am ■ 32c Schlachtendenkmal auf dem Zürichberg erinnert eines ihrer Gedichte, das dort 1899 angebracht wurde, an die Leiden der Zürcher Bevölkerung in den Kriegswirren Ende des 18. Jahrhunderts: „Was unsere Stadt vor hundert Jahren litt, / als hier der Fremde mit dem Fremdling stritt, / Als durch den stillen Wald Geschosse knallten, / Die Feuersäulen rauchten, Fahnen wallten, / Der Vater sagts dem Sohn, und dieser dann / Ermahnt den Enkel: Knabe werde Mann! / Ob jene alten Wunden vernarbten, / Vergiss es nicht, wie unsere Mütter darbten! / Der Feinde Heer verschlang der Kinder Brot, / Gross war der Jammer, übergross die Not. / Soll nimmer solches Leid die Stadt erfahren, / So muß das kommende Geschlecht sich scharen: / Es halte Wacht und halte blank die Wehr, / Zu schützen Schweizergrenzen, Schweizer Ehr!" Sie steht in brieflichem Kontakt mit zahlreichen Gelehrten und Schriftstellern wie →Gottfried Keller, von dessen *Abendlied* sie eine Variation verfaßt hat, und Rainer Maria Rilke. Sie liegt auf dem ■ G 10 Friedhof Sihlfeld begraben. 1955 wird in der Nähe ihres Chalets (heute Privathaus) eine Steinbank als Gedenkstätte errichtet.

**E**

**F**

W: *Gedichte* (1895); *Erinnerungen an Conrad Ferdinand Meyer*. In: *Zürcher Taschenbuch auf das Jahr 1900; Frau Margaretha* (1917); *Alt-Zürich* (1920); *Erinnerungen* (1924).
📖 U. Isler: *Nanny von Escher, das Fräulein [...] Frauenporträts aus dem alten Zürich* (1983).

## 33. ROBERT FAESI
(1883 Zürich – 1972 Zollikon ZH)
Romancier, Dramatiker, Lyriker, Literaturhistoriker

In der ■ 33a Selnaustraße 14 geboren, wächst Faesi in einer alteingesessenen Zürcher Patrizierfamilie auf. Zürich gehört zu den Universitäten, an denen er Jura, Nationalökonomie und Germanistik studiert. Nach einigen ausgedehnten Auslandsaufenthalten übernimmt er zeitweilig eine Tätigkeit als Gymnasiallehrer in seiner Heimatstadt. Er wohnt damals auf dem ■ 33b „Neugut" oberhalb von Wädenswil (ZH). Er habilitiert sich, wird darauf 1911 Privatdozent an der Universität Zürich und 1922–1953 ordentlicher Professor für neuere deutsche und schweizerische Literatur. Bereits im Sommer 1913 bittet man ihn um seine Mitarbeit im ➤ „Schweizerischen Schriftstellerverein". 1916 zieht er mit seiner Familie nach ■ 33c Zollikon (ZH) ins „Rebgütli". Der Erste Weltkrieg bedeutet für ihn einen Lebenseinschnitt: „Wirklich: Ich kam anders zurück als ich ging, aber nicht nach ein paar Monaten [...] es brauchte Jahre. [...] Bis zum Kriegsausbruch hatten wir Schweizer das Vaterland mit seinen Vorzügen und Schwächen, seinen freiheitlichen und demokratischen Rechten längst als selbstverständliches Gut hingenommen. Fast über Nacht war es zum Erlebnis, zum Schicksal und darüber hinaus zum Problem geworden. Diesem Durchbruch einer bestürzenden Gefühls- und Gedankenflut unmittelbare dichterische Sprache zu verleihen, drängte sich mir als nächste, brennende Aufgabe auf." Daraus entsteht die Lyriksammlung *Aus der Brandung*, die „friedliche Gesinnung" signalisiert, jedoch keinen radikalen Pazifismus. Sein literarisches Schaffen gilt z. B. im Vergleich mit seinem Zeitgenossen →Bührer als „bürgerlich" und ist in seiner Vaterstadt tief verwurzelt. In der Trilogie *Stadt der Väter, Stadt der Freiheit* und *Stadt des Friedens,* für die er 1953 den Preis der ➢ „Schweizerischen Schillerstiftung" erhält, wird das persönliche Schicksal der Helden mit dem der Stadt verbunden. In seinen Novellen *Zürcher Idylle,* die um 1750 mit →Klopstock und →Bodmer als Hauptfiguren spielt, und *Das poetische Zürich* ist Zürich stets Zentrum oder Bezugspunkt. Während der Kriegsjahre lernt er einige Emigranten kennen wie →Stefan Zweig, der ihn 1918 als Schweizer Dichter nach Wien einladen läßt, bringt aber kein Verständnis für expressionistische und dadaistische „Auswüchse" auf. Auch die tiefe Verzweiflung in →Albert Ehrensteins Gedichten weckt in ihm „mehr Mitleid als instinktive Zuneigung". Nach dem Krieg wird er bis 1922 Präsident des „Literarischen Clubs", eines Ablegers des ■ L„Lesezirkels Hottingen", und sorgt dort für prestigeträchtige Gäste. Als Präsident des ➢ „Schweizerischen Schriftsteller-Vereins" übt er einen maßgeblichen Einfluß auf den Zürcher Literaturbetrieb aus. Der geistige Austausch mit →Thomas Mann erstreckt sich über lange Jahre; er umfaßt auch praktische Hilfe in dessen Zürcher Exilzeit. Zu →Hermann Hesse entsteht ebenfalls eine freundschaftliche Beziehung. Am 10.6.1925 wird Faesis Opferspiel, ein von der latenten ➢ „geistigen Landesverteidigung" geprägtes Werk, im Zürcher ■ N „Stadttheater" mit ausschließlich schweizerischen Schauspielern uraufgeführt. Einen weiteren, wesentlichen Beitrag zur „geistigen Landesverteidigung" stellt seine berühmteste Erzählung *Füsilier Wipf* dar, 1917 geschrieben und 1938 verfilmt: „Im März 1939 war es ein erwünschter Auftrag der neuen Helvetischen Gesellschaft, der mich wieder über die Grenze führte. Um den geistigen Kontakt der Schweizerkolonien mit der Heimat zu kräftigen, sollte ich ihnen aus meinen patriotischen Dichtungen vorlesen, und womöglich auch meinen Film ‚Fusilier Wipf' vorführen lassen." 1940 ist Faesi Vorsitzender der „Schweizerischen Schillerstiftung" und Mitorganisator des PEN-Club-Kongresses 1947 in Zürich, ferner Mitglied der ➢ „Zürcher Freitagsrunde". Er setzt sich mehrmals für bedrohte Exilautoren ein, aber seine Kontakte zu den Emigranten bleiben begrenzt. Der ➢ „Literaturpreis der Stadt Zürich" wird ihm 1945 für sein Werk verliehen, d.h. für seine Gedichte, Novellen und Erzählungen, eine Romantrilogie, Lustspiele, Gesellschaftskomödien, eine Kantate, ein Opernlibretto, verschiedene Porträts verehrter Dichter (wie →T. Mann, →C. F. Meyer, Rilke, →Keller, →Spitteler) sowie seine geistesgeschichtlichen Abhandlungen.

W: *Zürcher Idylle* (1908); *Das poetische Zürich. Miniaturen aus dem 18. Jahrhundert* (zus. m. Eduard Korrodi, 1913); *Aus der Brandung. Zeitgedichte eines Schweizers* (1917); *Füsilier Wipf. Erzählung aus der schweizerischen Grenzbesetzung* (1917); *Die Fassade* (1918); *Rainer Maria Rilke. Studie* (1919); *Opferspiel* (1925); *Der gegenwärtige Goethe* (1931); *Heimat und Genius. Festblätter zur Schweizer Geistesgeschichte* (1933); *Spittelers Weg und Werk* (1933); *Das Antlitz der Erde* (1936); *Stadt der Väter* (1941); *Gottfried Keller* (1941); *Stadt der Freiheit* (1944); *Conrad Ferdinand Meyer* (1948); *Die Schwarze Spinne. Operntext* (1949, 1956); *Stadt des Friedens* (1952); *Die Gedichte. Gesammelte Auswahl* (1955); *Thomas Mann. Studie* (1955); *Erlebnisse. Ergebnisse. Erinnerungen* (1963).

📖 *Robert Faesi achtzigjährig.* In: *Neues Winterthurer Tagblatt* vom 6.4.1963; *Die zeitgenössischen Literaturen der Schweiz* (1974); C. Linsmayer: *Ein Blendwerk wird zum „Jahrhundertereignis".* In: *Zürcher Oberländer* vom 1.6.1989; P. Stadler: *Robert Faesi und Jakob Bührer: kulturpolitisches Doppelprofil zweier literarischer Zeitgenossen* (1995).

## 34. HEINRICH FEDERER
(1866 Brienz BE – 1928 Zürich)
Schriftsteller, Priester, Journalist

Der katholische Geistliche gibt 1899 aus gesundheitlichen Gründen sein Amt als Kaplan auf und wird Journalist bei den *Zürcher Nachrichten*. Seine dort vertretenen linksliberalen Ansichten machen ihm viele Feinde: „Katholisch heißt fortschrittlich. Engherzigkeit gegen Wissenschaft, Kunst, Sozialpolitik, Furcht vor dem Fortschritt und ähnliche Dinge, die im Grunde nichts anderes als geistiges Hypochonderwesen oder Angstmeierei bedeuten, gehören dem wahren Katholizismus nicht an [...] Die sozialistische Partei steht uns in vielen Punkten näher als die liberale [...]." Eine Verleumdungskampagne seiner konservativen Opponenten, aus der er als Sieger hervorgeht, kostet ihn dennoch seine Stelle. Als freier Schriftsteller erlebt er seinen Durchbruch 1910 mit *Vater und Sohn im Examen*, einer Novelle, die bei dem Preisausschreiben einer Berliner Zeitschrift den ersten Preis gewinnt. Drei Jahre später werden seine Bücher wie *Lachweiler Geschichten, Berge und Menschen, Spitzbube über Spitzbube* oder *Pilatus* zu Bestsellern, die ➤ Korrodi als „Meisterwerke" lobt. Federer ist nun Hausautor bei ➤ Rascher. Für sein Werk erhält er 1919 das Ehrendoktorat der Universität Bern, 1924 den „Gottfried-Keller-Preis" und 1926 eine Ehrengabe der ➤ „Schweizerischen Schillerstiftung". „Mir selbst werfe ich oft vor, daß ich zu einseitig für das Vergangene lebe, daß dies beinahe zu einer Schwäche wird, unter der Gegenwart und Zukunft leiden. Aber in Gottes Namen, so sind von der Natur meine Augen gerichtet, und ich will sie lieber so brauchen als schielen." Es handelt sich in Wirklichkeit um eine Art innere Emigration, da er jetzt nicht mehr wagt, politisch aktiv in der Öffentlichkeit aufzutreten. Sein Einsatz für Außenseiter findet nunmehr mit Hilfe seiner Feder statt (z. B. *Gerechtigkeit muß anders kommen*). Neben Italien bildet „seine geliebte Stadt Zürich", wo er in der ■ 34 Bolleystraße 34 wohnt (Gedenktafel), den Stoff einiger Erzählungen. In der Legende *Anima Turicensis* bedauert er Veränderungen im traditionellen Stadtbild: „[...] als man die alten Mauern niederriß, da ging es mir nahe genug. Aber das waren schließlich nur Mauern. Doch jetzt reißt man nicht bloß die lieben grauen Häuser und Gassen nieder, [...] man zerstört alle Tradition, es gibt nichts Zürcherisches mehr [...]." Im Anschluß daran beschwört er die Vergangenheit herauf: „Zunächst um den Turm nistete sich das alte Stadtwesen an, warm, dunkel und nach hundertjährigem Brot und Käse duftend. Je weiter aber man von den drei nahen, einander die grauen Häupter zuneigenden Kirchen, dem Peter, dem Fraumünster und unserem Großmünster hier, sich entfernte, um so heller wurde der Prospekt [...] Um die etwas finstere Ehrenfestigkeit des Zentrums dehnte sich die Lustigkeit und Waghalsigkeit der Umbauten und die die kaminrauchende Arbeit der Vororte, und alles zusammen gab ein ernstfröhliches Gesicht." Nach seinem Tod wird er vom Bundesrat als „einer der markantesten und populärsten Vertreter des schweizerischen Schrifttums" bezeichnet. Auf eigenen Wunsch liegt er auf dem ■ G 9 Friedhof Rehalp begraben.

W: *Vater und Sohn im Examen* (1910); *Lachweiler Geschichten* (1911); *Berge und Menschen* (1911); *Pilatus* (1912); *Sisto e sesto. Eine Erzählung aus den Abruzzen* (1913); *Das letzte Stündlein des Papstes* (1917); *Spitzbube über Spitzbube* (1921); *Papst und Kaiser im Dorf* (1924); *Wander- und Wundergeschichten aus dem Süden* (1924); *Am Fenster. Jugenderinnerungen* (1927); *Anima Turicensis* (1931); *Gerechtigkeit muß anders kommen* (1981).

📖 *Zürich überhaupt* (1970); G. Huonker: *Kein harmloser Auflagenlöwe.* In: ders.: *Literaturszene Zürich* (1986); I. Britschgi (Hg.): *Heinrich Federer* (2001).

## 35. JOHANN GOTTLIEB FICHTE
### (1762 Rammenau/Oberlausitz – 1814 Berlin)
### Philosoph

1784 muß Fichte sein Studium der Theologie wegen finanzieller Schwierigkeiten abbrechen. Er schlägt sich als Hauslehrer durch, was ihn 1788 nach Zürich führt. Dank →Lavaters Vermittlung findet er Unterkunft und eine Anstellung bei der Familie Ott, die das berühmte ■ I „Gasthaus Zum Schwert" führt und den Dichter als „einen interessanten jungen Mann" schätzt. Er betreut als Hauslehrer die beiden Kinder Kaspar und Susette. Seine eigenwilligen Erziehungsmethoden führen jedoch bald zu Auseinandersetzungen mit den Eltern. 1789 lernt er durch →Lavater den Seidenfabrikanten und Waagmeister Johann Hartmann Rahn kennen, der in seinem Haus „Zur Hohen Farb" ■ 35 vor der Niederdorfpforte (heute Stampfenbachstraße 32; 1899 abgetragen) donnerstags und samstags das gebildete Zürich einlädt. „Freunde habe ich gefunden [...] den H. Wagenmeister Rahn,

Schwager von Klopstock, nebst deßen Madem. Tochter, ein Haus, das ich gewöhnlich Sonnabends von 6.–8. Uhr besuche, und wo ich viel Vergnügen genieße.", notiert er in seinem Tagebuch am 2.8.1789. Rahn ist seit seiner Jugend mit →Klopstock befreundet und hat dessen Schwester geheiratet. Fichte verliebt sich in Rahns Tochter Johanna und verlobt sich mit ihr, bevor er Zürich verläßt. 1790–1793 hält sich Fichte – immer noch als Hauslehrer tätig – in Leipzig, Warschau, Danzig und Königsberg auf, wo er Kant kennenlernt. Seine Schrift *Versuch einer Kritik aller Offenbarung* macht ihn über Nacht berühmt. Im Juni 1793 kehrt er nach Zürich zurück und wohnt wahrscheinlich bei Rahn; Ende Oktober heiratet er Johanna. Er verfaßt weitere philosophische und politische Abhandlungen und beschäftigt sich mit dem Schweizer Dialekt, der seiner Meinung nach „besonders im Munde eines Frauenzimmers [...] sehr widerlich" klingt. Auch schreibt er an seinen Bruder: „Ich liebe die Sitten der Schweizer nicht und würde ungern unter ihnen leben." Mit →Pestalozzi pflegt er ein freundschaftliches Verhältnis und führt mit ihm manches philosophisches Gespräch. Der Besuch vom dänischen Lyriker Jens Immanuel Baggesen ist für ihn eine große Freude. Im Winter 1793/94 hält Fichte philosophische Vorträge im kleinen Kreis, nachdem Chorherr Rahn, ein Verwandter seines Schwiegervaters, ihm einen pfalzgräflichen Doktordiplom offiziell überreicht hat. Dank dieses Titels wird er 1794 auf Empfehlung →Goethes an die Universität Jena berufen, obwohl seine positive Einstellung zur französischen Revolution bekannt ist. Am 30.4.1794 verläßt Fichte endgültig Zürich.

W: *Versuch einer Kritik aller Offenbarung* (1792); *Zurückforderung der Denkfreiheit von den Fürsten Europas, die sie bisher unterdrückt haben* (1793); *Beiträge zu einer Berichtigung der Urteile des Publikums über die französische Revolution* (1793); *Von der Sprachfähigkeit und dem Ursprung der Sprache* (1794); *Zürcher Vorlesungen über den Begriff der Wissenschaftslehre (Febr. 1794).* Hg. v. E. Fuchs (1996).

I. H. Fichte: *Johann Gottlieb Fichte's Leben und literarischer Briefwechsel* (1862); I. Kammerlander: *Johanna Fichte. Ein Frauenschicksal der deutschen Klassik* (1969); R. Lassahn: *Studien zur Wirkungsgeschichte Fichtes als Pädagoge* (1970); W. G. Jacobs: *J. G. Fichte.* (1984).

## 36. OTTO FLAKE
### (1880 Metz – 1963 Baden-Baden)
### Romancier, Essayist, Dramatiker, Übersetzer

„Lauda kam am Nachmittag in Zürich an, Stadt die er nie betreten hatte, und erster neutraler, die er im Krieg betrat, seltsames Gefühl [...] Straße gefüllt mit jungen Männern, Straße gefüllt mit Auslagen entbehrter Dinge, Straße, in der Frühlingsbäume legitim blühten, denn Mensch darunter war im Einklang mit ihrer Freude, dachte nicht an Mord. Folgend der grünen

Avenue sah er die weiße Lohe, und als er die Brücke betrat, darunter der See zum stadtdurchziehenden Fluß ward, war es, als stehe er der Sonne so nah, wie man am äußersten Rand eines Kraters dem Erdfeuer nah steht [...]." Lauda, die Hauptfigur von *Nein und Ja*, vertritt wohl den Autor selbst, der sich im März 1918 als Auslandskorrespondent der *Norddeutschen Allgemeinen Zeitung* nach Zürich schicken läßt, um der drohenden Einziehung zu entgehen. Jedoch werden von den deutschen Militärbehörden Bedingungen gestellt: „Man verlangte dort, daß ich mich als Gentlemanspion betätige und durch Verkehr in den Hotels und Familien Nachrichten beitrage, die der Konsul in Zürich sammle. Ich sagte, ich würde mein Möglichstes tun, und machte den inneren Vorbehalt." Er wohnt zunächst in der „Pension Tiefenau" in der ■ 36a Steinwiesstraße 8/10. Später kauft er →Leonhard Franks Reihenhaus an der ■ 36b Zeppelinstraße 34. In Zürich begegnet er →René Schickele wieder, der wie er zum Kreis des „Jüngsten Elsaß" angehört hatte. Bald schließt sich der überzeugte Europäer den ➤ Dadaisten im ■ E „Café Odeon" an. Der befreundete Künstler Hans Richter erinnert sich: „Da war auch der teutonisch-schöne, baumlange Otto Flake, dessen Bücher beträchtliches Aufsehen erregt hatten und den Arp ins Odeon eingeführt hatte." Mit →Walter Serner und →Tristan Tzara gibt er die letzte dadaistische Zeitschrift in Zürich heraus: „Mitte Januar hielt ich im Kunsthaus einen Vortrag über abstrakte Kunst. Sie sagte mir nicht viel, aber ich verstand ihre Argumente. Georg Müller in München war bereit, ein Jahrbuch zum gleichen Thema zu bringen; ich stellte es zusammen und gab ihm den Namen Der Zeltweg; als aber der Verlag die Fotos der abstrakten Bilder sah, trat er zurück. Ein Heft unter dem Titel Der Zeltweg erschien darauf 1920 in Zürich." Im erwähnten Schlüssel-Roman *Nein und Ja* tritt der Kreis um →Ball und →Arp auf, im Zürich der Emigranten und Spitzel. Ferner kann man die Figur des Puck als Stellvertreter →Albert Ehrensteins identifizieren. Später distanziert sich Flake von seiner experimentellen Prosa und benutzt eine klassischere Erzählweise. Tzara verewigt den Schriftsteller in dem französisch verfaßten Gedicht *Maison Flake*. Flake verläßt Zürich im Februar 1920: „Mein Plan, in Zürich zu bleiben, scheiterte an der deutschen Inflation. Als 1920 eine Hypothek in Goldfranken fällig wurde, sah ich mich genötigt [...] zu verkaufen. Ich siedelte mit den Möbeln, die den Geist des Dada atmeten, nach Bayern um." ➤ Max Rychner wird jahrelang ein wohlwollender Rezensent seiner Werke bleiben.

W: *Nein und Ja* (1919; 1920); *Expressionismus und Sprachgewissen*. In: *Neue Zürcher Zeitung* vom 2.9.1919; *Dinge der Zeit [Die fünf Hefte]* (1920); *Pandämonium* (1920); *Hans Arp* (1920); *Kleines Logbuch* (1921); *Damals in Zürich*. In: *du 14/1954*; *Es wird Abend. Bericht aus einem langen Leben* (1960); *Rezensionen 1919–1920 in der ‚Neuen Rundschau' von Büchern Huelsenbecks, Arps, Balls, Schickeles, auch von der ‚Zürcher Kunstchronik' und ‚Büchern des Exils'*.

⌕ T. Tzara: *Maison Flake*. In: *Littérature* 2/Avril 1919; M. Rychner: *Unbürger, Elsässer*. In: *Die Zeit* vom 28.10.1960; o.N.: *Otto Flake*. In: *NZZ* vom 29.10.1960; H. Richter: *Dada Profile* (1961); M. Rychner: *Gedenkworte auf Otto Flake*. In: *Die Tat* vom 15.11.1963; M. Farin: *Otto Flakes Lauda-Romane ,Die Stadt des Hirns' und ,Nein und Ja'. Dokumentation-Analyse-Bibliographie* (1979); Ders.: *Die Aufhebung des Zeitgeists*. Nachwort zu *Nein und Ja*, München 1982.

## 37. FRIEDRICH WILHELM FOERSTER
### (1869 Berlin – 1966 Kilchberg ZH)
### Pädagoge, Kulturphilosoph, Publizist

Nach einem Studium in Freiburg i. Br. und Berlin habilitiert sich Foerster 1898 über das Thema *Willensfreiheit und sittliche Verantwortlichkeit* an der Universität Zürich. Dort und an der ➤ ETH ist er anschließend 1901–1911 als Privatdozent für Philosophie und Moralpädagogik tätig: „Meine Vorlesungen in dieser Zeit berührten die verschiedensten philosophischen, soziologischen und ethischen Probleme und konzentrierten sich schließlich mehr und mehr auf das moral-pädagogische Gebiet [...] Ich paßte wohl nicht ganz in den Rahmen der sehr freisinnigen Tradition der beiden Hochschulen [...] Interessante Diskussionen hatte ich auch mit jener großen Minorität meiner Zuhörer, die aus den Kreisen der russischen Revolutionäre kam und sich damals schon um Lenin gruppierte." Sein Domizil befindet sich in der ■ 37a Susenbergstraße 37. Nach der Wahrnehmung von Professuren in Wien und München kehrt er 1920 nach Zürich zurück, weil es sich in Deutschland durch seine kritische Aufklärungarbeit über die kaiserliche Kriegspolitik viele Feinde im Lehrkörper und in der Öffentlichkeit gemacht hat. Foerster betätigt sich publizistisch in Zürich bis 1926, siedelt dann nach Frankreich über und wird Bürger dieses Landes. Wegen seines unermüdlichen Einsatzes für den sozialen Frieden und die Völkerverständigung halten die Anfeindungen auf deutscher Seite jedoch an, insbesondere seit der Publikation seiner Schrift *Die tödliche Krankheit des deutschen Volkes* 1933. Nach der Besetzung Frankreichs 1939 muß er vor der Gestapo in die Schweiz fliehen. Obwohl er (auf Druck der deutschen Gesandtschaft?) aus diesem Land ausgewiesen wird, gelingt ihm die Flucht über Portugal in die USA; bis 1963 lebt er in New York. Dann kehrt er zurück nach Zürich und verbringt die letzten Lebensjahre in ■ 37b Kilchberg, wo er im dortigen Sanatorium Alte Landstraße 70 stirbt und auf dem Friedhof der Gemeinde bestattet wird.

W: *Willensfreiheit und sittliche Verantwortlichkeit. Eine sozialpsychologische Untersuchung* (1898); *Jugendlehre* (1904); *Lebensführung* (1909); *Erlebte Weltgeschichte. 1869–1953. Memoiren* (1953).
⌕ Nachruf in der *New York Times* vom 24.1.1966.

## 38. LEONHARD FRANK
### (1882 Würzburg – 1961 München)
### Erzähler, Dramatiker

Ein Jahr nach seinem literarischen Durchbruch mit *Die Räuberbande,* einem expressionistischen Roman, flieht der radikale Kriegsgegner 1915 nach Zürich. Dort schließt er sich anderen deutschen Exilanten an, die sich bevorzugt im ■ O 5 „Café de la Terrasse" oder im ■ E „Café Odeon" treffen. Er selbst wohnt in einem Reihenhäuschen in der ■ 38 Zeppelinstraße 34. Der ➤ Rascher Verlag bringt 1917 seinen von psychoanalytischen Tendenzen geprägten Novellenzyklus *Der Mensch ist gut* heraus, in dem Frank seinen uneingeschränkten Pazifismus propagiert und die ➤ Dadaisten als feige Flüchtlinge in einer schweren Zeit deklariert. Es werden Exemplare in Tarneinbänden nach Deutschland geschmuggelt, von Sozialisten illegal nachgedruckt und unter den Fronttruppen verbreitet. Für dieses Werk erhält er 1920 den „Kleist-Preis", wird jedoch von →Richard Huelsenbeck attackiert: „In Zürich hatte ich den Titel eines der Bücher Leonhard Franks gelesen ‚Der Mensch ist gut'. Nichts konnte mir mehr widerstehen als eine solche Behauptung." Im Winter 1917/18 liest Frank aus eigenen Werken im Zürcher Rathaussaal; einige Monate später kehrt er zurück nach Berlin.

Er wird aber am 10.3.1933 zum zweiten Mal nach Zürich emigrieren müssen. Dank eines lobenden Gutachtens des SSV („Das Nachkriegsdeutschland war stolz auf diesen Dichter [...]") erhält er eine Aufenthaltsbewilligung. 1934 erfährt er von seiner Ausbürgerung aus Deutschland und dem Verbot seiner Bücher durch die Nazis. 1937 muß er nach Paris weiterziehen.

W: *Die Ursache* (1916); *Der Mensch ist gut* (1917); *Traumgefährten* (1936); *Links wo das Herz ist* (Autobiographie, 1952).
📖 M. Glaubrecht: *Studien zum Frühwerk Leonhard Franks* (1965).

## 39. FERDINAND FREILIGRATH
### (1810 Detmold – 1876 Bad Cannstatt)
### Lyriker, Publizist, Übersetzer

Der renommierte Dichter und Übersetzer von →Victor Hugos Lyrik entscheidet sich 1844, in die politische Opposition einzutreten. Bis dahin hat er sich von der revolutionären ➤ Vormärzdichtung distanziert, was ihm die Feindschaft →Georg Herweghs einbringt. Seine Lyrik, die durch exotische Themen und einen ungewöhnlichen Stil Aufmerksamkeit erregt, hat er im Bereich des rein Ästhetischen gehalten. Jedoch erzürnt über die immer reaktionärere Politik Friedrich Wilhelms IV., verzichtet er auf dessen Pension und proklamiert in der Gedichtsammlung *Ein Glaubensbekenntnis* seine Ideale der Freiheit und sozialen Gerechtigkeit. Da er sich deshalb in Deutschland nicht mehr sicher fühlt, emigriert er zunächst nach Belgien und von dort aus 1845 über Straßburg in die Schweiz. Er läßt sich mit seiner Frau und deren Schwester in Basel, dann auf Gut Meienberg bei Rapperswil (SG) nieder. Bald gefährdet sein abgelaufener Paß ihren dortigen Aufenthalt; deshalb siedeln sie nach Zürich-Hottingen, ins „Haus zum Sonnenthal" in der ■ 39 Gemeindestraße über: „Unsre Zürcher Existenz ist die stillste und einfachste. Der Kreis, in dem wir uns bewegen, ist sehr klein [...]", schreibt er am 4.12.1845. Unmittelbare Nachbarn sind Exildeutsche, Wilhelm und Caroline Schulz (in der Gemeinde Hottingen nicht polizeilich angemeldet). Freiligrath nimmt mit anderen deutschen politischen Flüchtlingen Kontakt auf: „Unsere kleine deutsche Kolonie befindet sich eben jetzt in einer garstigen Spannung, die durch principielle Differenzen veranlaßt, nachgerade auch auf die geselligen Verhältnisse influenziren zu wollen scheint", fügt er hinzu. Die Meinungsunterschiede weden regelrecht ausgefochten: „Hier war doch wirklich einmal politisches Leben, nicht bloß wie bei uns Zeitungsklopffechterei, nicht bloß Idee gegen Idee – nein, Leidenschaft gegen Leidenschaft, Faust gegen Faust." Auf Zürich blickend, bemerkt er jedoch: „Bei uns Fürsten, hier Aristokraten und Jesuiten – das ist die nämliche Geschichte. Hole der Teufel das Lumpenpack alle zusammen!" Zu dieser Zeit veröffentlicht er seinen emotionsgeladenen Gedichtzyklus *Ça ira*, in dem er unter Karl Marx' Einfluß die Ansicht vertritt, allein eine proletarische Revolution sei imstande, die politischen Verhälnisse in Deutschland zu verbessern. Ferner übersetzt er *Englische Gedichte aus neuerer Zeit*. Er lernt →Gottfried Keller kennen, mit dem ihn bald eine tiefe Freundschaft und ein reger Briefwechsel bis zum Lebensende verbindet. Keller verliebt sich in Freiligraths Schwägerin, jedoch hoffnungslos. Von Franz Liszt, der sein Gedicht *O lieb, so lange du lieben kannst ...* vertont hat, erhält er Besuch sowie vom amerikanischen Freiheitsdichter Bayard Taylor. Aus finanziellen Gründen muß Freiligrath im Sommer 1846 Zürich verlassen und eine kaufmännische Stellung in London annehmen.

W: *Ça ira* (1846); *Leipzigs Todten, Requiescat* (1846); *Englische Gedichte aus neuerer Zeit* (Übersetzungen; 1846); *Ein Dichterleben in Briefen*. Hg. v. W. Buchner (1882).

📖 E. G. Gudde: *Freiligraths Entwicklung als politischer Dichter* (1922; ²1967); E. Bebler: *Ferdinand Freiligrath in der Schweiz*. In: *Zürcher Taschenbuch auf das Jahr 1947*; E. Kittel: *Ferdinand Freiligrath als deutscher Achtundvierziger und westfälischer Dichter* (1960); J. Ruland / G. Werner: *Ferdinand Freiligrath 1876–1976* (1976).

# 40. MAX FRISCH
(1911 Zürich – 1991 Zürich)
Dramatiker, Romancier, Architekt

„Zürich könnte ein reizendes Städtchen sein. Es liegt am unteren Ende eines lieblichen Sees, dessen hügelige Ufer nicht von Fabriken, jedoch von Villen verschandelt sind. [...] In dem blanken Licht seiner Föhnbläue, die, vom Weiß der Möwen verziert, auch dem Einheimischen viel Kopfweh verursachen soll, hat dieses Zürich tatsächlich einen eigenen Zauber, ein ‚cachet', das mehr in der Luft zu suchen ist als anderswo, einen Glanz einfach in der Atmosphäre, der in seltsamem Widerspruch steht zum Griesgram wenigstens der einheimischen Physiognomien [...]", bemerkt die Hauptfigur in Frischs Roman *Stiller*. Die zwiespältige Beziehung des Autors zu seiner Heimatstadt, ja zur Schweiz insgesamt, scheint in diesen Zeilen durch. Während seine „Skizze eines Films" *Zürich-Transit* einer Liebeserklärung an seine Stadt gleichkommt, gibt er in seiner Rede zur Verleihung des ➢„Großen Schillerpreises" 1974 *Die Schweiz als Heimat?* zu bedenken: „Wage ich es dennoch, mein naives Bedürfnis nach Heimat zu verbinden mit meiner Staatsbürgerschaft, nämlich zu sagen ICH BIN SCHWEIZER, [...] so kann ich mich allerdings, wenn ich HEIMAT sage, nicht mehr begnügen mit Pfannenstiel und Greifensee und Lindenhof und Mundart, nicht einmal mit Gottfried Keller; dann gehört zu meiner Heimat auch die Schande, zum Beispiel die schweizerische Flüchtlingspolitik im Zweiten Weltkrieg und anderes, was zu unsrer Zeit geschieht oder nicht geschieht." Er wird nicht aufhören, sich mit der unmittelbaren Vergangenheit auseinanderzusetzen. Nachdem 1990 aufgedeckt wurde, daß er selbst und andere kritische Bürger vom Schweizer Staatsschutz jahrelang abgehört und überwacht worden sind, verweigert er seine Teilnahme an den 700-Jahr-Feierlichkeiten seines Landes.

Auch sein eigenes Leben ist nicht frei von innerer Zerrissenheit. In ■ 40a Heliosstraße 31, Zürich-Hottingen geboren, beginnt er 1930 ein Studium der Germanistik an der Universität Zürich, das er zwei Jahre später nach dem Tod seines Vater unterbrechen muß, um Geld als freier Mitarbeiter bei der *Neuen Zürcher Zeitung* und weiteren Tageszeitungen zu verdienen. Sein erstes Buch *Jürg Reinhart* veröffentlicht er 1934. Der Roman ist ganz im Stil der ➢„geistigen Landesverteidigung" geschrieben und von rechter Ideologie durchdrungen. Mit einer finanziellen Zuwendung kann er 1936–40 ein Architekturstudium an der ➢ ETH absolvieren, während er sich weiter schriftstellerisch betätigt. „Zusammen mit dem ersten Kind, das mich aus dem Arbeitszimmer verdrängte, kam die Erzählung *Bin oder Die Reise nach Peking*, die wir vor der

Veröffentlichung noch ein Jahr lang lagerten; und Glück in einem architektonischen Wettbewerb, der einen großen und schönen Auftrag der Stadt Zürich einbrachte, ermöglichte nun auch das eigene Büro [...]". Es handelt sich um den Bau des heute noch bestehenden „Freibads Letzigraben", am ■ 40b Letzigraben (zwischen Albisrieder- und Edelweißstraße). 1963 wird sein Entwurf für einen Neubau des ■ N „Schauspielhauses" preisgekrönt (aber nicht realisiert). Zu dieser Zeit wohnt er mit seiner ersten Frau in der ■ 40c Zollikerstraße 265. Nach der Publikation seines zweiten Romans ermuntert ihn ➤ Kurt Hirschfeld, damals Lektor im Verlag Oprecht & Helbling, Theaterstücke zu schreiben. Ab 1945 ist Frisch Hausautor des „Schauspielhauses"; seine Stücke werden bald in der ganzen Welt übersetzt und überschwenglich gelobt. An jenem Theater lernt er 1947 den anderen Hausautor und Zeit-Zürcher →Friedrich Dürrenmatt kennen, mit dem ihn jahrelang eine intensive Arbeitskameradschaft verbinden wird: „Natürlich fresse ich nicht alles, was er schreibt. Sein Schaffen ist aber für mich stets Gegenstand des Ansporns und der Bewunderung." Auch Frischs Begegnungen mit →Brecht 1947/48 werden ihn nachhaltig prägen, was sowohl in seinen Stücken als auch in seiner persönlichen, inneren Befreiung von national-konservativem Denken zum Tragen kommt. Sein Verhältnis zur Pressekritik ist nicht konfliktfrei: „In Zürich ist es immer möglich, daß ein neues und noch nicht glorifiziertes Stück, das den fünf Damen und Herren unserer Presse missfällt oder ihnen nicht im ersten Anblick verständlich wird, aus dem Rennen geworfen wird, bevor die öffentliche Meinung, die sich in der Stadt bildet, zur Wirkung kommt. Das ist eine gefährliche Situation; einerseits ist Zürich nicht imstande, ein Stück zu machen [...]; andererseits ist Zürich [...] durchaus imstande, ein Stück kaputt zu machen." Frisch und Dürrenmatt werden beide als „Ruhestörer" betrachtet. Frisch wirft man sogar Nihilismus vor, und Professor Emil Staiger nennt in einem Seminar *Die Chinesische Mauer* „eine Zumutung ans Publikum".

Frisch reist sehr viel: oft nach Deutschland, aber auch nach Italien, Wien, Prag, Paris, Mexiko, China, in die USA, etc. Bei der Rückreise nach Zürich stellt er fest: „[...] im übrigen ist es wie immer, wenn man aus dem Ausland kommt: man hat das Gefühl von einem übermöblierten Zimmer, bewohnt von einem arbeitsamen und wenig ansehnlichen Menschenschlag, wozu man das Seine beiträgt." Auch sein Verhältnis zu Frauen ist ambivalent: Einerseits verhält er sich skeptisch hinsichtlich der Selbständigkeit der Frau, wobei er bedenkt: „Eine Frau auf den Händen zu tragen, ist die gefährlichste Methode." Andererseits hegt er grundsätzliche Zweifel an der männlichen Position. Während seiner stürmischen Liaison (1958–63) mit →Ingeborg Bachmann, die er u. a. in seinen *Tagebüchern* festhält, bewundert und unterstützt er ihre Arbeit: „Wir brauchen die Darstellung des Mannes durch die Frau, die Selbstdarstellung der Frau." Jedoch scheint er sie psychisch verstört zu haben, nicht zuletzt durch die Verarbeitung ihres Zusammenlebens als Stoff für seine Romane (u. a. *Mein Name sei Gantenbein, Montauk*).

Frisch mag auch grundsätzlich nicht im gleichen Haus wohnen und arbeiten. Neben seinem Domizil in ■ 40d Männedorf, Hasenacker 198, später im „Haus Zum Langenbaum" in ■ 40e Uetikon, Seestraße 152 hält er sich in Zürich im Atelier eines befreundeten Malers zum Schreiben auf. Unzählige Preise und Ehrungen im In- und Ausland begleiten Max Frischs Schaffen. Jedoch zieht er sich in seinen letzten Jahren aus der Öffentlichkeit in seine Wohnung ■ 40f Stadelhoferstraße 28 zurück, als ob er angesichts der Vergeblichkeit eines von der Vernunft geprägten Kampfes resigniert hätte. *Jonas und sein Veteran,* sein letztes Stück, demontiert einen nationalen Mythos, die Schweizer Armee, und prüft das Demokratieverständnis seines Landes; es wird jedoch vom Verwaltungsrat des „Schauspielhauses" abgelehnt als unstatthafte politische Einmischung des Theaters in eine politische Kampagne. Max Frisch hatte seine eigene Totenfeier in Sankt Peter vorab bestimmt und gewünscht, daß man seine Asche im Garten seines Hauses in Berzona (TI) verstreut. Die „Max-Frisch-Stiftung" und deren Archiv an der ETH, ■ 40g Rämistraße 101, sammeln seit 1978 Dokumente zu Leben und Werk des gegen seinen Willen zum Monument gewordenen Autors. Jährlich wird der „Max-Frisch-Preis der Stadt Zürich" verliehen. Auf dem ■ 40h Rosenhof steht seit kurzem ein moderner Brunnen mit einem Zitat des Autors als Hommage an Max Frisch.

W: a) Prosa: *Jürg Reinhart. Eine sommerliche Schicksalsfahrt* (1934); *Antwort aus der Stille* (1937); *Blätter aus dem Brotsack* (1940); *J'adore ce qui me brûle oder Die Dissidenten* (1944); *Bin oder Die Reise nach Peking* (1945); *Tagebuch mit Marion* (1947); *Tagebuch 1946–49* (1950); *Stiller* (1954); *Achtung: die Schweiz* (1955); *Homo Faber* (1957; Verfilmung von Völker Schlöndorff 1991); *Mein Name sei Gantenbein* (1964); *Wilhelm Tell für die Schule* (1971); *Tagebuch 1966–71* (1972); *Dienstbüchlein* (1974); *Montauk. Eine Erzählung* (1975); *Der Mensch erscheint im Holozän* (1979); *Blaubart. Eine Erzählung* (1982); *Schweiz ohne Armee? Ein Palaver* (1989); *Schweiz als Heimat? Versuche über 50 Jahre* (1990); *Jetzt ist Sehenszeit. Briefe, Notate, Dokumente 1943–1963* (1998). b) Reden: *Cum grano salis* (1953); *Emigranten* (1958); *Rede zum Zürcher Debakel* (1970); *Die Schweiz als Heimat?* (1974); *Am Ende der Aufklärung steht das goldene Kalb* (1985). c) Theater: *Nun singen sie wieder* (1945); *Santa Cruz* (1946); *Die chinesische Mauer* (1946); *Als der Krieg zu Ende war* (1949); *Graf Öderland* (1951); *Don Juan oder Die Liebe zur Geometrie* (1953); *Biedermann und die Brandstifter* (1958); *Die große Wut des Philipp Hotz* (1958); *Biografie. Ein Spiel* (1967); *Tryptichon. Drei szenische Bilder* (1978); *Jonas und sein Veteran* (1989). d) Hörspiele: *Herr Biedermann und die Brandstifter* (1953); *Eine Lanze für die Freiheit* (1954); *Der Laie und die Architektur* (1955); *Rip van Winkle* (1969). e) Filmprojekt: *Zürich-Transit* (1965).
&#x1F56E; *Über Max Frisch*. Hg. v. T. Beckermann (1971); D. F. Merrifield: *Das Bild der Frau bei Max Frisch* (1971); G. P. Knapp (Hg.): *Max Frisch. Aspekte des Prosawerks* (1978);

J. H. Petersen: *Max Frisch* (1978); W. Jens: *Der Schriftsteller ist ein Verräter.* In: *Die Zeit* vom 9.5.1981; *Max Frisch.* Hg. v. W. Schmitz (1987); U. Kröger / P. Exinger: *„In welchen Zeiten leben wir!"* (1998); *Max Frisch – Friedrich Dürrenmatt: Fast eine Freundschaft.* In: *Tintenfass* vom 22/1998, S. 134–146; *Max Frisch 1911–1991.* In: *du* September 1991; U. Bircher: *Vom langsamen Wachsen eines Zorns. Max Frisch 1911–1955* (1997); Ders.: *Mit Ausnahme der Freundschaft. Max Frisch 1956–1991* (2000); P. v. Matt: *Die Mythen des Mythenbekämpfers Max Frisch.* In: ders.: *Die tintenblauen Eidgenossen* (2001).

## 41. JOHANN HEINRICH FÜSSLI
### (1741 Zürich – 1825 London)
Maler, Graphiker, Dichter, Übersetzer

F

Durch seinen Vater, einen berühmten Maler und Kunsthistoriker, ist er früh mit der Zürcher ➤Aufklärung und den Ideen Winckelmanns vertraut. Als Schüler →Bodmers am ■ F „Collegium Carolinum", freundet er sich mit seinem Kommilitonen →Lavater an. 1761 ordiniert, muß er seine Bemühungen um eine theologische Laufbahn aufgeben und 1763 Zürich mit Lavater und Hess verlassen, nachdem bekannt wurde, daß alle drei eine Klageschrift zusammen gegen den korrupten Landvogt von Grüningen verfaßt hatten. Die Freunde verbringen ein Jahr in Deutschland und knüpfen dort Kontakte zu einigen führenden Literaten und Theologen. Während Lavater und Hess nach Zürich zurückkehren, fährt Füssli nach Frankreich und Rom, wo er sich ab 1767 hauptsächlich der Malerei widmet, später nach London. Dort findet er einen Mäzen und läßt sich 1774 nieder. Unter dem Namen Henry Fuseli macht er Karriere: 1790 wird er Mitglied, später Direktor der „Royal Academy". Jedoch hält er den Kontakt mit Zürich aufrecht, wo er 1778–81 im ■ 41 Rathaus die berühmte Beschwörung des Schweizerbundes durch die drei Eidgenossen malt, von →Goethe auf seiner dritten Schweizer Reise bewundert. Dieser war schon während seines zweiten Aufenthalts in Zürich in Begleitung des Herzogs von Sachsen-Weimar auf den (abwesenden) Maler aufmerksam gemacht worden; daraufhin hatte der Herzog eine Reihe von Füsslis Werken für die Kunstsammlung Weimar bestellt. Außerdem hatte ihn Goethe beauftragt, ein Monument zur Erinnerung an die glückliche Reise bis zum Gotthard zu entwerfen. Für Lavater liefert er zahlreiche physiognomische Studien. Füsslis künstlerischer Ausgangspunkt ist die Literatur: Seine Bilder haben oft Szenen aus Werken von Homer, Dante, Milton und Shakespeare zum Inhalt. Er vertritt den Geniekult des Sturm und Drang und neigt zur Hervorhebung der Leidenschaften, des Dämonischen, ohne jedoch seine Bindung an den Klassizismus zu verleugnen. Weniger bekannt sind seine zahlreichen Übersetzungen und seine Gedichte. Er überträgt nämlich nicht nur Shakespeare und Lady Montague ins Deutsche, sondern auch

Werke von Winckelmann, →Klopstock und Lavater ins Englische. Bereits 1760 läßt er Oden in den Freymüthigen Nachrichten drucken und wird sein Leben lang Gedichte nach Vorbild von Klopstock verfassen. Ebenso wie Bodmer vertritt er die Idee der Gleichsetzung von Malerei und Dichtung: „Augen wie sie Dichter malen, / Sah ich, rang und überwand, / Farb' gibt Herzen keine Qualen, / Dichterfarb' ist Herzen Tand." Seinen Lehrer Bodmer preist er in einer Ode: „Heil mir! Da sitzet vor mir der Denker, ja / Im dunkeln, menscheneinsamen Zimmer, nur / Vom offnen seelevollen Auge / Das durch die Dämmerung blitzet, helle!". Drei Themen ziehen sich durch Füsslis dichterisches Werk: Freundschaft, patriotische Empfindungen für die Schweiz und Ablehnung der politischen Unterdrückung bzw. der Sklaverei in fernen Ländern. Neben theoretischen Abhandlungen über die Malerei schreibt er 1767 eine Verteidigungsschrift Rousseaus und entwirft ein Trauerspiel im shakespeareschen Stil. In London wird er in der St. Paul's Cathedral neben den Größen des angelsächsischen Geistes beigesetzt.

W: *Der ungerechte Landvogt oder Klagen eines Patrioten* (1762); *Remarks on the Writings and Conduct of Jean-Jacques Rousseau* (1767); *Sämtliche Gedichte.* Hg. v. M. Bircher und K. S. Guthke (1973); *Unveröffentliche Gedichte von J. H. Füssli.* Hg. v. E. C. Mason (1951).

📖 M. Bircher: *Johann Heinrich Füssli und Johann Kaspar Lavater.* In: NZZ vom 15. 7. 1973; Ders.: Johann Heinrich Füsslis Freundschaft mit Johann Kaspar Lavater. In: *Zürcher Taschenbuch auf das Jahr 1974* (1973); P. Tomory: *Heinrich Füsslis Leben und Werk* (1974); K. S. Guthke: *Im Schatten Klopstocks: J. H. Füsslis Gedichte.* In: ders.: *Literarisches Leben im 18. Jh. in Deutschland und in der Schweiz* (1975); *Johann Heinrich Füssli 1741–1825.* Katalog der Ausstellung Paris 1975; *Goethes letzte Schweizer Reise, darg. v. B. Schnyder-Seidel* (1980); Dies.: *J. H. Füssli und seine schönen Zürcherinnen* (1986); *Helvetische Steckbriefe* (1981); *Füssli und Shakespeare.* Katalog der Ausstellung im Kunsthaus Zürich 1999.

## 42. JOHANN HEINRICH FÜSSLI
(1745 Zürich – 1832 Zürich)
Obmann, Schriftsteller, Verleger
1762–67 unternimmt Johann Heinrich Füssli, Schüler von →Bodmer, →Breitinger und ➤ Steinbrüchel im ■ F „Collegium Carolinum", eine ausgedehnte Bildungsreise, die ihn u. a. nach Môtiers zu Rousseau führt, und weiter nach Rom, wo er Kontakt zu Winckelmann und den deutschen Künstlern knüpft. Kurz nach seiner Rückkehr aus Italien verfaßt er nach dem Vorbild von Montesquieus *Lettres persanes* und – wegen der Zensur unter dem Pseudonym „Conte di Sant'Alessandro" – einen satirischen Briefroman, in dem er seinem Unwillen über das Zürcher obrigkeitliche Regiment Luft macht. Das Werk wird natürlich nicht gedruckt, sondern abgeschrieben und weitergereicht. Zum Beispiel „verwechselt" der Conte – im ■ I „Gasthaus Zum Schwert" abge-

stiegen – die Ratsherren mit Karnevalsfiguren: „Sehen Sie dort [...] den schwarzgekleidenten Hanswursten! Hier wieder einer! Guckt, seht, noch einen! Noch einen! Sie laufen alle, wie es scheint, nach dem großen Haus gegenüber [...]" Oder er beschreibt das Saufen im Zunfthaus „Zur Meisen": „Alle jungen Zünfter setzten sich rund um eine große Tafel, die mit vielen hundert Gläsern und Flaschen ganz überführt war, und erhoben mit heischerem Geschrei ihre Stimme zum größten Lob des Beischlafs und des Weins, den sie mehr verschütteten als tranken." 1770 fusioniert er die väterliche Druckanstalt „Füßli & Co." mit dem ➤ Verlag „Orell, Geßner und Comp.";  1805–21 ist er als Redakteur der ➤ *Zürcher Zeitung* tätig. Er unterstützt die schriftstellerische Tätigkeit von →Ulrich Bräker und druckt dessen Autobiographie; der Autor erwähnt darin dankbar seinen Förderer: „Sein erstes war, der Wohnung seines herzlieben Herrn Ratsherrn Füßli nachzufragen." 1775 wird Johann Heinrich Füssli Nachfolger Bodmers auf dem Lehrstuhl für Vaterländische Geschichte am „Collegium Carolinum". Mit dem Historiker Johannes von Müller arbeitet er eine Zeitlang an der Konzeption seiner *Schweizer Geschichte.* Als Obmann der früheren Klostergüter ist er ab 1795 eines der wichtigsten politischen Häupter der Stadt; er zieht dann von seinem Haus „Zum Feuermörser" am ■ 42a Rennwegtor (heute im Bereich der Kreuzung Rennweg/Oetenbach-Gasse/Bahnhofstraße) in das „Obmannamt" im alten Barfüsserkloster (abgerissen; heute Obergericht am ■ 42b Hirschengraben/Untere Zäune) um. In der *Helvetik* (1798–1802) zählt er zu den profiliertesten Anhängern der „Neuen Ordnung".

W: *Briefe des Conte di Sant'Alessandro* (1770); *Untersuchung des Schönen in der Mahlerey von Daniel Webb, Rittern* (1766); *Johann Waldmann, Ritter, Bürgermeister von Zürich. Ein Versuch, die Sitten der Alten aus den Quellen zu erforschen* (1780).
📖 A. König: *Johann Heinrich Füssli 1745–1832. Weltanschauung eines Zürchers Politikers im 18. Jh.* (1959); A. Cattani: *Zürich um 1780.* In: *Salomon Gessner.* Katalog der Ausstellung in Zürich und Wolfenbüttel (1980).

### 43. SALOMON GESSNER

(1730 Zürich – 1788 Zürich)
Dichter, Verleger, Maler und Zeichner,
Ratsherr, Unternehmer
Salomon Gessner entstammt einer Zürcher Familie, die seit dem 16. Jh. das kulturelle Leben der Stadt mitbestimmt. Der fröhliche und gesellige Junge wird 1749 nach Berlin in die Spenersche Buchhandlung zur Ausbildung geschickt, um später das väterliche Geschäft übernehmen zu können. Jedoch widmet er sich dort mehr der Dichtung und Malerei und befreundet sich mit Friedrich Nicolai. 1750 kehrt er nach Zürich zurück und versammelt bald im Haus „Zum Schwanen", ■ 43a Münstergasse 9 (Gedenktafel) alle hervor-

ragenden Gestalten der damaligen Gesellschaft wie →Goethe und →Wieland um sich. Seine dichterische Tätigkeit steht unter dem Einfluß von →Bodmer und →Breitinger: Dichtung ist für ihn „Gemählde" der „Einbildungs-Kräffte". Darüber hinaus sind Theokrit und Vergil seine Vorbilder. 1756 erscheinen seine *Idyllen*, anakreontische und pastorale Gedichte, die bald in 24 Sprachen übersetzt werden und Gessner zu einem der meistgelesenen Rokoko-Dichter des 18. Jahrhunderts machen. Der Begriff „Idylle" wird dadurch populär. Nach Bodmerschen Vorbild verfaßt er den *Tod Abels*. Als erster übersetzt er außerdem Longos' *Daphnis* ins Deutsche. Ab 1760 wendet er sich verstärkt dem Zeichnen, Radieren und Malen zu: „Dichtkunst und Mahlerey leihen sich einander mehr, als die meisten Dichter und Kunstrichter nicht einzusehen vermögen", meint Gessner. Er illustriert seine eigenen Werke und radiert Landschaften im Stil Waterloos; auch seine Gemälde zeigen idyllische Motive nach antikem Vorbild. Bald entwirft er Dekorvorlagen für Porzellanerzeugnisse. Denn 1763 gründet er mit einigen Mitgliedern der „Naturforschenden Gesellschaft" eine Porzellanmanufaktur im Schooren in ■ 43b Bendlikon/Kilchberg (ZH), heute Seestraße 227; kann nicht besichtigt werden, mit einer Glasurmühle in Thalwil. Verschiedene Modelleure werden angestellt wie der Stukkateur J. V. Sonnenschein, der aus Stuttgart geflohen ist. Der Maler und Dichter →Johann Heinrich Füssli absolviert 1771–1781 seine Lehrzeit in der Fabrik. Jedoch wird diese „Handlungssozietät" 1791 liquidiert. Einige ihrer Erzeugnisse sind heute noch im ■ O 14 „Zunfthaus Zur Meisen" zu bewundern, wo sich im 18. Jahrhundert einer der Porzellanläden befand. Salomon Gessner übernimmt außerdem den Familienverlag „David Gessner Gebrüder" und, nachdem er 1761 die Tochter des Buchdruckers (und Konkurrenten) Heidegger geheiratet hat, steigt er als Teilhaber in das von Bodmer und seinem Neffen gegründete Druck- und Verlagshaus „Conrad Orell und Comp." ein. Der neue ➤Verlag „Orell, Gessner und Comp." gibt die Werke Gessners und seiner Freunde (u.a. Bodmer, →Ewald von Kleist, →Klopstock, →Wieland, von Cronegk) heraus, sowie englische und von ➤ Steinbrüchel ins Deutsche übertragene griechische Literatur. Das dreibändige Verzeichnis lieferbarer Bücher des Verlags umfaßt 1773/74 etwa 17 000 Titel. Als erster denkt Gessner daran, für eine bessere Lesbarkeit die gotische Drucktype durch lateinische Buchstaben abzulösen. Außerdem verwandelt er 1780 durch einen Privilegienvertrag die von seinem Vater herausgegebene *Montags-Zeitung* in eine zweimal wöchentlich erscheinende politische Zeitung, die *Zürcher Zeitung* – der Vorläufer der heutigen *Neuen Zürcher Zeitung*. Redakteur ist er zunächst selber; 1805 übernimmt →Obmann Füßli diese Stelle. Eine andere Verlagspublikation kennt einen großen Erfolg: der jährliche *Helvetische Kalender*, für den Gessner 1780–1788 ca. 53 Schweizer Landschaften radiert. Salomon Gessner ist ein typischer Vertreter des damaligen ➤ Zürcher Gemeinwesens: ab 1765 Ratsherr im Großen Rat der Stadt und 1767 Mitglied des Kleinen Rates sowie Vogt der Vogteien Erlenbach und Wipkingen, ist er außerdem Mitbegründer der ➤ „Helvetischen Gesellschaft" sowie der „Zürcher Künstlergesellschaft". Für die ■ A „Bürgerbibliothek" läßt er vom Dresdner Künstler Lippert ca. 3000 Abgüsse von dessen antiken Gemmenabrissen erwerben, begleitet von drei Kommentarbänden. 1763 empfängt er in seinem Haus den jungen Mozart, für den die Zürcher „Musik-Gesellschaft" am 7. und 9. Oktober ein Konzert organisiert hat, und seine Familie; dabei zeichnet Gessner die musizierenden Kinder. Gessner wird 1781 zum „Sihlherrn" gewählt, d. h. zum Oberaufseher über die Stadtwaldungen im Sihltal. Dort benutzt er als Refugium ein Forsthaus – von seinen Freunden als eine „romantische Einsiedley" in einer „wahrhaft arkadischen Wildniß" bezeichnet –, wo er seine *Idyllen* verwirklichen kann. Im *Landvogt von Greifensee* hat →Gottfried Keller derartige Szenen verewigt. Sein Grab befand sich auf dem aufgehobenen Friedhof „zum Krautgarten" am Hirschengraben, wo heute das „Kunsthaus" steht. In der ■ 43c Platzpromenade erhebt sich seit 1793 sein steinernes Denkmal. Ein Relief von Trippel, das es früher schmückte, ist heute im Muraltengut, Seestraße 203 zu sehen.

W: *Die Nacht* (1753); *Daphnis* (1754); *Idyllen. Von dem Verfasser des Daphnis* (1756); *Der Tod Abels* (1758); *Gesamtausgabe* (1762); *Brief über die Landschaftsmalerei* (1770); *Moralische Erzählungen und Idyllen von Diderot und S. Geßner* (1772).

📖 J. W. v. Goethe: Rezension der *Moralische Erzählungen 1772*. In: *Beiträgen zu den Frankfurter Gelehrten Anzeigen* (1772); J. J. Hottinger: *Salomon Geßner* (1796); E. Korrodi: *Der junge Mozart im Hause Salomon Gessners*. In: R. Faesi / E. Korrodi: *Das poetische Zürich* (1913); *Salomon Geßner. 1730–1930. Gedenkbuch* (1930); S. Ducret: *Die Zürcher Porzellanmanufaktur*. 2 Bde (1958–59); R. Böschenstein: *Idylle* (1967); M. Bircher: *Nachwort*. In: *Salomon Gessner. Sämtliche Schriften* Bd. 3 (1974); *Maler und Dichter der Idylle. Salomon Gessner 1730–1788*. Katalog der Ausstellung in Zürich und Wolfenbüttel 1980; M. Bircher / B. Weber: *Salomon Gessner* (1982). F. Wysling: *Salomon Gessner*. In: ders. (Hg.): *Zürich im 18. Jahrhundert* (1983).

## 44. FRIEDRICH GLAUSER
(1896 Wien – 1938 Nervi bei Genua)
Schriftsteller

„Daten wollen Sie? Also 1896 geboren in Wien von österreichischer Mutter und Schweizer Vater [...] Volksschule, 3 Klassen Gymnasium in Wien. Dann 3 Jahre Landerziehungsheim Glarisegg. Dann 3 Jahre Collège de Genève. Dort kurz vor der Matur hinausgeschmissen [...] Kantonale Matura in Zürich. 1 Semester Chemie. Dann Dadaismus. Vater wollte mich internieren lassen und unter Vormundschaft stellen. Flucht nach

Genf [...] 1 Jahr (1919) in Münsingen interniert. Flucht von dort. 1 Jahr Ascona. Verhaftung wegen Mo[rphium]. Rücktransport. 3 Monate Burghölzli (Gegenexpertise, weil Genf mich für schizophren erklärt hatte)." Dieser Auszug aus einem Brief vom 15.6.1937 an den befreundeten Zürcher Journalisten Josef Halperin macht bereits deutlich, daß Friedrich Glauser ein extremer Außenseiter des literarischen Lebens ist, was ihm später den Beinamen „Rimbaud suisse" einbringt. Nach seinem Abitur lebt er 1916/1917 in der ■ 44a Bolleystraße 7, dann in der ■ 44b Möhrlistraße 17, in der ■ 44c Leonhardstraße 6 und schließlich in der ■ 44d Zähringerstraße 40. Nur ein Semester studiert er Chemie an der Universität Zürich. Dann fasziniert ihn die Dada-Bewegung, zum größten Teil, weil er seinen Vater haßt und deshalb Vergnügen an einer Rolle als Bürgerschreck findet. Er knüpft Kontakte zu Dadaistenkreisen und expressionistischen Literaten. Oft ist er Gast, gelegentlich auch Hilfskassierer im ■ D „Cabaret Voltaire" – einer der seltenen Schweizer unter dem Publikum – und im ■ O 4 „Café des Banques". In dieser Zeit verfaßt er seine ersten Gedichte, die er in der ■ H „Galerie Dada" vorträgt. Er arbeitet kurz in ■ O 8 Corrays neu eröffnetem Antiquariat. Nach seinem „Rücktransport" aus Ascona muß der Morphiumsüchtige vom 3.8. bis 2.10.1920 als Patient in die Zürcher Nervenheilanstalt ■ B Burghölzli: „Wir sprachen von Hölderlin, und ich fragte, welche Geisteskrankheit bei ihm erkannt worden sei. Dasselbe. Man weise das bei allen Dichtern nach, Goethe ausgenommen, fügte er ironisch hinzu. Das hat mich ein wenig getröstet [...] Die Atmosphäre hier. Ich habe Angst bisweilen, wahnsinnig zu werden [...]", steht in Glausers Notizen über ein Gespräch mit dem Arzt. →Charlot Strasser diagnostiziert „moralischen Schwachsinn", plädiert aber für seine Entlassung. 1926 wird durch Freunde der Kontakt zu ➤Adolf Guggenbühl, Herausgeber der Zeitschrift *Schweizer Spiegel*, hergestellt. Dort kann Glauser 1931–35 etliche Beiträge unterbringen. Später ist er oft Gast in Guggenbühls Haus in der Eierbrechtstraße (Zürich-Witikon). Am 6.11.1935 liest Glauser, gerade aus einem Anstalt ausgebrochen, aus seinem noch unveröffentlichten Roman *Schlumpf Erwin Mord [Wachtmeister Studer]* in →Humms „Rabenhaus". Der Erfolg ist beachtlich und verhilft zur Publikation seiner Bücher in Zürich. Trotz eines abenteuerlichen Lebens und zahlreicher Internierungen hinterläßt er ein umfangreiches Werk (Erzählungen, Rezensionen, Essays, Kriminalromane, Gedichte), das zum größten Teil posthum anerkannt und erst dann veröffentlicht worden ist. Er liegt begraben auf dem ■ G 7 Friedhof Manegg. Im Mai 2001 hat der Stadtrat beschlossen, in Erinnerung an Glauser die Gasse gegenüber seinem letzten Domizil in der Zähringerstraße nach ihm zu benennen.

W: *Wachtmeister Studer* (1936); *Matto regiert* (1936); *Gourrama. Ein Roman aus der Fremdenlegion* (1940); *Dada, Ascona und andere Erinnerungen* (1976); *Passion. Gesammelte Gedichte 1917–1935* (2001).

📖 *Erinnerungen an Friedrich Glauser.* Hg. v. P. E. Erismann und H. Spiess (1996); G. Saner: *Friedrich Glauser* (1981); G. Huonker: *Schlumpf Erwin Mord.* In: ders.: *Literaturszene Zürich* (1986); *Friedrich Glauser. In: „ich bin so vielfach …".* Emmy Hennings-Ball. Katalog der Ausstellung 1999; P. v. Matt: *Die Fäulnis hinter den Fassaden. Über Friedrich Glauser.* In: ders.: *Die tintenblauen Eidgenossen* (2001).

## 45. JOHANN WOLFGANG (von) GOETHE
### (1749 Frankfurt – 1832 Weimar)
### Dichter, Staatsmann

Goethes erste Schweizer Reise beginnt am 14. 5. 1775. „Um diese Zeit meldeten sich die Grafen Stolberg an, die, auf einer Schweizerreise begriffen, bei uns einsprechen wollten. Ich war durch das früheste Auftauchen meines Talents im Göttinger Musenalmanach mit ihnen […] in ein gar freundliches Verhältnis geraten […] Die Gebrüder kamen an, Graf Haugwitz mit ihnen." Das Angebot von Christian und →Friedrich Leopold zu Stolberg-Stolberg, mit ihnen weiterzureisen, liefert Goethe eine willkommene Gelegenheit, Frankfurt und seine Verlobte für einige Zeit zu verlassen. Außerdem möchte er gern →Lavater wiedersehen, denn er ist an den *Physiognomischen Fragmenten* seit zwei Jahren als Mitarbeiter beteiligt und hat den Theologen bereits in Frankfurt beherbergt. Mit den Schriften →Bodmers und →Breitingers ist er bereits in Leipzig in Berührung gekommen; Rezensionen über →Salomon Gessner und Albrecht von Haller hat er in den *Frankfurter Gelehrten Anzeigen* geschrieben: Zeit also für ihn, die geistigen Größen der deutschsprachigen Schweiz kennenzulernen. Die Reisegefährten betreten Zürich am 9. Juni durch die Niederdorfpforte. „Der Anblick des Zürcher Sees, von dem Tore des Schwertes genossen, ist mir auch noch gegenwärtig; ich sage von dem Tore des Gasthauses, denn ich trat nicht hinein, sondern ich eilte zu Lavater", erinnert sich Goethe in *Dichtung und Wahrheit*. Infolge einer Gegeneinladung logiert er nämlich im ■ 45a „Haus Zum Waldries", Spiegelgasse 11, (Gedenktafel) bis zum 15. Juni: „Für mich war der Umgang mit Lavater höchst wichtig und lehrreich; denn seine dringenden Anregungen brachten mein ruhiges künstlerisches beschauliches Wesen in Umtrieb […]" Und Lavater über seinen Besucher: „Wer kann verschiedener denken, als Goethe und ich; und dennoch lieben wir uns sehr. Goethe ist der liebenwürdigste zutraulichste herzigste Mensch." Bei Lavater sieht Goethe Frankfurter Bekannte wieder: den Theologen Jakob Friedrich Passavant, der jetzt Lavaters Amtsgehilfe ist, und den Komponisten Philipp Christoph Kayser. Zu den Honoratioren der Stadt, die er zusammen mit

G

Lavater und den Brüdern Stolberg besucht, zählen u. a. der Zeichner Johann Heinrich Lips, →Barbara Schulthess-Wolf, mit der er schon Briefe ausgetauscht hat, sowie Breitinger und Bodmer in der ■ 45b Schönberggasse 15 (Gedenktafel): „Der alte Bodmer ward hiebei vorzüglich beachtet, und wir mußten uns auf den Weg machen, ihn zu besuchen und jugendlich zu verehren [...] Er empfing uns mit einem Gruße, mit dem er die besuchenden Jüngern anzusprechen pflegte [...] Wir dagegen priesen ihn glücklich, daß er als Dichter, der patriarchalischen Welt angehörig und doch in der Nähe der höchst gebildeten Stadt, eine wahrhaft idyllische Wohnung zeitlebens besessen [...] habe." Bodmers Urteil über den Dichter fällt ironischer aus: „Cicero ist nach ihm ein blöder Mann, weil er nicht Cato war. Es ist sonderbar, dass ein Deutscher, der die Unterthänigkeit mit der äußerster Unempfindlichkeit erduldet, solche Ideale von Unerschrockenheit hat [...] Man sagt, Göthen wolle bei uns an einem Trauerspiel von Dr. Faustus arbeiten. Eine Farce lässt sich von einem Schwindelkopf leicht daraus machen." Nicht jeder Zürcher ist auf Goethe gut zu sprechen: Der Chorherr →Johannes Tobler z. B. verfaßt ein gegen den Dichter gerichtetes Spottgedicht *Im Sommer 1775*. Daß die Ausgelassenheit der vier jungen „Naturburschen" den Zürchern verdächtigt erscheint, wird durch einen Zwischenfall illustriert: „Vergegenwärtige man sich zunächst jene unbedingte Richtung nach einer verwirklichten Naturfreiheit, so wird man den jungen Gemütern verzeihen, welche die Schweiz gerade als das rechte Lokal ansahen, ihre frische Jünglingsnatur zu idyllisieren [...] In der Wirklichkeit nun scheint sich für solche poetische Äußerungen das Baden in unbeengten Gewässern am allerersten zu qualifizieren [...] Ich selbst will nicht leugnen, daß ich mich, im klaren See zu baden, mit meinen Gesellen vereinte, und, wie es schien, weit genug von allen menschlichen Blicken. Nackte Körper jedoch leuchten weit, und wer es auch mochte gesehen haben, nahm Ärgernis daran". Am 15. 6. verläßt er morgens Zürich, unternimmt mit Lavater, Passavant, Haugwitz, Kayser und den Brüdern Stolberg die berühmt gewordene Überfahrt über den Zürichsee nach Richterswil, die Goethe zu der Erstfassung der Gedichte *Vom Berge* sowie *Auf dem See* (eine Reminiszenz an →Klopstocks Ode) inspiriert. Anschließend bereist er mit Passavant allein verschiedene Kantone bis zum Gotthard. Auf dem Rückweg nimmt er Lavaters Gastfreundschaft noch einmal für philosophische Gespräche in Anspruch (26. 6. – 6. 7. 1775).
Die zweite Schweizer Reise unternimmt er 1779 in Begleitung des achtzehnjährigen Herzogs Carl August von Sachsen-Weimar und seiner Suite. Diesmal handelt es sich um eine Bildungs- und Erziehungstour, für das Rheintal geplant und unvermittelt auf die

Schweiz ausgedehnt. Der kurz vorher zum Geheimen Rat ernannte Goethe hat als Mentor die verantwortungsvolle Aufgabe, den Fürsten vor allem charakterlich zu formen und zu fordern. Sie brechen im September auf und besuchen Zürich erst am Ende der Reise (18.11.–2.12.1779). Sie steigen im ■ I „Gasthaus Zum Schwert" ab. Mit erzieherischen Absichten stellt Goethe dem Herzog Lavater vor, der in die ■ 45b Glockengasse 7 umgezogen ist: „Die Bekanntschafft von Lavatern ist für den Herzog und mich was ich gehofft habe, Siegel und oberste Spizze der ganzen Reise [...]" Später berichtet Bodmer an seinen Freund Schinz: „Der Herzog sagte gleich, dass er käme, den Vertrauten Homers zu begrüßen. Goethe küsste mich [...] Beide sagten viel Fleurettes über meinen Homer [...]. Der Herzog fragte, wie lange ich daran gearbeitet habe [...]". Auch Salomon Gessner und andere prominente Zürcher lernen sie kennen. Ein Besuch bei Barbara Schulthess und auf den Musterbauernhof von ➢ Jacob Guyer bleibt nicht aus. Durch Lavater werden die beiden Gäste auf den Zürcher Maler und Dichter →Johann Heinrich Füssli aufmerksam gemacht.

Erst fast zwei Jahrzehnte später, am 17. September 1797, kehrt der Dichter – annähernd über denselben Weg wie 1775 – nach Zürich zurück. Zunächst kommt er im ■ I „Gasthaus Zum Schwert" unter. Er besucht alte Bekannte, Lavater jedoch nicht, da ihn inzwischen dessen Entwicklung befremdet: „Verkleidet ging ich in einer Alleen, ich sah ihn auf mich zukommen, ich bog außerhalb, er ging an mir vorüber und kannte mich nicht. Sein Gang war wie der eines Kranichs." Beim 4. Band der *Physiognomischen Fragmente* verbittet sich Goethe, als Mitautor genannt zu werden. Er karikiert ihn in einer *Xenie* und provoziert dadurch den Bruch der Freundschaft. Das Wiedersehen mit Barbara Schulhess gestaltet sich daher als schwierig, weil sie zu Lavater hält und versucht zu vermitteln. Kurz darauf trifft Goethe den befreundeten, soeben aus Florenz zurückgekehrten Zürcher Maler Johann Heinrich Meyer wieder, der in Weimar bei ihm logiert: „Den 21. fuhren wir zu Schiffe, bey heiterm Wetter, den See hinaufwärts, wurden von Herrn Escher zu Mittag, auf seinem Gut bey Herrliberg, am See, sehr freundlich bewirthet, und gelangten Abends nach Stäfe." In ■ 45c Stäfa steht Meyers großväterliches Haus „Zur Alten Krone" (abgerissen und etwas weiter wiederaufgebaut; Gedenktafel), ein Gasthaus mit Badestuben und Musiksaal, das Goethe sehr gemütlich findet. Am 28. September bricht er zusammen mit Meyer in die Urkantone auf. Zehn Tage später nach Stäfa zurückgekehrt, spürt Goethe „die Verlockung, diese unvergleichliche Landschaft in einem Gedicht darzustellen [...], wo denn die Sage von Wilhelm Tell mir als sehr erwünscht zustatten kam [...] Ich summte gelegentlich schon meine Hexameter vor mich hin." Er überlegt es sich jedoch anders und kehrt am

21.10. mit dem Marktschiff nach Zürich zurück. Er bringt nur mühsam eine halbherzige Versöhnung mit Barbara Schulthess zustande, besucht verschiedene Honoratioren, sieht sich Füsslis „Rütlischwur" im Rathaus an und verläßt die Stadt am 26.10.

Goethes Bericht über diese letzte Reise, posthum hauptsächlich von Eckermann aus den vorliegenden Unterlagen zusammengestellt, gilt als die klassische, richtungsweisende Reisebeschreibung der Schweiz im deutschsprachigen Raum.

W: *Dichtung und Wahrheit, 4.Teil, 14., 18. u. 19. Buch* (1809–31); *Reise in die Schweiz 1797* (1833 ); *Beiträge zu Lavaters physiognomischen Fragmenten* (1775–76); *Briefe aus der Schweiz 1779* (1796); *Tagebuch der ersten Schweizer Reise 1775.* (Mit den Zeichnungen des Autors und einem vollständigen Faksimile der Handschrift. Hg. v. H.-G. Dewitz 1980).

📖 Eckermann: *Gespräche,* (6.5.1827); L.Hirzel: *Goethes Beziehungen zu Zürich* (1888); F.Bertheau: *Göthe und seine Beziehungen zur Schweizerischen Baumwollindustrie nebst dem Nachweis, daß unt. Frau Susanna der Fabrikantenfrau in Wilh. Meisters Wanderjahren Frau Barbara Schulthess von Zürich zu verstehen ist* (1888); F. Zollinger: *Goethe in Zürich* (1932); *Goethes letzte Schweizer Reise.* Dargestellt von B.Schnyder-Seidel (1980); J.Klauß: *Goethe unterwegs. Eine kulturgeschichtliche Betrachtung* (1989); H.-U.Mielsch: *Goethes drei Schweizerreisen.* In: ders.: *Die Schweizer Jahre deutscher Dichter* (1994); P.Boerner: *J. W. von Goethe* (1999).

## 46. CLAIRE GOLL
**(1891 Nürnberg – 1977 Paris)**
**und YVAN GOLL**
**(1891 Saint-Dié/Elsaß –**
**1950 Paris) Dichterehepaar**
Bei Kriegsausbruch 1914 verläßt der mehrsprachige Jurastudent Yvan Goll (bürgerlich Isaac Lang) Straßburg und flüchtet in die Schweiz, um der Einberufung zum deutschen Reichsheer zu entgehen. Er übersiedelt zunächst nach Lausanne und Genf, wo er die engagierte Pazifistin Claire Studer, seine spätere Frau, kennenlernt. Anschließend ziehen beide nach Zürich. Claire Studer wohnt zunächst bei Bekannten in der ■ 46a Vogelsangstraße 3, findet dann ein Zimmer für sich und Yvan Goll in der ■ 46b Hadlaubstraße 15. Bald schließen sie sich den ➤ Dadaisten an. Claire Goll erinnert sich: „Als ich Mitte 1917, noch vor Goll, in Zürich ankam, fand ich die Stadt keineswegs vom Dada-Fieber geschüttelt vor. Tatsache war, daß die Schweiz noch nie so viele avantgardistische Köpfe beisammen gesehen hatte [...] Wir alle waren über die Schrecken des Krieges empört, wir alle bekämpften die reaktionäre Kunst ebenso wie die Verlogenheit des Wortes. Aber das pazifistische Ideal war nicht überall verbreitet [...] Yvan und ich freuten uns, junge Leute unserer Generation zu treffen, lehnten es aber ab, uns an eine Gruppe zu binden [...] Im ‚Café Odeon' verbrachten wir unsere Nachmit-

tage mit Diskussionen über die Kriegsberichte und neue künstlerische Ereignisse, zum großen Teil aber kreisen unsere Gedanken jetzt um den expressionistischen Tanz." Während dieser „Exilzeit" veröffentlicht der ➤ Rascher Verlag Yvan Golls *Requiem pour les morts de l'Europe*. Der Dichter gibt außerdem Anthologien internationaler Lyrik heraus und befreundet sich mit →Stefan Zweig und →James Joyce; er veranlaßt, daß dessen *Ulysses* erstmals in deutscher Übersetzung erscheint. Claire ist ebenfalls literarisch tätig und führt Tagebuch über die Zürcher Exilzeit. Claire Studer und Yvan Goll, die seit Mitte April 1918 oft in Ascona weilen, verlassen Zürich am 31.10.1919, und etablieren sich in Paris, wo sie heiraten. Sie kommen Ende Oktober 1949 als Besucher wieder. In einem Brief an →Ossip Kalenter blickt Yvan Goll nostalgisch zurück: „Claire und ich haben den Aufenthalt in Zürich voll genossen. Nicht nur weil die Stadt etwas Beruhigendes hat [...], sondern weil die Schatten einer großen bedeutenden Zeit wieder vor uns traten. Gerade in dieser Rotunde des Café Terrasse schienen mir von allen Ecken liebe Schatten herüberzuwinken mit denen wir die aufregenden Jahre von 1914 bis 1918 durchlitten und durchlebten [...]"

W: a) Claire Goll: *Mitwelt* (1918); *Die Frauen erwachen* (1918); *Der gläserne Garten* (1919); *Zürcher Tagebuch* (Manuskript; Dt. Literaturarchiv Marbach*); La poursuite du vent (Ich verzeihe keinem. Eine literarische Chronique scandaleuse unserer Zeit* – 1976*);* b) Yvan Goll: *Requiem pour les morts de l'Europe (Requiem für die Gefallenen von Europa* – 1917*); Felix* (1917); *Dithyramben* (1918); *Der Torso* (1918); *Der neue Orpheus* (1918); *Die Unterwelt* (1919); *Die letzten Tage von Berlin* (1919).
📖 J. Müller: *Yvan Goll im deutschen Expressionismus* (1962); *Yvan und Claire Goll. Bücher und Bilder*. Katalog der Ausstellung im Gutenberg Museum Mainz 1973; C. und Y. Goll: *Meiner Seele Töne. Das literarische Dokument eines Lebens zwischen Kunst und Liebe. Aufgezeichnet in ihren Briefen*. Hg. v. B. Glauert ([2]1978); A. Müller: *Claire Goll*. In: ders.: *Entblößungen* (1979).

## 47. KURT GUGGENHEIM
(1896 Zürich – 1983 Zürich)
Schriftsteller, Kaufmann
„Das Haus, dessen vierten Stock wir bewohnten, lag an der Gartenstraße, die als Auf- und Zufahrt zum Parkringquartier gedacht war. Eine Treppe führte um einen weiten Lichtschacht herum zu dem Wohnungen empor. Durch diesen hinab warf man ein an eine Schnur befestigtes Körbchen, wenn der Briefträger, der Milchmann oder der Bäcker kamen." In der ■ 47a Gartenstraße 33 geboren und aufgewachsen besucht Kurt Guggenheim die Handelsschule, um anschließend die Kolonialwarenagentur seines Vaters übernehmen zu können. „Bekanntlich besaßen die Juden im Kanton Zürich das Niederlassungsrecht

von Gesetzes wegen erst seit dem Jahre 1862 [...] Er nahm mich aus der Schule und machte aus mir einen Angestellten seines Geschäfts." Zu seiner Ausbildung gehören längere Aufenthalte bei Geschäftsfreunden seines Vaters in Frankreich, England und Holland. Dank seinem Vater entwickelt er allerdings früh Neigungen zur Literatur und verfaßt 1916 seine erste Tragödie: „Die Jugend meines Vaters [...] stand völlig im Zeichen Gottfried Kellers [...] Von seinem Onkel aus Lengnau erzählte mein Vater, dieser habe in seiner Jugend, in den dreißiger Jahren, oft im Hause von Gottfried Kellers Mutter, im ‚Haus zur Sichel‘ am Rindermarkt, genächtigt und habe sich noch gut des ‚Göpfi‘ zu erinnern vermocht." Der junge Kurt liest daher *Der Grüne Heinrich* mit besonderem Interesse; seine →Keller-Biographie, *Das Ende von Seldwyla*, ist eine Hommage an das große Vorbild. Andererseits interessieren ihn die ➤ Dadaisten; er ist ein Stammgast des ■ D „Cabaret Voltaire" und ein Verehrer →Emmy Hennings: „Im Strahl des Scheinwerfers verdichtete sich der Rauch zu einem richtigen, massiv anzusehenden Balken, der längs durch das verdunkelte Lokal hinlief und an dessen Ende, auf dem Podium, nichts zu sehen war als das schneeweiße Gesicht der kleinen Diseuse." 1925 muß er nach dem Tod seines Vaters das Geschäft übernehmen, liquidiert es aber 1930. Er versucht sich in einigen Berufen wie Verleger, Buch- und Kunstantiquar und Redakteur, lebt aber ab 1935 ausschließlich als freier Schriftsteller. In Zürich wohnt er in der ■ 47b Plattenstraße 80 und in der Werkbundsiedlung Neubühl, ■ 47c Ostbühlstraße 106, zeitweilig in Stäfa (ZH), Chêne-Bougeries (GE) und Unterenslingen (TG). Sein erster Roman *Entfesselung* kommt 1935 heraus und ist der Kellerschen Tradition verpflichtet. Hier, sowie in seinem gesamten Werk, treten zwei zentrale Themen auf: Zum einen das Engagement für Wahrhaftigkeit und Gerechtigkeit, was Abkehr von einem materialistischen, gutbürgerlichen Leben bedeutet, und ferner die Suche nach einer sittlich begründeten Lebenshaltung. Ein Beispiel hierfür findet er in dem französischen Entomologen Fabre, dessen Leben er in *Sandkorn für Sandkorn* erzählt. In seinem Erfolgsroman *Riedland* steht ebenfalls die Diskrepanz zwischen Zivilisation und Bewahrung natürlicher Lebensformen im Mittelpunkt. Zum anderen dominiert die Identifikation mit der Vaterstadt, die in seinem Bestseller *Alles in Allem,* in *Gerufen und nicht gerufen* und in seinem *Tagebuch am Schanzengraben* deutlich zum Ausdruck kommt: „Es hat mich als Knabe immer schon tief beeindruckt, daß der Kern der Stadt Zürich eine Insel bildet. Mit der Seefront, der Limmat und der Sihl war ein wasserumspülter Landfleck wohl angedeutet, aber noch nicht vollendet. Damit dieser Inselcharakter voll zum Ausdruck komme, bedurfte es eines Werkes von Menschenhand, eben des Schanzengrabens. Jetzt also konnte, theoretisch wenigstens, nahm man die Schleuse unterhalb der Badeanstalt im Schanzengraben aus, ein Schwan, ein Bleßhuhn oder eine Ente die alte Stadt umschwimmen. Die Vorstellung [...] hat mich von jeher entzückt." Auf historisches Material und persönliche Erinnerungen gestützt, schildert er das Leben in Zürich im 20. Jh. Im Gegensatz zu →Robert Faesis *Stadt der Väter* sind die lebendigsten Figuren dieser Romane – neben historischen Honoratioren – junge Außenseiter und Abtrünnige, die aus den bürgerlichen Normen auzubrechen versuchen. Guggenheim zeigt das andere Gesicht der Stadt, „die fremder, liebender Augen bedarf, um mit ihrem Geheimsten und Abenteuerlichsten Gestalt zu werden." Seine eigene Entfaltung schildert er in *Die frühen Jahre* und *Einmal nur* vor dem Hintergrund der Entwicklung der Zürcher jüdischen Gemeinde. Kurt Guggenheim verfaßt ebenfalls Erzählungen und Drehbücher für mehrere Filme von Richard Schweizer. Er ist Mitglied des PEN-Clubs und der „Akademie für Sprache und Dichtung" in Darmstadt. 1955 erhält er den ➤„Literaturpreis der Stadt Zürich": „Ich schreibe für die Menschen zwischen denen ich lebe. Ich betrachte mich als Lokalschriftsteller", erklärt er in einem Interview. In den 1960er Jahren lehnt er in seiner Rede *Heimat oder Domizil* die neueren literarischen Tendenzen ab und bezeichet →Brecht, Sartre und Genet als Nihilisten. Nach seinem Tod im Zürcher Neumünsterspital erhält er ein Ehrengrab auf dem ■ G 9 Friedhof Rehalp.

W: *Entfesselung* (1935); *Sieben Tage* (1935); *Riedland* (1938); *Wie waren unser vier* (1949); *Alles in allem* (1952–55); *Sandkorn für Sandkorn. Die Begegnung mit Jean-Henri Fabre* (1959); *Heimat oder Domizil* (1961); *Die frühen Jahre* (1962); *Tagebuch am Schanzengraben* (1963); *Salz des Meeres, Salz der Tränen* (1964); *Das Ende von Seldwyla. Ein Gottfried-Keller-Buch* (1965); *Der Römerhof.* In: *Zürich und seine Quartiere. Zürcher Schriftsteller sehen ihr Quartier* (1966); *Minute des Lebens* (1969); *Gerufen und nicht gerufen* (1973); *Einmal nur. Tagebuchblätter 1925–1980.* 3 Bde. (1981–82).
⌑ A. Hauswirth: *Kurt Guggenheim: Die Romane und autobiographischen Bücher, besonders im Hinblick auf die Entwicklung der Hauptgestalten* (1971); W. Weber: *Zur Sache des Vaterlands.* In: *NZZ* vom 21.1.1973; G. Huonker: *Lokalschriftsteller.* In: ders.: *Literaturszene Zürich* (1986).

## 48. ALEXANDER XAVER GWERDER
**(1923 Thalwil ZH – 1952 Arles/Südfrankreich)**
**Lyriker**

„Vom Geiste Zürichs zum Beispiel sollte man hie und da auch ein Bildchen herumzeigen, nicht nur von Zürichs Landschaft. Schon deshalb, um den anderswo beheimateten Dichtern die für Poeten als vorteilhaft empfohlene Isolation zu demonstrieren, aber auch, um der besagten Spezies Einwohner anderer Städte Mut zu machen, indem man ihnen anschaulich beweist, dass sie keineswegs allein in der amüsanten Lage sind, Spiessruten laufen zu dürfen zur Blechmusik geistiger Schrebergärtner." Dieser zornige Dichter, der hier 1952 gegen damalige reaktionäre und hausbackene Tendenzen wettert, ist ein Außenseiter – in seinem Leben wie in seinem Werk. Er ist in ■ 48a Thalwil (ZH) in der Ludretikonstraße 27 geboren. Der Vater arbeitet dort als Werkmeister in der Seidenfabrik Schwarzenbach, die den Eltern der Schriftstellerin →Annemarie Schwarzenbach gehört. Die Familie zieht nach Wädenswil (ZH), dann nach ■ 48b Rüschlikon (ZH) in die Gartenstr. 16. Mit 16 Jahren schreibt er seine ersten Gedichte und malt gern, muß aber „wider Willen" eine Lehre als Umdrucker in Zürich absolvieren. Den Schock seines Lebens erlebt er 1942 in der Rekrutenschule „mit ihrem ganzen Sadismus, mit ihrer ganzen Sinnlosigkeit". Nach seiner Heirat 1944 zieht er für drei Jahre nach Basel, wo er zu schreiben beginnt. Nach der Rückkehr nach Zürich, wo die größer gewordene Familie in der ■ 48c Albisstraße 153 eine Wohnung findet, arbeitet Gwerder nun – dies bis zu seinem Tod – als Offsetkopist in der Druckerei Hug & Söhne, ■ 48d Feldstraße 122. Er besucht an der Universität Vorlesungen über Literatur, die er aber für „trocken, leblos, gänzlich aussen und ohne Beziehung" hält. 1949 bietet er eine Sammlung von 122 Texten *Aus der Innung des engen Lebens* dem Arche Verlag an, der – obwohl beeindruckt – noch nicht wagt, sie zu veröffentlichen. Dafür gratuliert ihm Gottlieb Duttweiler, der Gründer des Migros, „dass es eine, relativ wichtige, Erscheinung wie Sie in der Schweiz noch wagt, gegen den Strom von Dekadenz zu schwimmen." Die ersten Veröffentlichungen seiner Gedichte erfolgen in *Die Tat*, deren Chefredakteur ➤Erwin Jaeckle ihn stark fördert und in die ➤„Zürcher Freitagsrunde" einführt. Mit Jaeckle entwickelt der Dichter eine umfangreiche Korrespondenz über die Literatur, aber auch zu Tagesthemen. 1952 wird eins seiner Gedichte von der *Zürcher Woche* massiv angegriffen: „Lyrik ist nicht nur, wenn man krampfhaft zusammengeschusterten Unsinn als unverfälschtes seelisches Quellwasser deklariert, jeden Satz zu Hackfleisch verarbeitet und die noch unsinnigeren Einzelteile hübsch unordentlich aufeinanderbiegt." Was derart mißfällt, ist dieses damals ungewöhnliche konkrete Gedicht *Morgen in Aussersihl,* das in seiner Wohnung, ■ 48e Brauerstraße 110, im gleichnamigen Quartier entstanden ist: „Blaue Lauben, Balkone im Schimmer / der Eiszeit – / Frühstückend im Uhrenstil, / Späherblick dann und die gewiegte / Kurve ohne Orakel. / Milch wallt im Hüttenrauch / während die Zinnen frieren –: / Zahnklappernde Gitter vor den Gärten / des Himmels." Anklang und einen Verleger findet er in Deutschland; er nimmt u. a. Kontakt zu dem Dichter Karl Krolow auf. Jedoch jährlich auftretende Schwierigkeiten mit der verhaßten Militärpflicht, Zweifel an seiner Arbeit und eine plötzliche, leidenschaftliche Liebe zu der Tochter von Freunden (in *Ein Tag in Basel* beschrieben) führen zu einem physischen und psychischen Zusammenbruch. Nach seiner Genesung flieht er zunächst nach Reigoldswil (BL), wo er seine letzten, deutlich engagierten Gedichte schreibt, darunter *Die roten Lieder aus der brandschwarzen Stadt*: „Hier die roten Lieder / aus der brandschwarzen Stadt – / Reime nur nicht Flieder, / ich habe die Bürgerlichkeit satt! // [...] Was leuchten uns die Villen, / wir träumen auch wo's stinkt! / Und das mit dem ‚Volk der Tellen‘, / überhaupt ‚Schiller‘, hinkt!“ Im September 1952 flieht er aus der „Engnis der Enge“ mit seiner jungen Geliebten nach Arles. An dem geplanten Doppelsuizid stirbt nur Gwerder.

W: *Gesamtausgabe.* Hg. v. R. Perret. 3 Bde. (1998).

📖 K. Krolow: *Ein junger Schweizer Lyriker. Zu Alexander Xaver Gwerder: „Blauer Eisenhut“.* In: *Die Tat* vom 29.12.1951; Ders.: *Die letzten Gedichte Alexander Xaver Gwerders.* In: *Die Tat* vom 30.7.1955; W. Weber: *Alexander Xaver Gwerder.* In: ders.: *Tagebuch eines Lesers* (1965); D. Fringeli: *Die Optik der Trauer. Alexander Xaver Gwerder, Wesen und Wirken* (1970); *Helvetische Steckbriefe* (1981).

### 49. JOHANNES HADLAUB/HADLOUB
**(um 1280 Zürich – vor 1340 Zürich) Minnesänger**
Der Zürcher Dichter bürgerlicher Herkunft steht in enger Beziehung zu den Stadtadeligen ➤ Rüdiger II. und Johannes Manesse. Durch ein Gedicht Hadlaubs sind sie als Pfleger und Sammler der traditionellen höfischen Minnedichtung in die Geschichte eingegangen: „Wâ vund man sament sô manis liet?/ man vunde ir niet im künicrîche / als in Zürich an buochen stât. / des prüeft man dik dâ meistersanc. / der Maness ranc dar nâch endlîche: / des er diu liederbuoch nu hât. / gein sîm hof mechten nîgen die singaere, / sîn lob hie prüeven und andeswâ. / wan sanc hât boum und würzen dâ. / und wisse er wâ guot sanc noch waere, / er wurb vil endelîch dar nâ.“ (Lied 8). In der *Großen Heidelberger Liederhandschrift C* (sog. *Codex Manesse*) ist Hadlaub, der als Nichtadeliger Platz 125 einnimmt, mit 54 „Lais“ und Liedern vertreten; die ganzseitige Illustration eines Minnelieds enthält zweimal sein Bildnis (Cod. pal. germ. 848, Bl. 371r). Die Vielfalt dichterischer Ausdrucksformen ist kennzeichnend für den Autor: Neben traditionellen Liebesliedern, welche den Minnedienst als Inbegriff höfischer Lebensqualität feiern, verfaßt er neuartige, derbe Ernte- und Herbstlieder sowie komisch-satirische Erzähl-Lieder, in denen der Dichter die Förderer des Minnesangs, Geistliche und Patrizier der Stadt Zürich und des Bistums Konstanz unter ihren wirklichen Namen auftreten läßt: „Der vürst von Kon-

stenz, von Zürich diu vürstîn / viel saelic sîn! der vürste ouch sâ / von Einsidelen, von Toggenburc loblîch / grâf Friderîch [...] Und der abt von Pêtershûsen tugende vol / half mir ouch wol. dâ wârn ouch bî / edel frouwen, hôhe pfaffen, ritter guot [...] her Ruodolf von landenberc, guot riter gar, / half mir ouch dar [...]" (Lied 2). Das Interesse dieses Kreises scheint vorrangig auf alte adelige Leitbilder ritterlicher Tugendhaftigkeit und höfischer Minne gerichtet zu sein. Hadlaub besitzt ein Haus – 1302 urkundlich bezeugt – in der ■ 49a „Gasse nahe dem Rindmarkt" (heute: Neumarkt 1; Gedenktafel) und Ländereien am ■ 49b Zürichberg, womöglich im heutigen Bereich Hadlaubstraße/Hadlaubsteig. →Bodmer und →Breitinger haben als erste die Bedeutung Hadlaubs erkannt und seine Gedichte 1758–59 übersetzt und herausgegeben. →Heinrich Meister läßt ihn 1818 in einer Erzählung wieder aufleben (*Hadeloub. Nouvelle historique.* Aber erst durch →Gottfried Keller, der ihn in einer seiner *Zürcher Novellen* (*Hadlaub* 1876/77) porträtiert und dabei mehrere Minnelieder des Poeten neu übersetzt, wird er auch außerhalb der Schweiz bekannt. Sein Denkmal (von Viktor von Meyenburg, 1884) steht in der ■ 49c Platzspitzanlage.

W: *Johannes Hadlaub. Die Gedichte des Zürcher Minnesängers.* Hg., übersetzt und kommentiert v. M. Schiendorfer (1986).

☐ *Die Schweizer Minnesänger,* hg. v. K. Bartsch (1886; neu bearb. u. hg. von M. Schiendorfer, 1990); E. U. Geßler: *Gastronomisches aus Johannes Hadlaubs Gedichten.* In: *Zürcher Taschenbuch auf das Jahr 1925;* H. Lang: *Johannes Hadlaub* (1959); H. E. Renk: *Der Manessekreis, seine Dichter und die Manessische Handschrift* (1974); J. Bumke: *Höfische Kultur. Literatur und Gesellschaft im hohen Mittelalter* (1986); *Codex Manesse.* Katalog zur Ausstellung in Heidelberg vom 12.6.–2.10.1988; P. Schmitt: *Johannes Hablaub.* In: *Lexikon des Mittelalters,* Bd. 4, Sp. 1821, 1989); *Die Manessische Liederhandschrift in Zürich.* Katalog der Ausstellung in Zürich 1991.

## 50. RETO HÄNNY

(1947 Tschappina GR) Romancier, Essayist

„Wie? Sie gedenken Zürich, die Schweiz zu besuchen? Ausgerechnet im eidgenössischen Jubeljahr? Im Jahr jener Herren, die sich, um von der skandalösen Gegenwart abzulenken, in den Mythos des Rütlis [...] flüchtend anschicken, 365 Nationalfeiertage lang eine ihnen von Schiller schön drapierte Vergangenheit zu zelebrieren? Und Sie wollen wirklich noch nie etwas von Chrysopolis, der Goldstadt, gehört haben? [...] Mit dem Zahnbürstchen wird Morgen für Morgen die Nobelmeile poliert, daß man wie zu Joyce's Zeiten ohne Bedenken die verschüttete Suppe aus dem Rinnstein löffeln könnte, während im Shop Ville und hinter dem Landesmuseum der Abschaum des Konsums weggespritzt wird, Obdachlose, Säufer, Fixer [...] Ordnung muß schließlich sein, bis hin zum Maroni-Braten in genormten Häuschen." In Reto Hännys Werken spürt man den unmittelbar Betroffenen, der im Herbst 1980 die von der Polizei mit Gewalt unterdrückten ➤ Jugendunruhen in Zürich miterlebt hat (*Zürich, Anfang September*). Wie die Jugendlichen kämpft er für eine eigene Sprache, die sich von der scheinbar objektiven, manipulierenden „Fremdsprache" der Politiker abhebt: „Geht mal euren Phrasen nach bis zum Punkt, wo sie verkörpert werden; blickt um euch, das alles habt ihr gesprochen", mahnt er diejenigen, die politisch Andersdenkende verunglimpfen. Es sind jedoch keine Reportagen. Das Erzählen steht im Vordergrund und löst sowohl die Chronologie der Ereignisse auf als auch den Unterschied zwischen Geschichtlichem und Privatem. Dies schlägt sich in seinem Stil nieder, der von einigen Kritikern als „Sprach-Strom" oder „Sprach-Ausbruch" bezeichnet worden ist. Von seiner Erfahrung als Bühnenarbeiter am Stadttheater Chur berichtet er in *Ruch*, das mehr als ein Anagramm ist: ein unwirtliches politisches und soziales Klima hinter der Fassade einer satten Selbstgefälligkeit. Eine Lesereise durch Polen 1989 ist zur Erkundungsreise geworden: *Am Boden des Kopfes* setzt sich mit dem Verhältnis Polens zur Schweiz, Deutschland und Europa auseinander. Nach dem ➤ Preis der „Schweizerischen Schillerstiftung" 1991 erhält Reto Hänny 1994 den „Ingeborg-Bachmann-Preis". Er lebt in ■ 50 Zollikon (ZH), Schwendenhausstraße 19.

W: *Ruch. Ein Bericht* (1979); *Zürich, Anfang September* (1981); *Flug* (1985); *Am Boden des Kopfes. Verwirrungen eines Mitteleuropäers in Mitteleuropa* (1991); *Helldunkel. Ein Bilderbuch* (1994); *Frühling* (1997).

## 51. FERDINAND HARDEKOPF
(1876 Varel/Oldenburg – 1954 Zürich)
Lyriker, Feuilletonist, Übersetzer,
Reichstagsstenograph

Im Berliner „Café des Westens" spielt der junge Dichter um die Jahrhundertwende eine führende Rolle und gilt als Vorläufer des Expressionismus. Auch als Theater- und Literaturkritiker hat er sich einen Namen gemacht. In der Berliner Boheme lernt er →Emmy Hennings kennen, mit der er einige Jahre liiert bleibt. Als Antimilitarist geht er 1916 nach Zürich. Dort schließt er sich den ➤ Dadaisten an und tritt wiederholt bei ihren Soirees auf. Er liefert Gedichte für →Tzaras *Dada 4/5* und wirkt an der unabhängigen, republikanischen Berner *Freien Zeitung* mit, deren Redakteur →Hugo Ball ist. 1919 rückt er von den Dadaisten ab: „Zürich ist sehr langweilig geworden. Fast alle interessanten Menschen sind weg [...] Zürich ist nicht amüsant [...] Mit den Dada-Herren mag

ich nicht mehr gerne sprechen. Diese Eitelkeit ist nicht hübsch."
Daraufhin fährt er zu →René Schickele nach Salenstein (TG). Im
Zweiten Weltkrieg überlebt er die Lagerhaft in einem französischen Internierungslager und kehrt mittellos 1946 nach Zürich
zurück. Mit Hilfe von ➤ Emil Oprecht und →Carl Seelig findet er
eine Wohnung in der ■ 51a Bucheggstr. 135 und kann sich mit
Übersetzungen von französischen Klassikern für die ➤„Büchergilde Gutenberg" und den „Manesse Verlag" durchschlagen. Seine
Übertragungen von Werken Gides, Zolas und Cocteaus sind uner-
reicht geblieben. 1954 wird er aber wegen akuten Kriegstraumas
in die Psychiatrische Klinik ■ B „Burghölzli" eingeliefert, wo er
bald stirbt. Seine Manuskripte sind tragischerweise infolge von
zwei Kriegen verstreut oder vernichtet worden.

W: *Gesammelte Dichtungen* (1963).

📖 L. Rubiner: *Das Paradies der Verzweiflung.* In: *Die weißen Blätter* 3/1916; J. Serke:
*Die verbrannten Dichter* (1977); *Emmy Hennings-Ball 1885–1948. „ich bin so vielfach …"* Katalog der Ausstellung in Flensburg u. Zürich 1999.

## 52. GERHART HAUPTMANN

(1862 Ober-Salzbrunn/Schlesien –
1946 Agnetendorf)
Lyriker, Dramatiker, Erzähler
„Wir wurden von meinem Bruder und meiner
Schwägerin Martha nach Zürich zu kommen
eingeladen. Wir sollten samt den zwei Söhn-
chen, die wir mitbrachten, Gäste des Hauses
sein." Im Frühling 1888 zieht also die Familie für ein paar Monate
in die ■ 52 Freiestraße 7 ein. Der bis jetzt als bildender Künstler
tätige Hauptmann hat sich nach seiner Heirat und der Übersiedlung nach Berlin 1885 entschlossen, Schriftsteller zu werden.
„Noch ahnte ich nicht, wie diese Zürcher Zeit mein Leben und
meine Erfahrung bereichern sollte, sowohl, was die Fülle neuer
Erscheinungen anbelangt, Persönlichkeiten verschiedenster Art,
sozialer Institutionen, Parteigebilde kämpferisch-politischer Art,
als auch wissenschaftlich neue Gebiete." Im Haus seines Bruders
treffen sich wissenschaftliche und dichterische Größen: „Das kleine Haus [...] wurde damals etwas wie eine platonische Akademie,
die allerdings mehr den Geist des ‚Gartens', will heißen des epi-
kurischen Kreises atmete." Stammgäste sind sowohl →Gottfried
Keller, →Conrad Ferdinand Meyer und Arnold Böcklin als auch
Richard Avenarius, Henkell und August Forel. Letzterer ist damals
Direktor der Irrenanstalt ■ B „Burghölzli" und lädt Hauptmann
ein, abweichende menschliche Verhaltensweisen sowie neue wissenschaftliche Experimente wie die Hypnose zu beobachten: „Im
Burghölzli sah ich und unterschied nach und nach alle hauptsäch-

lichen Formen des Irreseins. Grausige Bilder waren darunter. An alle knüpfte ich wieder [...] eigene Gedanken an. [...] Ich sah eine maniakalische Frau, deren Alter man, während sie in ihren Exaltationen tanzte und sang, nicht feststellen konnte. Sie war das lebende Volkslied für mich." Der Besuch der pietistischen Zellerschen Heilanstalt in Männedorf, mit der Betsy Meyer in enger Verbindung steht, hinterläßt bei ihm einen gemischten Eindruck: „Ich dachte: Wie kann doch die Angst vor dem Tode so erniedrigen! Ich wußte kaum wie, und schon war ich wieder im Freien." Ein anderes Beobachtungsobjekt ist die Heilsarmee. Sein Fazit: „Ganz allgemein lag damals in der Luft ein Hang zur Sektiererei" – was er schon bei dem fanatischen Antialkoholiker Forel beobachtet hat. Jedoch fühlt er sich von der Zürcher Atmosphäre inspiriert: „Nichts von den Ingredienzien der ‚Modernen Dichtercharaktere' spürte man zunächst in der Zürcher Luft, sondern nur freudig hoffende Strebenskraft, keiner Traurigkeit zugänglich. [...] Man war in der Schweiz, man war in einer landschaftlich unvergleichlich gebetteten Stadt. Ein mächtiger See warf die Bläue des Himmels zurück. [...] Über den Stadtteil Enge wachte der grün bewaldete Ütliberg, den man unschwer ersteigen konnte. Noch beherrschte die Straßen das trauliche Schweizer Bürgerhaus". Er bewundert die ➤ ersten Studentinnen an Universität und Polytechikum: „Es ist klar, daß der Verkehr mit ihnen unseren Gesichtskreis erweitern mußte [...] Welchen Gefahren und Beschwerden hatten sie sich, um ihren Lernhunger zu befriedigen, nicht ausgesetzt!" In Zürich liegen die Wurzeln seines Dramas *Die Weber*: „In und um Zürich blühte damals noch, und zwar seit dreihundert Jahren, die Seidenweberei. [...] Auf meinen Spaziergängen [... kam ich an einem Häuschen vorbei, aus dem ein seltsames Geräusch drang. Es lockte mich. Ich trat ein. Ein Seidenweber war am Werk, ein Heimarbeiter am Webstuhl. Ich plauderte mit den Leuten, ihre Arbeit und ihre Nöte beschäftigten mich. Ich faßte damals den Gedanken, ein Weberdrama zu schreiben, angeregt durch diese Begegnung." Ferner schreibt er an einem Roman, „in dem ich wahrhaftig und bekenntnishaft, ähnlich wie Rousseau, auftreten wollte, auch auf sexuellem Gebiet [...] der, glaube ich, Lorenz Lubota heißen sollte. Hauptmanns Theorie, wonach der Mensch genetisch und sozial determiniert ist, wie er es in *Bahnwärter Thiel* oder *Vor Sonnenaufgang* aufzeigt, ist aller Wahrscheinlichkeit nach in Zürich zur vollen Reife gekommen. Etwa dreißig Jahre später besucht der Dichter, inzwischen Nobelpreisträger, noch einmal die Stadt. →Robert Faesi erinnert sich: „In persönlicher Berührung kam ich mit Hauptmann, als er, 1919 vom damals blühenden Lesezirkel Hottingen zum Vortrag aus seinen Dramen geladen, im Grossen Tonhallesaal mit Enthusiasmus empfangen wurde."

W: *Bahnwärter Thiel* (1888); *Vor Sonnenaufgang* (1889); *Der Apostel* (1892); *Die Weber* (1892); *Das Abenteuer meiner Jugend* Bd. 2 (1957).

📖 R. Faesi: *Gerhart Hauptmann.* In: ders.: *Erlebnisse. Ergebnisse* (1963); G. Schildberg-Schroth: *Gerhart Hauptmann – „Die Weber"* (1983); W. Leppmann: *Gerhart Hauptmann. Leben, Werk und Zeit* (1986).

## 53. JAKOB CHRISTOPH HEER
(1859 Töss ZH – 1925 Zürich)
Schriftsteller, Publizist, Lehrer
Er wächst in einer Arbeiterfamilie auf (heute in Winterthur-Töss, J. C. Heer-Straße, Gedenktafel) und dichtet schon früh in Mundart. Nach einer Tätigkeit als Primarlehrer wird er freier Journalist und tritt 1892 in die Feuilletonredaktion der *Neuen Zürcher Zeitung* ein. Er wechselt oft die Wohnung: ■ 53a Konradstraße 54, ■ 53b Plattenstraße 24, ■ 53c Plattenstraße 43 und ■ 53d Lavaterstraße 77. Sechs Jahre später erscheint sein erster Roman *An heiligen Wassern,* der in der traditionellen alpinen Schweiz spielt und sofort ein Bestseller wird – insbesondere in Deutschland. Die Schauplätze seiner nächsten, in deutschen Verlagen erscheinenden Heimatromane sind verschiedene Kantone; in ihnen kommen jedoch immer Bergluft und romantische Liebe vor. 1899 wechselt der Autor in die Redaktion der *Gartenlaube* in Stuttgart. Dann lebt er als freier Schriftsteller in Ermatingen (TG) und ab 1908 in ■ 53e Rüschlikon, Burain 9, im „Gruebstäi", dem er ein Gedicht widmet: „Nun steht das Haus als Gruebstein hier / Und wünscht des Lebens Poesie / Mit dem der weilt und dem der wallt, / Der Heimat Glück mit Jung und Alt." Zum Besuch Kaiser Wilhelms II. in Zürich 1912 verfaßt Heer ein begeistertes Gedicht: „Willkomm vieledler deutscher Kaiser! / Die Freude geht durchs Schweizerland." Außer Romanen und Dialektgedichten schreibt er Novellen und Reportagen, z. B. über eine berühmte Ballonfahrt, die er in seiner Jugend unternommen hat (*Was die Schwalbe sang, Im Ballon*). Als das ■ D „Cabaret Voltaire" eröffnet, wird Heer dort Stammgast: „Einer unserer unentwegtesten Gäste ist der bejahrte Schweizer Dichter J. C. Heer, der vielen tausend Menschen mit seinen Blütenhonigbüchern Freude macht. Er erscheint stets im schwarzen Havelock und streift, wenn er zwischen den Tischen durchgeht, mit seiner umfangreichen Mantille die Weingläser von den Tischen", notiert →Hugo Ball in seinem Tagebuch. Jedoch gerät er durch die Kriegsjahre in finanzielle Not: in Deutschland interessiert sich keiner mehr für die Schweizer Alpen, und die Devisensperre kommt noch hinzu. Heer muß sein Haus verlassen und zeitweilig bei einer Tochter in Norddeutschland Zuflucht suchen. Das Haus ist heute noch in Familienbesitz.

Leider weniger beachtet sind seine autobiographisch gefärbten Werke wie *Joggeli* und *Tobias Heider.*

W: *Ferien an der Adria* (1888); *Im Ballon. Fahrten des Kapitän Spelterini* (1892); *An heiligen Wassern* (1898); *Der König der Bernina* (1900); *Felix Notvest* (1901); *Joggeli* (1902); *Der Wetterwart* (1905); *Was die Schwalbe sang* (1916); *Tobias Heider* (1922); *Erinnerungen* (1930).

📖 G. H. Heer: *Jacob Christoph Heer* (1927); M. M. Kulda: *J. C. Heer. Versuch einer Monographie* (1957); M. Kraft: *Jacob Christoph Heer – Werk und Wirkung eines Heimatdichters* (1976).

## 54. GOTTHARD HEIDEGGER
### (1666 Stein am Rhein SH – 1711 Zürich)
### Theologe, Schriftsteller

„Gotthard Heideggers Schriften, die in der Schweiz soviele Bewunderer gefunden haben, sind in Deutschland weit minder bekannt, als so wol geschriebene Sachen verdienen", bemerkt →Bodmer in der Einleitung der von ihm veranstalteten Ausgabe der *Kleinen Schriften.* Der Pfarrer hat mit seinen Streitschriften Aufmerksamkeit erregt, in denen er als erster Vorläufer der ➤ Aufklärung die Auswüchse der barocken Romane bekämpft. In seiner *Mythoscopia romantica* benutzt er das Wort „romantisch" noch im negativen Sinne von „romanhaft", weil er Romane für Teufelswerk hält: „An statt Paulus zu loblichen Dingen anfrischen will, lehren die *Romans* lefflen, und dantzen, und zu den Hinderthürl einschlieffen, und der Weiber Fußlumpen werden. Da kan man die Rechnung leicht schließen [...], daß es um das *Romanlesen* ein elend Thun seyn wird." Neben polemischen theologischen Werken verfaßt der „lustige Gotthard" humorvolle Artikel, wie eine Schutzrede für Rothaarige und eine ironische Lobschrift des Tabaks. Er übernimmt 1710 die Redaktion des *Mercurius Historicus,* der ersten, 1694 in Zürich erschienenen politisch-historischen Fachzeitschrift. Sie wird 1713 von den Zensurbehörden konfisziert und öffentlich verbrannt. Seit 1705 Inspektor bzw. „Zuchtherr" des Zürcher ➤„Alumnats" hat er bis 1710 eine Amtswohnung im ■ 54a „Alten Zuchthof", dem östlichen Kreuzgangflügel des Fraumünsters (1899 abgerissen). Dann zieht er in den „Neuen Zuchthof" um: Das 1879 abgetragene Gebäude stand in der heutigen ■ 54b Kappelergasse, etwa zwischen der Südfassade des Stadthauses und der Nordfassade der Fraumünsterpost.

W: *Mythoscopia Romantica, oder Discours Von den so benanten Romans* (1698); *Kleine Schriften* (1732).

## 55. GEORG HERWEGH

(1817 Stuttgart – 1875 Lichtenthal b. Baden-Baden) Dichter, Publizist, Übersetzer

Nach einer Auseinandersetzung mit einem Offizier flüchtet der bürgerlich-liberale Dichter 1839 in die Schweiz. Zunächst läßt er sich in Emmishofen (TG) nieder, zieht dann auf Einladung A. L. Follens nach Zürich um. Er wohnt zunächst in der ■ 55a Schönberggasse 3, dann zieht er in die ■ 55b Nr. 5 um. Im ➤„Litterarischen Comptoir Zürich und Winterthur" gibt er 1841 mit Follens Unterstützung seine Sammlung *Gedichte eines Lebendigen* heraus, die ihn schlagartig berühmt machen. →Gottfried Keller, fühlt sich dadurch ermutigt, als politischer Dichter in die Konflikte seiner Zeit einzugreifen. Seine Begeisterung ist so groß, daß er Herwegh in einem Sonett feiert: „Doch wenn nach Sturm der Friedensbogen lacht, / Wenn der Dämonen finstre Schar bezwungen, / Zurückgescheucht in ihres Ursprungs Nacht, / Dann soll dein Lied, das uns nur Sturm gesungen, / Erst voll erblühn in reicher Frühlingspracht: / Nur durch den Winter wird der Lenz errungen!" In Zürich wird Herwegh ebenso in die Kreise der deutschen politischen Emigranten wie in die fortschrittlichen literarischen Salons aufgenommen, z. B. in ➤ François und Eliza Willes „Haus Marienfeld" in ■ 55c Feldmeilen (heute General-Wille-Straße 165). Er übersetzt die Lyrik des französischen Romantikers Lamartine und verfaßt Aufsätze und Lyrik. Aus dem Gedicht *Zum Andenken an Georg Büchner* sind zwei Zeilen entnommen, die heute auf →Büchners Grabstein stehen. 1842 gerät seine Leserreise durch Deutschland, wo er als der „Freiheitsdichter" gefeiert wird, zu einem Triumphzug, bis er nach einer öffentlichen Kritik an König Friedrich Wilhelm IV. aus Preußen ausgewiesen wird. 1843 nach Zürich zurückgekehrt, muß er erfahren, daß ihm der konservative Regierungsrat seine Aufenthaltsbewilligung ungeachtet von Petitionen nicht verlängert: „Hilft nichts, so muß sich wenigstens diese Canaille von Regierung vor ganz Europa blamieren, daß es eine Art hat." Daraufhin verleiht ihm der Kanton Baselland das Bürgerrecht. Die Jahre von 1851 bis 1866 verbringt er wieder mit seiner Familie in Zürich. Er bezieht mehrere Wohnungen: am ■ 55d Limmatquai 16, am ■ 55e Limmatquai 28 (heute Laternengasse 1), am ■ 55f Zeltweg 18 und schließlich ■ 55g Stadthausquai 14 (abgerissen). Um zu überleben, schreibt er für den Bieler *Handelscourier* und das *Zürcher Intelligenzblatt*. Infolge seiner politischen Entwicklung zieht er sich die Feindschaft der deutschen Exilkolonie zu was von den Zürcher Behörden unmittelbar nach Berlin weitergetragen wird. Jedoch hält Keller zu ihm, auch wenn er dafür „von den konservativen Zürchern etwas schief angesehen wird". Und →C. F. Meyer äußert 1877, daß Herwegh „sein ganzes Talent bis zum letzten Atemzug" besessen hat. Da die finanzielle Not immer größer wird und ihm ein frei gewordener Lehrstuhl am ➤ Polytechnikum trotz Empfehlungen verwehrt bleibt, kehrt Herwegh 1866 nach Deutschland zurück. Sein Grab befindet sich in Liestal (BL), wo ihm 1904 ein Denkmal errichtet wird und sich heute ein Museum und ein Archiv befinden.

W: *Gedichte und kritische Aufsätze aus den Jahren 1839 und 1840* (1845); *Gedichte eines Lebendigen* (1841); *Zum Andenken an Georg Büchner, den Verfasser von ,Dantons Tod'* (Februar 1841); (als Hg.) *21 Bögen aus der Schweiz* (1843); *Gedichte 2. Teil* (1843); *Zur Schillerfeier in Zürich* (1860).

📖 B. Kaiser: *Georg Herweghs Exil in der Schweiz.* In: ders.: *Der Freiheit eine Gasse: Aus dem Leben und Werk Georg Herweghs* (1948); Ders.: *Die Akten Ferdinand Freiligrath und Georg Herwegh* (1963); W. Büttner: *Georg Herwegh – Ein Sänger des Proletariats* (²1976).

## 56. HERMANN HESSE
### (1877 Calw/Württemberg –
### 1962 Montagnola TI)
### Romanschriftsteller, Lyriker, Epiker

Die enge Bindung Hermann Hesses an die Schweiz ist familienbedingt. Seine Eltern erwerben 1883 für sich und ihre Kinder das Baseler Bürgerrecht und die Schweizer Staatsangehörigkeit, die der junge Hermann erst mit 13 Jahren gegen die württembergische austauscht. 1912 zieht er mit seiner Frau, einer Baslerin, dennoch endgültig in die Schweiz. Wenig bekannt ist sein Winterdomizil in Zürich, das ihm am ■ 56 Schanzengraben 31 (abgerissen) von 1925 bis 1932 von seinen Freunden Leuthold überlassen wird. Die Einrichtung dieses „pied-à-terre" hat mehrere Gründe. Zum einen verbringt Hesse ab 1923 regelmäßig Kuraufenthalte im nahen Baden. Außerdem beginnt er 1921 eine Psychoanalyse bei →C. G. Jung in Küsnacht: „Jung führt die Analyse mit ausserordentlicher Sicherheit, ja Genialität." Sein Interesse für diese neue Wissenschaft war in *Peter Camenzind* und dem Aufsatz *Künstler und Psychoanalyse* schon spürbar. Zum anderen hat er in Zürich, seit er 1903 vom ■ L „Lesezirkel Hottingen" zur ersten Lesung eingeladen worden ist, eine „treue Gemeinde". Im ■ E „Café Odeon" fühlt er sich wohl und trifft sich mit Bekannten wie →R. J. Humm oder den Musikern Otmar Schoeck und Volkmar Andreae. Die *Neue Zürcher Zeitung* bietet sich dem Schriftsteller als vorzügliche Tribüne an. Sein Feuilleton-Chef ➤ Eduard Korrodi entdeckt z. B. als erster Hesse unter dem Pseudonym Emil Sinclair, lobt seinen *Demian* und bringt anschließend Aufsätze und Gedichte von ihm heraus. Die dort erschienenen berühmtesten Beiträge während des Ersten Weltkriegs sind Hesses pazifistische und humanistische Appelle *O Freunde, nicht diese Töne!* und *Wieder in Deutschland*, die polemische Hetzartikel in der deutschen Presse auslösen. Ebenfalls in der *NZZ* unterschreibt er am 18.1.1936 mit →Thomas Mann und Annette Kolb einen *Protest* zugunsten von ➤ Gottfried Bermann Fischer. Auf Korrodis Attacken gegen jüdische Emigrantenliteratur in der *NZZ* antwortet er scharf: „Sie erwarten, so scheint es beinah, von mir, daß ich mich zu Ihrem Standpunkt, zu einem schweizerischen Antisemitismus und Antisozialismus bekenne. [...] Ich halte es nicht für die Aufgabe des Geistes, dem Blut den Vorrang zu lassen [...]" Im gleichen Jahr erhält Hesse den ➤ „Gottfried-Keller-Preis". Nachdem er 1943 einen Vertrag mit einem Zürcher Verlag abgeschlossen hat, erscheinen dort zahlreiche Werke, u. a. *Das Glasperlenspiel*. Am 29.6.1952 wird eine Feier zum 75. Geburtstags des Nobelpreisträgers im ■ N „Schauspielhaus" organisiert.

Zu Hesses Zürcher Freunden zählt zu allererst Hans Conrad Bodmer, Nachfahre einer Dynastie von Seidenfabrikanten. Er wird Hesses Hauptmäzen und stellt ihm sein Haus in Montagnola (TI) auf Lebenszeit zur Verfügung. Der schon erwähnte Fritz Leuthold, ist Direktor des Zürcher Warenhauses Jelmoli. Andere Förderer sind kunst- und literaturliebende Mitglieder der Winterthurer Unternehmerfamilie Reinhart-Volkart. Mit Thomas Mann pflegt er freundschaftlichen Kontakt. 1956 gehört Hesse zum Gründungskomitee der „Thomas-Mann-Gesellschaft".

Seine Zürcher Aufenthalte scheinen ihm geholfen zu haben, die Angst vor einer einengenden Bürgerlichkeit zu überwinden. Er nimmt Tanzstunden und geht auf einen Maskenball im „Kunsthaus": „Wenn mancher auch lange warten muss, so kommt für Jeden einmal der schönste Tag des Lebens heran. Gestern Abend habe ich mich nur schwer entschlossen, den Morgenthaler noch für eine Stunde ins Odeon zu begleiten, dort aber kam die Sache ins Rollen, ich habe die ganze Nacht getanzt und getrunken [...]" In einem Brief an Leutholds resümiert er: „Ich habe in den sieben Jahren in Zürich wohl ebenso Wichtiges erlebt wie in Montagnola und auch viel gearbeitet. Mehr als die Hälfte von dem, was ich seit 1925 geschrieben habe, ist in den Zürcher Wintern entstanden. Und wenn ich diese Werkstätte und Zuflucht nicht gehabt hätte und nicht Euch und einige Freunde, so hätte ich diese Jahre nicht so überstehen können, dass ich ihrer jetzt in Dankbarkeit gedenken kann."

W: *O Freunde, nicht diese Töne!* In: *NZZ* vom 3.11.1914; *Wieder in Deutschland.* In: *NZZ* vom 10.10.1915; *Künstler und Psychoanalyse* (1918); *Protest.* In: *NZZ* vom 18.1.1936; *Die Gedichte* (1942); *Das Glasperlenspiel* (1943); *Berthold* (1945); *Traumfährte* (1945); *Der Blütenzweig* (1945); *Krieg und Frieden* (1946); *Frühe Prosa* (1948); *Gedenkblätter. Erinnerungen an Zeitgenossen* (1950).

H. Ball: *Hermann Hesse. Sein Leben und sein Werk* (1927); W. Mittenzwei: *Hermann Hesse in der Schweiz*. In: ders.: *Exil in der Schweiz* (1978); U. Münzel: *Hermann Hesse und die Schweiz. Eine dokumentarische Studie* (1986); *Hermann Hesse 1877–1962*. Bearb. v. V. Michels u. a. Sonderheft Marbacher Magazin 54/1990; A. Cattani: *Hesse und seine Zürcher Freunde*. In: *„Höllenreise durch mich selbst"*. *Hermann Hesse – Siddharta, Steppenwolf*. Katalog der Ausstellung im Schweizerischen Landesmuseum Zürich 2002; *Hermann Hesse – Grenzüberschreitungen*. Katalog der Ausstellung im Volkart-Haus Winterthur 2002.

## 57. FRIEDRICH HÖLDERLIN
### (1770 Lauffen /Neckar – 1843 Tübingen)
### Dichter

Während seiner Studienzeit wandert Hölderlin mit zwei Freunden in die Schweiz, „das Land der göttlichen Freiheit", um die Urkantone zu besuchen. Auf dem damals traditionellen Weg – d. h. über Schaffhausen und Winterthur – erreichen sie Zürich am 18. April 1791. Sie steigen aller Wahrscheinlichkeit nach im ■ I „Gasthaus Zum Schwert" ab. Zweck dieser Etappe ist ein Besuch bei →Lavater. Hölderlin und seine Freunde tragen sich in dessen Gästebuch ein. Lavater wird eigenhändig neben Hölderlins Unterschrift ein „N. B." und das genaue Datum („Den 19 April") setzen; die Bedeutung dieser besonderen Anmerkungen bleibt bis heute ein Rätsel. Am nächsten Tag fahren die drei Studenten mit dem Boot über den See bis Wädenswil und wandern weiter nach Einsiedeln. Das Gedicht *Kanton Schweiz*, im gleichen Jahr verfaßt und seinem Reisegefährten C. F. Hiller gewidmet, ist eine bittersüße Erinnerung an dieses freiheitliebende Land: „Dort, wo der Abendstrahl die Westgewölke vergüldet, / Dorthin wende den Blick, und weine die Träne der Sehnsucht! / Ach! dort wandelten wir! dort flog und schwelgte das Auge / Unter den Herrlichkeiten umher! – wie dehnte der Busen / Diesen Himmel zu fassen, sich aus! – wie brannte die Wange / Süß von Morgenlüften gekühlt, als unter Gesängen / Z ü r c h den Scheidenden schwand im sanfthingleitenden Boote! [...]"

Werk: *Kanton Schweiz*

Peter Härtling: *Hölderlin. Ein Roman* (1976); Pierre Bertaux: *Friedrich Hölderlin* (1978); Ders.: *H. und die französische Revolution* (1969); *Hölderlin. Beiträge zu seinem Verständnis in unserem Jahrhundert*. Hg. v. A. Kelletat (1961); *Hölderlin. Marbacher Kataloge* 33 (³1992); G. Martens: *Friedrich Hölderlin* (²2000).

## 58. AUGUST HEINRICH HOFFMANN VON FALLERSLEBEN

(1798 Fallersleben b. Braunschweig –
1874 Corvey/Westfalen)
Dichter, Germanist

„Ein politisch Lied, ein garstig Lied! / So dachten die Dichter mit Goethe'n / [...] // Ich sang nach alter Sitt' und Brauch / Von Mond und Sternen und Sonne, / Von Wein und Nachtigallen auch, / Von Liebeslust und Wonne. / Da rief mir zu das Vaterland: / Du sollst das Alte lassen, / Den alten verbrauchten Leiertand, / Du sollst Die Zeit erfassen!" So bezeichnet Hoffmann von Fallersleben seinen Werdegang vom Hochschulgelehrten und Herausgeber germanischer Quellen zum politisch engagierten Dichter und Verfolgten. Seit 1830 steigert sich seine deutschpatriotische Ablehnung der Restauration, die in den *Unpolitischen Liedern* gipfelt. Auf einer Reise durch die Schweiz 1839 ergreift er im Kampf der konservativen Kräfte gegen die Liberalen (➤„Züri-Putsch") entschieden Partei für letztere. Am 17.6.1839 verläßt er St. Gallen und erreicht Zürich mit dem Dampfschiff aus Rapperswil. Bis zum 24. Juni wohnt er im „Hotel Baur", ■ 58a Talstraße 1. Er nimmt Kontakt zu reformwilligen Persönlichkeiten auf, wie Johann Caspar Bluntschli, Rechtprofessor an der Universität Zürich, seinem Kollegen Friedrich Ludwig Keller, außerdem zu Conrad Melchior Hirzel und Lorenz Oken. Prof. Johann Caspar von Orelli, „der treibende Geist" bei der ➤ Gründung der Universität 1833 und beteiligt an der Berufung von ➤ David Friedrich Strauss, zeigt ihm die Stadt und die ■ A „Bürgerbibliothek": „Orelli führte mich in die Wasserkirch-Bibliothek. Ich sah mir die Sanctgaller Handschriften an, die in einem Kriege mit St. Gallen im J. 1711 als Beute hieher gelangt waren." Kurz nachdem er Ludwig Follen besucht hat, lädt ihn dieser zu sich ein. Vom 24.–28. Juni 1839 wohnt er in dessen „Haus zum Sonnenbühl", ■ 58b Rämistraße 48 (abgerissen): „Ich war mir meist selbst überlassen: arbeitete in meinem Zimmer, besuchte das Museum, um deutsche Zeitungen zu lesen, oder spazierte." – hier muß die ➤„Museumsgesellschaft" mit ihrer reichhaltigen Bibliothek gemeint sein. Follen, ein deutscher Emigrant, der zeitweilig die ➤ Gessnersche Buchdruckerei übernommen hat, zeigt sich immer hilfbereit gegenüber Vertretern des „Jungen Deutschland" wie →Herwegh und →Freiligrath. 1843 tritt er dem ➤„Litterarischen Comptoir Zürich und Winterthur" von Julius Fröbel bei, wo Hoffmann von Fallersleben einige seiner Lyriksammlungen (*Salonlieder, Gassenlieder, Lieder aus der Schweiz*) drucken läßt. Der Dichter – inszwischen seiner Professur enthoben und polizeilich stets beobachtet – besucht Follen erneut 1844, u. a. um seine Tantiemen abzuholen. Allerdings klagt er, er werde lediglich durch Freiexemplare entlohnt, die er entweder verschenkt oder die von der Polizei beschlagnahmt werden. Nach einer Übernachtung im Zürcher „Hotel du Lac", (am heutigen ■ 58c Limmatquai 16; abgerissen), findet er vom 16.10.–10.11.1844 sein altes Zimmer in Follens Haus wieder. „Gleich nach meiner Ankunft überraschte er mich mit einer kleinen Liedersammlung, die während meiner Abwesenheit im Lit. Comptoir erschienen war: *Hoffmann'sche Tropfen. Zürich und Winterthur 1844. 16°. (78 S. mit 35 Liedern).*" Auf Follens Abenden trägt er Gedichte vor, die er in Italien verfaßt hat, und fügt auf Wunsch der Gäste einige neue dazu. Diese Sammlung („Der Titel *Diavolini*, den ich vorgeschlagen hatte, fand Beifall.") erscheint im *Deutschen Taschenbuche* des „Litterarischen Comptoirs".

H

W: *Unpolitische Gedichte* (1840–1841); *Deutsche Lieder aus der Schweiz* (1843); *Deutsche Gassenlieder* (1843); *Deutsche Salonlieder* (1844); *Hoffmann'sche Tropfen* (1844); *Diavolini* (1845); *Mein Leben.* 6 Bde. (1868 – insb. Bd. 3 u. 4.).

## 59. FRANZ HOHLER
### (1943 Biel BE) Schriftsteller, Kabarettist

„Als Schüler interessierte ich mich immer für das Schreiben, das Musizieren und das Theaterspielen. Seit ich lesen konnte, schrieb ich kleine Geschichten und Gedichte, die für mich aber erst fertig waren, wenn ich sie irgendwo vortragen konnte. Angeregt durch ein Elternhaus, in welchem Literatur und Musik zum Leben gehörten, las ich sehr viel und lernte früh ein Instrument [...] Die Verbindung zwischen Musik, Literatur und Vortrag auf der Bühne war für mich das Kabarett, also gründete ich mit einer Kollegin und einigen Kollegen zusammen ein Schülerkabinett [...] und wir spielten während längerer Zeit ein Programm in einem Aarauer Keller. Als ich während meines Germanistikstudiums an der Universität Zürich diese Gruppe wieder zusammentrommeln wollte, ging es irgendwie nicht mehr, und dann beschloß ich, es allein zu versuchen, und trat 1965 mit einem abendfüllenden literarisch-musikalischen Kabarettprogramm unter dem Titel ‚pizzicato' auf. Ich hatte einen Anfangserfolg, der über den Heizungskeller der Uni, wo ich auftrat, hinausging [...]." Deshalb bricht der junge Hohler sein Studium der Germanistik und Romanistik ab und widmet sich von nun an seinen Kabarettprogrammen, mit denen er in der halben Welt gastiert. Sein Erfolg beruht zunächst auf seiner Wortgewandtheit. Das Wort öffnet Türen zum Einfall einer überraschenden Wirklichkeit: „Wie geht's?, fragte die Trauer die Hoffnung. – Ich bin etwas traurig, sagte die Hoffnung. – Hoffentlich, sagte die

Trauer." Hohlers Begabung stellt seine Zuhörer vor die Pflicht, über das Absurde hinaus zu reflektieren. Ihm gelingen schweizerdeutsche Übersetzungen von amerikanischen und englischen Songs sowie von Boris Vians Gedichten, die ganz natürlich und singbar sind. Der andere Grund seiner Popularität liegt im sozialkritischen Aspekt seiner Programme und Bücher. In poetischen, verschlüsselten Texten warnt er vor reaktionärem Verhalten, engstirnigem Patriotismus und Unmenschlichkeit: „ich war nie ein Revolutionär / ich war eher ein Spötter und Stauner / ich habe mich immer gewundert / über die Welt / und die Normalität / als welche der Wahnsinn daherkommt / doch das Staunen und Wundern nahm zu / in den letzten Jahren / schlug allmählich um / in Besorgnis und Angst", rezitiert er auf der Bühne. Seine wohl berühmteste Erzählung zum Thema Intoleranz ist *Die blaue Amsel*. 1970 gehört er zu den engagierten Schriftstellern, die sich vom konservativen ➤„Schweizerischen Schriftstellerverein" abspalten und die „Gruppe Olten" gründen. Die Reaktion bleibt nicht lange aus: 1982 soll Hohler auf Vorschlag der Literaturkommission den „Literaturpreis des Kantons Zürich" erhalten; der Regierungsrat verweigert ihm jedoch den Preis. Daraufhin tritt die gesamte Literaturkommission zurück, die anderen ausgezeichneten Künstler treten einen Teil ihrer Prämien ab und überreichen den Betrag Hohler bei einer Gegenfeier. Er gehört ferner zu den Künstlern, die von den Staatsschützern heimlich überwacht werden (➤ Fichen-Skandal). Hohler ist ein beharrlicher, aber kein pedantischer Warner: In der Erzählung *Die Rückeroberung* oder im Roman *Der neue Berg* verdrängen Tiere und Pflanzen die Menschen aus den Städten: „Von nun an herrschte in Zürich der Ausnahmezustand. [...] Der erste Bär tauchte gegen das Frühjahr auf. Er lief duch die Bahnhofsunterführung, welcher man den Namen Shopville gegeben hat [...] bediente sich ausgiebig an den Auslagen eines grossen Comestiblesladens [...] Gleichzeitig entwickelte sich eine zweite Art von Pflanzen zu nie gesehener Grösse, und zwar war das alles, was sonst im Sumpf gedeiht [...] und die Blätter wurden so gross, dass sie ein parkiertes Auto zudecken vermochten [...]". Nur die Politiker schauen an den unheilvollen Ereignissen vorbei. Franz Hohler hat außerdem zahlreiche Bücher und Hörspiele für Kinder und Jugendliche verfaßt. Nachdem er in Uetikon und Männedorf gelebt hat, wohnt er seit 1978 mit seiner Familie in Zürich-Oerlikon, ■ 59 Gubelstraße 49. Er hat nach 1968 etliche Literaturpreise erhalten (u. a. „Conrad-Ferdinand-Meyer-Preis", „Georg-Mackensen-Literaturpreis", „Hans-Sachs-Preis" für kurze Theaterstücke, „Oldenburger Kinderbuchpreis", „Literaturpreis des Kantons Zürich", „Alemannischer Literaturpreis", etc.).

W: a) Kabarett: *pizzicato* (1965); *s isch nüt passiert* (1987); *Drachenjagd* (1994); *Wie die Berge in die Schweiz kamen* (1995); *Drachenjagen. Das neue Kabarettbuch* (1994). b) Prosa: *Idyllen* (1970); *Die Rückeroberung* (1982); *Der neue Berg* (1989); *Die blaue Amsel* (1995); *Die Steinflut* (1998); *Der Rand von Ostermundingen und andere Grotesken* (1999); *Zur Mündung* (2000). c) Gedichte: *Vierzig vorbei* (1988). d) Für die Jugend: *Gschpass mit em Franz Hohler. 17 Kindersendungen* (1977–81); *Franz und René auf dem Ausflug* (1978); *Tschipo und die Pinguine* (1985); *Die Spaghettifrau und andere Geschichten* (1998); *Wenn ich mir etwas wünschen könnte* (2000).

📖 M. Bauer / K. Siblewski (Hg.): *Franz Hohler. Texte, Daten, Bilder* (1993).

## 60. JOHANN JACOB HOTTINGER
(1750 Zürich – 1819 Zürich)
Theologe, Schriftsteller, Übersetzer

Der angesehene Gelehrte gehört zu den humanistisch-rationalistischen Vertretern der Zürcher Aufklärung und genießt zu seiner Zeit europäischen Ruf. Er wird schon 1774 Professor für Eloquenz am ■ F „Collegium Carolinum" und tritt 1796 die Nachfolge seines Lehrers ➤ Steinbrüchel als Chorherr und Professor für Griechisch und Hermeneutik an. Jedoch bekannt wird er durch seine Satiren: Er verfaßt viele böse Tiraden gegen →Lavater und mokiert sich über →Goethe und das Geniewesen u. a. in den *Briefen von Selkof an Welmar* und der Farce *Menschen, Thiere und Goethe* (was diesen nicht daran hindert, Hottinger 1797 aufzusuchen und ihm später zu helfen). Er übersetzt klassische Autoren wie Cicero, schreibt Artikel über die Kunst des Übersetzens, verfaßt Dramen sowie theologische und philologische Abhandlungen. Vor allem gehören Biographien von →Salomon Gessner, ➤ Johann Caspar Hirzel und David Hess zu seinen bedeutendsten Werken. In Göttingen, wo er zeitweilig studiert hat, und in Weimar sind sein Name und seine preisgekrönten Schriften wohl bekannt. Die ➤ Kriegswirren 1798/99 belasten ihn sehr, und er denkt eine Zeitlang daran, eine Professur in Kopenhagen anzutreten. Er bleibt jedoch in Zürich und gibt ab 1802 mit →Wieland und Jacobs *Das Neue attische Museum* heraus.

W: *Sendschreiben gegen Lavater* (1775); *Menschen, Thiere und Goethe* (1775); *Briefe von Selkof an Welmar* (1777); *Versuch einer Vergleichung der deutschen Dichter mit den Griechen und Römern* (1789); *Salomon Geßner* (1796).

📖 J.W. v. Goethe: *Reise in die Schweiz 1797* (1833); *Meyers Großes Konversations-Lexikon* (1905); U. V. Kamber: *J. J. Hottinger, Briefe von Selkof an Welmar.* In: DVjs 47, 1973.

## 61. RICARDA HUCH
**(1864 Braunschweig – 1947 Kronberg/Taunus)**
Schriftstellerin, Historikerin

„Grün waren die Höhen, an denen die Stadt der Jugend lag, und wenn der Frühling sie betrat mit Kränzen goldener Blumen, widerstrahlten der Himmel und der Spiegel des Sees, widerstrahlten die weißen Häuser und die Augen der Menschen. Oh, Stadt der Jugend und der Hoffnung!" So blickt Ricarda Huch, die dem Helden Michael in *Vita somnium breve* eigene Züge verleiht, auf ihre Zürcher Zeit zurück. Im Januar 1887 verläßt sie Braunschweig, teils um ihrer hoffnungslosen Liebe zu ihrem Vetter und Schwager Richard Huch zu entfliehen, teils weil sie es an der ➢ Z ü r c h e r Universität als Frau einfacher hat als in Deutschland, Geschichte und Philosophie zu studieren. Sie steigt zunächst im „Hotel Bellevue au Lac", ■ 61a Sonnenquai 2 (heute Limmatquai 10) ab, dann bezieht sie eine Wohnung ■ 61b Gemeindestr. 4; später zieht sie in die ■ 61c Schönberggasse 7 um. Als eine der ersten deutschen Frauen promoviert sie 1891 im Fach Geschichte, und zwar zum Thema *Die Neutralität der Eidgenossenschaft*. Anschließend erhält sie eine Stelle als Bibliothekarin an der ■ A „Stadtbibliothek", damals noch in der Wasserkirche. Ihre Tätigkeit dort bis 1894 gibt ihr die Gelegenheit, Auszüge aus der Wick'schen Sammlung, einer Chronik aus dem 16. Jh., erstmalig zu edieren. Dieser Ausflug in die mittelalterliche Welt hat ihre Novellen *Teufeleien, Haduvig im Kreuzgang* und *Der Mondreigen von Schlaraffis* sichtbar inspiriert. Nebenbei arbeitet sie als Lehrerin, zunächst in einer privaten Anstalt, dann an der städtischen Grossmünsterschule. Ihre unkonventionelle Haltung fällt auf: „An der Schule wurde in der letzten Zeit wild Pestalozzi gefeiert und ich bin in den Verdacht der Ketzerei gekommen wegen einiger liebloser Bemerkungen über diesen Mann." Sie veröffentlicht ihre Gedichte unter dem Pseudonym Richard Hugo, verfaßt ihren ersten Roman *Erinnerungen von Ludolf Ursleu dem Jüngeren*, dann das Drama *Evoë* und das Lustspiel *Der Bundesschwur.* Unterstützung bekommt sie vom Berner Kritiker Josef Victor Widmann, der ihr den Weg zu ihren ersten Verlegern eröffnet und Arbeiten von ihr in seiner Zeitung *Der Bund* veröffentlicht. Zur ➢ Einweihung der neuen Tonhalle wird am 22. 10. 1895 ihre Auftragsarbeit *Das Spiel von den vier Zürcher Heiligen* uraufgeführt. Ihre erste historische Arbeit *Die Hugenottin* wird unter ihrem richtigen Namen herausgegeben. Sie beginnt eine Biographie von →Gottfried Keller, wendet sich aber bald ganz der Romantik zu. Obwohl sie Zürich liebt, das sie eine „Wächterin germanischen Ernstes gegen südliche Weichlichkeit" nennt, spart sie nicht an ironischen Zwischentönen: „Zwar verwehren nirgends mehr Mauern den Blick ins Freie, Wasser und Himmel blitzen und lachen überall hinein, aber diese Menschen scheinen noch im Schatten alter Türme und alter strenger Gesetze zu stehen [...] Vergnügungsstätte gab es in der Stadt nicht, kein Café, und abgesehen von den Hotels und den Zunfthäusern kaum eine Restauration. Dennoch, wo hätte die Jugend sich und ihr Glück schöner genießen können? Wenn die Sonne sich neigte, mietete man ein Boot und ruderte in den See hinaus." Ein freundschaftliches Verhältnis pflegt sie zu den Reiffs, die als kunstliebende Seidenindustrielle gern „Künstler von Rang" empfangen, darunter später auch →Thomas Mann. 1896 erhält sie ein Angebot, in der „Höheren Töchterschule" in Bremen zu unterrichten und verlässt Zürich. „Daß ich bald, nachdem ich mich bemüht hatte, Schweizerin zu werden, freiwillig die Schweiz verließ, ist nicht leicht zu begreifen. In Zürich war ich in den Besitz meiner selbst gekommen, hier wurde mit zuerst das Bewusstsein der eigenen Persönlichkeit und der eigenen Kräfte [...] Hier hatte ich Freunde, mit denen ich mich innig verbunden fühlte, [...] hier hatte ich eine geachtete und gesicherte Stellung [...] Im Grunde war es aber gerade diese Stellung, dieser Schulberuf, der mich dazu brachte, so teure Bindungen zu lösen [...] Mein Beruf befriedigte mich immer weniger." Sie wird 1916 zu einer Vortragsreihe u. a. nach Zürich eingeladen. Ein paar Jahre später feiert sie in dieser Stadt das fünfzigjährige Jubiläum ihrer Doktorprüfung und hält an der Universität eine Ansprache, in der sie ihre Auffassung von der Geschichte darlegt.

W: *Der Bundesschwur* (1890); *Gedichte* (1891); *Die Hugenottin* (1892); *Evoë* (1892); *Die Neutralität der Eidgenossenschaft, besonders der Orte Zürich und Bern, während des spanischen Erbfolgekriegs* (1892); *Dornröschen* (als Festspiel gedichtet, 1892); *Erinnerungen von Ludolf Urslen dem Jüngeren* (1893); *Die Wick'sche Sammlung von Flugblättern und Zeitungsnachrichten.* In: *Neujahrsblatt der Stadtbibliothek Zürich auf das Jahr 1895; Das Spiel von den vier Zürcher Heiligen* (1895); *Der Mondreigen von Schlaraffis* (1896); *Teufeleien* (1897); *Haduvig im Kreuzgang* (1897); *Vita somnium breve* (1903); später: *Michael Unger; Gottfried Keller* (1904); *Frühling in der Schweiz. Autobiographische Darstellung* (1938); *Erinnerungen an das eigene Leben* (1980).
📖 M. Baum: *Leuchtende Spur. Das Leben Ricarda Huchs* (1950); E. Hoppe: *Ricarda Huch. Weg, Persönlichkeit, Werk* (²1950); E. G. Rüsch: *Ricarda Huch und die Schweiz* (1953); *Ricarda Huch 1864–1947.* Katalog der Ausstellung des Dt. Literaturarchivs Marbach 1994.

## 62. RICHARD HUELSENBECK
(1892 Frankenau/Hessen – 1974 Muralto TI)
Lyriker, Erzähler, Journalist, Arzt

„Als ich in Zürich ankam, am späten Nachmittag, wußte ich nicht, wohin ich gehen sollte, aber dann erschien es mit klar, das *Cabaret Voltaire* in der Spiegelgasse. Die Spiegelgasse ist eines der winzigen Darmstücke, die von einem größeren Darmstück, der Schifflände (an der später Tzara wohnte) abzweigt. Die Gasse oder Straße ist so eng, daß die Häuser fast alles Licht wegnehmen, man marschiert im *crépuscule des dieux.*" Huelsenbeck hat →Hugo Ball 1914 in Berlin kennengelernt und mit ihm zwei literarische Abende organisiert. Als Pazifist gelingt es ihm, dem Kriegsdienst zu entfliehen, indem er angibt, sein Medizinstudium für ein Semester in Zürich fortsetzen zu wollen. Dort hat er entscheidenden Anteil an der Geburt des ➤ Dadaismus. Ball notiert am 11.2.1916 in *Flucht aus der Zeit*: „Huelsenbeck ist angekommen. Er plädiert dafür, daß man den Rhythmus verstärkt (den Negerrhythmus). Er möchte am liebsten die Literatur im Grund und Boden trommeln." Und einen Monat später: „Am 9ten las Huelsenbeck. Er gibt, wenn er auftritt, sein Stöckchen aus spanischem Rohr nicht aus der Hand und fitzt damit ab und zu durch die Luft [...] Man hält ihn für arrogant und er sieht auch so aus. Die Nüstern beben, die Augenbrauen sind hoch geschwungen. Der Mund, um den ein ironisches Zucken spielt, ist müde und doch gefaßt. Also liest er, von der großen Trommel, Brüllen, Pfeifen und Gelächter begleitet [...]" Das Wort Dada soll er mit Ball „erfunden" haben; sicher ist, daß er mit ihm und →Tzara das allererste Simultangedicht *L'amiral cherche une maison à louer* gleichzeitig auf Deutsch, Englisch und Französisch in der Künstlerkneipe vorgetragen und in der ➤ Zeitschrift *Cabaret Voltaire* veröffentlicht hat. Auch in anderen Schauplätzen (■ O 15 Zunfthaus „Zur Waag" und ■ H „Galerie Dada") tritt er auf. Seine Gedichtbände *Schalaben, Schalabai, Schalamezomai* und *Phantastische Gebete* (mit Holzschnitten von →Arp) gehören zu den ersten Publikationen der *Collection Dada*. Huelsenbeck wohnt zunächst bei Hugo Ball ■ 62a Hirschengraben 74, dann ■ 62b Wolfbachstraße 1. Die Stadt gefällt ihm: „Ich liebte sie vom ersten Augenblick an, und habe es seit dieser Zeit immer geliebt. Es erschien mir hell, klar und fröhlich, obwohl ich manche dunklen Tage dort verbracht habe [...] Zürich war damals [...] eine behäbige Stadt. Die Menschen erschienen mir erdhaft, gemächlich, aber nicht unbeweglich. Ihr Nationalstolz (der eine starke Ablehnung Deutschlands einschloß) war immer wach und nahm manchmal, wenn sie patriotisch erregt waren, groteske Formen an [...] Es ist schwer, heute eine Vorstellung von der Atmosphäre des Zürich von 1916 zu geben. Zürich war damals eine kleine Weltstadt, während es heute wieder zu einer mittleren Provinzstadt herabgesunken ist. Es war der Sammelpunkt aller Menschen, die den Krieg über die Grenzen ihrer Vaterländer geworfen hatte. Ein Brennpunkt kritischer Energien, ein Zentrum revolutionärer Temperamente." Ende Dezember 1916 kehrt Huelsenbeck nach Berlin zurück („Von Zürich konnte keine Weltreinigung ausgehen, hier war nur ein Zwischenaufenthalt für Gehetzte") und gründet dort mit Hausmann, Heartfield, Baader, Herzfelde, →Mehring und Grosz den „Club Dada", der sich politisch stark engagieren will. Als Motor der dortigen Bewegung formuliert er u.a. 1918 das *Dadaistische Manifest*, das die Unterschrift aller Zürcher Dadaisten trägt. Der „dadaistische Papst" und Chronist der Dada-Bewegung wird sich 1921 nach der Auflösung des Berliner Dadaismus wieder der Medizin zuwenden.

W: *Phantastische Gebete* (1916); *Schalaben, Schalabai, Schalamezomai* (1916); *Rede gehalten in Berlin im Februar 1918 im Saal der Neuen Sezession; Reise bis ans Ende der Freiheit. Autobiographische Fragmente* (1984); *Dada, eine literarische Dokumentation* (1987).

📖 H. Ball: *Flucht aus der Zeit* (1927); R. Sheppard u.a.: *Richard Huelsenbeck* (1982); K. Füllner: *Richard Huelsenbeck. Texte und Aktionen eines Dadaisten* (1983); R. Meyer: *DADA in Zürich. Die Akteure, die Schauplätze* (1990).

## 63. VICTOR HUGO
(1802 Besançon – 1885 Paris)
Dichter, Dramatiker

Der französische Romantiker unternimmt 1838/39 eine ausgedehnte Rheinreise, auf der er nicht nur den malerischen Mittelabschnitt des Stromtals mit seinen mittelalterlichen Burgen besichtigt, sondern auch den Oberrhein. Von Basel aus folgt er dem Flußlauf bis Brugg, biegt ins Aartal ab und von Baden aus fährt er durch das Limmattal bis Zürich. Dort steigt er am späten Abend zunächst im ■ I „Gasthaus Zum Schwert" ab, findet die Zimmer überteuert und das Essen miserabel. Am nächsten Morgen, den 9.9.1839, wird er in aller Frühe durch den Lärm eines Aufstands geweckt; es handelt sich wohl um die Unruhen um den ➤„Züri-Putsch". Ironisch bemerkt Hugo, daß die kleinen Städte anscheinend wie die großen ihre Revolution haben möchten. Bei näherer Betrachtung erscheint ihm Zürich für seinen künstlerischen Geschmack häßlich: „Ich bin ein wenig enttäuscht: Zürich gewinnt gar nicht im Tageslicht; die nächtlichen Schatten gefielen mir besser. Die Türme des Grossmünsters sind scheußliche Pfefferbüchsen. Fast alle Häuserfassaden sind geglättet und weiß gekalkt." Ebenso unsympathisch findet er die Architekturformen zahlreicher offizieller Gebäude des Klassizismus und Neo-Klassizismus. Einzig das romanische Portal des Grossmünsters, einige mittelalterliche Häuser und Reste der Stadtmauer stimmen ihn gnädig. Die Landschaft hingegen bewundert er: „Aber wunderschön ist der See und in der Ferne die Silhouette der Alpen. Dadurch wird ausgeglichen, was der von weißen Häusern und grünen Anpflanzungen gesäumte See für mein Auge allzu Liebliches hat." Bei einem Ausflug auf den See in einem gemieteten Kahn beschreibt Hugo lyrisch seine Schönheit: „Zum Glück ist das blaue Wasser des Sees durchsichtig. Ich erblicke in den trüben Tiefen den Widerschein der Gebirgskette, die das Seeufer säumt, und der Wälder auf diesen Bergen. Felsen und Algen erweckten recht genau den Eindruck der Erde, als sie von der Sintflut unter Wasser gesetzt wurde. Wenn ich mich über Bord meines Kahns beugte, fühlte ich mich wie Noah, der aus einer Luke seiner Arche blickte." Inzwischen in eine andere Herberge umgezogen, inspiziert er aus Langeweile die Schränke seines Zimmers und entdeckt ein dort verstecktes Pamphlet auf Französisch über die geheimen Liebesabenteuer Napoleons, was die Stimmung des Napoleonbewunderers Hugo nicht gerade hebt und ihm die Stadt noch trister erscheinen läßt. 1869 unternimmt er erneut eine Schweizreise; am 23. September trifft er bei schönem Wetter in Zürich ein und wundert sich über das veränderte Aussehen der Stadt nach der Schleifung der Befestigungen: „Vor dem Abendessen unternehmen wir einen Spaziergang durch die Stadt, die von ihren Verschönerungen verunziert worden ist. Ich finde die Gräben der Stadtmauer nicht mehr wieder noch den alten Turm am See-Eingang. Wunderschöne Beleuchtung der schneebedeckten Berge durch die untergehende Sonne. Am Abend bummeln wir herum. Schöner und melancholische Mondaufgang über dem See, in dem sich die Lichtermiriade Zürichs widerspiegeln."

W: *Le Rhin. Lettres à un ami* (34., 35. und 36. Brief, 1845)
📖 T. Lücke: *Victor Hugo. Roman seines Lebens* (1985); K. Biermann: *Victor Hugo* (1998).

## 64. RUDOLF JAKOB HUMM

(1895 Modena/Italien – 1977 Zürich)
Romancier, Dramatiker, Publizist
In seinen Romanen *Die Inseln* und *Der Vogel Greif* beschreibt Humm seine glückliche Kindheit und Jugend als Auslandsschweizer in Modena. Um Nationalökonomie zu studieren, kommt er 1918 nach Zürich. Er bricht aber sein Studium ab, weil er versuchen will, als freier Schriftsteller zu leben. Bis der erste literarische Erfolg mit dem Buch *Das Linsengericht* eintritt, ist er als Übersetzer, Literaturkritiker und als freier Mitarbeiter der *Weltwoche* tätig; seine Frau, eine in Zürich aufgewachsene Schottin, verkauft selbstgewobene Teppiche und Stoffe. Beide wohnen zunächst ■ 64a Huttenstr. 6, dann ■ 64b Adlisbergstraße 88, bevor sie 1931 in die genossenschaftliche Werkbundsiedlung Neubühl, ■ 64c Ostbühlstr. 26 umziehen: „Die Siedlung war luftig, hell und durchsichtig, und alle Häuser waren gleich gebaut und eingeteilt [...] Die Siedlung lag weit außerhalb der Stadt, auf einem Moränenhügel des linken Ufers, oberhalb des Sees [...]" *Das Linsengericht* macht ihn auf einen Schlag in der Schweiz und in Deutschland berühmt. →Hesse lobt den Roman in einem offenen Brief in der Basler *Nationalzeitung;* es ist der Beginn eines bis 1946 andau-

ernden Briefwechsels zwischen beiden Schriftstellern und gegenseitiger Besuche. In den 1930er Jahren bewegt ihn die Entwicklung der politischen Lage im In- und Ausland dazu, aktiv zu werden: „Wir konnten nicht nur träumen, wir mussten um uns schlagen." In seinem Roman *Carolin*, deren Hauptfigur von seiner Freundin →Aline Valangin inspiriert ist, beschreibt er diese unruhige Epoche. Darüber hinaus verfaßt er Beiträge – „etwas Bockbeiniges, Flucherisches" – für das *Volksrecht*, für →Silones Zeitschrift *information* und für ein kommunistisches Blatt, *Der Kämpfer*. Ferner hält er Vorträge zur Verteidigung der Angeklagten im Berliner Reichstagsprozeß. Mit →Jakob Bührer gründet er einen Antikriegskomitee, reist mit Arbeitern zum antifaschistischen Kongreß nach Amsterdam und ist Mitbegründer der Gesellschaft „Das Neue Russland": „Wir wollten einfach einmal erfahren, was an diesem bolschewistischen Russland sei, das von den einen so gepriesen, von den anderen so geschmäht wurde [...] Es waren keine Schriftsteller dabei." Ein paar Jahre später distanziert sich Humm hiervon angesichts der stalinistischen Prozesse. In seiner Wohnung bringt er Flüchtlinge wie den Ungarn Julius Hay unter und sorgt dafür, daß andere Emigranten in der Siedlung Aufnahme finden, mit oder ohne Aufenthaltsbewilligung. Diese werden zu seinen literarischen Abenden eingeladen. Als er im Herbst 1934 ins „Rabenhaus", ■ 64d Hechtplatz 1 umzieht, wird dort ein regelrechter Begegnungsort eingerichtet – sowohl für einheimische Autoren wie Adrien Turel, Ludwig Hohl, →Albin Zollinger oder →Friedrich Glauser als auch für ausländische Schriftsteller wie →Ignazio Silone, →Anna Seghers, →Klaus Mann und →Arthur Koestler. Exilierte Mitglieder des ■ N „Schauspielhauses" beleben ebenfalls die Abendtreffen, wie Humm in *Bei uns im Rabenhaus* berichtet. Der Kontakt zu →Thomas Mann bleibt distanziert; für *Mass und Wert* liefert Humm dennoch Rezensionen. Im „Rabenhaus" entstehen Marionettenspiele, die von Humms Kindern vor deren Freunden und Anverwandten aufgeführt werden. Schöne und weniger schöne Erinnerungen hängen an diesem legendären Ort: „Von unsern Südfenstern aus streifte unser Blick über die Limmat, die Quaibrücke, den See und die ganze Albiskette, die sich in einer dunklen, edlen Linie bis zu deren Kulm erhob, dem Uetliberg, genau uns gegenüber. [...] Wenn ich etwa an schönen Sommertagen bei offenen Fenstern die Musik des Bauschänzli, kombiniert mit jener des Terrassegartens, genoß, so darf sich der Zürcher Magistrat nicht einbilden, daß ich ihn gepriesen und gesegnet hätte." Um gegen die ➤ reaktionäre Atmosphäre der Nachkriegszeit zu kämpfen, gibt er die Literaturzeitschrift *Unsere Meinung* heraus, deren Inhalt er allein mit seiner Frau bestreitet und die er zu Hause druckt: „Man hatte das Gefühl zu ersticken. Kommunismus, Kapitalismus! Etwas galt es zu vertreten, das wichtiger war. Was? Unsere Meinung! [...] Vor dem eigenen Gewissen war das wichtig. Und so ist das Blättchen entstanden." Zur 600-Jahr-Feier des Beitritts Zürichs zur Eidgenossenschaft wird ein Dramenwettbewerb veranstaltet; mit seinem Schauspiel *Der Pfau muss gehen* gewinnt Humm den ersten Preis. 1966 zieht er aus dem „Rabenhaus" aus, das umgebaut wird, und wohnt nun in Wipkingen, ■ 64e Rütschistraße 7: „Das schönste im Quartier ist zweifellos (für mich) mein Arbeitszimmer. [...] Unsere Straße macht bei unserem Haus einen Knick. Mein Schreibtisch befindet sich nun, im vorgebauten Erker, in der Kante des Hauses, genau über diesem Knick, und durch die Fenster sehe ich auf die Verlängerung der Straße hinunter und über diese hinaus auf das breitgelagerte Waidspital." Zur Krönung seines Werkes wird ihm 1969 der ➤„Literaturpreis der Stadt Zürich" verliehen. Er ruht auf dem ■ G 8 Friedhof Nordheim.

W: *Das Linsengericht. Analysen eines Empfindsamen* (1928); *Carolin* (1934); *Die Inseln* (1936); *Bei uns im Rabenhaus. Literaten, Leute und Literatur im Zürich der Dreissigerjahre* (1963); *Der Pfau muss gehen* (1950; 1951 uraufgeführt); *Vogel Greif* (1953); *Alex der Gauner* (1966); *Wipkingen und Schiffländle. In: Zürich und seine Quartiere. Zürcher Schriftsteller sehen ihr Quartier* (1966); *Der Kreter* (1973); *Briefwechsel Hermann Hesse – R. J. Humm* (1977); *Lady Godiva. Ein Zirkusroman* (1980).
📖 W. Weber: *Rudolf Jakob Humm*. In: ders.: *Forderungen. Bemerkungen und Aufsätze zur Literatur* (1970); W. Mittenzwei: *Exil in der Schweiz* (1978); *Helvetische Steckbriefe* (1981). F. Wende: *Die Helfer der Emigranten: Rudolf Jakob Humm und Carl Seelig*. In: *Deutschsprachige Schriftsteller im Schweizer Exil 1933–1950* (2002).

## 65. HANS HENNY JAHNN
(eigentl. Hans Jahn)
(1894 Stellingen bei Hamburg –
1959 Hamburg) Schriftsteller, Orgelbauer
Nach der Machtergreifung Hitlers fühlt sich der Schriftsteller bedroht. Er fragt schon Anfang März 1933 bei dem Zürcher Literaturhistoriker Walter Muschg an, wie die beruflichen Aussichten in der Schweiz seien, fügt aber hinzu, er wolle nur „eine Pause der Unsichtbarkeit einlegen" und nicht als Flüchtling gelten. Eine Reise nach Dänemark dient auch zur Sondierung einer möglichen Niederlassung. Inzwischen hat ihn Muschg eingeladen, und Jahnn siedelt mit seiner Familie nach Zürich um. „Ich habe mich [...] mit Händen und Füßen dagegen gesträubt, Deutschland zu verlassen; aber was nützt mich meine Heimat, in der ich verhungern muß." Er bezieht am 22. August 1933 mit seiner Familie eine Wohnung in Zürich, ■ 65a Zollikerstraße 257; im Dezember zieht er nach ■ 65b Männedorf ins „Rothus", bei Dr. Bösch-Hahnart: „Ursprünglich hausten wir direkt am Rand der Stadt Zürich in einer höchst modernen Dreizimmerwohnung. Eine hervorragende Handbi-

bliothek stand zu meiner Verfügung. Diese Umgebung entsprach nicht ganz unserer inneren Verfassung. So bin ich recht froh, daß wir etwas bescheidener auf dem Lande wohnen, in einem großen roten Haus hoch über dem See." Er schreibt sein Stück *Armut Reichtum Mensch und Tier* zu Ende und liest – aller Wahrscheinlichkeit nach im ■ L „Lesezirkel Hottingen" – am 11.11. aus diesem Drama vor. Aus Vorsicht hält er sich fern von den anderen Emigranten; er wird auch nie offiziell ausgebürgert. →Thomas Mann berichtet am 11.12.33 in seinem Tagebuch: „Dann Abendtoilette und mit K. ins Hotel Baur au Lac, wo der Pen-Club eine Feier zu unsren Ehren veranstaltete [...] Lebhafte Unterhaltung, zahlreiche Vorstellungen, darunter Hans Henning [sic] Jahn, der an Krieg binnen Halbjahrfrist glaubt [...] Jahn über die bemerkenswerte freie Redeweise in Deutschland. [...] Beruhigt und bestärkt durch das Einverständnis mit Jahn und den Schweizern, daß man sich von Deutschland und dem deutschen Publikum nicht trennen solle." Von Klaus Mann bekommt Jahnn im Oktober Besuch. In Zürich fühlt er sich trotz seiner Freundschaft mit Walter Muschg fremd. Deshalb reist er schon im Januar 1934 nach Kopenhagen und von dort aus nach Bornholm. In seinem Tagebuch notiert er: „Zu Anfang diese Jahres etwa ging ich in Zürich den Limmatquai entlang, bog in einen kleinen Barbierladen, ließ mich rasieren, mir die Haare schneiden, also meinen Kopf mit einiger Gründlichkeit ordnen. [...] Ich genoß geradezu die exakte und schmerzlose Beseitigung meiner Bartstoppeln, [...] weil ich mich in den Wahn hineindachte, es sei auch dies unwichtige Geschäft verklärt vom Hauch eines Abschieds, den ich von den prächtigen Stätten der Zivilisation nahm, die für mich zu kostspielig geworden waren."

Werk: *Bornholmer Tagebuch I – 21. November 1934 bis 10. April 1935* (1974).

📖 *Hans Henny Jahnn. Text + Kritik* Heft 2/3, 1964; T.Scheuffelen: *Hans Henny Jahnn im Exil* (1972); T.Freemann: *Hans Henny Jahnn. Eine Biographie* (1986); E.Wolffheim: *Hans Henny Jahnn* (1989); W.Muschg: *Gespräche mit Hans Henny Jahnn* (1994).

## 66. HANNA JOHANSEN

(eigentl. MUSCHG) (1939 Bremen)

Erzählerin, Romancière, Kinderbuchautorin, Übersetzerin

Seit 1977 verfaßt Hanna Johansen Romane und Erzählungen für Erwachsene – einige unter dem Namen Hanna Muschg. Die meisten Hauptfiguren ihrer Bücher sind weiblich. Sie spielen ohne Überzeugung die Rolle, die man von ihnen erwartet, sind aber zu hilflos, um sich wirklich durchzusetzen. Das Absurde im herrschenden Weltbild wird dabei sichtbar. In *Trocadero* z. B. versucht eine namenlose Frau in einem Haus für eine unendlich lang debattierende Männerdelegation ein Festessen vorzubereiten; ihr stehen aber nur zwei tiefgefrorene Fische zur Verfügung. Traum oder Wirklichkeit? Die Frau kann dies nicht deutlich unterscheiden, und ihr Verhalten, halb Auflehnung gegen die Männerwelt, halb Anpassung, ist gleichzeitig eine Karikatur der Beziehungen der Geschlechter. Hanna Johansens *Universalgeschichte der Monogamie* befaßt sich romanhaft mit einem anderen Zentralthema der Frauenliteratur. Für ihr Prosawerk hat sie Auszeichnungen in der Schweiz, in Österreich und in Deutschland erhalten (u. a. „Conrad-Ferdinand-Meyer-Preis", „Preis der Schweizerischen Schillerstiftung" und „Phantastik-Preis der Stadt Wetzlar"). Sie schreibt seit 1983 ebenfalls für Kinder, angeregt von ihren eigenen. Diese Kinderbücher sind bis jetzt in 16 Sprachen übersetzt worden und haben ihr den „Schweizer Jugendbuchpreis" und den „Österreichischen Kinder- und Jugendbuchpreis" eingebracht. Ihr zweijähriger Aufenthalt in den USA (1967–69) hat ihr den Impuls gegeben, amerikanische Literaten wie Grace Paley und Walker Percy ins Deutsche zu übertragen.

Seit 1970 wohnt sie in ■ 66 Kilchberg, Vorbühlstraße 7.

W: a) Kinderbücher: *Bruder Bär und Schwester Bär* (1983); *Die Geschichte von der kleinen Gans, die nicht schnell genug war* (1989); *Die Hexe zieht den Schlafsack enger* (1995); *7 × 7 Siebenschläfergeschichten* (2000); b) Für Erwachsene: *Die stehende Uhr* (1978); *Trocadero* (1980); *Die Analphabetin (1982); Ein Mann vor der Tür* (1988); *Universalgeschichte der Monogamie* (1997); *Halbe Tage, ganze Jahre* (1998).
&#x1F56E; I. Sebestová: *Frauenliteratur der 70er Jahre in der Schweiz* (2002).

### 67. JAMES JOYCE
**(1882 Dublin/Irland – 1941 Zürich) Dichter**
Vier Städte spielen im Leben und Schaffen von James Joyce eine entscheidende Rolle: Dublin, Paris, Triest und Zürich. 1904 verläßt er Irland mit seiner späteren Frau Nora Barnacle, um auf dem Kontinent seine schrifstellerische Freiheit zu erlangen. Vom 11.–19. Oktober wohnen sie in Zürich im „Gasthof Hoffnung", ■ 67a Reitergasse 16/Lagerstrasse (abgerissen). Da Joyce jedoch keine Anstellung findet, reisen sie nach einer Woche weiter nach Kroatien, wo sich der Dichter als Englischlehrer durchschlagen kann. Nach dem Eintritt Italiens in den Ersten Weltkrieg siedelt der überzeugte Pazifist Joyce mit seiner Familie im Juni 1915 von Triest in die neutrale Schweiz über. Zunächst steigen sie in Zürich erneut im „Gasthof Hoffnung" ab, dann beziehen sie eine Wohnung im Hinterhof der ■ 67b Reinhardstraße 7. Bis 1920 werden sie noch mehrmals die Unterkunft wechseln: im dritten Stock der ■ 67c Kreuzstraße 1, dann in der

■ 67d Seefeldstraße 54 im Parterre rechts, etwas weiter ■ 67e Seefeldstraße 73, ■ 67f Universitätsstraße 38 (im 1. Stock; Gedenktafel) und schließlich in der ■ 67g Universitätstraße 29. In diesem Zürcher Lebensabschnitt überarbeitet er seine erste Fassung von *A Portrait of the Artist as Young Man*, verfaßt zwei Drittel von *Ulysses* und schreibt *Exiles*: Werke, die wegen ihrer Brisanz und ihrer revolutionären Schreibtechnik vorwiegend in den USA erscheinen. In seiner spontan assoziativen Erzählweise verwendet Joyce persönliche Zürcher Erinnerungen als Versatzstücke: Beispielsweise heißt eine Figur von *Ulysses* Ole Pfotts Wettstein, nach dem Namen eines Zürcher Anwalts, der den Dichter in einem Prozeß angreift. In *Finnegans Wake* werden Zürcher Lokalitäten lautmalerisch-witzig verdreht: die Sihlpost wird zu „the silly post", das Niederdorf zu „The Neederthorpe" und das Sechseläuten zu „The Belle for Sexaloitez". Das Gedicht *Bahnhofstrasse* gibt seine Eindrücke der Straße wieder: „The eyes that mock me sign the way / Whereto I pass at eve of day, // Grey way whose violet signals are / The trysting and the twining star. // Ah star of evil! star of pain! / Highhearted youth comes not again // Nor old heart's wisdom yet to know / The signs that mock me as I go." [Ein narrendes Paar Auge zeigt / Den Weg mir, wenn der Tag sich neigt, // Den grauen Weg, dess' Zeichen fern. / Der Stelldicheins- und der Trennungsstern. // Ah, Stern des Bösen! Stern aus Weh! / Hochherzige Jugend kommt nimmermeh', // Nach Altersweisheit, doch zu verstehen / Die Zeichen, die narrend mit mir gehen.*] Hier assoziiert er das englische Wort „star" (Stern) mit dem deutschen Begriff „grauer Star" (Joyces Augenleiden). Der Schriftsteller verkehrt häufig im Salon von ➤ Carola Giedion-Welcker, die sich bemüht, seinen Werken öffentliche Anerkennung zu verschaffen. Im April 1918 gründet er mit Claud Sykes eine professionelle Theatertruppe, „The English Players", um bedeutende englische Stücke in Zürich im Saal ■ O 17 „Zur Kaufleuten" und in anderen Orten der Schweiz aufzuführen. Er trifft sich gern mit Freunden im „Restaurant Pfauen" am ■ 67h Heimplatz, um dort „Fendant" (Weißwein) zu trinken, den er „Erzherzogin" tauft, wegen seines metallischen Geschmacks. Ein häufiger Gast ist er ebenso in der ■ K „Kronenhalle", deren Wirtin Hulda Zumsteg zur treuen Freundin des Ehepaars Joyce wird. →Stefan Zweig erinnert sich an seine erste Begegnung mit dem Dichter in einem anderen Stammlokal, dem ■ E „Café Odeon": „Da saß meist allein in einer Ecke des Café Odeon ein junger Mann mit einem kleinen braunen Bärtchen, auffallend dicke Brille vor den scharfen dunklen Augen; man sagte mir, daß es ein sehr begabter englischer Dichter sei. Als ich nach einigen Tagen James Joyce dann kennenlernte, lehnte er schroff jede Zusammengehörigkeit mit England ab. Er sei Ire. Er schreibe zwar in englischer Sprache, aber er denke nicht englisch und wolle nicht englische denken. – Ich möchte, sagte er mir damals, eine Sprache, die über den Sprachen steht, eine Sprache, der sie alle dienen." Von 1920 bis 1940 hält sich Joyce vorwiegend in Paris auf. Einige Male reist er jedoch wegen seines Augenleidens wieder nach Zürich. Hierfür gastiert der inzwischen international berühmt gewordene Dichter in den Hotels „Carlton Elite", ■ 67i Bahnhofstraße 41 und „St. Gotthard", ■ 67j Bahnhofstraße 87. 1940 flieht er aus dem besetzten Frankreich mit seiner Familie zurück nach Zürich. Zuvor muß er jedoch Asyl beantragen. Die kantonale Fremdenpolizei verlangt vom ➤„Schweizerischen Schriftsteller-Verein" am 7.11.1940 das für Flüchtlinge übliche Gutachten: „Wir gestatten uns nun, Sie anzufragen, ob James Joyce Ihnen als international anerkannter Schriftsteller bekannt ist. Bejahendenfalls belieben Sie uns zu berichten, ob die Tätigkeit des Rubrikaten zu einer Bereicherung der schweizerischen [Wissenschaft: durchgestrichen] Literatur beitragen würde". Zunächst wird das Gesuch abgelehnt; erst nachdem ➤ Max Rychner und andere prominente Zürcher Persönlichkeiten ihm behilflich sind, erhält er ein Aufenthaltsvisum gegen Kaution. Die Familie Joyce läßt sich im Dezember 1940 in der „Pension Delphin" in der ■ 67k Mühlebachstraße 69 (heute ersetzt durch Neubauten) nieder: „Hier weiß man noch, wo man steht, hier ist das Leben konstant geblieben", seufzt der Dichter erleichtert. Am 13.1.1941 stirbt er im Rotkreuzspital (Gloriastraße 14) an den Folgen einer Operation. Gemäß seinem Wunsch liegt er begraben auf dem ■ G 2 Friedhof Fluntern, der später zu einer internationalen Pilgerstätte wird; dort ruhen auch seine Frau und sein Sohn. Ein Ehrengrab mit einer Bronzeplastik des Schriftstellers (geschaffen von Milton Hebald) ist 1966 an dieser Stelle von der Stadt Zürich angelegt worden. 1985 wird die „James-Joyce-Stiftung" im 2. Stock des „Museums Strauhof" in der Augustinergasse 9 eröffnet. Viele seiner Manuskripte sind heute in der ■ A „Zentralbibliothek" aufbewahrt. Die Joycianer feiern jeden 16. Juni den „Bloomsday" (nach dem Romanhelden von *Ulysses*) traditionell im „James-Joyce-Pub", ■ 67l Pelikanstraße 6, der mit seinem gesamten Inventar eigens aus Dublin nach Zürich gebracht wurde.

\* Übersetzung von Hans Wollschläger

W: *Dubliners* (1914); *Stephen Dedalus* (1917; später unter dem Titel *Portrait of the Artist as a Young Man*); *Exiles* (1918); *Bahnhofstrasse* (1918) ; *Ulysses* (1914–22); *Finnegans Wake* (1939).

📖 C. Giedion-Welcker: *In Memoriam James Joyce* (1941); S. Joyce: *Meines Brudes Hüter* (1960); R. Ellmann: *James Joyce* (1962); F. Senn: *James Joyces Pub in Zürich* (1978); Ders.: *James Joyce und Zürich*. In: *Turicum* 12/1980; T. Faerber / M. Luchsinger: *Joyce und Zürich* (1982); F. Senn: *Nichts gegen Joyce. Aufsätze* (1983); U. Zeller / R. Frehner / H. Vogel (Hg): *James Joyce – gedacht durch meine Augen*. Katalog zur Ausstellung im Literaturmuseum Strauhof Zürich 2000.

## 68. CARL GUSTAV JUNG
### (1875 Kesswil TG – 1961 Küsnacht ZH)
### Tiefenpsychologe

Der in Basel frisch promovierte Mediziner wird 1900 Assistent von Prof. Eugen Bleuler in der Zürcher Nervenheilanstalt ■ B „Burghölzli". Nach fünf Jahren dort als Voluntärarzt und einem Semester in Paris an der „Salpêtrière" wird er Oberarzt und erhält eine Privatdozentur an der Medizinischen Fakultät Zürich. 1906 veröffentlicht er sein erstes wichtiges Werk *Über die Psychologie der Dementia praecox*. Zu dieser Zeit tritt er in Verbindung mit Sigmund Freud in Wien, zunächst brieflich, dann persönlich, und ist bis 1913 begeisterter Anhänger und Verteidiger seiner Traumdeutung. 1909 eröffnet Jung eine Praxis in seinem für ihn und seine Familie neuerbauten Haus in ■ 68a Küsnacht, Seestraße 228. Über der Tür steht ein Spruch auf Latein, der bedeutet: „Gerufen oder nicht gerufen wird Gott da sein". Viele Studienreisen unternimmt er nach Nordafrika, Indien sowie in die USA, wo er außerdem 1909 und 1912 Vorlesungen hält. 1911 ist er Mitbegründer und Präsident der „Internationalen Psychoanalytischen Vereinigung" und 1916 Initiator des „Psychologischen Clubs" in Zürich. Langsam führen ihn seine Forschungen dazu, von Freuds Lehre abzuweichen – wie in *Wandlungen und Symbole der Libido* – und seine eigene Richtung als „Analytische Psychologie" zu bezeichnen. Seine Schriften *Die Struktur des Unbewußten* und *Psychologische Typen* etablieren einen neuen Zweig des Psychoanalyse: die Tiefenpsychologie. Jung hat bei der Traumanalyse von Neurotikern festgestellt, daß identische Symbole vorkommen, auch wenn die Patienten aus verschiedenen Kulturräumen kommen. Diese Beobachtung führt ihn dazu, zwischen individuellem und kollektivem Unbewußtem zu unterscheiden. Solche psychischen, vom gemeinsamen, archaischen Erfahrungsschatz geprägten Verhaltensmuster nennt er „Archetypen". Auf Studienreisen zu Stämmen in Nordamerika, Afrika und Indien verfestigten sich seine Theorien, und er verfaßt außerdem mit Karl Kerényi eine *Einführung in das Wesen der Mythologie*. Er zögert nicht, im Dienst der Seelenforschung auch die Alchemie heranzuziehen. Zahlreiche Auszeichnungen und Ehrung begleiten seine Karriere. Zu erwähnen wäre die Verleihung des ersten ➢„Literaturpreises der Stadt Zürich" 1932 – nicht ohne erbitterte Auseinandersetzungen: Während einige Mitglieder der Kommission ihm attestieren, seine Abhandlungen zeichnen sich „durch eine oft ans Klassische gemahnende Einfachheit und Leichtigkeit der Formulierung aus", werfen ihm andere wie →Charlot Strasser Epigonentum und unfruchtbaren Individualismus vor. Dieser warnt sogar vor der Weltanschauung, die sich hinter Jungs

Schriften verbirgt. Eine solche Warnung sollte sich im Jahr darauf bewahrheiten, als Jung den Nationalsozialismus für den Ausdruck des spezifisch deutschen kollektiven Unbewußten hält. Im März 1934 notiert →Thomas Mann in seinem Tagebuch: „C. G. Jungs Verteidigungsartikel in der N.Z.Z. recht unangenehm und schielend, sogar schlecht geschrieben und unwitzig, in falscher Pose. Er sollte offen seine ‚Zugehörigkeit' erklären." Erst Ende der 1930er Jahre sieht Jung die moralischen Implikationen der braunen Ideologie und distanziert sich von seinen früheren antisemitischen Aussagen. Zur Verleihung des Literaturpreises verfaßt →Ignatio Silone einen bissigen Kommentar in der Zeitschrift *information*: „Eine komplizierte Geschichte [...] C. G. Jung, der Mann der Wissenschaft, akzeptiert den Preis und bestätigt damit unsere Vermutung, es sei ‚Literatur', was er produziert – [...] C. G. Jung hat die 8000 Franken nicht nötig, denn Mystik in wissenschaftlichem Gewand ist heute ein guter Handelsartikel – [...] Die *wirklichen* Schriftsteller Zürichs, die es *wirklich* nötig hätten, schweigen, wie wenn sie es *nicht* nötig hätten – in der Tat eine komplizierte Geschichte!" 1948 erfolgt die Gründung des „C. G. Jung-Instituts" in ■ 68b Küsnacht, Hornweg 28. Als ordentlicher Professor lehrt er an der Universität Basel von 1944 bis zu seinem Tod. Er ist auf dem Küsnachter Friedhof begraben. Eine Art Denkmal hat er sich selbst in Bollingen gesetzt, wo er 1923–55 einen Turm – eine „mütterliche Stätte" – eigenhändig gebaut hat. Das „C. G. Jung-Archiv" befindet sich heute in der ETH, wo der Psychologe ab 1933 Privatdozent war.

W: *Über die Psychologie des Dementia praecox* (1907); *Diagnostische Assoziationsstudien* (1909); *Wandlungen und Symbole der Libido* (1910); *Die Struktur des Unbewußten* (1916); *Seelenprobleme der Gegenwart* (1931); *Zur Empirie des Individuationsprozesses* (1933); *Grundlagen der Analytischen Psychologie* (1935); *Psychologie und Religion* (1940); *Gestaltung des Unbewußten* (1950); *Gut und Böse in der Analytischen Psychologie* (1959); *Zugang zum Unbewußten* (1961).

📖 *Der Mensch und seine Symbole* (1968); U. Aeschbacher: *C. G. Jung, das „Dritte Reich" und die Gewalt der Seele*. In: A. Mattioli (Hg.): *Intellektuelle von Rechts. Ideologie und Politik in der Schweiz 1918–1939* (1995); *Carl Gustav Jung. Person, Psyche und Paradox*. In: du August 1995; G. Wehr: *C. G. Jung* (1997).

### 69. FRANZ KAFKA
(1883 Prag – 1924 Kierling/Österreich) und
MAX BROD (1884 Prag – 1968 Tel Aviv/Israel)
Schriftsteller

„Schützen in Zürüch [sic] auf dem Bahnhof. Unsere Furcht vor dem Losgehn der Gewehre wenn sie laufen // Plan von Zurück [sic] wird gekauft // [...] Briefträger als erste Kuttenträger des herankommenden Südens und Westens schauen wie in Nachthemden aus. Kästchen vor sich hergetragen, Briefe geordnet wie

die Planeten auf dem Weihnachtsmarkt, hoch gehäuft darüber [...]"
Diese ersten Eindrücke notiert Kafka in gewohnt expressionistischer Manier, als ihn eine seiner langen Reisen, die er mit dem Freund Max Brod unternimmt, am 26.8.1911 nach Zürich führt. Letzterer ist in seinen Notizen deutlicher: „In Zürich steigen mit uns Zivilisten mit Flinten aus. Die freie Schweiz." Beide spazieren durch die Stadt. Brod bemerkt angesichts der Kaufhäuser: „Die kleine Stadt hat es eleganter als Prag." Kafka bewundert die Landschaft: „Seeanblick. Starkes Sonntagsgefühl bei der Einbildung hier Bewohner zu sein." Neben den traditionellen Sehenswürdigkeiten („Großmünster: alt oder neu? Männer gehören an die Seiten [...] Tonhalle. Polytechnikum nicht gesucht und nicht gefunden. Stadthaus.") besuchen sie ein Männerbad (höchstwahrscheinlich die heutige Badeanstalt am ■ 69a Stadthausquai): „Bad in Zürich: nur Männerbad. Einer am andern. Schweizerisch. Mit Blei ausgegossenes Deutsch. Zum Teil keine Kabinen, republikanische Freiheit des Sichausziehens vor seinem Kleiderhaken [...]" Sie hören sich ein „Freikoncert des Offiziersverkehrsvereins" an, wobei Brod bemerkt: „Die Mädchen sind sämmtlich häßlich [...] Es gibt hier keine Juden. Die Juden haben sich, wie es scheint, dieses große Geschäft, die Schweiz, entgehen lassen." Auch unterschiedliche kulinarische Erfahrungen werden ihnen zuteil. „Frühstück im alkoholfreien Restaurant. Butter wie Eidotter. Zürcher Zeitung." Das Mittagessen nehmen sie in einem alkoholfreien Lokal im ersten Stock des Stadthauses: „Meilener Wein (Sterilisierter Wein frischer Trauben) [...] Erbsensuppe mit Sago, Bohnen mit geröst. Kart. Citronencrême." Vor der Weiterfahrt nach Luzern am Nachmittag notiert Kafka noch: „Die sichtbaren Schweizer in Zürich schienen nicht Hoteliertalente zu sein [...]" Und Brod: „In Zürich ist der Einfluß des Münchener Kunstgewerbes merkbar. – Ich brauche diese Stadt nicht." Kafka kommt am Schluß dieser Reise allein von Paris nach Zürich zurück, um im September eine Woche in einem Privat-Sanatorium, der Kuranstalt Fellenberg, in ■ 69b Erlenbach, Im äußeren Riet, zu verbringen. Nach Kafkas Tod hält Max Brod – vom ■ L „Lesezirkel Hottingen" eingeladen – am 5.2.1929 in der „Tonhalle" einen Vortrag über den Dichter, den die NZZ lobend erwähnt. Jedoch wird in den 1950er Jahren Kafkas Schloß in der Bearbeitung von Max Brod auf der Bühne des ■ N „Schauspielhauses" als Ausgeburt des Nihilismus verschrien.

W: *Reisetagebücher in der Fassung der Handschrift. Mit parallel geführten Aufzeichnungen von Max Brod* (1987).
⬚ *Max Brod über Franz Kafka.* In: *Neue Zürcher Zeitung* 6.2.1929; M. Brod: *Franz Kafka. Eine Biographie. Erinnerungen und Dokumente* (1937; [3]1954); K. Wagenbach: *Kafka* (1964); Ders.: *Franz Kafka. Bilder aus seinem Leben* (1983); U. Kröger / P. Exinger: *„In welchen Zeiten leben wir!"* (1998); J. Amann: *Kafka. Wort-Bild-Essay* (2000).

## 70. GEORG KAISER

(1878 Magdeburg – 1945 Monte Verità bei Ascona TI)

Dramatiker, Romancier, Lyriker, Essayist

Der erfolgreiche Dramatiker, der zu seiner Zeit als reinster Vertreter des expressionistischen Dichtertyps gilt, ist streng gesehen kein politischer Flüchtling. Vom Dritten Reich trennt ihn zwar ein fast körperlicher Ekel, und er erlebt Tumulte durch die SA bei der Aufführung seines Stückes *Der Silbersee* in Berlin. Jedoch – im Gegensatz etwa zu →Thomas Mann – unterschreibt er als Mitglied der „Preußischen Akademie der Künste" die erforderte Loyalitätserklärung für das Regime. Bald darauf schließt man ihn trotzdem aus, vor allem weil der Expressionismus als entartet deklariert wird. Dadurch verliert Kaiser die Basis seiner materiellen Existenz, zögert aber lange, auszuwandern. Erst 1938, als der Schuldenberg drückend wird, nimmt er die wiederholte Einladung des Schweizer Dramatikers Caesar von Arx an: Über Holland flieht mit seiner Geliebten und der gemeinsamen Tochter nach Engelberg (OW) und läßt Frau und eigene Kinder in Berlin zurück. Unter den zahlreichen Stationen seines Exils in der Schweiz findet man Zürich und Männedorf (ZH), wo ihm Mäzene helfen.

In ■ 70a Männedorf ist er vom 20.5.–25.8.1943 Gast der Industriellentochter Alma Staub-Terlinden in der „Villa Alma", Seestraße 80. Sie erweist sich als großzügige Geldgeberin. In Zürich unterstützt ihn Frida Haller und übersetzt zwei seiner Dramen ins Englische – Kaiser plant nämlich, in die USA weiterzureisen und die Stücke dort aufführen zu lassen. Sie beherbergt ihn kurze Zeit in ihrer Wohnung ■ 70b Freiestraße 46, nachdem sie für ihn bei den Behörden eine Aufenthaltsgenehmigung erlangt hat. Auch von Julius Marx, einem Emigranten, der mit →Bernhard Diebold einen Filmvertrieb gegründet hat, empfängt er kulinarische und finanzielle Zuwendungen. Zwischendurch wohnt er 1939 kurz in der ■ 70c Hofstraße 140. Zwar ist Kaiser in der Schweiz berühmt, er stößt aber auf Unverständnis: Das Maßlose seines Werkes und die Ekzesse seiner Selbstdarstellung befremden. Ungeachtet dessen bleibt Kaiser im Exil sehr produktiv. Im ➢Europa Verlag erscheinen die Dramen *Rosamund Floris, Alain und Elise* und *Der Soldat Tanaka*. Letzteres Stück wird 1940 im ■ N „Schauspielhaus" uraufgeführt, jedoch nach einem Protest der japanischen Botschaft wieder abgesetzt. Bald folgen *Pygmalion, Bellerophon* und *Zweimal Amphitryon*, die vom neu gegründeten ➢Artemis Verlag übernommen werden – allerdings erst 1948 als Trilogie herausgegeben. Kaisers Bemerkungen über die Schweiz und ihre Bewohner sind überwiegend bissig. Über Zürich schreibt er 1938:

„Im übrigen langweile ich mich hier entsetzlich und ekle mich auch. Noch will ich das Grab Georg Büchners besuchen. Vielleicht lesen Sie dann in der Zeitung: ein Unbekannter entleibte sich auf dem Grab Georg Büchners. Der Unbekannte aber bin ich." Er findet seine Umgebung kümmerlich, die Schweizer umständlich (er nennt sie „Kantonese") und bezeichnet das „Schauspielhaus" als „Flohtheater". Vor allem erregen die nach 1939 verschärften behördlichen Bestimmungen für Emigranten seinen Unmut: „Ich las mit Erstaunen, das es überhaupt nur 7300 Emigranten in der Schweiz gibt. Die Schweiz gebärdet sich aber, als würde sie in ihrem friedlichen Dasein von 730 000 Emigrantendrohnen gestachelt. Es ist eine Frechheit, hier von Überfremdung zu reden", berichtet er 1941 an von Arx. Und über seine persönlichen Erfahrungen mit der Fremdenpolizei im „Kaspar-Escher-Haus", das er in „Eschers Kasperhaus" umtauft: „ Ich bin ja nur ein Dichter und er ist Polizist. / Er sitzt auf warmem Arsche, ich liege auf dem Mist. / Bald fressen mich die Fliegen auf/und ich bin Himmelsemigrant./ So nimmt die Ordnung ihren Lauf / im gottgeliebten Käseland." Der Verlust seines ihn bedingungslos bewundernden Publikums und die Angst vor den ➢ Arbeitslagern für arme Emigranten demoralisieren ihn: „Wovon soll ich leben? Ich kann nicht in Männedorf unterschlüpfen und mich für unbegrenzte Zeit füttern lassen." Die Verleihung des ➢ „Gottfried-Keller-Preises" im Mai 1944, verbunden mit einem Betrag von 1000 Franken, versöhnt ihn halbwegs mit Zürich und der Schweiz: „Jedenfalls wird mich der Nobelpreis nicht mehr erfreuen als diese unerhoffte schweizerische Ehrung."

W: *Napoleon in New Orleans* (1937–40); *Klawitter* (1939–40); *Rosamund Floris* (1940); *Alain und Elise* (1940); *Der Soldat Tanaka* (Uraufführung in Zürich am 2.11.1940); *Der englische Sender* (1942); *Pygmalion* (1943–44); *Bellerophon* (1944); *Zweimal Amphitryon* (Uraufführung in Zürich am 29.4.1944); *Briefe*. Hg. v. G. M. Valk (1980).
📖 J. Marx: *Georg Kaiser – ich und die anderen* (1970); *Georg Kaiser Symposium*. Hg. v. H. Pausch u. E. Reinhold (1980); R. Kieser: *Georg Kaiser und das Mass aller Dinge*. In: ders.: *Erzwungene Symbiose* (1984); K. U. Werner: *Exil als Erfahrung und Metapher*. In: *Exil* 5/1985.

## 71. OSSIP KALENTER

(eigentl. Johannes Burckhardt)
(1900 Dresden – 1976 Zürich)
Erzähler, Lyriker, Feuilletonist, Übersetzer
„Er gehört zur großen Schule der deutschen Erzähler einer kleinen italienischen Welt […] in jenes leichte und liebliche Kapitel der deutschen Literatur, das die anmutigen Moralisten bilden, die witzigen Poeten, die voller Musik und Moral sind", urteilt Hermann Kesten über Kalenter. Seit den 1920er Jahren ist der Autor Mitarbeiter an vielen bekannten Zeitungen wie am Berner *Bund*

und an der *Frankfurter Zeitung,* wo ihn →Bernhard Diebold entdeckt, sowie seit 1933 an der *Neuen Zürcher Zeitung.* 1939 flieht er
aus Prag nach Zürich, wo er bis 1946 als „politischer Flüchtling"
zwar eine Aufenthaltsgenehmigung erhält, jedoch gleichzeitig
Arbeitsverbot „für In- und Ausland" bekommt. Den Vorabdruck
von *Die Abetiner* in einer englischen Zeitschrift muß er sogar auf
Anordnung der kantonalen Fremdenpolizei abbrechen lassen. Er
läßt sich in der ■ 71 Tobelhofstraße 18 nieder. 1956 erhält er die
Einbürgerung in Zürich. Ein Jahr später wird er Präsident des
„PEN-Centre of German speaking Writers Abroad" und kurz darauf Mitglied des „Zürcher Schriftsteller-Verbands". Sein Nachlaß
befindet sich heute im Zürcher „Robert-Walser-Archiv/Archiv der
Carl-Seelig-Stiftung", Beethovenstr. 7; er enthält neben literarischen Manuskripten seine ausführliche Korrespondenz mit vielen
deutschsprachigen Literaten seiner Zeit wie Hermann Broch,
→Claire und Yvan Goll, Paul Celan, →Ferdinand Hardekopf.

W: *Die Abetiner oder Glück und Glanz einer kleinen Mittelmeerstadt* (1950); *Soli für
Füllfeder mit obligater Oboe* (1951); *Die Liebschaften der Colombina* (1956); *Rendez-
vous um Mitternacht. Seltsame Liebesgeschichten* (1958); *Von Genua bis Pisa* (1959);
*Olivenland* (1960).
📖 *Zürcher Schrifttum der Gegenwart* (1961); *Ossip Kalenter zum hundertsten
Geburtstag.* Sonderheft 2 von *Signum,* hg. v. N. Weiß (2000).

## 72. ANDRÉ KAMINSKI

(1923 Genf – 1991 Zürich)
Schriftsteller, Reporter, Regisseur
Kaminski ist schon 63 Jahre alt, als seine Fami-
liensaga *Nächstes Jahr in Jerusalem* ihn zum
internationalen Bestsellerautor macht. Sein
Leben und das seiner polnisch-jüdischen Vorfah-
ren bilden das Leitmotiv beinahe aller seiner
Werke. Seine Kindheit und Jugend verbringt er in Zürich, wo er im
Fach Philosophie promoviert. 1946 übersiedelt er nach Polen,
arbeitet als Reporter und Regisseur beim polnischen Fernsehen
und wird 1968 ausgewiesen, womöglich weil der überzeugte Kommunist als Dissident verdächtig ist. Während seines Aufenthalts hat
er 35 Komödien in polnischer Sprache verfaßt. Bevor er in die
Schweiz zurückkehrt, verbringt er noch einige Zeit in Israel und
Nordafrika. Seine dortigen Erlebnisse inspirieren ihn zu der
Geschichte *Die Gärten des Mulay Abdallah,* in der er für ein besse-
res Verstehen der kulturellen Fremdheit wirbt. In Zürich schreibt
er weiter – in deutscher Sprache – Fernseh- und Theaterstücke mit
satirisch-politischem Einschlag sowie das Drehbuch für den Film
*Der Galgensteiger,* in Zusammenarbeit mit Xavier Koller.
Ab 1984 widmet er sich besonders der Erzählprosa. Erwähnenswert sind seine Jugenderinnerungen in *Herzflattern* und in *Kie-*

*bietz*: Die Hauptfigur dieses vergnüglichen Briefromans, ein Jude polnischer Abstammung, erzählt einem antisemitischen Zürcher Psychoanalytiker ihre Lebensgeschichte. Mit seiner Frau, der Schriftstellerin und Nationalrätin Doris Morf, hat er sich die Wohnungen in der ■ 72a Hedwigstraße 2 und der ■ 72b Heinrichstraße 76 geteilt. Er ist auf dem ■ G 8 Friedhof Nordheim begraben.

W: *Adam, Eva und die Dampfwalze* (1975); *Die Gärten des Mulay Abdallah. Neun wahre Geschichten aus Afrika* (1983); *Herzflattern. Neun wilde Geschichten* (1984); *Nächstes Jahr in Jerusalem* (1986); *Kiebitz* (1988); *Schalom allerseits. Tagebuch einer Deutschlandreise* (1987); *Flimmergeschichten* (1990); *Der Sieg über die Schwerkraft* (1990).
📖 A. Classen: *Die Überwindung der Schwerkraft: Begegnungen mit der Fremde im literarischen Diskurs: André Kaminskis Kulturthesen.* In: *Neue Perspektiven zur deutschsprachigen Literatur der Schweiz* (1977); E. Lezzi: *André Kaminski.* In: *Metzler Lexikon der deutsch-jüdischen Literatur.* Hg. v. A. B. Kilcher (2000).

## 73. GOTTFRIED KELLER
(1819 Zürich – 1890 Zürich)
Erzähler, Romancier, Lyriker

K

Kein anderer Schriftsteller wird so eindeutig im In- und Ausland mit der Schweiz identifiziert. Zusammen mit →C. F. Meyer und Jeremias Gotthelf dient er bis in die 1950er Jahre als literarisches Vorbild und stilistische Meßlatte für die nachfolgenden Autorengenerationen. Zwischen Keller und seinem Zürcher Konkurrenten C. F. Meyer kann man Parallelen im Lebenslauf feststellen: Eine frühe Begabung für das Malen – zunächst als berufliches Ziel angestrebt – und die späte Entdeckung der literarischen Berufung, der Durchbruch erst in der zweiten Lebenshälfte, die depressiven Phasen, die Abhängigkeit von der eigenen Schwester und unglückliche Lieben. Ihre soziale Herkunft unterscheidet sie jedoch und beeinflußt erheblich ihr Schaffen. Stammt Meyer aus einer Patrizierfamilie, so ist Keller im ■ 73a Haus „Zum goldenen Winkel", Neumarkt 27 (Gedenktafel) geboren. Sein Vater, ein Drechslermeister, kauft bald danach das ■ 73b Haus „Zur Sichel", Rindermarkt 9 (Gedenktafel). Nach dessen Tod ist Kellers Kindheit und Jugend von bitterer Armut geprägt. Der Armenschule am ■ 73c Napfplatz 26 folgt das Landesknabeninstitut; dort fühlt er sich reicheren Mitschülern unterlegen: „[...] alle aber hatten ein sicheres Auftreten und Gebahren, entschiedenen Manieren und einen fixen Jargon im Sprechen und Spielen, vor welchem ich blöde und unsicher dastand." 1833 wechselt er zur neueröffneten kantonalen Industrieschule, im ehemaligen ■ F „Collegium Carolinum" untergebracht. Einzig freut er sich „auf die höheren Klassen, [...] auf die tiefere und ausführlichere

Behandlung der Sprache, das Lesen und Erklären von Schriftstellern verschiedener Zungen." Doch ein Jahr später wird er von der Schule verwiesen. Daraufhin beharrt er auf einer künstlerischen Weiterbildung in München, die ihm seine Mutter unter Opfern ermöglicht. Bis er 1861 eine Stelle erhält, wird sie ihn finanziell unterstützen müssen. 1842 kehrt er ohne Geld und niedergeschlagen aus München zurück. „Allerlei erlebte Not und Sorge, welche ich der Mutter bereitete, ohne daß ein gutes Ziel in Aussicht stand, beschäftigten meine Gedanken und mein Gewissen, bis sich die Grübelei in den Vorsatz verwandelte, einen traurigen kleinen Roman zu schreiben über den tragischen Abbruch einer Künstlerlaufbahn, an welcher Mutter und Sohn zugrunde gingen." Dieser Roman ist *Der grüne Heinrich*. Bis 1848 verkehrt er in liberalen und revolutionären Kreisen: Er ist z.B. ein häufiger Gast von ➤ Ludwig Follen und begegnet dort →Herwegh, →Hoffmann von Fallersleben und →Freiligrath. Kellers Haß auf alles Konservative, und wohl indirekt auf seine beruflich erfolglose Jugend, drückt sich in seiner ersten Gedichtsammlung aus: „Nun aber ist der Kirchhof zugeschlossen, / Der Kirchhof meiner heiß duchkämpften Jugend, / Und stille ruhn die Träum in ihren Särgen! // Draus aber ist ein hoher Baum entsprossen, / Den pfleg ich nun in fester Treu und Tugend, / Und schützend soll er einst mich Müden bergen! // Der grüne Baum, er ist die gute Sache, / Zu der ich nun vor aller Welt geschworen, / Die teure Freiheit, die ich mir erkoren / Und zum Symbole meines Schildes mache [...]" (*Der grüne Baum*). Dank eines Stipendiums der Zürcher Regierung kann er 1848–50 in Heidelberg studieren und so einige unglückliche Liebschaften hinter sich lassen, etwa die zu Freiligraths Schwägerin. Entscheidend ist seine dortige Begegnung mit Feuerbach, dessen Religionsphilosophie er bald dem traditionellen Christentum vorzieht. Anschließend erlaubt ihm ein weiteres Stipendium einen fünfjährigen Aufenthalt in Berlin. Die dort geknüpften Kontakte in mehreren literarischen Salons und der häufige Theaterbesuch fördern Kellers literarische Produktion: Er beendet den Roman *Der grüne Heinrich*, verfaßt den ersten Band der *Leute von Seldwyla*, bringt neue Gedichte heraus und entwirft das Drama *Therese*. Im Dezember 1855 kehrt er nach Zürich zurück, mit der Absicht, „eine ordentliche und geregelte Industrie zu betreiben." Die 1857 angebotenen Stellen in Köln und am Zürcher ➤ Polytechnikum nimmt er jedoch nicht an – in der Hoffnung, als Schriftsteller seinen Lebensunterhalt verdienen zu können. Da sich seine Verhandlungen mit dem Verlag Cotta hinziehen, schreibt er als Feuilletonist und Publizist im *Bund*, im *Zürcher Intelligenzblatt* und in Cottas *Morgenblatt*. Seine Äußerungen zu politischen Tagesthemen sind von dem damals herrschenden Liberalismus geprägt. Für ihn stellt jedoch der alles beherrschende Kapitalismus eine weit größere Gefahr für die Freiheit dar als der Staat. Um gegen seine depressive Stimmung anzugehen, sucht er den Kontakt zu Friedrich Theodor Vischer, der ihm in seinem Roman *Auch Einer* ein Denkmal setzt, außerdem zu →Richard Wagner, ➤ Gottfried Semper und dem ➤ Ehepaar Wesendonck. C. F. Meyer schätzt er als Lyriker sehr hoch, meidet ihn jedoch, weil er „voll kleiner Illoyalitäten und Intrigelchen steckt." Man sieht Keller regelmäßig im Restaurant ■ 73d „Öpfelchammer", am Rindermarkt 12, oder im Restaurant ■ 73e „Strohhof" in der Augustinergasse 3 (Gedenktafel im 1. Stock). Trotzdem arbeitet er weiter an *Die Leute von Seldwyla* und gibt *Die mißbrauchten Liebesbriefe* heraus. Am 14.9.1861 wird er überraschend zum ersten Staatsschreiber des Kantons Zürich gewählt. Dies bedeutet endlich finanzielle Unabhängigkeit und eine Amtswohnung in der (alten) Staatskanzlei, ■ 73f Kirchgasse 35 (Gedenktafel), einem ehemaligen mittelalterlichen ➤ Wohnturm. Bis 1875 übt er sein Amt gewissenhaft aus und kommt erst in den 1870er Jahre wieder zum Schreiben. Nach seinem Rücktritt folgen die Werke, die ihn endgültig zu einem der wichtigsten Vertreter des bürgerlichen Realismus machen: die *Züricher Novellen*, die zweite Fassung von *Der grüne Heinrich*, das *Sinngedicht* und *Martin Salander.* Seit der Veröffentlichung der *Sieben Legenden* hat er sich gegen „die Despotie des Zeitgemäßen in der Wahl des Stoffes" und für „eine Wahrung freier Bewegung in jeder Hinsicht" ausgesprochen. Die *Züricher Novellen* bieten einen Abriß Zürcher Kultur- und Sittengeschichte vom 13. bis 19. Jh. mit historischen Figuren. Kellers Bedeutung wird endlich anerkannt: Zu seinem 50. Geburtstag ernennt ihn die Universität Zürich zum Ehrendoktor (dort Gedenktafel). Er zieht in eine Villa ■ 73g Auf dem Bürgli in Zürich-Enge (abgerissen), zusammen mit seiner jüngeren Schwester Regula, die ihm seit Jahren als Haushälterin dient. Seine schwermütigen letzten Jahre verbringt er im „Thalegg", ■ 73h Zeltweg 27 (Gedenktafel); sie werden von vielen – teils brieflichen – Freundschaften aufgehellt: mit den Malern Arnold Böcklin und Rudolf Koller, mit Marie und Adolf Exner sowie mit Theodor Storm und Paul Heyse. Im Roman *Der grüne Heinrich* beschreibt er den See: „Zu den schönsten vor allen in der Schweiz gehören diejenigen Städte, welche an einem See und an einem Fluß zugleich liegen, so daß sie wie ein weites Tor am Ende des Sees unmittelbar den Fluß aufnehmen [...] So Zürich, Luzern, Genf; [...] Man besteige das Schiff zu Rapperswil, [...] fahre [...] gegen Zürich hin, bis, nachdem die Landhäuser der Zürcher Kaufleute immer zahlreicher wurden, zuletzt die Stadt selbst wie ein Traum aus den blauen Wassern steigt und man sich unvermerkt mit erhöhter Bewegung auf der grünen Limmat unter den Brücken hinwegfahren

K

sieht." Für die Altstadt schwärmt Heinrich: „ Die Fenster unserer Wohnung gingen auf eine Menge kleiner Höfe hinaus, wie sie oft von einem Häuserviertel umschlossen werden und ein verborgenes behagliches Gesumme enthalten, welches man auf der Straße nicht ahnt [...] Unser eigenes Höfchen enthielt zwischen hohen Mauern ein ganz kleines Stückchen mit zwei Vogelbeerbäumchen [...]" Dem geliebten See gegenüber erhebt sich heute am Mythenquai ein vom Bildhauer Bänniger geschaffenes Denkmal, das Kellers Haupt zeigt. Sein Grab befindet sich auf dem ■ G 10 Friedhof Sihlfeld. Neben dem ➤„Großen Schiller-Preis" gehört heute noch der „Gottfried-Keller-Preis" der 1921 in Zürich gegründeten „Martin-Bodmer–Stiftung" zu den angesehensten Literaturpreisen der Schweiz.

W: a) Prosa: *Traumbuch* (1847–48); *Der Apotheker von Chamounix* (1853); *Der Grüne Heinrich* (1. Fassung: 1854–55, 2. Fassung: 1880); *Die Leute von Seldwyla* (1856–1874); *Die mißbrauchten Liebesbriefe* (1865); *Die Sieben Legenden* (1872); *Züricher Novellen* (1877); *Das Sinngedicht* (1881); *Martin Salander* (1886). b) Dichtung: *Lieder eines Autodidakten* (1845); *Gedichte* (1846); *Neuere Gedichte* (1851); *Gesammelte Gedichte* (1883). c) *Der Briefwechsel zwischen Theodor Storm und Gottfried Keller.* Hg. v. P. Goldammer (1967).

📖 R. Faesi: *Gottfried Keller* (1941); E. Korrodi: *Gottfried Keller als Lyriker.* In: ders.: *Aufsätze zur Schweizer Literatur* (1962); R. Buser: *Gottfried Keller und Salomon Gessner* (1963); W. Muschg: *Umriß eines Gottfried-Keller-Porträts.* In: Ders.: *Gestalten und Figuren* (1968); H. Boeschenstein: *Gottfried Keller* (1977); E. Canetti: *Die Gottfried-Keller-Feier.* In: ders.: *Die gerettete Zunge* (1977); P. Rilla: *Über Gottfried Keller. Sein Leben in Selbstzeugnissen und Zeugnissen von Zeitgenossen* (1978); B. Neumann: *Gottfried Keller. Eine Einführung in sein Werk* (1982); U. Amrein: *Geschichte als Spiegelkabinett. Das Zürich des 18. Jahrhunderts in Gottfried Kellers „Landvogt von Greifensee".* In: *Alte Löcher – Neue Blicke.* (1997); B. Breitenbruch: *Keller* (1994); T. Hürlimann: *Das Lied der Heimat* (1998); P. v. Matt: *Zur Demokratie gehört das Gelächter. Gottfried Keller und die gelungene Revolution.* In: ders.: *Die tintenblauen Eidgenossen* (2001).

## 74. ALFRED KERR
(eigentl. Alfred KEMPNER)
(1867 Breslau – 1948 Hamburg)
Kritiker, Essayist, Schriftsteller

Am 15. Februar 1933 erhält der berühmte Theaterkritiker eine Warnung, daß sein Paß von den NS-Behörden am nächsten Tag eingezogen werde. Da er Goebbels als Jude und politischer Widersacher verhaßt ist, kommt dies einem Todesurteil gleich. Trotz Krankheit flieht er allein und nur mit einem Rucksack von Berlin in die Tschechoslowakei. Anfang März reist er von Wien nach Zürich weiter, vornehmlich um dort seinen ehemaligen Chef beim *Berliner Tageblatt* an fällige Honorarnachzahlungen (vergeblich) zu erinnern. „Grunewald, Bodenbach, Prag, Wien, Zürich, Paris: die Wanderschaft liegt heut hinter mir im Nebel", schreibt er in *Die Diktatur des Hausknechts.* „Zürich. Sauberste

Mischung aus Freundlichkeit und Sprödnis. Die Luft, man merkt es bald, ist herrlich rein – die Preise hoch wie die Berge." Hinsichtlich der politischen Lage bleibt er skeptisch: „Hier wenigstens, denkt man, ist kein Hitlertum [...] Die große schwyzerische Mehrheit will nichts davon wissen, besonnen wie sie sind. Die Schweiz wird nie faschistisch sein. Aber: faschistisch beunruhigt [...] Von hundert Schweizern reden sechzig deutsch. Fühlen sich als Halbgeschwister der Deutschen im Reiche. Deren Geschick verfolgen sie mit stärkstem Anteil, ohne für die Methoden des Göring was übrig zu haben. Sie drücken bloß manchmal ein Auge zu." In Zürich wird er von der jüdischen Familie Braunschweig ■ 74a Ebelstraße 11 beherbergt. Bald kommen Frau und Kinder nach, zunächst nach Lugano. „Dann in Küsnacht (nicht in Tell's, in dem bei Zürich) Fuß gefaßt: im heimeligen, jahrhundertealten Seegasthof des Freundes Eduard Guggenbühl-Heer. Bei einem Wirte wundermild. In eins meiner unverbrannten Bücher schrieb ich ihm: / Ich weiß ein köstliches Asyl / In Küsnacht bei Herrn Guggenbühl." Das ■ 74b Küsnachter „Seehotel Sonne" steht heute noch an der Seestraße 120. Jedoch lassen ihn die Probleme einer Aufenthaltsbewilligung und des damit zusammenhängenden Arbeitsverbots weiter nach Paris ziehen, in die „ganz andre" Stadt, „die Stadt, die meine Schriften feiert, seit ich sie kenne."

Werk: *Die Diktatur des Hausknechts* (1934).
📖 J. Kerr: *Als Hitler das rosa Kaninchen stahl* (1973); K. Wendler: *Alfred Kerr im Exil* (1981); *Alfred Kerr. Lesebuch zu Leben und Werk*. Hg. v. H. Haarmann u. a. (1987).

## 75. GOTTFRIED KINKEL

(1815 Oberkassel b. Bonn – 1882 Zürich)
Dichter, Kunsthistoriker, Archäologe
Als überzeugter Republikaner nimmt der Bonner Professor für Literatur- und Kunstgeschichte, der gerade in die preußische Zweite Kammer gewählt worden ist, am badisch-pfälzischen Aufstand 1848/49 teil, wird gefangen genommen und zu lebenslänglicher Festungshaft verurteilt. Es gelingt ihm, 1850 mit Hilfe von Carl Schurz aus dem Spandauer Zuchthaus zu fliehen. Nachdem er mehrere Jahre in England und Amerika verbracht hat, wird er 1866 an das Zürcher ➤ Polytechnikum berufen. Dort ist er als Professor für Archäologie und Kunstgeschichte bis zu seinem Tod tätig und gründet in dieser Zeit die „Archäologische Sammlung" und das „Kupferstich-Kabinett" dieser Einrichtung. Er kauft ein Haus in der ■ 75 Nordstraße 7 und verkehrt häufig im Salon von ➤ François und Eliza Wille in Feldmeilen. Dort lernt er → C. F. Meyer, → Wagner, → Herwegh, ➤ Follen, Burckhardt und → Keller kennen. Kinkel ist nicht nur als Wissenschaftler geachtet, sondern auch als Lyriker.

Das von Robert Schumann vertonte *Abendlied* gehört wohl zu seinen bekanntesten Gedichten. 1879 wird Kinkels *Nimrod* im ■ N „Stadttheater" aufgeführt. Mit seiner Frau Johanna hatte er in Bonn den spätromantischen Dichterverein „Maikäfer" gegründet. In Zürich tritt sein lyrisches Schaffen etwas hinter seiner wissenschaftlichen Tätigkeit und seinem politischen Engagement zurück. Er hält z.B. Vorträge vor dem ➤ deutschen Arbeiterverein „Eintracht" und unterstützt die emigrierten Sozialdemokraten. Er wird mit internationalem Geleit auf dem ■ G 10 Friedhof Sihlfeld beigesetzt. C. F. Meyer schreibt in seinem Nachruf im März 1883: „Seine reifsten Jahre verlebte er in unserer Mitte, von allen Gebildeten und [...] auch vom Volke gekannt, welches den stattlichen Mann in öffentlichen Versammlungen hatte auftreten sehen und seine warme Behandlung populärer Fragen nebst seiner mächtigen Gebärde bewunderte. In der Gemeinde, wo er sich ein Haus gekauf hatte, war er ein sehr beliebter und hochgeachteter Mann."

W: a) *Gedichte, Zweite Sammlung* (1868); *Vorspiel zur Theater-Aufführung der Zürcher Polytechniker und Studenten [...]* (1868); *Der Grobschmied von Antwerpen in sieben Historien* (1872); *Nimrod* (1879); *Tanagra, Idyll aus Griechenland* (1883); *Nachgelassene Gedichte. In: Gartenlaube* 1890; b) *Polens Auferstehung, die Stärke Deutschlands* (1868); *Gegen die Todesstrafe und das Attentat, sie in der Schweiz wieder einzuführen* (1878); c) *Festrede auf Ferdinand Freiligrath*, Leipzig 1867; *Festrede auf Friedrich Rückert*, Zürich 1867.

📖 E. Bebler: *Conrad Ferdinand Meyer und Gottfried Kinkel. Ihre persönlichen Beziehungen auf Grund ihres Briefwechsels dargestellt* (1949); E. Ennen: *Gottfried Kinkel. In: Rhein. Lebensbildern* (1961); H. Rösch-Sondermann: *Gottfried Kinkel als Ästhetiker, Politiker und Dichter* (1982); A. Berg: *Gottfried Kinkel* (1985).

## 76. EWALD CHRISTIAN VON KLEIST
(1715 Zeblin / Pommern – 1759 Frankfurt/O.)
Dichter, Offizier

In Pommern aufgewachsen, macht ihn sein Gedicht *Der Frühling* – in der Manier von Hallers *Alpen* – auf einen Schlag berühmt. Der Dichter, ein Freund →Klopstocks und Gleims, ist außerdem Offizier der preußischen Armee. In beiden Eigenschaften fährt er 1752 nach Zürich. Er wohnt im ■ I „Gasthaus Zum Schwert". Er sucht zunächst die Gelegenheit poetischer Gespräche mit →Bodmer, →Wieland und →Gessner; ebenso ist er bei →Obmann Füssli und Hirzel gern gesehener Gast. Im Vergleich zu Potsdam gefällt ihm Zürich sehr. Er soll häufig im Lokal ■ 76 „Oepfelchammer", am Rindermarkt 12 gespeist haben. Diese schöne Zeit nimmt ein Ende, als er versucht, Soldaten für die preußische Armee anzuwerben: Die Behörden weisen ihn dann aus der Stadt. Darauf verfaßt er ein bissiges Epigramm: „Wie, Breitinger in Zür'ch, wo nichts als Grobheit gilt / Und wo von Stolz der Geist, der Leib von Käse schwillt, / Und Bodmer auch, den einst die späte

Nachwelt preiset? / Ihr Zürcher, Die sind wert, daß Ihr sie Lands verweiset." Später schreibt er noch über die Zürcher: „[...] denn ich hasse sonst niemanden auf der Welt außer die Canaillen; [...] denn sie haben mich gar zu infame tractiert."

W: *Der Frühling* (1749, 1754).

📖 F. Nicolai: *Ehrengedächtniß Herrn Ewald Christian von Kleist* (1760); P. Leemann-van Elck: *Salomon Geßners Freundschaft zu Ewald von Kleist*. In: *Zürcher Monatschronik* 1937.

## 77. FRIEDRICH GOTTLIEB KLOPSTOCK

**(1724 Quedlinburg – 1803 Hamburg)**
**Dichter, Dramatiker, Dichtungstheoretiker**
Der junge Theologiestudent und vielverspre-chende Lyriker, dessen 1748 erschienene drei erste Gesänge des *Messias* in der Schweiz schon große Aufmerksamkeit erregt haben, wird 1750 von →Bodmer, dem „Vater der Jünglinge", nach Zürich eingeladen. Klopstock, der sich in den *Bremer Beiträgen* schon von Gottsched distanziert hat und nebenbei Ablenkung von einer unglücklichen Liebe sucht, wohnt seit dem 25.7.1750 im ■ 77a „Haus zum Oberen Schöneberg" (heute Schönberggasse 15; Gedenktafel): „Schon vor etlichen Tagen bin ich hier angekom-men. Ich habe schon die Freude ganz genossen, den ehrlichsten Mann in meinem Leben zu sehen, den ich, wenn ich sonst an ihn dachte, mir als einen entfernten, unvergleichlichen Freund vor-stellen mußte." Bodmers Ziel ist es, Klopstock zum „idealen Dich-ter" zu formen. Er muß jedoch bald feststellen, daß das Tempera-ment seines „Lehrlings" sich nicht mit den Erwartungen seiner sittenstrengen Umgebung vereinbaren läßt. Zwar ist Klopstock in der Zürcher Zeit weiter dichterisch tätig. Nach einer Kahnfahrt mit dem Arzt J.C.Hirzel zur Halbinsel Au entwirft er – in Anleh-nung an Hallers Gedicht – die berühmte gräzisierende Ode *Der Zürchersee*, deren erste Strophe Klopstocks Poesieauffassung ent-hält , d.h. die Aufgabe der Dichtung ist nicht Belehrung, sondern Erregung des Gemüts und Erhebung der Seele: „Schön ist, Mutter Natur, deiner Erfindung Pracht / Auf die Fluren verstreut, schöner ein froh Gesicht, / Das den großen Gedanken / Deiner Schöpfung noch *einmal* denkt." Weiter heißt es angesichts der Landschaft: „Schon lag hinter uns weit Uto, an dessen Fuß / Zürch in ruhigem Tal freie Bewohner nährt." Klopstock kann ferner zwei weitere Gesänge des *Messias* fertig schreiben. Aber andererseits entspannt er sich auch gern. Er unternimmt ausgedehnte Ausflüge in der Schweiz und beteiligt sich außerdem so oft wie möglich am gesel-ligen Leben der Stadt: Er tanzt, trinkt zusammen mit Studenten und stellt jungen Damen nach. Seine modische Kleidung fällt

angesichts der strengen ➤ Zürcher Kleiderordnung auf. Bodmer fühlt sich dazu noch durch seine Raucherei belästigt. Am 8. Oktober 1750 schreibt Klopstock an Gleim: „Beneiden Sie überhaupt die hiesigen Republikaner nicht; es sind fast durchgehends Leute, die sich schrecklich tief bücken; denn fast alle, die ein Bischen von Familie sind, wollen in's Regiment, und Bodmer – ich will noch gegen Sie, mein Gleim, schweigen; ich habe mir in Betrachtung seiner ein System von Großmuth gemacht, von dem ich, wenn ich nicht auf's Äußerste getrieben werde, nicht abgehen will." Einer seiner Bewunderer ist der Zürcher Seidenfabrikant und Waagmeister Johann Hartmann Rahn – sein künftiger Schwager – der ihm nach Klopstocks Zerwürfnis mit Bodmer sein Haus öffnet. Vom 3.9.1750 bis 14.2.1751 wohnt er im „Haus Zur Hohen Farb" bei der Niederdorfpforte (heute ■ 77b Stampfenbachstraße 32; 1899 abgetragen). Über diesen gebildeten Kaufmann schreibt Klopstock an seine Cousine: „Er hat etwa vor einem Jahre eine neue Art, auf weiße Seide zu drucken, erfunden: Eine Entdeckung, die die Franzosen und Engländer schon lange vergeblich haben herausbringen wollen." Rahn schlägt dem Dichter vor, mit ihm gemeinsam diese Erfindung wirtschaftlich auszubeuten. Klopstock, dem gerade eine Pension durch den König von Dänemark angeboten wurde, bietet dem Kaufmann an, das geplante Unternehmen in Dänemark aufzubauen. Zusammen mit Rahn verläßt Klopstock Zürich am 2.2.1751, um über Quedlinburg und Hamburg nach Kopenhagen weiterzureisen.

W: *Der Messias* (1748–73); *Der Zürchersee* (1750, 1771); *Gedanken über die Natur der Poesie* (1759); *Ode An Bodmer* (1750, 1771).
  K.Nicolai: *Klopstock. Ein Denkmahl Zur Säcularfeier seines Geburtstages am zweiten Julius 1824* (1824); J.C.Mörikofer: *Klopstock in Zürich im Jahre 1750–1751* (1851); R.Faesi: *Zürcher Idylle* (1908); *Der Zürichsee in der Dichtung: Friedrich Gottlieb Klopstock [...]* (1967); I.Kammerlander: *Johanna Fichte* (1969); E.Schönebeck: *Klopstock reist nach Zürich* (1969); P.Rühmkorf: *Friedrich Gottlieb Klopstock. Ein empfindsamer Revolutionär.* In: ders.: *Walther von der Vogelweide, Klopstock und ich* (1975).

## 78. ARTHUR KOESTLER
**(1905 Budapest – 1983 London)**
**Romancier, Essayist, Publizist, Journalist**
Koestler hat bereits ein politisch bewegtes Leben hinter sich, als er 1935 nach Zürich emigriert: „Diese Periode des Übergangs und des Wartens, das Jahr 1935/36 war das letzte Jahr meiner Jünglingszeit. [...] Der Wendepunkt kam am Ende dieser Periode, mit meiner Gefangennahme in Spanien. Das letzte vorangehende Jahr war ruhelos und inhaltsleer. Ich verbrachte es in Paris, Zürich, Budapest und anderen Orten. Ich reiste nicht zum Vergnügen, sondern wie ein Landstreicher von

einer Arbeit zur anderen, immer auf der Suche nach einem Lebensunterhalt. Die erste Station dieser Wanderung war Zürich." Hier kann er weiter als Journalist und Schriftsteller tätig sein. Er übernimmt in der Werkbundsiedlung Neubühl, ■ 78 Westbühlstraße 40, die Wohnung ausgewanderter Bekannter. Befreundet ist er mit dem ungarischen Genossen Julius Hay, der bei →R.J.Humm untergekommen ist. Koestler nimmt regelmäßig an den Literaturabenden im „Rabenhaus" teil. Humm erinnert sich: „Damals hätte ich nie gedacht, daß er berühmt würde, weil ihm alles Spektakelhaftes fehlte [...] Für uns war er einfach der stille junge Mann, der aus seinem Spartacus-Roman [*Die Gladiatoren*] vorgelesen und sich die Kritik, die ihm zuteil wurde, aufmerksam angehört hatte." Er schreibt sein zweites Sexualbuch *Sexual Anomalies and Perversions*, zwei Drehbücher und die Hälfte seines satirischen Romans *Der brave Soldat Schweik zieht wieder in den Krieg:* „Alles zusammengenommen muß ich in diesem Jahr etwa eine halbe Million Wörter geschrieben haben." Er freundet sich mit dem Emigranten →Ignazio Silone an; mit ihm wird er 1950 den autobiographischen Sammelband *Ein Gott, der keiner war* verfassen. Koestlers Name befindet sich im Gästebuch der ➤„Museumsgesellschaft" am Limmatquai, einem beliebten Treffpunkt der Emigranten. 1936 verläßt er Zürich, um als Korrespondent einer englischen Zeitung über den spanischen Bürgerkrieg zu berichten. Sein Erlebnisbericht *Ein spanisches Testament* wird 1938 in ➤Oprechts „Europa Verlag" herausgebracht.

W: *Sexual Anomalies and Perversions* (1936); *Ein Gott, der keiner war* (1950); *Die Geheimschrift. Bericht eines Lebens 1932 bis 1940* (1955); *Als Zeuge der Zeit* (Autobiographie, 1982).
📖 J. Atkins: *Arthur Koestler* (1956); P. A. Huber: *Arthur Koestlers Werk in literarischer Sicht* (1962); R. J. Humm: *Bei uns im Rabenhaus. Literaten, Leute und Literatur im Zürich der Dreissigerjahre* (1963).

## 79. ARNOLD KÜBLER
(1890 Wiesendangen ZH – 1983 Zürich)
**Dramatiker, Erzähler, Zeichner, Kabarettist**
Seine Annäherung an die Literatur erfolgt über Umwege: Nachdem er Geologie in Zürich studiert hat – damals wohnt er in der ■ 79a Pestalozzistraße 16 und der ■ 79b Pestalozzistraße 28 –, läßt er sich zum Bildhauer ausbilden. Dann beginnt er nach dem Ersten Weltkrieg in Berlin und Dresden eine Karriere als Schauspieler, die nach einer entstellenden Gesichtsoperation ein Ende findet. In Berlin hat er 1922 mit seinem Drama *Schuster Aiolos* Erfolg. →Thomas Mann, der sich das Stück mit Heinrich Gretler in der Hauptrolle in Zürich 1935 ansieht, notiert in

seinem Tagebuch, er finde es „leer von Geist, aber theaterlustig", und „die Heiterkeit des Publikums bei mäßigen Scherzen" würde ihn bedrücken. 1926 kehrt Kübler nach Zürich zurück und arbeitet als Chefredakteur der *Zürcher Illustrierten* (1931–41) und der heute noch existierenden Monatsschrift *du* (1941–57). →R.J.Humm bemerkt in *Bei uns im Rabenhaus*: „[...] dieser leitete noch die Zürcher Illustrierte, und man wußte von ihm sonst nur, daß er zu einer erschreckend frühen Stunde im Bahnhofbuffet saß und emsig an geheimnisvollen Manuskripten schrieb, später erfuhr man: an seinem ‚Öppi von Wasenwachs'." Es handelt sich hier um den ersten Band eines fünfteiligen autobiographischen Epos in der Tradition des Bildungs- und Entwicklungsromans. Darin kommen verschlüsselte Ortsnamen vor: „Wasenwachs" ist Wiesendangen, „Cheudra" ist Zürich (mundartlich „cheu dra" = kau daran), der „Cheudraer" steht für die *Zürcher Illustrierte*, der „Cheuber" für den Zürichberg und der „Schattenberg" für den Uetliberg: „Der Cheuberg war häuservoll, aber der Schattberg war waldig. Der Schattberg nahm fernab in des Gebirges Nähe seinen Anfang, er war lang wie der See, in gemessener Entfernung kam in weichem Bogen wie der See er nach Cheudra gezogen. In Cheudra hörte er auf, ein letzter Aufschwung bedeutete sein Ende, das war der Kulm. [...] Hinter dem Schattberg ging für Öppi jetzt die Sonne unter, im Hochsommer freilich vermochte sie's länger am westlichen Himmel auszuhalten und so weit zur Seite zu rücken, daß sie den Kulm vermied [...] Aus tiefem Stande warf sie den Fluß entlang dann solche Mengen roten Abendlichts in die Fenster am Cheuberg, daß es von Feuern in allen Häusern loderte und glühte, indessen kein Räuchlein weit und breit zu sehen war." Auch wenn die epische Qualität zweifelhaft bleibt, macht ihn diese Romanreihe berühmt, und dafür erhält er 1963 den ➤„Literaturpreis der Stadt Zürich". Mit seiner Frau, der Eva von *Öppi und Eva*, wohnt er zunächst ■ 79c Katharinenweg 5 in Zürich-Enge, bevor sie nach Oerlikon umziehen, zunächst in die ■ 79d Apfelbaumstraße 16, dann in die ■ 79e Apfelbaumstraße 46 (keine Gedenktafel, dafür eine neue Arnold-Kübler-Straße). Nach 1968 bis zu seinem Tod bewohnt er ein Haus in der ■ 79f Niederdorfstraße 20. Eine Liebeserklärung an seine Frau stellt der Bericht des Fünfundsiebzigjährigen dar, der zum Gedächtnis an die kurz zuvor Verstorbene eine 500 km lange Fußreise von Paris nach Basel unternimmt; der bezaubernde Text wird von Kübler selbst illustriert. Diese Kombination von talentvollem Erzähltext und Zeichnung hat er mit dem Buch *Zürich. Erlebt, gezeichnet, erläutert* 1960 begonnen; fünf weitere Reiseberichte sollten folgen. Eine Ausstellung in Zürich zeigt 1969 Küblers künstlerische Zeugnisse, u. a. seine Skizzenbücher. Etwas in Vergessenheit geraten sind seine zahlreichen Kabarett-Texte, z. T. in Mundart, für das ■ C „Cabaret

Cornichon" (*De Räbehächler*, 1937) oder später für seine Solo-Programme in der „Fleischhalle" vorgesehen (*Sage und schreibe*). Zu erwähnen wären noch seine fein differenzierten, humorvollen Erzählungen wie *Das Herz, die Ecke, der Esel und andere Geschichten* oder die satirische *Veloodyssee*.

W: *Schuster Aiolos* (Uraufführung Potsdam 1922, Zürich 1948); *Der verhinderte Schauspieler* (1934); *Das Herz, die Ecke, der Esel und andere Geschichten* (1939); *Öppi von Wasenwachs. Der Bub ohne Mutter* (1943, 1965); *Öppi der Student* (1947); *Öppi und Eva* (1951, 1969); *Veloodyssee* (1955); *Zürich. Erlebt, gezeichnet, erläutert* (1960); *Stätten und Städte. Erlebt, gezeichnet, erläutert* (1963); *Öppi der Narr* (1964); *Auf nach Oerlikon*. In: *Zürich und seine Quartiere. Zürcher Schriftsteller sehen ihr Quartier* (1966); *Zeichne, Antonio!* (1966); *Paris-Bâle à pied* (1967); *Sage und schreibe* (1969); *Israel, ein Augenschein* (1970); *Verweile doch!* (1974).

📖 R. J. Humm: *Bei uns im Rabenhaus* (²1975); W. Weber: *Arnold Kübler. Schreiber, Zeichner, Schauspieler* (1978); B. S. Scherer: *Begegnung mit Arnold Kübler* (1978); A. A. Häsler: *Arnold Kübler*. In: ders.: *Aussenseiter – Innenseiter. Porträts aus der Schweiz* (1983); K. Fehr: *Vielfältige Kreativität. Zum Tode von Arnold Kübler*. In: *NZZ* 29. 12. 1983; Ders.: *Ausbruch aus der Wissenschaft – Aufbruch zur Kunst. Arnold Küblers religiöse Welt*. In: *NZZ* 9. – 10. 6. 1984; *Arnold Kübler*. Sonderheft von *du*, März 1991.

## 80. WOLFGANG LANGHOFF
### (1901 Berlin – 1966 Berlin/Ost)
### Schauspieler, Schriftsteller

„In einem wirklichen Ensemble sollte es keine Stars geben, und das Zürcher Schauspielhaus hat keine. Wenn der Schauspieler Wolfgang Langhoff sich einer besonderen Popularität erfreut, so ist es, weil er nicht nur als Darsteller berühmt ist, sondern auch als Autor: sein Buch *Die Moorsoldaten*, dessen deutsche Ausgabe in einem Schweizer Verlag erschien und dann in die meisten Weltsprachen übersetzt worden ist, hat ihm viele Freunde geworben [...] Der gutaussehende blonde junge Deutsche, für den die Zürcher Damen schwärmen, wenn er auf der Bühne Helden oder Liebhaber spielt, hat auch noch den Nimbus dessen, der als ‚Privatperson' Ungewöhnliches und Hartes bestanden hat", berichtet →Erika Mann. 1933 wird Langhoff, seit 1928 Mitglied der KPD und in der Arbeiterbewegung aktiv, unmittelbar nach dem Reichtagsbrand in Düsseldorf verhaftet und in die Konzentrationlager Börgermoor und Lichtenburg eingewiesen. Ein Jahr später entlassen, gelingt ihm mit Hilfe von C. F. Vaucher die Flucht nach Zürich, wo er bis 1945 als Schauspieler und Regisseur am ■ N „Schauspielhaus" unterkommt. Dort trägt er mit seinen Rollen u. a. als Peer Gynt, Egmont, Jago, Franz Moor, Pietro Spina (in →Silones *Brot und Wein*) zum internationalen Ruf des Hauses bei. Sein KZ-Bericht – eines der ersten Bücher, das vor den Greueltaten der Nazis warnt – wird vom ➢„Schweizer Spiegel"-Verlag als „unpolitischer Tatsachenbericht" (sic) im Dienste der damaligen ➤„geistigen Landesverteidigung" herausgebracht. In neun Wochen werden neun Auflagen gedruckt. Die deutschen Behörden aber stoppen abrupt den Absatz von Büchern und Zeitschriften des Verlags. Auch in Zürich, wo er in der ■ 80 Rütistraße 42 sein Domizil hat, setzt Langhoff seine politischen Aktivitäten fort: Im „Schauspielhaus" leitet er die illegale KPD-Gruppe und 1943/44 ist er Chefredakteur des (ebenfalls illegalen) Volksfrontorgans in der Schweiz *Freies Deutschland*. Er verfaßt ferner Beiträge für die Kulturzeitschrift der ➤ Schweizer Internierungslager *Über die Grenzen*. 1945 verläßt er Zürich, um Intendant der „Städtischen Bühnen Düsseldorf" zu werden. „Als ich über die Grenze ging, fiel mir die letzte Zeile des Moorsoldatenliedes ein, mein Herz nahm sie auf und wiederholte viele Male: „[...] Heimat, du bist wieder mein!". Aber als ich dann weiterreiste und mich umblickte in der wiedergewonnenen Heimat, war es ein seltsames, fremdes Land, und es waren seltsame, fremde Menschen, die ich in ihm fand." Und über den Zustand der deutschen Bühnen heißt es in einem Brief vom 13.12.1945 aus Düsseldorf an die Zürcher ➤ Büchergilde Gutenberg: „Die allgemeinen Zustände, besonders auf kulturellem Gebiet, sind ja noch schlimmer, als wir es in der Schweiz befürchtet hatten. Es ist so gut wie nichts mehr vorhanden und wir sind gezwungen, ganz von vorne anzufangen. Aus diesem Grunde sind wir auf jede Hilfe unserer Freunde aus der Schweiz angewiesen."

W: *Die Moorsoldaten* (1935); *Eine Fuhre Holz* (1937); *Zehn Jahre Exil*. In: *Über die Grenzen* 10/1945.

📖 E. Krull: *Wolfgang Langhoff* (1962); C. Funke / D. Kranz (Hg.): *Wolfgang Langhoff. Schauspieler, Regisseur, Intendant* (1969); W. Mittenzwei: *Die Verbreitung der Wahrheit: Langhoffs „Die Moorsoldaten"; Das Zürcher Schauspielhaus*. In: ders.: *Exil in der Schweiz* (1978); Ders.: *Das Zürcher Schauspielhaus* (1979); *Fluchtpunkt Zürich* (1987); E. u. K. Mann: *Escape to Life. Deutsche Kultur im Exil* (1996); U. Kröger / P. Exinger: *„In welchen Zeiten leben wir!". Das Schauspielhaus Zürich 1938–1998* (1998).

## 81. SOPHIE VON LA ROCHE
### (1731 Kaufbeuren – 1807 Offenbach b. Frankfurt) Romancière

Die ehemalige Verlobte von →Christoph Martin Wieland und spätere Großmutter von Bettina und Clemens Brentano verfaßt zahlreiche Werke, zu deren bekanntesten die *Geschichte des Fräuleins von Sternheim* (1771) gehört. Dieser empfindsame Roman – der erste von einer Frau in Deutschland geschriebene – hat sofort einen großen internationalen Erfolg. In Ehrenbreitstein versammelt sie um sich gebildete Deutsche, ohne auf Konfessions- oder Standeszugehörigkeit zu achten. Nicht nur gern gesehener, sondern auch häufiger Gast ist z. B. →Goethe. Ein weiteres Zeichen ihrer Emanzipation sind zahlreiche Fahrten, die sie meist allein unternimmt, nach Frankreich, Holland, England, aber auch dreimal in die Schweiz. Auf ihrer Reise 1784 folgt sie dort traditionellen Routen, d. h. nach dem Besuch des Rheinfalls in Schaffhausen steigt sie in Zürich vom 5.–11. Juli im ■ I „Gasthaus Zum Schwert" ab: „Zürch mißfiel mir bey dem ersten Anblick wegen der engen Straßen und hohen Häuser [...] Herr Wieland hatte mir bey seinen vielen Erzählungen von den glücklichen Tagen, welche er hier in Bodmers, Schultheß und Grebels Hause verlebte, nie etwas von den bergigren Gassen gesagt ... [ich] las einen Auszug der Geschichte von Zürch, damit ich meinen Aufenthalt desto besser benutzen mögte, und wurde neu überzeugt, daß der Gedanke Freyheit auf eine Person, welche in einer freyen Reichstadt gebohren und erzogen wurde, einen ganz anderen Eindruck macht, und eine Art Theilnehmung erregt, welche in dem aus einer Monarchie herkommenden Fremdling [...] entstehen kann." Sophie von La Roche besucht u. a. →Lavater, →Salomon Gessner und Caspar Hirzel (einen Freund ihres Mannes), trifft →Obmann Füssli auf einem Spaziergang an der Sihl, sieht sich hoch interessiert die ■ A „Bürgerbibliothek" in der Wasserkirche an, sowie die neue Töchterschule und das Waisenhaus. Sie bewundert ausführlich eine mechanische ➤ Creppflorfabrik – nicht ohne Gedanken über die dadurch entstehende Arbeitslosigkeit: „Wir betrachteten auch das vom Haus Escher erbaute Wasserrad, welches sechs künstlich eingerichtete, durch drey Stockwerk in die Höhe gehende Räder drehet, auf welche ethliche tausend Zapfen mit Seidenspulen besetzt stecken, von denen die Seide über gläserne Röhren hin, auf einige hundert Haspel angewunden und zugleich gezwirnt wird, wobei nur wenige Personen zur Aufsicht über abgerissene oder stockende Fäden nötig sind." Schließlich macht sie eine Bootsfahrt nach Thalwil, um die Schönheit der Seelandschaft auf sich wirken zu lassen. Auf ihrer nächsten Reise 1792 betrachtet sie Land und Stadt mit unverminderter Begeisterung: „Lavater ist gut und geistvoll wie immer, und begleitete uns auf die neue Promenade, welche dem Bauamt von Zürch, durch ihre Anlage und Ausführung, Ehre macht. Die so wechselnde und dennoch ununterbrochene Aussicht auf den See, seine anmuthsvolle Ufer und die Schneeberge, sind außerordentlich anziehend." Dennoch hört man in ihrem Reisebericht eine melancholische Note heraus, da viele liebe Bekannte inzwischen gestorben sind.

W: *Tagebuch einer Reise durch die Schweiz von der Verfasserin von Rosaliens Briefen* (1787); *Erinnerungen aus meiner dritten Schweizerreise* (1793).
📖 M. Nenon: *Autorschaft und Frauenbildung: Das Beispiel Sophie von La Roche* (1988); K. Günzel: *Die Brentanos* (1993).

## 82. ELSE LASKER-SCHÜLER

(1869 Elberfeld b. Wuppertal –
1945 Jerusalem) Lyrikerin, Erzählerin,
Dramatikerin, Zeichnerin

In der Schweiz hat Zürich – neben Ascona und Locarno – eine wichtige Rolle im Leben der Dichterin gespielt. Schon 1918 hält sie sich mehrmals in der Stadt auf und wohnt im „Elite-Hotel" ■ 82a Bahnhofstraße 41. Sie übernimmt im März eine Lesung, veröffentlicht Gedichte in →Schickeles *Weiße Blätter* und in Raschers *Europäische Bibliothek* ihre *Menschliche Gedichte im Krieg*. Im ■ O 5 „Café de la Terrasse" fällt sie auf: „Im Terrassen-Café fanden wir meist, umgeben von einem bewundernden Hofstaat, Else Lasker-Schüler, die mit Bonbons spielte. Sie hatte immer welche bei sich [...] Sie zahlte sogar mit diesen Süßigkeiten, und die Kellner machten den Zirkus mit, denn ihr Ruf als Exzentrikerin hatte sich bis zum letzten Piccolo herumgesprochen. Ihr verzieh man alles. Sie war damals die größte deutsche Dichterin, und niemand wagte es, ihr etwas abzuschlagen. Sie maßte sich jedes Recht an, als erstes die Verfügungsgewalt über jeden Mann, der in ihre Nähe kam. Da sie sich in Yvan verliebt hatte, rief sie uns immer an ihren Tisch", schreibt →Claire Goll über ihre Rivalin in *Ich verzeihe keinem*. Fünf Jahre später, am 9.12.1923, hält Else Lasker-Schüler einen Vortrag bei ➤ Eduard Korrodi, dem Feuilletonchef der *NZZ*. Diese Zeitung druckt 1925, als die Dichterin etwa einen Monat in Zürich im „Hotel Glockenhof", ■ 82b Sihlstraße 31 (heute leicht modernisiert) verbringt, einige ihrer Werke: die Erzählung *Unser Gärtchen* und das Gedicht *Gebet*, das sie zusammen mit anderen im „Schwurgerichtssaal" wiederholt vorträgt. Anfang Juli 1927, im letzten Lebensjahr ihres todkranken Sohnes, macht sie auf einer ihrer zahlreichen Reisen zwischen Berlin und Davos erneut einen kurzen Aufenthalt in Zürich. Ihre Affinität zu dieser Stadt äußert sie lyrisch in einem Brief an Korrodi: „Die Möwen vom Zürchersee schreiben mir so sehnsüchtige Briefe und ich sehne mich nach den weißen Vögeln, schreiender Schnee, wilde Bräute der Nordsee, weichgefiederte Abenteuerinnen [...] Sie merken, Herr Doktor, ich bin mit meinen Gedanken schon in Zürich; auf seinem weiten Bahnhof stehe ich und vernehme mit Entzücken, wie höflich sich aller Länder Sprachen begegnen, und ich glaube, man erzieht nur tolerante, taktvolle Menschen durch unbehindertes Sichmischenlassen. [...] Ich liebe die Schweiz, über Zürichs interessante Bahnhofstraße, die zu den Cafés, Terrasse und Odeon, führt." Die hier bewunderte friedliche Koexistenz von unterschiedlichen Völkern bzw. Religionen bleibt ein Leitmotiv ihres

Werkes und ihres Lebens. Vermutlich deshalb flieht sie im April 1933 nach Zürich, nachdem sie in Berlin auf offener Straße tätlich angegriffen worden ist. Außerdem hofft sie, ihr Stück *Arthur Aronymus*, wenn nicht mehr in Deutschland, so doch im ■ N „Schauspielhaus" aufführen zu lassen. Sie bezieht eine Unterkunft zunächst im Hospiz „Augustinerhof", ■ 82c St. Peterstraße 8; im September übernimmt der Zürcher Jüdische Kulturbund ihre Miete. Ab Juni 1934 wohnt sie wie 1925 im „Hotel Glockenhof". Sie versucht, auf verschiedene Weise zu überleben, da ihr „die Erwerbstätigkeit als Dichterin [...] bis auf weiteres verboten" ist: sie bringt einige Beiträge in Anthologien, Zeitungen und Zeitschriften unter, verkauft ihre Zeichnungen und Bücher, hält Lesungen in Buchhandlungen und im Rundfunk. Obwohl der Zürcher Seidenfabrikant Sylvain Guggenheim sie immer wieder finanziell unterstützt, klagt sie 1934 über „die langen Monate in Zürich", die sie „mit Trübsal hungern und frieren verbrachte". Diese Armut nehmen die Behörden als Grund, ihr immer wieder die →Aufenthaltbewilligung zu verweigern: „Frau Lasker verfügt über keine eigenen Mittel, sondern ist auf die Wohltätigkeit von Privatpersonen angewiesen, was sie uns persönlich bestätigte. [...] Die weitere Anwesenheit der Petentin ist weder notwendig noch erwünscht [...]", teilt die städtische Fremdenpolizei der Kantonalen Polizei 1937 mit. Else Lasker-Schüler unterbricht zwar ihren Aufenthalt in Zürich durch Reisen ins Tessin, nach Italien oder Palästina (21.3.–5.6.1934; 15.7.–25.8.1937), um jedesmal einen neuen Antrag stellen zu können. Die Zürcher Behörden, die sie durch einen „Kontrolldetektiv" überwachen lassen, schikanieren sie daraufhin erst recht: Sie meinen, daß „die Rubrikatin einen geistigen Defekt aufweisen dürfte" und fügen hinzu: „Die Schweiz ist als Absatzgebiet der Bücher der Petentin zu klein, während ihr das übrige deutsche Sprachgebiet verschlossen ist, sodass diese früher oder später gänzlich der privaten oder öffentlichen Wohltätigkeit zur Last fallen wird." Die positive Empfehlung des ➤„Schweizerischen Schriftstellervereins" bewirkt nur eine geringfügige Verlängerung ihres Aufenthalts. Im März 1939 muß sie die Schweiz endgültig verlassen („Begründung: Aus vorsorglich armenpolizeilichen Gründen – Überfremdung") und übersiedelt nach Palästina. Im Gedicht *Die Verscheuchte* (ursprünglicher Titel: *Das Lied der Emigrantin*) hört man ihre Bitterkeit und Mutlosigkeit heraus: „Es ist der Tag im Nebel völlig eingehüllt, / Entseelt begegnen alle Welten sich – / Kaum hingezeichnet wie auf einem Schattenbild. // [...] Wo weilt der Odem, der aus meinem Leben wich? / Ich streife heimatlos zusammen mit dem Wild / Durch bleiche Zeiten träumend – ja ich liebte dich ... [...]". Der Schlußvers der ersten Fassung hieß: „Und ihre Worte feindselige verscheuchen mich.".

Ebenfalls in ihren *Tagebuchzeilen aus Zürich* reflektiert sie entmutigt über das Emigrantendasein. Ihre Bekanntschaft mit →Erika und →Klaus Mann ist gleichzeitig ein persönlicher und ein literarischer Anker. Klaus, der sich von ihr oft gereizt fühlt („Klagend närrischer Anruf der Lasker-Schüler", notiert er in seinem Tagebuch), druckt in seiner Monatsschrift *Sammlung* einige ihrer Beiträge und Gedichte ab. In →Carl Seelig findet sie ebenfalls einen wohlgesinnten Gesprächspartner. Durch ihre erste Palästinareise hat sich der religiöse Charakter ihres Werkes verstärkt: Im 1935 abgeschlossenen Prosaband *Hebräerland* verklärt sie ihr Erlebnis zum Traum einer paradiesieschen Brüderlichkeit zwischen Juden und Arabern im Gelobten Land. Das Buch kommt erst im März 1937 in ➤ Oprechts Verlag heraus. Im September 1936 zieht sie ins „Hotel Seehof/Bollerei", ■ 82d Schifflände 26/28 (durch modernen Bau ersetzt) um: „Ich habe eine Schiffskajüte, sehe durch zwei Fensterchen. Der Boden läuft schräg zum Fenster [...]". Am 19. Dezember desselben Jahres findet die Uraufführung von *Arthur Aronymus und seine Väter* im „Schauspielhaus" statt (➤ Regie Leopold Lindtberg, Bühnenbild Teo Otto; unter den Mitwirkenden: Wolfgang Langhoff, Leonhard Steckel, Kurt Horwitz, Ernst Ginsberg). Nach einem Verriß des Kritikers Jakob Welti wird das Stück nach der zweiten Aufführung abgesetzt. Im Februar 1937 erscheint in der *NZZ* ihr berühmtes Gedicht *Mein blaues Klavier*. Das Jahr 1938 ist von der Auseinandersetzungen mit den Schweizer Behörden und der Aberkennung der deutschen Staatsangehörigkeit gezeichnet. Vor ihrer Abreise 1939 schreibt sie an einen Freund: „Ich bin froh, wieder nach Jerusalem zu kommen. Ja, ich kanns nicht erwarten. Ich hab nichts zu verlieren, aber die Schweiz weiß nicht *wer* in ihren Bergtoren w[eilt]. Das ist mein Ernst. Ich bin zu Grunde gegangen vor innerer Einsamkeit." Dreizehn Jahre nach ihrem Tod entdeckt man im Keller des „Kunsthauses" Zürich vier Koffer, welche die Dichterin 1939 dort hinterlassen hatte. Sie enthalten Zeichnungen ihres Sohnes sowie eigene Dichtungen und zahlreiche Briefe. 1995 taucht ein weiterer Koffer in Oprechts Buchhandlung, Rämistraße 5 auf, in dem sich sämtliche Korrekturen ihres *Hebräerlandes* nebst Manuskripten und einer unveröffentlichen Rede befinden.

W: *Menschliche Gedichte im Krieg* (1918); *Unser Gärtchen* (In: *NZZ* vom 17. 9. 1925); *Gebet* (In: *NZZ* vom 29. 9. 1925); *November* (In: *NZZ* vom 5. 1. 1933); *Unser Gärtchen* (Nachdruck in: *NZZ* vom 25. 1. 1934); *Die Verscheuchte, Abendzeit, Hingabe* (In: *Sammlung* März 1934); *Der Tibetteppich* (1934); *Die weiße Georgine* (In: *NZZ* vom 21. 8. 1934); *Die Vögel* (In: *NZZ* vom 12. 9. 1934); *Ergraut kommt seine kleine Welt zurück* (In: *Sammlung* vom 23. 12. 1934); *Als die Bäume mich wiedersahen* (In: *NZZ* vom 30. 6. 1935); *Hebräerland* (1937); *Mein blaues Klavier* (In: *NZZ* vom 7. 2. 1937); *Tagebuchzeilen aus Zürich* (1937); *Der kleine Friedrich Nietzsche* (In: *NZZ* vom 31. 5. 1938); *Dichtungen und Dokumente.* Hg. v. E. Ginsberg (1951).

⌂ S. v. Radecki: *Erinnerungen an Else Lasker-Schüler.* In: ders.: *Was ich sagen wollte* (1958); C. Goll: *Ich verzeihe keinem. Eine literarische Chronique scandaleuse unserer Zeit* (1976); C. Braegger: *Der Prinz Jussuf von Theben und sein Hirte. Else Lasker-Schüler in der Schweiz.* In: *NZZ* vom 7.6.1988; H. L. Arnold (Hg.): *Else Lasker-Schüler.* Sonderbd., *Text + Kritik* (1994); M. Bircher: *„Die größte Lyrikerin, die Deutschland je hatte".* Zu *Else Lasker-Schülers 50. Todestag und zum Fund eines Koffers aus ihrem Besitz.* In: *Librarium* 38/1995; Ders.: *„Ich muß wieder hinaus in die Welt" Zum Fund eines Koffers aus Else Lasker-Schülers Besitz.* In: *NZZ* vom 10.–11.6.1995; R. Bucheli: *„Wo ist unser buntes Theben?". Else Lasker-Schüler im Schweizer Exil.* In: *Badener Tagblatt* vom 15.6.1995; *Else Lasker-Schüler 1969–1945.* Bearb. v. E. Klüsener u. F. Pfäfflin. *Marbacher Magazin* 71/1995 (gleichzeitig Katalog der Ausstellungen in Marbach a.N., Wuppertal u. Zürich).

## 83. JOHANN CASPAR LAVATER
(1741 Zürich – 1801 Zürich)
Theologe, Schriftsteller, Philosoph

Das väterliche „Haus Zum Waldries" in der ■ 83a Spiegelgasse 11 (Gedenktafel), wo er aufwächst und als junger Schriftsteller und Diakon bis 1778 lebt, wird zu einer Pilgerstätte der europäischen Geisteswelt und Prominenz im ausgehenden 18. Jh. Neben →Bodmer und →Breitinger, seinen Lehrern am ■ F „Collegium Carolinum", gilt Lavater in den 1770er Jahren als weiterer geistiger Anziehungspunkt des ➤„Limmat-Athen". Nach einem Studium der Theologie, Philosophie und Philologie wird er 1762 ordiniert, erhält jedoch erst 1769 eine Stelle als Diakon an der Zürcher Waisenhauskirche (zwischen Oetenbachgasse und Uraniastraße; abgerissen). Während seiner Studienzeit am „Carolinum" ist er mit Felix Hess und dem späteren Maler →Heinrich Füssli eng befreundet. Diese Freundschaft wird für ihn zur „Werkstätte der Tugend", und der Tugendbegriff umgehend politisch umgesetzt: 1762 klagen die drei jungen Männer anonym gegen den Amtsmißbrauch des Landvogts Grebel und erwirken dessen Absetzung. Die durch das Gerichtsverfahren namentlich bekanntgewordenen Autoren der Anklageschrift müssen jedoch vor dem Rat Abbitte leisten und Zürich für ein Jahr verlassen, bis der Zorn der Stadtaristokratie sich gelegt hat. Eine solche mutige moralisch-politische Haltung, die Bodmer als „Exempel des Patriotisme" bezeichnet, wird Lavater noch zweimal in seinem Leben einnehmen: ➤ 1795 vermittelt er mit Erfolg zwischen der rigiden Zürcher Obrigkeit und den von ihr zu Tode verurteilten republikanischen Bürgern von Stäfa. Außerdem schreibt er 1797 und 1799 Protestbriefe an die französische Obrigkeit, um gegen die Unterjochung der Schweiz durch ihre Truppen zu protestieren („Demokraten-Tyranney!"), was ihm 1799 eine Festnahme und die dreimonatige Verbannung nach Basel einbringt. Lavater, Hess und Füssli nutzen ihre Exilzeit für eine Reise durch Deutschland 1763/64 auf der sie u. a. Gleim, Gellert, →Klopstock, Mendelssohn, Nicolai und vor allem den Theologen J. J. Spalding kennenlernen. Die mit letzterem geführten Diskussionen über die eigentliche Bestimmung des Menschen haben einen nachhaltigen Einfluß auf Lavater. Nach Zürich zurückgekehrt, wird der noch stellenlose Lavater schriftstellerisch tätig. 1765 gibt er zusammen mit dem späteren Obmann →Johann Heinrich Füssli den ersten Band einer moralischen Wochenschrift ➤*Der Erinnerer* heraus, deren Titel zugleich ihr Programm ist: neue patriotische, religiöse und philosophische Gedanken bekannt zu machen und dabei die moralische Verbesserung der Gesellschaft zu bewirken; 1767 fällt sie der Zensur zum Opfer. Im gleichen Jahr wird Lavater Mitglied der ➤„Helvetischen Gesellschaft"; seine *Schweizerlieder*, von dem dort herrschenden patriotischen Geist inspiriert, werden z.T. heute noch gesungen. Durch dort geknüpfte Kontakte zu dem Brugger Arzt J. G. Zimmermann beeinflußt, macht Lavater 1768 eine geistige Umorientierung durch. Die christlichen Lehre sinnlich-intuitiv erfassend, beginnt er, seine *Aussichten in die Ewigkeit* zu entwerfen, in denen er das Leben nach dem Tod anhand von Bibelstellen phantasievoll beschreibt. Schlagartig wird er durch dieses Buch in ganz Europa bekannt, und seine bereits umfangreiche Korrespondenz nimmt noch zu. Zwei weitere Werke steigern seine Berühmtheit, auch wenn die Meinungen darüber nicht ungeteilt bleiben: 1771 das *Geheime Tagebuch* (eine psychologische Selbstbeobachtung, zugleich ein Beitrag zur Wiederbelebung des „Journal intime" in der Romantik) und die 1775–1778 erschienenen vier Bände der *Physiognomischen Fragmente*, in Zusammenarbeit u. a. mit →Goethe und Herder entstanden. In diesem Lebenswerk mit dem Motto „Gott schuf den Menschen sich zum Bilde" versucht Lavater seinerseits nachzuweisen, daß die Seele sich in Gesicht und Körper des Menschen widerspiegelt: „Stückweise sind alle [...] Personen einzelne Seiten des Ebenbildes Gottes, Schimmer, Blitze, Funken seiner Herrlichkeit, ganz ist es Jesus Christus, das höchste Urbild der Menschheit." Dafür braucht er eine möglichst präzise Wiedergabe der Gesichter durch Zeichungen, Stiche oder Schattenrisse, damit er einen systematischen Bild- und Themenkatalog der Charaktere erstellen kann. Lavaters entsprechende Aufträge (ca. 22 000 Blätter) u. a. an J. H. Lips, G. F. Schmoll, D. Chodowiecki, J. H. W. Tischbein und H. Füssli beeinflussen stark die Malerei des ausgehenden 18. und des 19. Jahrhunderts Die Lektüre der *Physiognomischen Fragmente* wird von den Kunstakademien empfohlen. Diese relativ neue Auffassung eines unmittelbaren Verhältnisses zwischen dem Menschen und Gott („Das Göttliche ist Genie! [...] Liebe! Liebe! Liebe ist die Seele des Genies!", schreibt Lavater) trägt zur

Genie-Begeisterung des „Sturm und Drang" erheblich bei und die *Physiognomik* wird später die Porträtkunst von Schriftstellern wie Poe, Lewis, Stendhal, Balzac oder einigen deutschen Romantikern wie E. T. A. Hoffmann prägen. Lavater ist als Seelsorger und Prediger nicht minder bekannt und beliebt. 1775 wird er Pfarrer an der Waisenhauskirche, 1778 Diakon an St. Peter, der größten Kirchengemeinde Zürichs. Zunächst bezieht er eine Wohnung bis 1784 in der ■ 83b Glockengasse 7, erhält dann eine Amtswohnung in der ■ 83c St. Peterhofstatt 5 (Inschrift), und ab 1786 als Pfarrer im Pfarrhaus ■ 83d St. Peterhofstatt 6 (Inschrift). Man kommt von weit her, um seine Bibelauslegung und seine charismatischen Predigten zu hören, weil er „jede Terminologie wegschmeisst, aus vollem Herzen spricht und handelt und seine Zuhörer in eine fremde Welt zu versetzen scheint, indem er sie in die ihnen unbekannten Winkel ihres eigenen Herzens führt", berichtet Goethe. Man lädt ihn häufig als Gastprediger nach Deutschland ein. 1799 wird er bei der zweiten Einnahme Zürichs durch die französischen Truppen während eines Schlichtungsversuchs angeschossen und stirbt anderthalb Jahre später an den Folgen dieser Verletzung. Er wird auf dem Friedhof St. Anna begraben (später aufgehoben). Heute steht sein Grabstein an der Nordseite des Langhauses von St. Peter; im Chor der Kirche befindet sich eine Gedenktafel. Seine Büste (von J. H. Dannecker) steht in der ■ A „Zentralbibliothek". 1802 ist seine Bildnis-Sammlung nach Wien verkauft worden, wo sie heute z. T. in der Österreichischen Nationalbiliothek aufbewahrt wird. Ein Teil dieses „Physiognomischen Kabinetts" ist von einem Zürcher Privatsammler zurückgekauft worden.

W: *Der ungerechte Landvogt oder Klage eines Patrioten* (1762); *Schweizerlieder im Tone der Gesellschaft zu Schinznach* (1767); *Geheimes Tagebuch. Von einem Beobachter seiner Selbst* (1771*)* [Fortsetzung: *Unveränderte Fragmente aus dem Tagebuch eines Beobachters seiner Selbst* 1773]; *Von der Physiognomik und Hundert physiognomische Regeln* (1772); *Physiognomische Fragmente. Zur Beförderung der Menschenkenntnis und Menschenliebe* (1775 1778); *Christliche Lieder. Erstes und Zweites Hundert* (1779/80); *Aussichten in die Ewigkeit in Briefen an Herrn Johann Georg Zimmermann* (4 Bde. 1768–78); *Ein Wort des freyen Schweizers an die große Nation* (1797).

G. C. Lichtenberg: *Über Physiognomik wider die Physiognomen zur Beförderung der Menschenkenntnis und Menschenliebe* (1778); Ders.: *Fragment von Schwänzen* (1779); J. K. A. Musäus: *Physiognomische Reisen* (1778–79); J. W. v. Goethe: *Dichtung und Wahrheit* (3. Teil, 14. Buch; 4. Teil, 19. Buch); Ders.: *Xenien* (Nr. 20, 1796); G. Geßner: *Lavaters Lebensbeschreibung* (1802); M. Lavater-Sloman: *Genie des Herzens. Die Lebensgeschichte J. C. Lavaters* (1939); A.-M. Jaton: *J. C. Lavater. Philosoph-Gottesmann-Schöpfer der Physiognomik* (1988); *Gottes Ebenbild? Johann CasparLavater. Seine Physiognomik in ihrer Konzeption und Auswirkung.* Begleitheft zur Ausstellung im Strauhof Zürich 1992; *Johann Kaspar Lavater.* In: H. Holzhey / S. Zurbuchen (Hg.): *Alte Löcher – neue Blicke* (1997); J. Sparschuh: *Lavaters Maske. Roman* (1999); P. v. Matt: *Der Wahn und die Weisheit.* In: ders.: *Die tintenblauen Eidgenossen* (2001); *Johann Caspar Lavater, Das Antlitz – eine Obsession.* Katalog der Ausstellung im Kunsthaus in Zürich 2001.

## 84. LENIN
(eigentl. Wladimir Iljitsch Uljanow)
(1870 Simbirsk – 1924 Gorki bei Moskau)
Staatsmann, politischer Schriftsteller

Nach einem anderthalbjährigen Aufenthalt in
Bern verlegen Lenin und seine Frau Nadeshda
Krupskaja ihren Wohnsitz nach Zürich. Am
21.2.1917 mieten sie zwei Zimmer beim Schuh-
machermeister Titus Kammerer in der ■ 84 Spiegelgasse 14, im
Haus „Zum Jakobsbrunnen". Lenin begründet seine Bitte um Aufenthaltsbewilligung damit, daß er in den dortigen Bibliotheken an
einem Buch arbeiten möchte; er sei „kein Deserteur, kein Refraktär, sondern politischer Emigrant" – was anscheinend den Behörden genügt. In der Tat beendet er in der ■ A „Zentralbibliothek"
und der „Zentralstelle für soziale Literatur" sein in Bern angefan-
genes Werk *Der Imperialismus als höchstes Stadium des Kapitalismus.* Jedoch gibt es andere Gründe für diese Übersiedlung. Im
Gegensatz zu Bern besitzt er in Zürich Anhänger wie Fritz Platten
und den Deutschen Willi Münzenberg – und durch sie, einen
großen Einfluß auf die dortige sozialistische Jugend. Außerdem ist
das politische Klima günstiger: →Bebel und andere emigrierte
deutsche Sozialdemokraten haben mit den Zürcher Genossen eng
zusammengearbeitet, und die internationalen Mitglieder der
➤Sozialdemokratischen Partei sind radikaler als anderswo, wie
der Generalstreik von 1912 gezeigt hat. Lenin erklärt seinen Beitritt zum ➤Arbeiterbildungsverein „Eintracht" und wird dadurch
automatisch stimmberechtigtes Mitglied der Zürcher „Sozialdemokratischen Partei". Am Parteitag der Schweizerischen Sozialdemokratie, der im November 1916 in Zürich stattfindet, nimmt er
mit seiner Frau teil, ebenfalls an den Zusammenkünften eines
linksextremen Debattierzirkels, der sich als „Kegelklub" tarnt.
Alles in allem ist er jedoch von den Aktivitäten der Schweizer
Genossen enttäuscht, und es entbrennt im Februar 1917 ein Streit
über die Frage der Landesverteidigung. Mit seinen maschinenge-
schriebenen und von Hand verteilten Thesen über *Die Aufgaben
der Linksradikalen (oder der linken Zimmerwaldisten) in der
sozialdemokratischen Partei der Schweiz* versucht er, einen Teil
der Partei auf seine radikale Linie festzulegen: Das Proletariat
solle endlich mit „der Niederwerfung der Herrschaft der Bourge-
oisie" durch Massenaktionen „Ernst machen". Der Waffendienst
müsse nun gegen das eigene Bürgertum gerichtet werden. Die
Spaltung der Partei gelingt ihm nicht. Lenin muß im März 1917
erkennen, daß ihm die Linken „sowohl in Zürich als auch in Bern
davongelaufen" sind, und beklagt sich über die „Schweizer Sozial-
pazifisten". Deshalb zögert er keine Minute, als er vom Ausbruch

der Revolution im Rußland hört, Zürich mit einigen schweizerischen Anhängern zu verlassen. Laut jüngsten Recherchen ist der „plombierte Wagen", mit dem er St. Petersburg über Deutschland erreicht haben soll, eine Legende. Es handele sich vielmehr um einen dauernd geschlossenen Wagon, der nach Verhandlungen mit der Deutschen Gesandschaft das Recht der Exterritorialität genossen habe. Johannes R. Becher hat in einem leicht satirischen Gedicht seine Wahlfahrt auf Lenins Spuren in Zürich geschildert: „[...] Längere Zeit ist hier in Zürich auch / Genosse Lenin gewesen. / Man kann es noch an der Tafel dort / An dem Haus, wo er wohnte, lesen. // Die Tafel hängt wohl nicht lange mehr, / Denn auch die Schweiz hat gelernt, / Dass selbst solche Tafeln gefährlich sind, / Und rasch ist die Tafel entfernt. // [...] So stand ich lange vor Lenins Haus – / Die Stadt war ringsum versunken – / Da hörte ich, wie ich selbst zu mir sprach: / „Eine Flamme schlug einst aus dem Funken." // [...] Ich ging in dem Gässchen auf und ab, / Ich ging auf ‚Lenins Spuren', / Da beobachteten mich von ferne zwei / Höchst verdächtige Kreaturen. // Zwei Spitzel hat man aufgestellt, / Um Lenins Haus zu bewachen. / Vielleicht blieb da ein Fünkchen zurück / Und könnte leicht Brand entfachen ... // [...]" Eine Tafel befindet sich wieder an dem restaurierten Haus; darin sind heute Luxuswohnungen.

W: *Der Imperialismus als höchstes Stadium des Kapitalismus* (1917); *Die sozialistische Revolution und das Selbstbestimmungsrecht der Nationen* (1917).
📖 J.R.Becher: *Zürich / Das Lenin-Haus / Zu sehr Süden.* In: *Ein Lied vom Köpferollen und von den ‚nützlichen' Gliedern* (1934); F.W.Foerster: *Persönliche Eindrücke von Lenin.* In: ders.: *Erlebte Weltgeschichte* (1953); E.E.Kisch: *Lenins möbliertes Zimmer.* In: ders.: *Hetzjagd durch die Zeit. Reportagen* (1971); W.Gautschi: *Lenin als Emigrant in der Schweiz* (2001).

## 85. JAKOB MICHAEL REINHOLD LENZ
**(1751 Seßwegen/Livland – 1792 Moskau)**
**Dichter, Philosoph, Übersetzer, Dramatiker**
→Lavater, mit dem Lenz seit Anfang der 1770er Jahre in brieflichem Kontakt steht und dem er 1774 in Straßburg begegnet, nennt er seinen „würdigen Bruder". Der Student der Theologie hat sich die Ideen von Kant und Rousseau zu eigen gemacht und stellt dem vermeintlichen Sittenverfall seiner Zeit ein aufgeklärtes Christentum gegenüber. Der Stil seiner philosophisch-religiösen Schriften nimmt sich ein Vorbild an Lavater und Herder. Nachdem Lenz' Freundschaft mit →Goethe 1776 in Weimar ein abruptes Ende findet und seine beruflichen Hoffnungen sich dadurch zerschlagen, wandert er rastlos von Bekannten zu Bekannten: 1777 besucht er Goethes Schwester in Emmendingen; von dort zieht er weiter nach Basel und Zürich, wo er Mitte

Mai eintrifft. Sein Besuch gilt Lavater, der ihn betreut, aller Wahrscheinlichkeit nach in seinem Haus in der ■ 85 Spiegelgasse 11 beherbergt und zu einer Tagung der ➤„Helvetischen Gesellschaft" in Schinznach mitnimmt. Mit Pfenninger, Usteri, →Obmann Füssli und anderen bedeutenden Männern verkehrt er freundschaftlich. Er interessiert sehr für die Reform der Mädchenbildung, die von Usteri und →Breitinger unternommen wird. Von Zürich aus unternimmt Lenz auf den Spuren von Goethe einen Ausflug zum Rheinfall in Schaffhausen, und – mit dem Musiker Philipp Christoph Kayser – eine Tour zum St. Gotthardt. Dieser Frankfurter Freund von Goethe, der in Zürich lebt und enge Kontakte zu Lavater und →Barbara Schulthess unterhält, hat nämlich bereits 1776 die *Flüchtigen Aufsätze von Lenz* bei dem ➤Verleger Füssli herausgegeben. Lenz verläßt die Stadt im Juni 1777, als er die Nachricht von Cornelia Schlossers Tod erhält, kehrt jedoch im Oktober desselben Jahres für einen Monat nach Zürich zurück. In dieser Zeit entstehen seine letzten Dichtungen. Bis zu seinem Tod wird ihn Lavater immer wieder nach Kräften fördern, und Lenz schickt ihm seinerseits gelegentlich in seinen Briefen selbstgeschnittene Schattenrisse seiner Freunde für dessen *Physiognomik*.

W: *Flüchtige Aufsätze von Lenz* (1776); *Die Engländer. Eine dramatische Phantasey* (1777); *Der Landprediger* (1777).
📖 J. W. v. Goethe: *Dichtung und Wahrheit* (11. u. 14. Buch); G. Büchner: *Lenz* (Fragment, 1839); M. N. Rosanow: *Lenz, der Dichter der Sturm und Drangperiode* (1909); C. Hohoff: *J. M. R. Lenz* (1977).

## 86. HEINRICH LEUTHOLD
(1827 Wetzikon ZH – 1879 Zürich)
Dichter, Übersetzer

Leuthold ist in bescheidenen Verhältnissen im Haus „Zum Schneggen" (heute Schneggenstraße 35–37) in ■ 86a Wetzikon-Walfershausen geboren und im „Flarzhaus" (heute Poststraße 5) aufgewachsen. Nach einer Tätigkeit als Schreibergehilfe in Fribourg (FR) beginnt er ein Jurastudium, das er bald abbricht, um Dichter zu werden. In Zürich wohnt er u. a. in einer Dachkammer des Hauses ■ 86b Limmatquai 100/Schmidgasse 2. Er findet oft bei reichen Gönnerinnen finanzielle Unterstützung. Mit einer von ihnen, Lina Trafford-Schulthess, Gastgeberin eines Salons am ■ 86c Zeltweg 10 verbindet ihn eine zwanzigjährige Liebesbeziehung, und er reist oft in ihrer Gesellschaft durch die Schweiz, Savoyen und Italien. 1857 stellt er fest, daß diese Liaison ihn zum gesellschaftlichen Außenseiter macht; darauf läßt er sich in München nieder. Dank Empfehlungen von Jakob Burckhardt und →Gottfried Keller findet er dort Anschluß an den Münchner

Dichterkreis um Emanuel Geibel, Paul Heyse und die „Gesellschaft der Krokodile". Mit Geibel gibt er die *Fünf Bücher französischer Lyrik in deutscher Nachdichtung* heraus und ist in dessen *Münchner Dichterbuch* mit dreizehn Gedichten vertreten. Seine Lieder, Balladen, Sonnetten, Ghaselen, Oden und Elegien sind der Klassik (Platen) wie der Romantik (Heine, Lenau) verpflichtet. In München und später in Stuttgart arbeitet er vorwiegend als Literatur- und Kunstkritiker, aber auch als politischer Journalist. Von Heimweh getrieben, kehrt er immer wieder nach Zürich zurück, hält es dort aber nie lange aus, weil er sich von der „Krämerwelt" eingeengt fühlt. Diese Unruhe spürt man in seinem Gedicht *Der Zürchersee:* „O Heimatsee, den einst mit beredtem Lob / Der Sänger pries, der odengewaltige, / Liebkost vom Glück, im Arm der Freundschaft, / Seines unsterblichen Ruhmes sicher [...] // Nach langer Trennung kehr' ich aus fremdem Land, / Das Weh der Sehnsucht stillend, zu dir zurück / Und grüss' euch, all ihr wohlbekannten / Wellenumplauderten Fruchtgelände! // [...] Wo sind die Enkel jener Gefeierten, / Die dir den Namen, Limmat-Athen, verliehn / Und die zum Ruhm der freien Heimat / Kronen getragen im Reich des Schönen? // Du frägst umsonst. Setz weiter den Wanderstab! / Den Sänger nährt der heimische Boden nicht [...] / Zugvögel mögen dich geleiten / Über die Berge nach fernen Zonen." Von hoher Qualität sind seine Übersetzungen sowohl antiker als auch französischer, italienischer und englischer Lyrik. Krankheit und finanzielle Not lassen ihn kleine kriminelle Delikte begehen und dem Alkohol verfallen. 1877 wird er aus München ins ■ B „Burghölzli" eingeliefert, wo er zwei Jahre später stirbt. Prophetisch hatte er gedichtet: „Und wieder wird mein irrer Geist / Unbändig jagen durch die Wüste, / Bis einst mein Fahrzeug stranden wird / An einer unbekannten Küste." Sein Grab befindet sich auf dem ■ G 9 Friedhof Rehalp. Zu seiner Zeit als dritter großer Dichter neben Keller und →C. F. Meyer betrachtet, bewahrt ihn hauptsächlich sein in allen Anthologien abgedrucktes Gedicht *Der Waldsee* vor dem Vergessen.

W: *Schweizer Sonnette* (1853–57); *Lieder von der Riviera* (1857); *Fünf Bücher französischer Lyrik in deutscher Nachdichtung* (1862); *Penthesilea* (1869–69); *Hannibal* (1871); *Der Zürchersee* (1872); *Gedichte von Heinrich Leuthold.* Hg. v. G. Keller u. J. Bächtold (1879); *Gesammelte Dichtungen.* Hg. v. G. Bohnenblust (1914).

C. E. Hoffmann: *Das Leben des Dichters Heinrich Leuthold.* In: *Neujahrsblatt der Lesegesellschaft Wädenswil* (1935); D. Meili: *Heinrich Leuthold. Gedenkausgabe zum 150. Geburtstag* (1977); R. Luck: *Heinrich Leuthold.* In: *Bürgerlichkeit und Unbürgerlichkeit in der Literatur der deutschen Schweiz.* Hg. v. W. Kohlschmidt (1978); J. Berchtold: *Heinrich Leuthold – der Liederdichter aus Wetzikon.* In: *Heimatspiegel.* Illustrierte Beilage zum *Zürcher Oberländer* Nr. 8/August 1995.

## 87. MEINRAD LIENERT

(1865 Einsiedeln SZ – 1933 Küsnacht ZH)
Mundartlyriker, Erzähler

Zunächst Notar des Bezirksrates Einsiedeln und zugleich Redakteur des *Einsiedler Anzeigers* siedelt Meinrad Lienert 1899 nach Zürich über. Er hat schon ein Buch, *Flüehblüemli,* und eine Gedichtsammlung, *Jodler von Meisterjuzer,* in Mundart veröffentlicht und damit großen Erfolg geerntet. Sprache, Thematik und Atmosphäre sind von der noch unberührten Landschaft des Einsiedlertals geprägt. In Zürich findet er eine Wohnung in der ■ 87a Freudenbergstraße 18, als Nachbar des Dichters Werner Zemp. Dieser berichtet: „[...] der erste wirkliche Dichter, den ich persönlich gekannt habe. [...] Eitelkeit war ihm völlig fremd, und nichts vermied er ängstlicher, als von sich und seiner Arbeit zu sprechen." Lienert betätigt sich bis 1900 als Redakteur der Zeitung *Die Limmat.* Dann lebt er als freier Schriftsteller. 1919 verleiht ihm die Universität Zürich den Ehrendoktortitel. In der Zwischenzeit ist er in die ■ 87b Seestraße 67, dann in die ■ 87c Bergstraße 135 umgezogen. Kurze Zeit (1919/20) arbeitet er als Feuilleton-Redakteur der *Zürcher Volkszeitung.* Vor lauter Heimweh kehrt er 1923 nach Einsiedeln zurück, zieht aber 1929 nach ■ 87d Küsnacht, Hornweg 14.

Wegen ihrer Heimatverbundenheit sowie ihrer unverwechselbaren helvetischen Wortwahl und Diktion erreichen seine Bücher eine hohe Auflage. Die Romane und Erzählungen gehören zwar zur Gattung des Berg- und Heimatromans; ihnen fehlt aber jegliche Sentimentalität, die Texte sind humorvoll und heute noch lesbar. Die Erzählung *Der Pfeiferkönig* spielt im Zürich des 15. Jh.: „Die obere Brücke, die Vorhalle vor der Wasserkirche, das Helmhaus genannt, und die Ufer bis unter die Schwibbögen, die ‚Dielenen' an der Wühre, waren mit Marktleuten und ihren Sachen besetzt. Laut wurden die Waren ausgerufen, und Gaukler und andere Marktschreier trieben sich, umkreist von Kindern, in der Menge herum, die nach dem Münsterhof in die andere Stadt drängte, wo der Spielmannstag abgehalten werden sollte. [...] Auf dem Hof, unter den Linden, dauerte das Festleben bis in den späten Nachmittag hinein. Dort hielten die Bogenschützen ihr gewohntes Jahrmarktschießen ab. Auf den Dächern der gegenüberliegenden Häuser der mehreren Stadt und darüber, auf den grünen Halden des maiblustbestäubten Zürichberges und auf den rötlichen Riesenföhren am Höhenkamm, lag der warme, goldene Schein der Abendsonne." In *Die stillgewordene Stadt* ist ebenfalls die Zürcher Szenerie – diesmal nach Kriegsausbruch – das Hauptthema. Lienerts Dialektlyrik ist in *'s Juzlienis Schwäbelpfyffli* zusammengefaßt. →Carl Spitteler urteilt 1914 in den *Süddeutschen Monatsheften*: „Es ist kaum möglich, diese Lyrik zu überschätzen [...]. Das ist nun einmal die wahre Volkspoesie, [...] die Erschließung der stummen, nach Aussprache dürstenden Volksseele durch die Fürsprache einer hochbegabten dichterischen Persönlichkeit." In Zürich-Wiedikon erinnert heute eine Steinsäule in der ■ 87e Anlage zwischen Seebahnstraße und Meinrad-Lienert-Straße an den Dichter.

W: *'s Juzlienis Schwäbelpfyffli* (1906, [2]1909, [3]1913–20); *Flüehblüemli* (1890); *Geschichten aus den Schwyzerbergen* (1894); *Erzählungen aus der Urschweiz* (1895–96); *Die Wildleute* (1901); *Das war eine goldene Zeit. Kindheitserinnerungen* (1906); *Der Pfeiferkönig. Eine Zürcher Geschichte* (1909); *Schweizer Sagen und Heldengeschichten* (1914); *Die stillgewordene Stadt* (In: *NZZ* vom 4.10.1914); *Zürcher Sagen* (1919); *Der doppelte Matthias und seine Töchter* (1929); *Das Glöcklein auf Rain* (1933).
📖 G. O. Schmid / E. Rogivue-Waser (Hg.): *Gedenkschrift zum 75. Geburtstag* (1940); R. Schwab: *Meinrad Lienerts geschichtliche Dichtung* (1940); L. Birchler: *Vielfalt der Urschweiz* (1969); W. Kälin: *Meinrad Lienert*. In: *Schwyzer Heft* 29/1983.

## 88. HUGO LOETSCHER
(1929 Zürich)
Erzähler, Romancier, Publizist

„Denn Zürich, das gibt es, an einem See gelegen zwischen zwei Hügelzügen – hier wird kaum eine Mode erfunden, aber jede gut getragen [...] Und wenn die Stadt auf die Straße geht, dann tut sie es im historischem Kostüm, und wenn um sechs Uhr abends die Glocken läuten, verbrennen sie einen Winter, der aus Watte ist." Man erkennt hier die satirische Ader, die Hugo Loetscher in vielen Ländern bekannt gemacht hat. Sie zeigt sich ebenso in seinen Romanen wie in seinen Artikeln. Als Nachfolger von →Arnold Kübler übernimmt er bis 1962 die Redaktion der Monatsschrift *du*, dann der *Weltwoche* bis 1969. Anschließend betätigt er sich hauptsächlich als freier Schriftsteller.

In seinem ersten Roman *Abwässer* erweist sich Loetscher als politischer Autor, jedoch ohne sich auf eine Ideologie zu stützen. In jedem Staat muß jemand die schmutzigen Abwässer ableiten und klären; kein System ist perfekt, deshalb jede Revolution sinnlos, genauso jede Hoffnung auf Veränderung. Diese düstere Unveränderbarkeit der Welt wird nochmals in *Die Kranzflechterin* und *Noah* demonstriert. *Herbst in der Grossen Orange* reflektiert mit einem Anflug von Resignation seine Erfahrungen in der Scheinwelt von Los Angeles. Beliebte Zielscheibe seiner Bissigkeit ist jedoch seine Heimat. Die Enge stört ihn nicht, er empfindet sie sogar als eine Möglichkeit zu menschlichen Begegnungen. Aber „Was wäre passiert, wenn der liebe Gott Schweizer gewesen wäre? Die Frage ist keineswegs müssig, wie einige meinen könnten, denn es besteht der berechtigte Verdacht, daß manches anders herausgekommen wäre." Die Antwort befindet sich im Sammelband *Der Waschküchenschlüssel,* wo uns in einzelnen ironischen Szenen die Eigenheiten der Schweizer gezeigt werden. Im Roman *Saison* erleben wir die merkwürdigen Abenteuer eines jungen Bademeisters in einem Zürcher Badeanstalt. Ebenfalls mit dem Schweizerdeutsch setzt er sich in einzelnen Beiträgen *(Unser Sprachkuchen*) und zuletzt im Buch *Äs tischört und plutschins* auseinander. Andere Aspekte seines Schaffens sind weniger bekannt: z. B. seine Biographie des Malers und Dichters Varlin; ferner seine Bemühungen, Land und Literatur Brasiliens populär zu machen, wofür er 1994 mit dem brasilianischen „Kreuz des Südens" ausgezeichnet wird.

Eine Ausstellung im „Kunsthaus" Zürich im Herbst 2000 dokumentiert, wie intensiv Loetscher in seinen journalistischen Arbeiten das Zusammenspiel von Bild und Text ausgenutzt und damit der Schweizer Photographie maßgebliche Anregungen geliefert hat. Zahlreiche literarische Preise krönen sein Werk. Hugo Loetscher lebt in der Zürcher Altstadt, ■ 88 Storchengasse 6. Seine Vaterstadt charakterisiert er hier wie folgt: „Zürich hat als protestantische Stadt zwei / Heilige: Felix und Regula. / Nachdem diese beiden enthauptet worden waren / hoben sie die Köpfe auf und bestimmten ihr / Grab. / Das läßt verschiedene Deutungen zu, / sicherlich zwei: / Zürich ist eine so ordentliche Stadt, daß / man nichts herumliegen läßt. / Oder: / Es gibt in dieser Stadt Leute, die nach der / Enthauptung den Kopf hochnehmen und unter dem / Arm und in der Hand weiterdenken."

W: *Abwässer. Ein Gutachten* (1963); *Noah, oder Schacher um die Arche* (1964); *Die Kranzflechterin* (1964); *Quartier ad interim.* In: *Zürich und seine Quartiere* (1966); *Zehn Jahre Fidel Castro. Reportage und Analyse* (1969); *Varlin. Porträt eines Malers* (1970); *Denn Zürich, das gibt es.* In: *Zürcher Almanach 1972; Der Immune* (1975); *Herbst in der Grossen Orange* (1982); *Der Waschküchenschlüssel oder Was – wenn Gott Schweizer wäre* (1983); *Saison* (1995); *Die Augen des Mandarin* (1999); *Äs tischört und plutschins. Über das Unreine in der Sprache. Eine helvetische Situierung* (2000).
📖 D. Lingg-Voellmy: *Hugo Loetscher. Romancier und Essayist* (1985); R. Zeller: *Der neue Roman in der Schweiz. Die Unerzählbarkeit der modernen Welt* (1992); R. Sabalius: *Die Romane Hugo Loetschers im Spannungsfeld von Fremde und Vertrautheit* (1995); R. W. Müller Farguell: *Literarischer Journalismus. Hugo Loetscher und Niklaus Meienberg.* In: *Literatur in der Schweiz.* Sonderbd. v. *Text + Kritik (1998);* P. v. Matt: *Konstrukteur und Brückengänger. Über Hugo Loetscher.* In: ders.: *Die tintenblauen Eidgenossen* (2001); *Durchs Bild zur Welt gekommen.* Katalog der Ausstellung im Kunsthaus Zürich 31.8–18.11.2001.

## 89. THOMAS MANN

(1875 Lübeck – 1955 Zürich)
Romancier, Essayist

Thomas Mann hatte Zürich schon 1896 einen Kurzbesuch abgestattet. Den ersten längeren Aufenthalt verbringt er dort jedoch als Jungverheirateter: Im Februar 1905 führt seine Hochzeitsreise mit Katia ins Grand Hotel „Baur au Lac", ■ 89a Talstraße1, „mit ‚Lunch' und ‚Dinner' und abends Smoking und Livree-Kellnern, die vor einem herlaufen und die Thüren oeffnen [...]" – wie er seinem Bruder berichtet. Der Dichter wird später oft hier absteigen; es ist anzunehmen, daß seine Beobachtungen zum großen Teil in die *Bekenntnisse des Hochstaplers Felix Krull* einfließen. Da er bei dieser Gelegenheit von der „diätetisch-physikalische Heilanstalt" u. a. mit Kneippmethoden und vegetabiler Rohkost gehört hat, entschließt er sich im Frühling 1909, wegen Magenbeschwerden „auf 3 bis 4 Wochen der Welt und allem Wohlleben Valet zu sagen und zu Bircher-Benner nach Zürich zu gehen, einem hygienischen Zuchthaus, dessen Erfolge jetzt sehr gerühmt werden." Im *Zauberberg* sind solche persönlichen Erfahrungen wiederzufinden. Für dieses Werk holt er sich außerdem fachliche Informationen von Dr. Hanhart, der ihn des öfteren bei sich zu Hause in der Voltastraße 30 empfangen wird. Am 19.1.1914 liest Thomas Mann – vom ■ L „Lesezirkel Hottingen" eingeladen – eigene Dichtungen (*Schwere Stunde, Schulkrankheit*) im Kleinen Tonhallesaal und hinterläßt bei seinem jungen Publikum einen bleibenden Eindruck. Es ist der Beginn einer lebenslangen gegenseitigen Zuneigung zwischen dem Dichter und Zürich. Bei dieser Gelegenheit macht er die Bekanntschaft von ➤ Max Rychner und →Robert Faesi. Nach dem Ersten Weltkrieg überwindet Thomas Mann seine Isolation in Deutschland, indem er seine Beziehungen zur Schweiz intensiviert. Die *Neue Zürcher Zeitung* und *Welt und Wissen* bringen Vorabdrucke aus dem *Zauberberg*. Zürich wird auch in das Programm einiger Vortragsreisen durch die Schweiz aufgenommen: „Abermals in Zürich, froh das Wiedersehen mit der schönen Stadt und den freundlichen Freunden, die sie mir birgt, genießend den 7.XI.21. Thomas Mann", schreibt er in das Gästebuch des „Lesezirkels Hottingen", nachdem er aus dem *Zauberberg* gelesen hat. Einige Tage später trägt er in der Aula der Universität seinen Essay *Goethe und Tolstoi* vor. Dort wird man ihn am 28.5.1926 mit *Unordnung und frühes Leid* wieder hören können. Im Oktober 1923 druckt die von Max Rychner geführte Halbmonatsschrift *Wissen und Leben* Thomas Manns Meinung über die Schweiz, die er später in seinen *Brief über die Schweiz* einarbeitet. Über Zürich

**M**

steht darin: „Ich kannte das kosmopolitische Zürich, das mit seinem See, seinen Bergen, Heimatlichkeit und demokratische Internationalität, weltweiten Horizont mit den Eigenschaften eine heiteren Luftkurortes vereinigt." Für ihn bedeutet die Schweiz eine „Spielart deutschen Volkstums" – wobei seine Auffassung vom romantischen Volksbegriff geprägt ist – und die gelungene Überwindung des Antagonismus Deutschland-Frankreich. Im Februar 1933 sind Thomas und Katia Mann nach einer ausgedehnten Reise in Arosa (TI) angekommen, als sie vom Reichstagsbrand in Berlin hören und kurze Zeit später von den verheerenden Ergebnissen der Reichtagswahlen. Aus München warnen die →Kinder Klaus und Erika den Dichter: „Bleibe in der Schweiz! Du wärst hier nicht sicher." Da dieser im deutschen Sprachraum bleiben möchte, zögert er zunächst zwischen Zürich und Basel; letztere Stadt sei jedoch vor dem Zugriff der Gestapo nicht sicher. Erika findet mit Hilfe von Faesis eine standesgemäße Villa in ■ 89b Küsnacht, und am 27.9.1933 zieht ein Teil der Familie Mann in die Schiedhaldenstraße 33 ein (heute Privatbesitz). Der Dichter schreibt zwar in sein Tagebuch: „Unsicherheit und kulturelle Abhängigkeit der Schweiz, das Vorsichtsschweigen, das mir der Aufenthalt auferlegen würde, und das jede Gefahr nicht einmal ausschalten würde." Die Bedingungen seines Exils sind jedoch nicht mit jenen anderer Exilanten zu vergleichen. Die Zürcher Behörden behandeln den Nobelpreisträger zuvorkommend: Er darf seine Meinung in dortigen Zeitungen drucken und gibt eine Exilzeitschrift heraus. Als 1936 ihm, seiner Frau und den vier jüngeren Kindern die deutsche Staatsangehörigkeit aberkannt wird, erhält er einen tschechischen Paß. Die Konten, die er dank Vorabdrucken und früherer Vortragsreisen in der Schweiz eingerichtet hatte, erlauben ihm und seiner Familie ein komfortables Leben. Mit diesem „glücklichen" Lebensbild kontert Thomas Mann allerdings bewußt propagandistische Lügen von Nazi-Blättern, die ihn als gescheitert und halbverhungert in Paris oder in englischen Konzentrationlagern sehen wollen. Ohne die Vorkommnisse in Österreich wäre der Dichter womöglich nicht im September 1938 nach Amerika übergesiedelt, denn er fühlt sich in der Schweiz wohl: „[…] ein Land, ein Staatswesen und seine Kulturordnung , die mir […] zur Heimat geworden sind", schreibt er 1934; und 1938: „Ich scheide ungern von Zürich […] Ob wir im September zurückkehren?". Seine Küsnachter Jahre sind sehr fruchtbar: Er vollendet den *Joseph*-Roman, verfaßt kurze Geschichten (*Meerfahrt mit Don Quijote*), gibt den Essayband *Leiden und Größe der Meister* heraus und konzipiert *Lotte in Weimar*. Außerdem hält er zahlreiche Lesungen und Vorträge in Zürich (s. u.), der übrigen Schweiz sowie in Österreich, Ungarn und der Tschechoslowakei. Bis 1938 unternimmt er ferner auf Einladung vier ausgedehnte Lese- und Vortragsreisen durch die USA. Zu seinem 60. Geburtstag veranstaltet der „Lesezirkel Hottingen" eine offizielle Feier vor ca. tausend Gästen; dabei wird ihm eine Festgabe der Stadt Zürich überreicht. Thomas Mann erhält viel Besuch (u. a. Ida Herz, Annette Kolb, Karl Kerényi); die Gäste werden im Küsnachter ■ 74b Gasthof „Sonne", Seestraße 120 untergebracht. Mit seinem Nachbarn →Bernard von Brentano macht er lange Spaziergänge durch die Wälder; er geht auch oft nach Zürich ins Konzert, ins Theater und trifft sich dort u. a. mit Robert Faesi, Elsie Attenhofer, →R. J. Humm (Rezensent für *Mass und Wert*), ➤ Oprechts und Max Rychner. 1936 muß er sich allerdings öffentlich zur Emigration bekennen, wozu Klaus und Erika ihn schon lange drängen: in seinem Artikel *Deutsche Literatur im Emigrantenspiegel* vom 26.1.1936 behauptet ➤ Eduard Korrodi, der damalige Feuilletonchef der *Neuen Zürcher Zeitung*, „dass ein Teil der Emigranten [...] die deutsche Literatur mit derjenigen jüdischer Autoren identifiziert [...] Was ist denn ins Ausland transferiert worden? Wir wüßten nicht *einen* Dichter zu nennen. Ausgewandert ist doch vor allem die Romanindustrie und ein paar wirkliche Könner und Gestalter von Romanen [...]." Darauf antwortet Thomas Mann, der die deutschfreundliche Haltung dieser Zeitung als „elend" oder sogar „von unaussprechlicher Niedrigkeit" bezeichnet, in einem *Offenen Brief* (*NZZ* vom 2.2.36): „Man ist nicht deutsch, indem man völkisch ist. Der Judenhass aber, oder derjenige der deutschen Machthaber, gilt, geistig gesehen, gar nicht den Juden oder nicht ihnen allein: es gilt Europa und jedem höheren Deutschtum selbst. [...] Dass aus der gegenwärtigen deutschen Herrschaft nicht Gutes kommen kann, [...] diese Überzeugung hat mich das Land meiden lassen." Ebenfalls wird *Ein Briefwechsel*, Thomas Manns Reaktion auf die Aberkennung seiner Ehrendoktorwürde durch die Universität Bonn, zunächst in der *NZZ* gedruckt, erscheint dann als Buch bei Oprecht in einer Auflage von 20 000 Exemplaren – etliche davon werden in Tarnausgaben über die Grenze geschmuggelt. Auf Anregung Emil Oprechts gründet der Dichter eine Exilzeitschrift, *Mass und Wert*, die es nur auf drei Jahrgänge bringt; →Golo Mann übernimmt die Redaktion des letzten. Im September 1938 verabschiedet sich Thomas Mann im ■ N „Schauspielhaus": „Ich werde diese fünf Jahre, die ich in Ihrer Mitte, in dieser schönen, würdigen und lebendigen Stadt, in ihren Hügeln, ihren Wäldern verleben durfte, nie vergessen, nie das heitere Küsnachter Haus, das uns beherbergte, mein Arbeitszimmer überm See." Er kommt nur noch kurz im August 1939 zurück, um den Haushalt endgültig aufzulösen und nach seinen Schwiegereltern zu sehen, die aus München 1939 nach Zürich geflüchtet sind und dort sterben werden.

**M**

Noch wohnt Thomas Mann in den USA, als er 1947 zum Kongreß des Internationalen PEN-Clubs in Zürich eingeladen wird, auf dem er über *Nietzsches Philosophie im Licht unserer Erfahrung* vorträgt. Er schlägt →Ricarda Huch als Präsidentin einer deutschen Gruppe des PEN-Clubs vor. In den nächsten Tagen hält er Vorträge und Lesungen im „Schauspielhaus" und in der Universität. Der herzliche Empfang und die Achtung, die ihm entgegengebracht wird – ein schmerzhafter Kontrast zu der feindlichen Behandlung in Deutschland –, sind wohl ausschlaggebend für seine Entscheidung, 1952 aus den USA in den deutschen Sprachraum nach Zürich zurückzukehren. Begleitet von Katia und Erika läßt er sich vorläufig in ■ 89c Erlenbach, Glärnischstraße 12 nieder: „Wieder blicken meine Fenster auf den See, seine abendlich funkelnden Hügelufer und die ‚türmende Ferne'. Der Föhnsturm fegt, er geht auf die Nerven, aber auch das gehört zur ‚Trautheit', und ich lächle zufrieden." Er hält wie gewohnt viele Lesungen und verfaßt *Die Betrogene* sowie die letzten Kapitel des *Felix Krull*, während Erika die Rolle der Lektorin-Sekretärin-Managerin übernimmt. Sie schreibt außerdem Drehbücher für die Verfilmungen von Werken ihres Vaters (z. B. *Königliche Hoheit*) oder überwacht fremde Filmkonzepte und -besetzungen. 1954 kauft Thomas Mann in ■ 89d Kilchberg ein größeres, gemütlicheres Haus Alte Landstraße 39, welches „die letzte Adresse" werden sollte. In seinem Essay über Schillers *Wilhelm Tell* ist die Schweiz wiederholt das Hauptthema. Er erlebt viele Ehrungen, u. a. eine beeindruckende Feier in der ➤ ETH zu seinem 80. Geburtstag und die Gründung des „Thomas Mann-Archivs zur Pflege und Erforschung seines Werkes" als Abteilung des „Instituts für Deutsche Sprache und Literatur", (1956 folgt die Gründung der „Thomas Mann-Gesellschaft"). Im August 1955 stirbt er im Zürcher Kantonsspital und wird anschließend auf dem Kilchberger Friedhof begraben. Da Thomas Manns letztes Domizil heute wieder privat bewohnt wird, kann man sein Arbeitszimmer im „Thomas Mann-Archiv" im zweiten Stock des Bodmer Hauses, ■ 89e Schönberggasse 15 besichtigen. Allerdings ist noch kein Platz, keine Straße oder Anlage in Zürich, Kilchberg oder Küsnacht nach dem Dichter benannt worden.

W: *Die Geschichten Jaakobs* (1933); *Der junge Joseph* (1934); *Leiden und Größe Richard Wagners* (15.1.1934); *Goethe als Repräsentant des bürgerlichen Zeitalters* (24.4.1934); *Gruß an die Schweiz*. In: *Schweizer Spiegel*, Dez. 1934; *Meerfahrt mit Don Quijote*. In: *NZZ* vom 5.–15.11.1934; *Goethes Laufbahn als Schriftsteller* (20.3.1935); *Leiden und Größe der Meister* (1935); *Joseph in Ägypten* (1936); *Freud und die Zukunft* (1936); *Humaniora und Humanismus* (1936); *Richard Wagner und der Ring der Nibelungen* (1937); *Ein Briefwechsel* (1937); *Zum Problem des Antisemitismus* (13.3.1937); *Vom kommenden Sieg der Demokratie* (1938); *Brief über die Schweiz* (1940); *Nietzsches Philosophie im Licht unserer Erfahrung* (1947); *Die Betrogene* (1953); *Felix Krull. Der*

*Memoiren erster Teil* (1954); *Versuch über Tschechow.* In: *Sinn und Form,* Sept.-Dez. 1954; *Heinrich von Kleist und seine Erzählungen* (1954); *Versuch über Schiller* (1954); *Luthers Hochzeit. Plan eines Dramas* (1954–55); *Briefe 1889–1936.* Hg. v. E. Mann (1962); *Thomas Mann / Robert Faesi. Briefwechsel* (1962); *Briefe 1948–1955 und Nachlese* (1965); *Tagebücher 1933–1934.* Hg. v. P. de Mendelssohn (1977); *Tagebücher 1935–1936* (1978); *Tagebücher 1937–1939* (1980).

R. Faesi: *Erlebnisse. Ergebnisse* (1963); K. Mann: *Meine ungeschriebenen Memoiren.* Hg. v. E. Plessen und M. Mann (1974); H. Bürgin / H.-O. Mayer: *Thomas Mann. Eine Chronik seines Lebens* (1974); *Thomas Mann. Sonderbd. Text + Kritik* (1976); H. Mayer: *Thomas Mann* (1980); H. Guggenbühl: *Ein Hauch Thomas Mann.* In: *Küsnachter Jahresblätter* 1981 (S. 80–83); H. Wysling: „*... eine fast tödliche Bereitschaft“. Thomas Manns Entscheidung von 1936 im Spiegel seines Briefwechsels mit Erika Mann.* In: *Schweizer Monatshefte* 63/1983; R. Kieser: *Erzwungene Symbiose* (1984); T. Sprecher: *Thomas Mann in Zürich* (1992); *Thomas Mann. Ein Leben in Bildern.* Hg. v. H. Wysling u. Y. Schmidlin (²1994); K. Harprecht: *Thomas Mann. Eine Biographie* (1995); T. Sprecher / F. Gutbrodt: *Die Familie Mann in Kilchberg* (2000); T. Sprecher (Hg.): *Das Unbewußte in Zürich. Literatur und Tiefenpsychologie um 1900. Sigmund Freud, Thomas Mann und C. G. Jung* (2000); C. Heinz: *Thomas Mann in und über Zürich.* In: *Denkbilder* 10/2001.

## 90. Die Kinder Mann: ERIKA MANN
(1905 München – 1969 Zürich)

Schauspielerin, Kabarettistin, Schriftstellerin, Journalistin

Sie spielt in den Zeiten des Exils und danach neben Katja die Hauptrolle im Leben ihres Vaters. Klarer als er ist sie sich der Nazi-Gefahr bewußt und emigriert im Februar 1933 mit ihrem Bruder Klaus als erste nach Zürich: „Zürich! Lachen würdest Du. Im Café Odeon verkauft ein Mann *Stadtpläne.* Ein Drittel (höchstens) sind dort Schweizer, ein Drittel Flüchtlinge, ein Drittel Spitzel für das Reich", steht in einem Brief vom 18. 4. 1933. Während sie im ■ J „Gasthof Hirschen" das erste Programm der exilierten ■ M „Pfeffermühle" auf die Beine stellt, bereitet sie den Aufenthalt ihrer Eltern vor. In einem Brief an ihre Mutter (11. 9. 1933) beschreibt sie das künftige Wohnhaus am Zürcher See und die emigrantenfeindliche Atmosphäre der Stadt. Bis 1936 wird sie mit ihrem literarischen Kabarett ungefähr tausend Vorstellungen geben – vorwiegend Gastspiele in der Schweiz. Zunächst abgestiegen im „Hotel Löwen" in Kilchberg, wohnt sie später bei ihren Eltern in ■ 90a Küsnacht, Schiedhaldenstraße 33, wenn sie gelegentlich in Zürich zu tun hat. Sie ist ebenfalls die treibende Kraft, die ihren Vater dazu bringt, eindeutig und öffentlich gegen das Nazi-Regime und für die Emigranten Stellung zu beziehen. In die USA geht sie 1936 ihrer Familie voraus und kommt, um den amerikanischen Verleumdungen und Verdächtigungen zu entgehen, mit ihren Eltern 1952 gänzlich ernüchtert in die Schweiz zurück. Zunächst regelt sie den Nachlaß ihres Bruders Klaus in Cannes und

Amsterdam. Außerdem versucht sich die „streitbare Demokratin" wieder als politische Journalistin, stößt aber auf konservative Einstellungen in der deutschen und schweizerischen Presse. Resigniert stürzt sie sich ab 1954 ausschließlich in ihre Arbeit als Organisatorin und Managerin ihres Vaters. Sie wohnt in ■ 90b Erlenbach, Glärnischstraße 12, dann im zweiten Stock des 1954 von Thomas Manns erworbenen Hauses in ■ 90c Kilchberg, Alte Landstraße 39, wo sie bis zu ihrem Tod bleibt. Das Projekt, ein Drehbuch für einen Film über die „Pfeffermühle" zu verfassen, gibt sie auf, um ab 1955 Nachlaßverwalterin und Editorin zu werden: „Ich bin ein bleicher Nachlaßschatten und darf hienieden nichts mehr tun, als Briefbände, Anthologien und dergleichen meiner lieben Toten herausgeben", schreibt sie 1963. Sechs Jahre später stirbt sie an einem Gehirntumor im Zürcher Kantonsspital. Sie ruht auf dem Kilchberger Friedhof neben ihren Eltern.

W: *Das letzte Jahr. Bericht über meinen Vater* (1956); *Briefe und Antworten.* Bd. 1: 1922–1950. Bd. 2: 1951–1969. Hg. v. A. Zanco Prestel (1984–85); [zus. M. Klaus Mann] *Escape to Life. Deutsche Kultur im Exil* (1996).

📖 *Erika und Klaus Mann. Bilder und Dokumente.* Katalog der Ausstellung in München 1990; I. v. der Lühe: *Erika Mann. Eine Biographie* (1993).

## KLAUS MANN
(1906 München – 1949 Cannes)
Schriftsteller, Schauspieler

Er bleibt vorläufig in Paris, als seine Schwester Erika sich entscheidet, in Zürich die „Pfeffermühle" wiederzubeleben. Dann zieht er nach Amsterdam und gibt dort die Exilzeitschrift *Die Sammlung* heraus. Hin und wieder reist er nach ■ 90a Küsnacht und Zürich. Hier hat er zahlreiche eigene Bekannte, die er im ■ E „Café Odeon", im ■ O 5 „Café de la Terrasse", ➤ bei Oprechts und im ■ N „Schauspielhaus" trifft: „Welch geselliges Exil! Welch animierte Verbannung!", berichtet er im *Wendepunkt*. Allerdings fügt er hinzu: „Die meisten Leute schauten uns schief an, nicht weil wir Deutsche waren, sondern weil wir Deutschland verlassen hatten. So etwas tut man nicht, nach Ansicht der meisten Leute. Ein anständiger Mensch hält zu seinem Vaterland, gleichgültig, wer dort regiert. Wer sich gegen die legitime Macht stellt, wird suspekt, ein Querulant, wenn nicht gar ein Rebell. Und repräsentierte Hitler nicht die legitime Macht? Er tat es, nach Ansicht der meisten." Vor allem besorgt sich Klaus Mann in Zürich mit Hilfe eines seinem Vater befreundeten Arztes Opiate. 1938 unterzieht er sich einer seiner Entwöhnungskuren in einem Zürcher Privatsanatorium, das er in seinem Roman *Der Vulkan* beschreiben wird. Für →Thomas Manns Exilzeitschrift *Mass und Wert* liefert er Beiträge. Nach dem Krieg wird er die Schweiz nicht mehr betreten.

W: *Zürich und Bern.* In: *Die Sammlung,* 5.1.1934, S. 272–74; *Zürichs Schauspielhaus.*
In: *Die Neue Weltbühne,* 15.4.1937; *Der Vulkan* (1939); [zus. mit Erika Mann] *Escape to Life* (1939; 1996); *Der Wendepunkt (1963); Kind dieser Zeit* (1965); *Tagebücher 1931–49.* 6 Bde. Hg. v. J. Heimannsberg u. a (1995).
📖 U. Naumann: *Klaus Mann* (1984); H. L. Arnold: *Klaus Mann* Sondernr. 93–94 v. *Text + Kritik* (1987); *Erika und Klaus Mann. Bilder und Dokumente.* Katalog der Ausstellung, München 1990.

## GOLO MANN

**(1909 München – 1994 Leverkusen) Historiker**
Er verläßt München 1933 für Paris und Rennes, wo er Dozenturen für Geschichte wahrnimmt. Die Ferien verbringt er in Küsnacht. Erst 1939 sucht er um eine Aufenthaltsbewilligung in Zürich nach, um auf Wunsch seines Vaters die Redaktion von *Mass und Wert* zu übernehmen. Infolge eines negativen Gutachtens des ➤ „Schweizerischen Schriftstellerverbands" – wahrscheinlich von dem „skandalösen" Auftreten Erikas beeinflußt – wird ihm zuerst das Aufenthaltsrecht verweigert. Dank ➤ Emil Oprechts Unterstützung erhält er schließlich doch die Bewilligung. Im ■ 90a Küsnachter Elternhaus, Schieldhaldenstr. 33 bleibt er bis 1940, publiziert neben seiner Redaktiontätigkeit Artikel in der *NZZ* und der Zürcher *Weltwoche* und übersiedelt dann in die USA. 1950 kehrt Golo Mann in die Bundesrepublik zurück und erhält dort verschiedene Professuren bis 1964; anschließend betätigt er sich als freier Publizist. Seit 1967 Schweizer Staatsbürger, wohnt er nach dem Tod des Vaters bis 1993 in dessen Wohnhaus in ■ 90c Kilchberg, Alte Landstraße 39. Unter zahlreichen Auszeichnungen erhält er 1969 den ➤ „Gottfried-Keller-Preis". Auf eigenen Wunsch ruht er auf dem Kilchberger Friedhof, jedoch in einem Reihengrab abseits vom Familiengrab. In Zürich ist für ihn eine öffentliche Gedenkfeier in der Kirche St. Peter gehalten worden.

W: *Zeiten und Figuren. Schriften aus vier Jahrzehnten* (1961); *Erinnerungen und Gedanken. Eine Jugend in Deutschland* (1986).

## MONIKA MANN

**(1910 München – 1992 Leverkusen) Publizistin**
Sie heiratet im Florenzer Exil den Kunsthistoriker Jenö Lányi und zieht mit ihm 1938 nach Zürich in die „Pension Fortuna", ■ 90d Mühlebachstraße 55. 1940 fliehen beide weiter in die USA. Nach dem Krieg kehrt Monika Mann 1953 mit ihren Eltern nach Europa zurück, wohnt aber in Deutschland und Italien. Auch sie ruht im Familengrab auf dem Kilchberger Friedhof.

W: *Vergangenes und Gegenwärtiges. Erinnerungen* (1956); *Wunder der Kindheit. Bilder und Impressionen* (1965).

## MICHAEL
(1919 München –
1977 Orinda/Kalif.)
## ELISABETH MANN
(1918 München –
2002 St. Moritz)

Beide erhalten in Zürich eine musikalische Ausbildung am Konservatorium: Michael zum Geiger, Elisabeth zur Pianistin. Die Geschwister besuchen gleichzeitig das private „Freie Gymnasium" und wohnen bei ihren Eltern in ■ 90a Küsnacht, Schildhaldenstraße 33. Sie scheinen sich schnell angepaßt zu haben: Ihr Vater notiert „einen leicht schweizerischen Akzent" bei Elisabeth. Michael heiratet Gret Moser aus Zollikon, die Thomas Mann liebevoll „seine kleine Zürcherin" nennt. In den USA gibt Michael eine vielversprechende Musikerkarriere auf, um Germanistik zu studieren. Er wird bald Professor für Deutsche Literatur an der Berkeley University. Die Herausgabe der Tagebücher seines Vaters führt zu seinem geistigen Zusammenbruch, der mit seinem Selbstmord endet. Michael Mann ist im Familiengrab auf dem Kilchberger Friedhof begraben. Elisabeth wird ebenfalls die Musik aufgeben und Meeresforscherin bzw. Expertin für Seerecht in Kanada werden.

## 91. WALTER MEHRING
(1896 Berlin – 1981 Zürich)
Dichter, Dramatiker, Publizist, Kabarettist

Nach seinem Exil in den USA kehrt der ehemalige Dadaist 1953 zunächst in das Land zurück, aus dem er in den 1930er Jahren ausgebürgert worden ist. Die Reintegration ist schwierig: Walter Mehrings so erfolgreiches *Ketzerbrevier* ist in Vergessenheit geraten, *Die Verlorene Bibliothek* kein großer Erfolg. Wie es →Dürrenmatt in seiner Gratulation zu Mehrings 60. Geburtstag treffend formuliert: „Die Menschen wollen ihre Untergänge entweder besungen haben oder vergessen." Außerdem ist dem Satiriker die Bundesrepublik zu bürgerlich und die DDR zu links. Deshalb siedelt er 1958 in die Schweiz über. Er wohnt – mit Unterbrechungen – in Ascona (TI) und in Zürich. Der Rastlose hat in dieser Stadt keine feste Bleibe. Abwechselnd logiert er in verschiedenen Hotels, u.a. dem „Hotel Urban", ■ 91a Stadelhoferstraße 41, (abgerissen), und 1971–75 durchgehend im „Hotel Florhof", ■ 91b Florhofgasse 4. Er publiziert weitere Gedichtbände und Erinnerungen, verfaßt Zeitschriftenbeiträge und hält u.a. ➤ im Kellerraum der Buchhandlung am Helvetiaplatz Lesungen ab. Nach und nach wird sein Werk in der Bundesrepublik und anderen Ländern ausführlich gewürdigt. Da seine Gesundheit sich verschlechtert, wird er Patient des Pflegeheims „Erlenhof" in der ■ 91c Lagerstraße 119. Kurz nach der öffentlicher Feier, welche die Stadt Zürich zu seinem 85. Geburtstag am 4.5.1981 veranstaltet, stirbt er und wird auf dem ■ G 10 Friedhof Sihlfeld bestattet. Die Stadt Zürich stellt ein Ehrengrab auf, das eine aus Berlin gestiftete Bronzeplastik schmückt. Darauf werden seine eigenen Worte – eine Art Lebensbilanz – zitiert: „Die Literatur erhält mich, aber ernährt mich nicht. Meine Heimat ist die deutsche Sprache. Zuständig bin ich überall, staatenlos im Nirgendwo."

W: *Verrufene Malerei* (1958); *Der Zeitpuls fliegt* (1958); *Berlin Dada* (1959); *Morgenlied eines Gepäckträgers* (1959); *Neues Ketzerbrevier* (1962); *Kleines Lumpenbrevier* (1965); *Briefe aus der Mitternacht 1937–1941* (1971); *Müller. Chronik einer deutschen Sippe* (1971); *Großes Ketzerbrevier. Die Kunst der lyrischen Fuge* (1974); *Wir müssen weiter. Fragmente aus dem Exil* (1979); *Die höllische Komödie. Drei Dramen* (1979); *Chronik der Lustbarkeiten* (1981); *Staatenlos im Nirgendwo* (1981).
▭ *An den Wind geschrieben. Lyrik der Freiheit 1933–1945* (1960); G. Rühle: *Der Mann mit dem Koffer. Zum Tode* von *Walter Mehring.* In: *Jahrbuch d. Dt. Akad. f. Sprache u. Dichtung* 1981; *Walter Mehring. Text + Kritik* Heft 78/1983; F.Hellberg: *Walter Mehring. Schriftsteller zwischen Kabarett und Avantgarde* (1983); *Deutsche Intellektuelle im Exil* (1993).

## 92. NIKLAUS MEIENBERG

**M**

(1940 St. Gallen SG – 1993 Zürich)
Journalist, Schriftsteller
Am 21. September 1993 löst eine der umstrittensten Persönlichkeiten der heutigen Schweiz durch Freitod in ihrer Zürcher Wohnung in der ■ 92 Eisfeldstraße 6 einen enormen medialen Sturm aus. In Paris, Fribourg (FR) und Zürich studiert Niklaus Meienberg Geschichte. Die Mai-Unruhen von 1968, die er in Paris als langjähriger Frankreich-Korrespondent der *Weltwoche* miterlebt, machen aus ihm einen engagierten linken Journalisten. Ebenfalls dort entdeckt er den „grand reporter" Jean Lacouture, der sein Vorbild wird. Meienberg verfaßt als freier Mitarbeiter brillante Artikel von hoher stilistischer Qualität für die deutsche (*Stern*) und Zürcher Presse (*Tages-Anzeiger, Tages-Anzeiger Magazin, Die Wochenzeitung, Die Weltwoche*). Seine engagierten Reportagen über aktuelle politische Themen führen nicht nur zu hitzigen öffentlichen Debatten, sie setzen außerdem neue journalistische Maßstäbe: „Meine politische Position definiert sich immer neu an einem Gegenstand und muß sich, weil ich auch mit diesem Material zu tun habe, vor allem in der Sprache definieren [...]" – Seine Recherchen konzentrieren sich stets auf Personen, die durch ihre Rolle Gesellschaftsstrukturen „sichtbar

machen". Nach dem Preis der ➤„Schweizerischen Schillerstiftung" 1975 wird ihm der „Zürcher Journalistenpreis" 1989 verliehen, nicht zuletzt, weil er eine neue journalistische Sprache geschaffen hat. Meienbergs historische Arbeiten und Dokumentarfilme wollen neue Aspekte der jüngeren schweizerischen Vergangenheit enthüllen. „Nicht nur, daß Meienberg quer zum Trend geschrieben hat: er zählt zu den wenigen Schweizer Schriftstellern, die an entscheidenden Schnittstellen [...] den Diskussionstrend markant geprägt haben", stellt Müller Farguell fest. Seine Demontagen von Familiendynastien *(Die Welt als Wille und Wahn,* 1987 über den Zürcher General Wille) sowie seine eigenwillige Kampagne gegen den Golfkrieg bescheren ihm nicht nur Bewunderung, sondern auch zahlreiche Feinde und Publikationsverbote, eine polizeiliche Fahndung wegen des angeblichen Verrats militärischer Geheimnisse und wiederholte verbale wie tätliche Angriffe. Diese Hetze setzt ihm derart zu, daß er seinem Leben ein Ende macht. Seiner letzten Verfügung entsprechend wird seine Asche in Paris, wo er lange gelebt und gearbeitet hat, der Seine übergeben. In jüngster Zeit stellen ein Film *(Der Meienberg,* von Tobias Wyss, 1999) und ein Theaterstück *(Meienbergs Tod. Eine Groteske,* von Lukas Bärfuss und Samuel Schwarz, 2001) eine Hommage an den Schriftsteller und Journalisten dar.

W: *Reportagen aus der Schweiz* (1975); *Die Erschiessung des Landesverräters Ernst S.* (1977); *Die Erweiterung der Pupille beim Eintritt ins Hochgebirge. Gedichte* (1981); *Vorspiegelung wahrer Tatsachen* (1983); *Vielleicht sind wir morgen schon bleich und tot* (1989); *Geschichte der Liebe und des Liebäugelns* (1992); *Zunder, Überfälle, Übergriffe, Überbleibsel* (1993); *Reportagen.* 2 Bde. (2000).

📖 M. Durrer / B. Lukesch: *Biederland und die Brandstifter. Niklaus Meienberg als Anlass* (1988); C. Stüllhard: *Meienberg und seine Richter* (1992); A. Graf: *Der andere Niklaus Meienberg* (1998); R. W. Müller Farguell: *Literarischer Journalismus. Hugo Loetscher und Niklaus Meienberg.* In: *Text + Kritik* Sonderbd. *Literatur aus der Schweiz* (1998); M. Fehr: *Meienberg. Lebensgeschichte des Schweizer Journalisten und Schriftstellers* (1999); T. Gull: *Der Polemiker.* In: *Jahrhundert-Schweizer* (2000); S. Birrer u. a. (Hg.): *Nachfragen und Vordenken – Intellektuelles Engagement bei Jean Rudolf von Salis, Golo Mann, Niklaus Meienberg und Arnold Künzli* (2000).

## 93. JAKOB HEINRICH MEISTER
(Henri Le Maître)
(1744 Bückeburg /Grafschaft Schaumburg-
Lippe – 1826 Zürich)
Schriftsteller, Theologe, Politiker
Sein Vater ist ein aufgeklärter Pfarrer, Freund von →Bodmer, und seine Mutter Französin. Nach langjährigem Wirken in Norddeutschland kehrt dieser 1757 in die Zürcher Heimat zurück, und zwar nach ■ 93 Küsnacht in den heutigen Theodor-Brunner-Weg 3. Früh knüpft sein Sohn Heinrich Meister Beziehungen zu Rousseau und

Voltaire und wird vom französischen Rationalismus geprägt. Nach seinem Studium im ■ F „Collegium Carolinum" 1763 in Zürich ordiniert, betätigt er sich anschließend in Paris als Hauslehrer. In den dortigen Salons verkehrt er mit Necker, Diderot und Grimm. Nachdem ihn →Bodmer 1768 nach Zürich zurückgeholt hat, verfaßt er ein von französischen Ideen beeinflußtes, freigeistiges Buch, *De l'origine des principes religieux*. Es wird heimlich im ➤Füssli'schen Verlag gedruckt. Die Zensur bekommt jedoch Wind davon, der Henker verbrennt die Broschüren vor dem Rathaus und der Rat verbannt Heinrich Meister 1769 aus der Stadt. Daraufhin wird sein Name aus der Bürgerliste gestrichen und er selbst des geistlichen Standes entsetzt. Voltaire predigt dem „Märtyrer der Aufklärung" eine große Zukunft: „Unser Zürcher wird es weit bringen [...] Eine Zeit wird kommen, wo seine Broschüre allen ehrbaren Leuten als Katechismus dienen wird." Er wählt das Exil in Paris und bleibt in der Hauptstadt bis 1792. Als Nachfolger von Baron Grimm übernimmt er die Herausgabe der *Correspondance littéraire*, einer politisch-kulturellen Zeitschrift, die an prominente Abonnenten versandt wird. Außerdem übersetzt er 1772–73 →Salomon Gessners *Idyllen*. Durch die Greuel der Französischen Revolution abgeschreckt, kehrt Heinrich Meister zurück nach Zürich. 1803 setzt ihn Napoleon an die Spitze der Kommission, die im neugegründeten Kanton Zürich die Mediationsverfassung einzuführen hat.

Seine Wiederbegegnung mit Zürich schildert er elegant auf Französisch – den Zürcher Dialekt findet er schrecklich – in *Voyage de Zurich à Zurich par un vieil habitant de cette ville*: „Unbeeinflußt vom Anblick ihrer alten Mauern und Häuser, die auch durch einen gelegentlichen Neuanstrich nicht moderner wirken, habe ich unsere gute Stadt nach einer Zeit der Abwesenheit nie wiedergesehen ohne Bewunderung dafür, daß in ihrem Gesamteindruck ein sozusagen antikes, religiöses, patriarchalisches Element enthalten ist, welches ich niemals andernorts bemerkte [...] Ich muß bei dieser Gelegenheit noch darauf hinweisen, daß die Blumen seit undenklichen Zeiten einen besonderen Gegenstand unseres Luxus darstellen. Trotz des rauhen Klimas zieht man sie zu allen Jahreszeiten [...] Es ist mir ein Vergnügen, diese kleine Skizze mit der Beobachtung zu schließen, daß ich keine Stadt kenne, wo im Verhältnis zu ihren Einkünften Mildtätigkeit und Fürsorge weiter verbreitet und in Ehren gehalten wären." Und über seine Zeitgenossen fügt er hinzu: „Zurückhaltung und Beengung, die üblicherweise den lebendigsten Regungen sowohl durch den Geist unserer politischer Verfassung als auch durch die strenge unserer Sitten und unserer religiösen Ansichten aufgezwungen werden, haben oft den natürlichen und freien Ausdruck unserer Gefühle unter-

**M**

drückt und gaben unseren Manieren eine Art von Verlegenheit, von Steifheit und Scheu, welche sogar an den drei Grazien in Person nicht spurlos vorüberginge."

In Winterthur besitzt heute die „Paul Reinhart Stiftung" u. a. Meisters Bibliothek, die in Paris 1792 in der Obhut von Diderots Tochter geblieben war, sowie seinen Nachlaß.

W: *De l'origine des principes religieux* (1768); *Souvenir de mon dernier voyage à Paris* (1797; 1798 ins Deutsche übersetzt); *Voyage de Zurich à Zurich par un vieil habitant de cette ville* (1818; Übersetzung 1971).

📖 M. Pfister: *Vom Zürichsee an den Zürichsee.* In: *Zürichsee-Zeitung* vom 6. 8. 1994; G. Muraro-Ganz: *Voyage de Zurich à Zurich. Jacques-Henri Meister und seine Vaterstadt.* In: H. Holzhey / S. Zurbuchen: *Alte Löcher – neue Blicke* (1997).

## 94. LEONHARD MEISTER
(1741 Neftenbach ZH – 1811 Zürich)
Theologe, Schriftsteller

Nach seinem Studium am ■ F „Collegium Carolinum" wird er 1764 ordiniert. 1773 erhält er eine Professur für Sittenlehre, Geographie und Geschichte an der neu gegründeten Kunstschule, einer Mittelschule für Nichttheologen, und wird 1791 Pfarrer im Pfrundhaus St. Jakob (ein religiöses Alters-Hospiz) in der Vorstadtgemeinde Aussersihl (heute ■ 94 Badenerstraße 15). Er wirkt ➤ 1799 im von den Franzosen eingesetzten Helvetischen Direktorium mit. Sein literarisches Werk ist umfangreich, ebenso seine Korrespondenz mit allen Schöngeistern der Zeit. In *Helvetiens berühmte Männer* gibt er eine historische Darstellung der damaligen Gesellschaft. Seine Gegnerschaft zu →Lavater äußert sich in einer Abhandlung *Über die Schwermerey*. Satirische Züge zeigt er ebenfalls in seinen *Fliegenden Blättern*: „Bezaubernde Gegend! Sonderbare Bewohner! Wie sehr nicht die Lebensart z. B. von der französischen verschieden? In Paris sehen Sie eine einzige Dame von zwanzig Aufwärtern umgeben; gerade umgekehrt lebt hier im Kreise von zwanzig Damen der einzige Liebling. Und was für Damen? So naiv, so wahr, so simpel, beynahe kein Schmuck als die angeschaffene Schönheit [...] In ihrem Genie hab ich mehr von der Energie unsrer Kraftmänner als von dem Studium und von der Grazie unsrer Gessner und Wieland beobachtet."

W: *Über die Schwermerey* (1775); *Helvetiens berühmte Männer* (1782 ff); *Berühmte Zürcher* (1782); *Leonhard Meisters Fliegende Blätter größtentheils historischen und politischen Inhalts* (1783); *Geschichte von Zürich, von ihrem Ursprung bis zum Ende des 16. Jahrhunderts* (1786); *Der Philosoph für den Spiegeltisch* (1796).

📖 S. Zurbuchen: *Die Zürcher Popularphilosophie: Heinrich Corrodi und Leonhard Meister.* In: H. Holzhey / S. Zurbuchen: *Alte Löcher. Neue Blicke. Zürich im 18. Jahrhundert* (1997).

## 95. CONRAD FERDINAND MEYER
(1825 Zürich – 1898 Kilchberg ZH)
Romancier, Erzähler, Lyriker, Übersetzer

„Mein Lebenslauf ist im Grunde unglaublich merkwürdig. Wie werden sie einst daran herumrätseln!" In der Tat erscheint der Dichter, einer der bedeutendsten Vertreter des poetischen Realismus in der Schweiz, voller Widersprüche: Seine erste Lebenshälfte steht im Schatten von Krankheit und Erfolglosigkeit, während sich seine literarische Haupttätigkeit erst in den 1870er Jahren entwickelt. Auch seine persönlichen Ansichten wechseln zuweilen radikal. Der letzte Sproß einer alteingesessenen Zürcher Patrizierfamilie wird 1825 im „Haus zum Oberen Stampfenbach", ■ 95a Stampfenbachstraße 48 (1928 abgerissen), geboren und in der Predigerkirche getauft. Im Jahr darauf ziehen die Eltern in das „Haus zum Reuter", ■ 95b Kuttelgasse 10 (1882 durch einen Neubau ersetzt), dann 1830 ins „Haus zum grünen Seidenhof", ■ 95c Sihlstraße 4 (heute Warenhaus Jelmoli). Der sensible, oft kranke Junge lernt von seinem Vater die Welt der Römer und Griechen kennen und gewinnt durch die Gäste seines Salons Zugang zur Literatur und zu den politischen liberalen Ideen. Den ausgedehnten Bergwanderungen mit seinem Vater verdankt er sein Verständnis für die Beziehung zwischen Landschaft und historischen Ereignissen, die sein Werk prägt. 1831 wird seine Schwester Betsy geboren, eine lebenslange Stütze für sein Leben und sein literarisches Schaffen. Nach dem frühen Tod des Vaters 1840 bezieht die Familie das „Schmidtenhaus", ■ 95d Sihlstraße 5 (1910 abgetragen), und die puritanische, dichtungsfeindliche Mutter übernimmt die Erziehung der Geschwister. Ihre pessimistische und überängstliche Lebenshaltung läßt das zeichnerische und poetische Talent Conrads (‚Ferdinand' wird später wegen eines dichtenden Namensvetters hinzugefügt) verkümmern. Die einzige Anregung zur dichterischen Betätigung findet er in Lausanne 1843/44 bei dem Historiker Louis Vulliemin: Dort erweitert er seine Kenntnisse der französischen Kultur und begeistert sich für die Spätromantiker. Durch das vernichtende Urteil seiner nahen Umgebung über sein literarisches Vermögen beeinflußt, beginnt er traditionsgemäß ein Jurastudium in Zürich. Das Jahrzehnt 1845–55 ist wohl das schwärzeste in seinem Leben. Die Familie zieht wieder um, diesmal ins „Haus zum langen Stadelhof", ■ 95e Stadelhoferstraße 19 (heute St. Urbangasse 6; durch moderne Gebäude ersetzt). Das verhaßte Studium vernachläßigt er und zieht sich in sein Zimmer zurück. Dieses Einsiedlertum begünstigt die Anfälle von schwerer Depression („Ich war von einem schweren Bann gebunden. / Ich lebte nicht. Ich lag im Traum erstarrt", heißt es im *Mor-*

*genlied*) und führt zu einer Einweisung in die pietistische Heilanstalt Préfargier (NE). Geheilt kehrt er nach Zürich zurück und studiert Geschichte. Von Vulliemin ermuntert, bei dem er wahre Religiosität kennenlernt *(In Harmesnächten)* und der ihn zu Übersetzungen französischen Autoren anregt, verfaßt er 1854–56 seine erste historische Novelle *Clara*. Erst nach dem Freitod der Mutter 1856 scheint sich die kreative Tätigkeit des Dichters zu entwickeln. Von einem erneuten Aufenthalt in Lausanne zurückgekehrt, zieht er 1857 mit Betsy ins „Haus Zum St. Urban", ■ 95f Stadelhoferstraße 25 (1933 durch Neubau ersetzt; Gedenktafel). Angesichts seines Mangels an Berufsperspektiven und der daraus entstehenden Demütigungen seiner Mitbürger unternimmt er Bildungsreisen nach Paris, München, Rom und in die Toskana, die ihn zu dem künftigen Roman *Jürg Jenatsch* sowie zu einem Teil seiner anonym erschienenen *Zwanzig Balladen von einem Schweizer* inspirieren. C. F. Meyer wird sich immer wieder als Balladendichter versuchen und fast ausschließlich – wie in seinen Novellen – historische Stoffe aus der Renaissance *(Il Pensieroso)* und den Glaubenskämpfen *(Der Hugenott*, bzw. *Die Füße im Feuer)* wählen. Jedoch ist sein Augenmerk dabei nicht auf das exakte Detail gerichtet, sondern auf das Innere seiner Helden. Die Landschaften und seine Vaterstadt sind meistens nur Staffage, wie z. B. in *Jürg Jenatsch:* „Die schlanken Turmspitzen der beiden Münster zeichneten sich immer schärfer und größer auf dem klar geröteten Westhimmel, und bei diesem vontieben Anblick dankte der junge Amtschreiber [...] der gütigen Vorsehung für das glücklichen Ende seiner [...] gefährlichen Reise." In Italien haben Ricasolis Einigungsbestrebungen und dessen Traum von einem freiheitlichen Staat Meyers Enthusiasmus und Patriotismus geweckt. Dagegen steht er der autoritären Einigung Deutschlands zunächst kritisch gegenüber. Der entscheidende Durchbruch seines Talents gelingt 1868, als C. F. Meyer nach zwei weiteren Umzügen (1862 ins „Haus zum Mühlebach", ■ 95g Feldeggstraße 80 und 1863 ins „Schabelitzhaus", ■ 95h Tannenstraße 17, 1966 abgerissen) die Stadt Zürich verläßt, um mit seiner Schwester in der Seegemeinde ■ 95i Küsnacht, im „Seehof", Hornweg 28 zu wohnen: „Steig auf mit deinen Kräften / In meine Adern, Erde! / [...] Bis in der grünen Kühle, / der schöpferischen Stille / Ich leise wachsend fühle, / Was Gottes Wink und Wille." *(Im Walde)* – Er wird nun zu der „Tafelrunde zu Mariafeld" im nahen Feldmeilen eingeladen, einem literarischen Kreis um ➤ François und Eliza Wille, der sich neben Zürcher Intelligenz ebenfalls aus bedeutenden deutschen Emigranten (u. a. →Wagner, Liszt, →Kinkel, →Herwegh, Semper) rekrutiert. Der dortige geistige Austausch, insbesondere mit dem Hausherrn, kommt seinem Schaffen zugute. Auf Willes Einfluß hin ist es gleichfalls zurückzuführen, daß der deutsch-französische Krieg von 1870 den ehemaligen Frankreich-Bewunderer in einen Bismarck-Anhänger verwandelt: „Von einem unmerklich gereiften Stammesgefühl jetzt mächtig ergriffen, tat ich bei diesem weltgeschichtlichen Anlasse das französische Wesen ab, und innerlich genötigt, dieser Sinnesänderung Ausdruck zu geben, dichtete ich ‚Huttens letzte Tage‘.“ Neben diesem historischen, den Willes gewidmeten Versepos macht ihn sein Gedicht *Deutscher Schmied* zum Tageshelden in Zürich. 1872 vertauschen Meyers den „Seehof“ in Küsnacht für den „Seehof“ in ■ 95j Meilen, Seestraße 642 (heute Privatresidenz). Die „schwarzschattenden Kastanien“, Thema des gleichnamigen Gedichts, sind heute dort schwer zu finden. C.F.Meyer verfaßt das nächste Versepos *Engelberg* und vollendet den historischen Roman *Jürg Jenatsch*, dessen Erfolg den Dichter in den Augen der Zürcher rehabilitiert. Nach den damaligen Wertnormen fehlte nur noch eine Ehefrau an seiner Seite. In Meyers weiblichen Figuren Clara, der Richterin und Angela Borgia spiegelt sich sein ideales Frauenbild wieder: zarte Geliebte und gleichzeitig – wie seine Schwester Betsy – entschlossene und mütterliche Muse bzw. Privatsekretärin. 1875 heiratet er Luise Ziegler, die Tochter des ehemaligen Stadtpräsidenten und Helden des ➢„Züri-Putsches“. Unter den Glückwünschen steht bezeichnenderweise: „Hier zeigt sich denn doch wieder der Zürcher von altem Schrot und Korn, der unbeirrt von fremden Tand und Geklemper den Sinn für das Echte, Gute und Treue bewahrt hat.“ Nachdem das Paar ein Jahr im Landhaus „Zum Wangensbach“ in ■ 95k Küsnacht, Alte Landstraße 136 verbracht hat, kauft der Dichter Anfang 1878 das „Ottsche Gut“ in ■ 95l Kilchberg, Alte Landstraße 170 (heute „Ortsmuseum“; Meyers Arbeitszimmer ist intakt geblieben): „Bei der Abendsonne wandern / Wann ein Dorf den Strahl verlor, / Klagt sein Dunkeln es den andern / Mit vertrauten Tönen vor. // Noch ein Glöcklein hat geschwiegen / Auf der Höhe bis zuletzt. / Nun beginnt es sich zu wiegen / Horch, mein Kilchberg läutet jetzt!“ *(Requiem)* – Aufgrund von Spannungen verläßt Betsy 1880 den gemeinsamen Haushalt, um selbständiges Mitglied der Zellerschen Gebets- und Heilanstalt in Männedorf zu werden. Ihr Bruder hat Mühe, seine Honoratiorenpflichten zu erfüllen, weil sie ihn zwingen, zu allen denkbaren Anlässen Festgedichte zu verfertigen (u.a. zur Einweihung des ■ N „Stadttheaters“ 1891) und damit sein Werk zu vernachlässigen. Er möchte auch die Pilger nicht enttäuschen, die nach Kilchberg wallfahren, um ihn zu verehren. Zu →Gottfried Keller hat er nie richtigen Kontakt gefunden, weder persönlich noch literarisch: „Keller ist, was die Schweizer verlangen, lehrhaft, weitschweifig, er predigt. Das ist nötig, um den Schweizern zu gefallen, es ist republikanisch. Meine größte Emancipation vom Schweizertum ist, daß ich das nicht thue, daß ich es grundsätzlich vermeide", sagt er einmal zu Kögel. Mit Kinkel verbindet ihn ein echtes Interesse für die Dichtkunst; der ältere, in Deutschland berühmte Dichter wird jahrelang an Meyers Werken Anteil nehmen. Mit →Johanna Spyri ist er seit 1842 befreundet und unterhält eine rege Korrespondenz. →Nanny von Escher ist die andere Dichterin (und Nachbarin), deren Schaffen er fördert. 1880 wird C. F. Meyer von der Zürcher Universität die Ehrendoktorwürde verliehen. Bis in die zweite Hälfte der 1880er Jahre fließen aus seiner voll erblühten schöpferischen Kraft weitere meisterhafte Novellen (u. a. *Das Amulett, Der Heilige*) und Dichtungen, in denen er versucht, die quälende Vergangenheit und seine Todesängste in historisch-poetischer Form zu verarbeiten. Einige seiner letzten Dichtungen *(Zwei Segeln, Der römische Brunnen)* stellen neuartige Ding-Gedichte dar, die Rilke inspiriert haben. Dann suchen schwere physische und psychische Leiden den Dichter heim, die einen langen Aufenthalt (1892/93) in der Irrenanstalt Königsfelden (AG) erfordern: „Er hat die buntesten Träume / Hinter seinen Gittern, / Und die düstersten Räume / Lassen seine Seele nicht zittern. / Zeit und Raum sind ihm verwirrt, / Und es wird ihm schreckliche Schuld gegeben, / Doch das ist nicht die Wahrheit", heißt es in *Der geisteskranke Poet.* Der Zürcher See inspiriert ihn nun zu düsteren Versen *(Eingelegte Ruder, Im Spätboot, Schwüle).* Zu seinem 70. Geburtstag veranstalten der „Dramatische Verein Zürich" und der ■ L „Lesezirkel Hottingen" eine große Feier. Am 28.11.1898 erliegt er einem Herzschlag. Seine letzte Ruhe findet er auf dem Kilchberger Friedhof.

W: a) Übersetzungen: *A. Thierry. Erzählungen aus den merowingischen Zeiten* (1855); *J. J. Ulrich: Die Schweiz in Bildern* (1859); *F. Guizot: Lady Russel. Eine geschichtliche Studie* (1857). – b) Novellen: *Clara* (1854–56); *Das Amulett* (1873); *Der Schuß von der Kanzel* (1877); *Der Heilige* (1879–80); *Plautus im Nonnenkloster* (1881); *Gustav Adolfs Page* (1882); *Das Leiden eines Knaben* (1883); *Die Hochzeit des Mönchs* (1883/84); *Die Richterin* (1885); *Die Versuchung des Pescara* (1887); *Angela Borgia* (1891). – c) Roman: *Jürg Jenatsch* (1876; [2]1882). – d) Dichtung: *Bilder und Balladen von Ulrich Meister* (1860); *Zwanzig Balladen von einem Schweizer* (1864); *Romanzen und Bilder* (1869); *Der deutsche Schmied* (1870); *Huttens letzte Tage* (1872); *Engelberg* (1872); *Gedichte* (1882; [2]1892). – e) Aufsatz: *Louis Vulliemin.* In: *NZZ* vom 8.6.1878. – f) Briefwechsel: *Johanna Spyri und Conrad Ferdinand Meyer. Briefwechsel 1877–1897* (1977).

📖 B. Meyer: *Conrad Ferdinand Meyer in der Erinnerung seiner Schwester* (1903); N. v. Escher: *Erinnerungen an Conrad Ferdinand Meyer.* In: *Zürcher Taschenbuch auf das Jahr 1900;* S. Zurlinden. *Conrad Ferdinand Meyer.* In: ders.: *Hundert Jahre. Bilder aus der Geschichte der Stadt Zürich in der Zeit von 1814–1914. Bd. 2* (1914); R. Faesi: *Conrad Ferdinand Meyer* ([2]1948); E. Bebler: *Conrad Ferdinand Meyer und Gottfried Kinkel* (1949); A. Zäch: *Conrad Ferdinand Meyer. Dichtung als Befreiung aus Lebenshemmnissen* (1973); *Conrad Ferdinand Meyer. Ein Porträt des Dichters.* Beiheft zur Ausstellung in der Zentralbibliothek Zürich 28.10.1975–24.1.1976; D. A. Jackson: *Conrad Ferdinand Meyer* (1991); H. Wysling / E. Lott-Büttiker: *Conrad Ferdinand Meyer 1825–1898* (1998); P. v. Matt: *Conrad Ferdinand Meyers burleske Ästhetik.* In: ders.: *Die tintenblauen Eidgenossen* (2001).

## 96. JO MIHALY
**(1902 Schneidemühl/Prov. Posen –
1989 Seeshaupt/Bayern)
Tänzerin, Schriftstellerin**

Angesichts des drohenden Faschismus engagiert sich die Solotänzerin bzw. Tanzschauspie-
lerin schon 1931 in der „Roten Gewerkschafts-
opposition" der Schauspieler und in der „Roten
Hilfe". 1933 lehnt sie das Angebot ab, „Kulturtänzerin" im Dritten
Reich zu werden, und emigriert mit ihrem Mann, dem Schauspieler
➤ Leonhard Steckel, nach Zürich. Sie kommen in der ■ 96a Gemeindestraße 21 unter. Während Steckel im ■ N „Schauspielhaus"
zu einem der berühmtesten Darsteller avanciert, gibt Jo Mihaly
Vorstellungen im „Volkshaus", wo Lied und Tanz sich ergänzen.
→Albin Zollinger ist begeistert: „Ich habe etwas so Dichterisches
von Tanz bis dahin noch nie gesehen." Im Exil reift sie zu einer
Schriftstellerin. Schon in der Weimarer Republik hatte sie Gedichte in der Vagabundenzeitschrift *Der Kunde* sowie Kinderbücher
veröffentlicht. In Zürich schreibt sie Feuilletons und Beiträge
unter Pseudonymen für verschiedene Zeitungen und verfaßt zwei
Romane: *Hüter des Bruders* und *Die Steine*. In letzterem erzählt sie
die Geschichte des Arztes Franz Henning, der aus Deutschland
nach Zürich flieht. Das gewöhnliche Leben eines Emigranten mit
seinen Demütigungen, Gefängnisaufenthalten, illegaler Arbeit
und „Ausschaffung" wird nuanciert dargestellt; hier betrachtet der
erschöpfte Flüchtling Zürich: „Stadt, Stadt! Du breitest dich unter
meinem Giebel wie ein Teppich in feinen dunklen Farben aus, als
brauchte ich nur die Füsse vom Fenster herunterzulassen, um auf
dir zu stehen. Stadt, Stadt! Du bist ein Teppich für reiche Bürger,
ein Paradiesgärtlein für Tugend; nichts für einen, der schmutzige
Schuhe trägt. Wenn ich vom Fenster in die Runde blicke, sehe ich
überall Ordnung." Solidarität, Achtung der Menschenwürde und
Eintreten für die Rechtlosen sind die konstanten Motive ihres
Werks. Sie erhält 1948 eine ➤ Ehrengabe der Stadt Zürich. Auch
beteiligt sie sich aktiv am antifaschistischen Widerstand. 1934
gründet sie den „Neuen Chor", eine politisch engagierte Spiel-
truppe in der Tradition der Agitprop-Bewegung, der hauptsächlich
Schweizer angehören. Zusammen mit →Wolfgang Langhoff,
➤Teo Otto und Wolfgang Heinz arbeitet sie in der illegal kämpfenden Kommunistischen Partei und leistet zielgerechte Arbeit
zum Sturz der Hitler-Diktatur durch Kontakte zu deutschen
Widerstandsgruppen. Zur Unterstützung der exilierten deutschen
Schriftsteller organisiert sie 1941 mit →Carl Seelig die „Kulturge-
sellschaft der Emigranten in Zürich" (Sekretariat ■ 96b Nüsche-
lerstraße 36), die Kulturprogramme u. a. in den Räumen der „Jüdi-

**M**

schen Kulturgemeinde" sowie in den ➤ Internierungslagern anbietet – darunter Jo Mihalys Gesang- und Tanzabende. Mit →Georg Kaiser, Hans Mayer u. a. initiert sie den ➤„Schutzverband Deutscher Schriftsteller", Sektion Schweiz. Eine der Aufgaben dieses Verbands ist die Herausgabe einer *Anthologie deutschsprachiger Emigrantenlyrik*, welche die Schweizer Zensur jedoch verbietet. Im Oktober 1945 kehrt sie nach Deutschland zurück.

W: *Die Ballade vom Elend* (1929); *Kasperltheater* (1929); *Michael Arpad und sein Kind* (1930); *Hüter des Bruders* (1942); *Die Steine* (1945); *Lied der Freiheit* (1944); Beiträge in: *Wir verstummen nicht. Gedichte in der Fremde (1945)* und *Gesang auf dem Wege (1945)*.
📖 H.Teubner: *Exilland Schweiz* (1975); W.Mittenzwei: *Exil in der Schweiz* (1978); *Deutsche Intellektuelle im Exil* (1993); F.Wende: *Jo Mihaly und die kulturellen Zusammenschlüsse der Emigranten in der Schweiz*. In: *Deutschsprachige Schriftsteller im Schweizer Exil 1933–1950.* Begleitbuch zur Ausstellung in Frankfurt a.M. 2002.

## 97. HANS MÜHLESTEIN

(1887 Biel BE – 1969 Zürich)

Lyriker, Dramatiker, Erzähler, Essayist, Etruskologe, Übersetzer

Sein Diplom als Grundschullehrer verwendet er nie. Schon mit 19 Jahren ist er hauptsächlich schriftstellerisch tätig: Neben Gedichten verfaßt er Rezensionen für verschiedene Schweizer Blätter, u. a. für die *Neue Zürcher Zeitung*. 1907 liest er aus seiner Lyrik im „Literarischen Club" des ■ L „Lesezirkels Hottingen"; dabei lernt er →Hermann Hesse kennen und befreundet sich mit ihm. Im gleichen Jahr ermöglicht ihm ein Preis der ➤„Schweizerischen Schillerstiftung" ein Studium an der Universität Zürich. Weitere Studienjahre an deutschen Universitäten folgen, allerdings mit Unterbrechungen, weil er sich Studium und Lebensunterhalt durch Mitarbeit an Zeitschriften oder als Hauslehrer finanzieren muß. Er heiratet eine Dresdnerin und wohnt mit ihr in Deutschland. Anfang des Ersten Weltkriegs machen sich in seiner Hodler-Biographie und seinem Essay *Deutschlands Sendung* Bewunderung für einen (rassistischen) deutschen Imperialismus bemerkbar. Später engagiert er sich jedoch unter dem Einfluß von Leonhard Nelson in der deutschen Antikriegsbewegung. In den 1920er Jahren wächst sein Interesse für die Etrusker, und 1928 promoviert er in Zürich über etruskische Kunst. Im Jahr darauf wird er als Gastprofessor für Kulturgeschichte an die Universität Frankfurt a. M. berufen. Als einziger Dozent protestiert Mühlestein 1932 zusammen mit Studenten gegen Gewaltakte der Nationalsozialisten an der Universität; daraufhin muß er in die Schweiz zurückkehren. Den heimkehrenden Faschismusgegner erwarten jedoch kein Willkommen und keine akademische Laufbahn. Er kommt zunächst in ■ 97a Zollikon, in der Zollikerstraße 257, unter. Dann lebt er bis 1956 hauptsächlich in Celerina (GR) und muß seine Werke meist im Selbstverlag herausgeben. In Zürich hält er 1935–37 viele Vorträge in Arbeiterbildungsvereinen und an der Volkshochschule. Wegen angeblicher Anwerbung eines Arbeitslosen für den spanischen Bürgerkrieg im Anschluß an eine Veranstaltung in Zürich-Oerlikon wird er 1936 zu einem Monat Gefängnis und zwei Jahre Ehrverlust wegen „Schwächung der Wehrkraft" verurteilt. Daraufhin wird im Februar 1937 in Paris eine Kundgebung für Hans Mühlestein veranstaltet Malraux, Aragon, Le Corbusier u. a. unterzeichnen eine Petition zu seinem Gunsten. Das Urteil wird heute als Racheakt gegenüber einem engagierten Linken bewertet. Im konservativen ➤„Schweizerischen Schriftstellerverein" gehört er nämlich mit →Humm und →Bührer zu den Zürcher Oppositionellen. Mühlestein wirkt ebenfalls maßgeblich am Aufbau des „Schweizerischen Hilfswerk für deutsche Gelehrte" mit. 1933 hat er den „Großen Dramenpreis der Stadt Bern" für sein Stück *Menschen ohne Gott* erhalten. 1935 erscheint bei der ➤„Büchergilde Gutenberg" sein etwas hermetischer Roman *Aurora*, der – von einem authentischen Fall inspiriert – für den Arbeiteraufstand in Asturien plädiert. 1942 wird seine zweite, bahnbrechende Hodler-Biographie verlegt. In der von →Thomas Mann initiierten Zeitschrift *Mass und Wert* kommt er ebenfalls zu Wort. Von 1956 bis zu seinem Tod wohnt er zuweilen in Zürich in der ■ 97b Balgriststraße 9 als freier Schriftsteller und Übersetzer von Dante und Michelangelo.

**M**

W: *Ein Buch Gedichte* (1906); *Die Eidgenossen. Drama* (1914); *Deutschlands Sendung* (1914); *Ferdinand Hodler. Ein Deutungsversuch* (1915); *Kosmische Liebe. Gedichte* (1914); *Der Vorrang der deutschen Staatsidee und ihr Sieg in Europa* (1915); *Die Herrschaft der Weisen* (1918); *Die Kunst der Etrusker. Die Ursprünge* (1929); *Menschen ohne Gott. Drama* (1934); *Aurora. Das Antlitz der kommenden Dinge* (1935); [zus. mit G. Schmidt] *Ferdinand Hodler, 1853–1918. Sein Leben und sein Werk* (1942); *Der grosse schweizerische Bauernkrieg 1653* (1942, ²1977); *Die Goldbarren. Ein Partisanendrama aus dem Revolutionsjahr 1848 in Italien* (1946); *Die Etrusker im Spiegel ihrer Kunst* (1969).

📖 E. Marti: *Aufbruch. Sozialistische und Arbeiterliteratur in der Schweiz* (1977); *Helvetische Steckbriefe* (1981); R. Kuster: *Hans Mühlestein. Beiträge zu seiner Biografie und zum Roman „Aurora"* (1984).

## 98. JOS (JODOCUS) MURER
### (1530 Zürich – 1580 Winterthur ZH)
### Dramatiker, Maler, Zeichner, Kartograph, Amtmann

Unter Zwingli und seinen Nachfolgern blüht in Zürich die dramatische Kunst, denn ➤ Theaterspielen gilt als Erwachsenenbildung. Der erfolgreiche Glasmaler, Zeichner und Buchillustrator Jos Murer ist im ■ 98a Kloster Ötenbach (1903 abgerissen; heute im Bereich Uraniastraße/Oetenbachgasse) aufgewachsen. Nach seiner Heirat kauft er sich um 1560 aller Wahrscheinlichkeit nach das

Haus „Zum Nägeli", das heutige „Nägelishof" am ■ 98b Rüden-
platz 7; Murers Wappen ist an der Ecke des Hauses noch sichtbar.
Zwischen 1556 und 1575 dokumentiert er seine reformatorische
Gesinnung durch qualitätvolle Tendenzdramen, die alle in der
➤ Offizin Froschauer gedruckt werden. Die Laiendarsteller sind
Bürger von Zürich und Winterthur, die unter freiem Himmel z. B.
auf dem Zürcher Münsterhof spielen. In diesen Dramen greift
Murer direkt auf den Wortlaut der Bibel zurück: *Naboth, Die Belä-
gerung der Statt Babylon, Absolom, Hesther* u. a. sind alttestament-
liche Stücke, wogegen der Stoff von *Ufferstäntnus Unsers Herren
Jesu* oder *Jungen Mannen Spiegel* aus dem Neuen Testament ent-
liehen ist. Murer verfaßt auch gereimte Psalmen und sogenannte
Gebrauchslyrik, die er in seinen Glasmalereien für das Zürcher
Rathaus und – wie hier – für das Kloster Wettingen verwendet:
„Thuricûs Arelaus hat / erstlich erbuwen schloß und statt. / Dem-
nach Sueuus ein küng der Schwaben / stift die groß stat dat sÿ
gegaa(b)en / Als aber die Hellueti hand / Jr stet zerstört jnn grund
ve(r)brandt./ Do zwang sÿ Caesar wider z(b)uwen / [...] / Künig
Ludwig us Os(t)franckrich / Der stifft buwt sfrow(e)n münster
glÿch / zwo töchteren dat er darin / Hildegard die (er)st Aebtißin
gsyn." Am besten bekannt ist er durch seinen hervorragenden
Stadtplan von 1576, der einen klaren Überblick über den Baube-
stand des mittelalterlichen Zürich gibt und bis heute für Neubau-
bewilligungen konsultiert wird. Um 1575 wird er als Amtmann in
Winterthur eingesetzt, wo er bis zu seinem Tod bleibt.

W: *Naboth* (1556); *Der Jungen Mannen Spiegel* (1560); *Belägerung der Statt Babylon*
(1560); *Absolom* (1565); *Ufferstäntnus Unsers Herren Jesu* (1567); *Hesther* (1567); *Zoro-
babel* (1575); *Die Psalmen Davids in kurtze Reimen uebersetzt* (o. J.).
&#x1F4D6; A. J. Racine: *Jos Murer. Ein Zürcher Dramatiker aus der zweiten Hälfte des 16. Jahrhunderts* (1973); U. Helfenstein: *Jos Murer als Dramatiker.* In: *NZZ* vom 22. 9. 1974;
A. Dürst: *Jos Murers Planvedute der Stadt Zürich von 1576* (1975); *Theater in Zürich.*
Katalog der Ausstellung in der Zentralbibliothek Zürich 1985.

### 99. ADOLF MUSCHG
(1934 Zollikon ZH)
Romancier, Erzähler, Dramatiker, Essayist,
Literaturwissenschaftler
In vielen seiner Romane *(Im Sommer des Hasen,
Albissers Grund, Das Licht und der Schlüssel, der
Rote Ritter)* zeigt sich der Autor immer wieder
der Freudschen Psychoanalyse verbunden.
Seine Frankfurter Poetik-Vorlesungen tragen bezeichnenderweise
den Titel *Literatur als Therapie?,* und einige Essays bzw. Reden
greifen das Thema auf *(Ungeheur Mensch, Goethe als Emigrant).*
Die Verwandlung eines leidenden Ödipus in einen Orpheus sym-
bolisiert z. B. die Befreiung des Dichters von dem „Unglück mit

den Eltern" und seinen Weg zur Selbstverwirklichung. Ein anderes Leitmotiv seines Werkes ist die heillose Liebe, in welche etwa die Figuren von *Fremdkörper, Liebesgeschichten, Entfernte Bekannte* oder von *Das gefangene Lächeln* verstrickt sind. Als Mitglied der „Sozialistischen Partei" setzt er sich bis heute mit der ➤„Helvetischen Malaise" auseinander. Zunächst inspirieren ihn die 1968er Unruhen zu zwei Satiren *(Gegenzauber, Mitgespielt)* und einem Roman *(Albissers Grund)*. Er ist außerdem Mitglied in einer Kommission für eine Totalrevision der Schweizer Bundesverfassung und hat durch Zeitungsartikel und persönliches Auftreten gegen die Schweizer Neofaschisten Stellung bezogen. 1970 gehört er zu den Schriftstellern, die unter Protest aus dem reaktionären ➤„Schweizerischen Schriftsteller-Verein" austreten und die „Gruppe Olten" gründen. In vielen Essays *(Die Schweiz am Ende – am Ende die Schweiz, Wenn Auschwitz in der Schweiz liegt, O mein Heimatland)* verarbeitet er Tabuthemen der jüngsten Schweizer Vergangenheit. Seine dramatischen Texte weisen eine Auseinandersetzung mit der Tradition auf. In *Die Aufgeregten von Goethe* und *Kellers Abend* findet eine kritische Distanzierung gegenüber der Vergangenheit statt: Die Personen handeln und reden wie zu ihrer Zeit, denken aber mit dem Wissen moderner Menschen.

1970–99 ist Adolf Muschg Professor für Deutsche Sprache und Literatur an der ➤ETH Zürich, mit Unterbrechungen durch einige Gastdozenturen im Ausland: In Tokyo z. B. hat er 1994–95 den Stoff zu seinem ersten Roman *Im Sommer des Hasen* gefunden, auch für die Japan-Bücher *Nur ausziehen wollte sie nicht* und *Die Insel, die Kolumbus nicht gefunden hat.*

Zu den Schwerpunkten seiner Forschung gehören Gottfried Keller, Goethe und Wolfram von Eschenbach. Für seinen Parzival-Roman *Der Rote Ritter* erhält er 1994 den „Büchner-Preis", eine der zahlreichen literarischen Auszeichnungen, die ihm bis heute verliehen worden sind. Sein wichtigstes Anliegen war, die Gegenwartsliteratur den Studierenden lebendig zu vermitteln. Junge Autoren wie →Fritz Zorn hat er unterstützt. Zur Zeit wohnt er in ■ 99 Männedorf (ZH), Hasenackerstraße 24.

W: *Im Sommer des Hasen* (1965); *Gegenzauber* (1967); *Fremdkörper* (1968); *Mitgespielt* (1969); *Die Aufgeregten von Goethe* (1971); *Liebesgeschichten* (1972); *Albissers Grund* (1974); *Kellers Abend* (1974); *Entfernte Bekannte* (1976); *Literatur als Therapie? Frankfurter Poetik-Vorlesungen* (1981); *Das Licht und der Schlüssel. Erziehungsroman eines Vampirs* (1984); *Goethe als Emigrant. Auf der Suche nach dem Grünen bei einem alten Dichter* (1986); *Psychoanalyse und Manipulation – oder warum ich mit diesem Thema nicht fertig wurde.* In: M. Dierks (s. u., 1989); *Die Schweiz am Ende – am Ende die Schweiz* (1990); *Der Rote Ritter* (1993); *Ungeheuer Mensch.* In: *Die Zeit* vom 28. 10. 1994; *Nur ausziehen wollte sie nicht. Ein erster Satz und seine Fortsetzung* (1995); *Die Insel, die Kolumbus nicht gefunden hat. Sieben Gesichter Japans* (1995);

M

*Wenn Ausschwitz in der Schweiz liegt* (1997); *O mein Heimatland. 150 Versuche mit dem berühmten Schweizer Echo* (1998); *Sutters Glück* (2001); *Das gefangene Lächeln* (2002).

📖 J. Ricker-Aberdhalden: *Über Adolf Muschg* (1979); Dies.: *Goethe, Muschg und die bürgerliche Revolution: Die Aufgeregten von Goethe von Muschg.* In: Goethe – Yearbook II/1984; M. Dierks (Hg.): *Materialien zu Adolf Muschg* (1989); B. v. Matt: *Fünf Fragen an Adolf Muschg.* In: *NZZ* vom 13.–14.1.1990; P. Gölz: *Von Ödipus zu Parzival: Inter- und Intratextualität bei Adolf Muschg.* In: *Neue Perspektiven zur deutschsprachigen Literatur der Schweiz* (1997).

## 100. ROBERT (Edler von) MUSIL
### (1880 Klagenfurt – 1942 Genf GE)
### Romancier, Erzähler

Kurz nach Hitlers Einmarsch in Wien sieht der kranke Musil seine Existenz schlagartig in Trümmern. Der Verlag Bermann-Fischer, wo seine Werke bisher erschienen sind, wird beschlagnahmt, seine Bücher in Deutschland und Österreich verboten und seine Frau Martha ist als Jüdin in großer Gefahr. Im September fliehen beide nach Zürich, wo sie in der „Pension Fortuna" in der ■ Mühlebachstraße 55 unterkommen. Jedoch vermeiden sie, um Asyl zu bitten, und geben für ihre Flucht gesundheitliche Gründe an. Die erteilte Aufenthaltsbewilligung gilt für ein Jahr und schließt das Verbot schriftstellerischer Tätigkeit ein. Musil und seine Frau treffen den Bildhauer Fritz Wotruba wieder, den sie aus Wien kennen und der eine Büste des Dichters anfertigt. Durch ihn kommen sie in Kontakt mit dem Pfarrer Robert Lejeune, bei dem sie oft zu Gast sind und der sie finanziell unterstützt. Denn es gelingt Musil nicht, einen Schweizer Verleger für den *Mann ohne Eigenschaften* zu finden, obwohl seine Essaysammlung *Nachlaß zu Lebzeiten* 1936 in Zürich gedruckt worden ist. Musil erhält die Genehmigung, am 22.2.1939 einen Leseabend im „Lyzeumklub" zu halten; die *Neue Zürcher Zeitung* berichtet wohlwollend darüber. Der Autor bemüht sich, an seinem großen Roman weiterzuarbeiten. Aber Hans Mayer erinnert sich: „Der mittellose Flüchtling aus Österreich, der sich immer wieder und so vergeblich abmühte, mit Hilfe von Verwandten seiner Frau die Bürgschaft amerikanischer Bürger zu erlangen, ohne welche an die Einwanderung nicht gedacht werden konnte, bekam mit bürokratischer Regelmäßigkeit die Aufforderung aus Bern, sich nun endlich davonzumachen." In seinem Tagebuch beschreibt Musil seine verzweifelte Lage noch drastischer und befürchtet die Konsequenzen: „Die Zwangsarbeitslager für Emigranten, die nicht reich sind: es ist nichts spezifisch Schweizerisches. Schweizerisch aber ist, dass der Initiator dieser Lager (Rothmund) von der Presse gepriesen wird als besonderer Freund der Künstler und Intellektuellen." Angesichts dieser

Bedrohung ziehen Musil und seine Frau im Juli 1939 nach Genf, wo sie eine Zuwendung vom „Comité pour le placement des intellectuels réfugiés" erhalten, der Dichter jedoch ebensowenig Anerkennung findet wie in Zürich.

W: *Der Mann ohne Eigenschaften* (unvollendet 1943 im Selbstverlag ersch.); *Tagebücher.* Hg. v. A. Frisé (1955).

📖 *Robert Musil. Leben, Werk, Wirkung.* Hg. v. K. Dinklage (1960); W. Berghahn: *Robert Musil* (1963); I. Silone: *Begegnungen mit Musil.* In: *Forum* Februar 1965; W. Mittenzwei: *Robert Musil.* In: ders.: *Exil in der Schweiz* (1978); H. Mayer: *Bei Robert Musil.* In: ders.: *Ein Deutscher auf Widerruf. Erinnerungen I* (1982); R. Kieser: *Erzwungene Symbiose. Thomas Mann, Robert Musil, Georg Kaiser, Bertolt Brecht im Schweizer Exil* (1984); *Deutsche Intellektuelle im Exil* (1993); F. Wende: *Robert Musil.* In: *Deutschsprachige Schriftsteller im Schweizer Exil 1933–1950.* Begleitbuch zur Ausstellung in Frankfurt a. M. 2002.

## 101. PAUL NIZON
### (1929 Bern)
### Kunsthistoriker, Publizist, Schriftsteller

„Ob ich in Zürich und in der Schweiz wohl vertrocknet wäre? Es war, so scheint mir, auch eine Frage der Enge. Zürich war mir einfach zu klein als Revier für die Anzahl Schriftsteller, die es beherbergt. Man ist dauernd und geradezu physisch konfrontiert mit dem, was die Kollegen Muschg und Loetscher und viele andere machen, mit den Kommentaren dessen, was sie, was wir alle machen, es kommt einem vor, als wäre eine Losung ausgegeben, jetzt mußt du engagiert schreiben und zwar für das Jugendzentrum, jetzt wiederum gegen den oder jenen Faschoansatz, man sitzt wie in einer Schreibstube, man fühlt sich wie öffentlich angestellt. Und man kennt alles nach und nach so gut, man kennt es auswendig […] Selten einmal empfindet man wirklich etwas Lebendiges. Auch ich war mir selber hölzern und unveränderlich und allzu gemütlich geworden, ich lechzte nach FREMDE." Es erstaunt daher nicht, daß der in Bern geborene und aufgewachsene Schriftsteller, 1961/62 als leitender Kunstkritiker der *Neuen Zürcher Zeitung* tätig, 1977 nach Paris übersiedelt, wo er bis heute lebt und schreibt. Daß die Ausreise alles andere als selbstverständlich war, bekennt er in seinem Journal *Die Innenseite des Mantels*: „Fürchtete ich mich vor diesem Exodus? Weil ich die Schweiz verließ und in die Welt fuhr, ich will in die Welt, rief es schon so lange in mir, gerade so, als gehöre Zürich nicht zur Welt." Das Hauptthema seiner Bücher bildet sein eigener Ausbruch aus den bürgerlichen und lähmenden Berner Gesellschaftsnormen (*Hund, Im Hause enden die Geschichten*) und die daraus entstehende Suche nach neuen Lebensformen, bevorzugt in Städten wie Rom, Zürich oder Paris (*Canto*). Fast anderthalb Jahrzehnte lang in der ■ 101a Rollengasse 2 und ein Jahr in der ■ 101b Schöneggstraße 24 wohnhaft, verfaßt er Romane und engagiert sich für die Erneuerung des Kulturbetriebs. Die soeben erschienenen Journale *Die Erstausgaben der Gefühle 1961–1972* geben einen Einblick in seine Zürcher Zeit. Für Paul Nizon, ein Semester lang Gastdozent in der Architekturabteilung der ➤ ETH, gehören Geistigkeit und Urbanisierung eng zusammen. In Zürich wie in der Schweiz führe die restaurative Mentalität zu einem Stagnieren beider Bereiche. „Der städtische Kulturbetrieb Zürichs tätigt Kulturtransaktionen, tätigt Kulturgeschäfte, in welchen ‚Kultur‘ als schönverpackter Wert mit fester Währung gehandelt, nicht aber als echte Aufgabe wahr – und als geistige, in den gesamtgesellschaflichen Prozeß eingreifende Energie ernst genommen wird“, beklagt er 1972. Die Gefahren des künstlerischen Engagements – wie den Verlust der Identität – schildert er in *Stolz*. Paris ist nun das zentrale Thema seiner Bücher, die alle in französischer Übersetzung erscheinen: „Ich wollte niemals zurück in die Schweiz“, teilt er dieses Jahr einem Journalisten mit. Zahlreiche Literaturpreise sind ihm verliehen worden, u.a. der ➤„Conrad-Ferdinand-Meyer-Preis“ 1972 und der ➤„Literaturpreis der Stadt Zürich“ 1992.

W: *Canto* (1963); *Ich wohne in Höngg.* In: *Zürich und seine Quartiere* (1966); *Diskurs in der Enge. Aufsätze zur Schweizer Kunst* (1970); *Swiss made* (1971); *Im Hause enden die Geschichten* (1971); *Untertauchen* (1972); *Stolz* (1975); *Van Gogh in seinen Briefen* (1977); *Die Innenseite des Mantels. Journal* (1995); *Hund. Beichte am Mittag* (1998); *Die Erstausgaben der Gefühle 1961–1972* (2002).

 Gedanken-Gang durch die Stadt. In: *Zürcher Almanach 1972;* [zus. m. W.Hunziker u. A. Gerber] *Kultur und Öffentlichkeit. Zum städtischen Kulturbetrieb Zürich.* In: *Zürcher Almanach 1972; Materialienband zu Paul Nizon* (1985); B.v.Matt: *Lesarten* (1985); M.R.Dean: *Das nomadische, das hypertrophe und das mythologische Ich. Begegnungen mit Paul Nizon, Hermann Burger und Guido Bachmann.* In: *Text + Kritik* (Sonderbd.) *Literatur in der Schweiz* (1998); P. Derivière: *La vie à l'oeuvre. Un essai sur Paul Nizon* (2000); *Im Kino mit Paul Nizon.* In: *NZZ* vom 18.6.2002.

## 102. OSKAR PANIZZA
**(1853 Bad Kissingen – 1921 Bayreuth)**
Schriftsteller, Nervenarzt

Sein Medizinstudium und seine Tätigkeit als Assistenzarzt in München bedeutet für Panizza die Unabhängigkeit von seiner Mutter und die Überwindung seiner Angst vor erblichem Wahnsinn. Seine Vorlieben gelten jedoch der Musik und der Literatur. Schon 1884 kann er sich dank einer Erbschaft ganz dem Schreiben widmen. Außer Gedichten verfaßt er scharfe Satiren auf staatliche und kirchliche Institutionen. Für Aufsehen sorgt sein Drama *Das Liebeskonzil*, das 1895 in Zürich erscheint: Ein paar Monate später wird in München ein Exemplar beschlagnahmt, der Autor wegen Gotteslästerung angeklagt und zu einem

Jahr Gefängnis verurteilt. Nach seiner Haftentlassung emigriert Panizza nach Zürich. Auf seinem neuen Briefkopf steht die Adresse: ■ 102 Zürich-Unterstrass, Turnerstraße 32. 1897 gründet er einen Verlag und die Zeitschrift *Zürcher Diskußjonen*, in der die Beiträge „Literarischer Diskußjonsabende" gedruckt werden sollen. ➢ Der anarchistische Armenarzt Fritz Brupbacher berichtet in seinen Memoiren: „In Zürich hatte sich um ihn eine ganze Gemeinde intellektueller Revoluzzer gesammelt. Er gab mit ihnen zusammen ,*Zürcher Diskussionen, Flugblätter aus dem Gesamtgebiet des modernen Lebens*' heraus. Er war nicht Sozialist, aber eine ganz seltene Art Freiheitskämpfer. Ein richtiger, großer militanter Individualist, der sich vor niemand und vor der Konsequenz keines Gedankens fürchtete." Gerade solche Kontakte eines Ausländers mit sozialistisch-anarchistischen Kreisen machen Panizza verdächtig. So genügt der Polizeibericht, er habe eine minderjährige Prostituierte in seine Wohnung mitgenommen und nackt photografiert, um den „excentrischen" Einwanderer „einfach administrativ" 1898 aus Zürich auszuweisen: „Der Fall Lucheni hat die Diplomaten aller Länder zur Verzweiflung gebracht. Plötzlich hat man entdeckt, daß ich Anarchist bin: Anarchist des Gedankens. Denn die Mädchenaffäre in Zürich [...] ist ja doch nur Vorwand", schreibt Panizza an einen Freund. Daraufhin reist er nach Paris ab.

W: *Das Liebeskonzil. Eine Himmels-Tragödie in fünf Aufzügen. Dritte, durchgesehene und vermehrte Auflage* (1897); *Abschied von München. Ein Handschlag* (1897); *Dialog im Geiste Huttens* (1897); *Das Haberfeldtreiben im bairischen Gebirge. Eine sittengeschichtliche Studie* (1897); *Psichopatia criminalis* (1898); *Nero. Tragödie in fünf Aufzügen* (1898).
📖 P. D. G. Brown: *Oskar Panizza – His Life and Works* (1983); M. Bauer: *Oskar Panizza. Ein literarisches Porträt* (1984).

### 103. JOHANN HEINRICH PESTALOZZI  P
(1746 Zürich – 1827 Brugg AG)
Schriftsteller, Volkserzieher, Philosoph,
Staatstheoretiker

„Ich verlor meinen Vater früh, und dieser Umstand entschied über die Lücken meiner Erziehung, die mir durch mein ganzes Leben nachtheilig waren." Die prekär gewordene wirtschaftliche Lage zwingt die Familie dazu, ihr Haus vor dem Lindentor am oberen Hirschengraben (1955 abgerissen; Gedenktafel am Haus ■ 103a Hirschengraben 18) zu verlassen und ins „Haus Zum roten Gatter" in der ■ 103b Münstergasse 25 (Gedenktafel) zu ziehen. „Er [der Vater] sagte auf seinem Todbette einer armen Magd, die kaum ein halbes Jahr bei ihm diente: Verlaß meine Frau nicht, wenn ich sterbe, sonst sind meine armen Kinder alle verloren [...] wäre diese Magd nicht also bei uns geblieben, meine Mutter hätte [...] uns nicht miteinander erziehen können und wir wären zerstreut unter Fremden aller Erniedrigung und aller Verwahrlosung ausgesetzt gewesen, denen vaterlose Kinder [...] so allgemein ausgesetzt sind." Diese persönliche Erfahrung ist der Grundstein zu Pestalozzis zahlreichen pädagogischen Ideen und Versuchen, Bettelkinder und Kriegswaisen zur Selbständigkeit zu erziehen. Sein Studium am ■ F „Collegium Carolinum" (1763 bis 1765) macht ihn zum geistigen Erben von →Bodmer und →Lavater. Er schließt sich auch bald den „Patrioten" an, die sich im Zunfthaus der Gerber (heute Limmatquai 20) treffen: „[...] die Großthaten unserer Väter, der Geist ihrer hohen Aufopferungskraft für Vaterland, Religion, Freiheit, Wahrheit und Recht, mit der sie unser Vaterland retteten, ist nichts anderes als der hohe Geist der Aufopferung meiner Magd, mit der sie unsere Haushaltung rettete." Ferner entdeckt er Rousseaus *Emile* sowie die ➢„Physiokraten", die sich für eine Landwirtschaftsreform einsetzen, Nachdem er von seinem Großvater, Dekan am ■ 103c Wettingertobel 38 (Gedenktrafel) in Höngg, bei jedem Besuch die mißliche Lage der Bauern kennenlernt. Pestalozzi muß sich jedoch mit seinen geistigen Vätern kritisch auseinandersetzen, bevor er seinen eigenen Durchbruch zur sozialen Wirksamkeit erreicht: „Selbst Bodmer, mein Liebling und Vater, kannt das Thun und Treiben der Gegenwart nicht, indem er uns den Geist der Vorwelt eröffnete. Er gab dem Jüngling keine Kraft für das Leben der wirklichen Welt [...] Bodmer, Breitinger, später Steinbrüchel und viele andere Professoren und Gelehrte dieser Zeit waren in hohem Grad ausgezeichnet wissenschaftlich gebildete Männer, obgleich sie, wo nicht alle, doch weitaus die meisten, eine für das praktische Leben, wozu die Jünglinge unserer Stadt hätten gebildet werden sollen, nicht genügsam gegründete Geistesrichtung belebte." Er verläßt Zürich 1769 nach seiner Heirat mit Anna Schulthess, um mit ihr den „Neuhof", einen landwirtschaftlichen Musterbetrieb, bei Birr (AG) zu gründen. Wegen finanzieller Probleme muß Pestalozzi – inzwischen berühmt und 1792 zum Ehrenbürger Frankreichs ernannt – zurück nach Zürich: 1796–98 betreibt er mit einem Verwandten ein Seidengeschäft in der ■ 103d Plattenstraße 16. Nach dem ➢ Umsturz von 1798 überträgt ihm die neue helvetische Regierung die Betreuung der Kriegswaisen im Kanton Unterwalden – die Grundlage seiner umfassenden pädagogischen Erfahrungen und bahnbrechenden Publikationen. Ein Pestalozzi-Denkmal von Hugo Siegwart steht an der unteren ■ 103e Bahnhofstrasse (Pestalozzi-Anlage). Das „Pestalozzianum", Beckenhofstraße 31–37, sammelt seit 1878 Schriften und Erinnerungen des Pädagogen.

W: *Lienhard und Gertrud* (1781–87); *Meine Nachforschungen über den Gang der Natur in der Entwicklung des Menschengeschlechts* (1797); *Wie Gertrud ihre Kinder lehrt* (1801). 📖 J. C. Mörikofer: *Heinrich Pestalozzi und Anna Schultheß*. In: *Zürcher Taschenbuch auf das Jahr 1859* (1859); M. Lavater-Sloman: *Pestalozzi. Die Geschichte seines Lebens* (1954); G. Cepl-Kaufmann / M. Windfuhr: *Aufklärerische Sozialpädagogik und Sozialpolitik. Zu Pestalozzis Erziehungsroman „Lienhard und Gertrud"* (1977); P. Stadler: *Pestalozzi* (1988); W. Bänziger: *„Es ist freilich schwer, sein eigenes Bild mit Treue zu malen …" Die Autobiographien von Pestalozzi, Zschokke und Wessenberg* (1996); A. Kobelt u.a. (Hg.): *Auf den Spuren Pestalozzis: Stationen seines Lebens* (1996); M. Liedtke: *Johann Heinrich Pestalozzi* (1998).

## 104. ALFRED POLGAR
### (1873 Wien – 1955 Zürich)
### Erzähler, Dramatiker, Feuilletonist

Sein Ansehen verdankt Polgar hauptsächlich seinen brillanten Theaterkritiken und Feuilletons in renommierten Wiener und Berliner Zeitungen. Seine von der Wiener Kaffeehaus-Atmosphäre geprägte Prosa ist mit den Jahren zunehmend zeitkritisch und antimilitärisch geworden. Nach Hitlers Machtergreifung 1933 flieht er aus Berlin und kehrt nach Wien zurück, das er 1938 ebenfalls verlassen muß. Zürich ist eine der vielen Etappen seines Exils in Richtung USA. Ein erstes Gesuch um Aufenthalts- und Erwerbsbewilligung wird zunächst von der Fremdenpolizei aufgrund eines Gutachtens des ➤„Schweizer Schriftsteller-Vereins" abgelehnt, in dem steht, Polgars Schaffen sei als nicht „von derartigen Bedeutung" einzustufen, „daß es eine wirkliche Bereicherung des geistigen Lebens unseres Landes" darstellen würde. Nachdem sich →Carl Seelig für Polgar eingesetzt hat, erklärt sich der SSV am 26. 10. 1938 mit einer Aufenthaltsbewilligung für ein Jahr einverstanden; dem Autor ist jedoch „jede Mitarbeit an schweizerischen Zeitungen und Zeitschriften verboten" sowie die „Abhaltung von Vorträgen, Vorlesungen und Radiosendungen". Polgar darf dennoch in der Schweiz Romane schreiben und verlegen, außerdem an ausländischen Zeitungen mitarbeiten, was seine materielle Not ein wenig lindert. Sein *Handbuch des Kritikers* wird z. B. im ➤ Verlag Oprecht im gleichen Jahr veröffentlicht. Ungeachtet des Verbots liefert er Beiträge für die schweizerische Zeitschrift *Die Nation*. Nach Kriegsende kehrt Polgar 1952 aus den USA nach Zürich zurück, einer Stadt, mit der er durch die Freundschaft mit Carl Seelig verbunden ist, obwohl er sie als „lieblich, infam teuer, stinkfade" bezeichnet. Er wohnt vorwiegend in Hotels, u. a. im „Hotel Urban", ■ 104 Stadelhoferstraße 41 (abgerissen, Hausnummer aufgehoben), und reist oft nach Österreich und Deutschland. Er wird auf dem ■ G 10 Friedhof Sihlfeld bestattet.

W: *Handbuch des Kritikers* (1938); *Standpunkte* (1954); *Sperrsitz* (1980); *Kleine Schriften. 6 Bde.* (1982–86).

U. Weinzierl: *Alfred Polgar. Eine Biographie* (1985); *Fluchtpunkt Zürich* (1987); E. u. K. Mann: *Escape to Life. Deutsche Kultur im Exil* (1996).

P

## 105. SIGISMUND VON RADECKI
(1891 Riga/Lettland –
1970 Gladbeck/Westfalen)
Erzähler, Essayist, Übersetzer, Schauspieler,
Zeichner, Ingenieur

Unter dem Einfluß von seinem Freund Karl Kraus wendet sich Radecki um 1926 der Schriftstellerei zu und gilt seitdem als Meister der kleinen Prosaformen. Nachdem er in Paris, Berlin, München und Hamburg gelebt hat, siedelt er Ende 1945 nach Zürich über. Er findet eine Wohnung in der ■ 105 Neptunstraße 74, die er bis kurz vor seinem Tod behält. Neben zahlreichen Übersetzungen (eigentlich Nachdichtungen) von russischen Autoren schreibt er Essays, Skizzen und humoristische Lebensweisheiten. Zunehmend tritt er als Kultur- und Zeitkritiker hervor. Im Erzählungsband *Was ich sagen wollte* sind drei Zürcher Porträts zu lesen. Das erste, *Der Wald über der Stadt*, enthält eine Beschreibung des Ütlibergs: „Er aber stand in blauen Gottesnähen, hochaufgerichtet in seinem Grün und Gold und wieder Grün, und doch ganz in sich versunken." Das zweite, *Winke für Möwenfüttern*, ist ein humoristisches Genregemälde. Und im dritten, *Zürich, alles aussteigen!*, finden wir die übliche Stilmischung: Zum einen eine augenzwinkernde Betrachtung der Stadt: „Steigt man nun aus, so erblickt man als erstes die Rückseite eines Herrn in bronzenem Gehrock und darunter ein Bassin mit grasgrünem Wasser [...] Am nächsten Tag wird man gefragt: ‚Wie hat Ihnen die Bahnhofstraße gefallen?' und man sagt ‚Einzig!', wiewohl sie einem gar nicht aufgefallen ist, da sie nämlich das ist, was Zürich mit allen Weltstädten gemeinsam hat [...] In Zürich sind zwei Städte ineinandergeschoben, nämlich Seldwyla und Newyork. Seldwyla kümmert sich nicht um die Fremden; Newyork fragt, wie einem die Bahnhofstraße gefallen hat." Zum anderen zeigt sich Radeckis feine, liebevolle Menschenbeobachtung: „In einem Zürcher Hotel, morgens 7 Uhr [...] Serviertochter: ich bringe Ihne äs Caffi complet, dr Chuchichef schlaft drum no und i dr Chuchi isch nur d'Caffichöchi. Hier spiegelt sich die Welt in einer Kaffeetasse. Schon das Wort ‚Caffi complet' lächelt in der Vermählung von Dialekt und Weltsprache [...]; wenn man *Chuchichef* heißt (was zugleich wie ein russischer General klingt), so ruht man sich auf diesem unbezahlbaren Titel mit Recht aus." 1953 erhält er den ➤„Literaturpreis der Stadt Zürich".

W: *Der runde Tag* (1947); *Nebenbei bemerkt* (1954); *Das Schwarze sind die Buchstaben* (1957); *Was ich sagen wollte* (1958); *Im Vorübergehen* (1959); *Ein Zimmer mit Aussicht* (1961); *Gesichtspunkte* (1964); *Im Gegenteil* (1966).
&#x1F4D6; H. Ahl: *Ernste Überlegung – heitere Überlegenheit.* In: ders.: *Literarische Porträts* (1962).

## 106. ALEXANDER RODA RODA

(eigentl. Sandor Friedrich Rosenfeld)
(1872 Drnowitz bei Wischau/Mähren –
1945 New York) Schriftsteller, Dramatiker,
Kabarettist, Journalist

„Ich bin heute der einzige deutsche Schriftsteller von Namen, der die slawische Kunst, insbesondere die Dichtkunst in Deutschland popula-
risieren half. Ich habe zahlreich slawische Autoren ins Deutsche
übersetzt [...] Nicht weniger als acht Bände meiner eigenen
Schöpfungen befassen sich mit Kroatien, Slawonien, Dalmatien
und Bosnien." So beschreibt der Autor in einem Artikel des *Agra-
mer Tagblatts* 1913 sein Schaffen. Es wird noch zahlreiche Bücher
veröffentlichen, in ganz Europa humoristische Abende organisieren und als Journalist über alle bedeutenden Kulturereignisse seiner Zeit berichten, bevor er 1938 Wien fluchtartig mit seiner Frau
verlassen muß. Die erste Etappe auf dem Weg zum erhofften Exil
in Amerika ist Zürich. Er wohnt zuerst in der ■ 106a Falkenstraße
12, dann in der ■ 106b Olgastraße 10. →Erika Mann berichtet:
„Die Stimmung unter den neuen Wiener Emigranten, die in
Zürich eine Durchgang-Station machten, war bedrückt, aber nicht
ohne Hoffnung. Beinahe alle rechneten damit, daß sie es drüben,
in den USA, schon irgendwie schaffen würden [...] Aber auch die
Betagten gaben sich redliche und rührende Mühe, gute Miene
zum schlimmen Spiel zu machen. Der humoristische Schriftsteller
Roda Roda zum Beispiel tat sein bestes, immer noch ein wenig
drollig und amüsant zu sein [...] Wahrscheinlich hat kein anderer
lebender Mensch so viele gute Anekdoten gewußt und mit so sou-
veräner Technik erzählt wie der alte Roda Roda. – Wir verbrachten
in Zürich den Abend seines 66. Geburtstages mit ihm: ein etwas
wehmütiges Fest [...]" – Auch sein Schwiegersohn Ulrich Becher,
der von →Zuckmayer als „einer der Begabtesten und Hoffnungs-
vollsten und Anständigsten unter den jüngeren Generationen" von
Schriftstellern bezeichnet wird, bemüht sich in Zürich, ein Visum
für die USA zu erhalten, wird aber 1941 nach Brasilien ziehen
müssen. Seit Ende 1940 in New York ansässig, wird sich Roda Roda
für seinen Kollegen →Albert Ehrenstein einsetzen.

W: *Die rote Weste* (1945).

📖 R. Hackermüller: *Einen Handkuß der Gnädigstern! Roda Roda. Bildbiographie*
(1986); E. u. K. Mann: *Escape to Life. Deutsche Kultur im Exil* (1996); V. Obad: *Roda
Roda und die deutschsprachige Literatur aus Slawonien* (1996).

R

## 107. LUDWIG RUBINER
(1881 Berlin – 1920 Berlin)
Lyriker, Dramatiker, Publizist

Seine ersten Werke publiziert er 1904 unter dem Pseudonym Ernst Ludwig Grombeck in der anarchistisch-antimilitärischen Zeitschrift *Kampf*. Als radikaler Kriegsgegner, der seit 1912 in einer Künstlerkolonie bei Paris lebt und arbeitet, flüchtet Ludwig Rubiner 1915 mit seiner Frau in die Schweiz. In Zürich kommt er in der ■ 107 Hadlaubstr 11 unter; Hans Richter erinnert sich: „Seinen schweren großen Körper rastlos in den Zimmern seiner Wohnung in der Hadlaubstrasse hin- und hertragend, posaunte er seinen Zorn, ein wahrer Cherubiner [...] Er litt. Was er tat, schrieb, sagte, verdammte, war nur der Ausdruck dieses steten Leidens, das er für die Leiden (und in diesen für sich) fühlte." Rubiner wird bald die Seele einer Gruppe von ➤ emigrierten Intellektuellen (u.a. →Hardekopf, →Ehrenstein, Richter), die ihren Stammtisch im ■ E „Café Odeon" haben. Die Experimente der Dadaisten bleiben ihm jedoch fremd. Er gibt nun die 1914 in München gegründete Zeitschrift *Zeit-Echo* weiter heraus (vier Hefte 1917): Dort erscheinen u.a. die von ihm und seiner Frau übersetzten Briefe, Tagebuch und Werke Tolstojs, und Hans Richter illustriert das Deckblatt. Außerdem verfaßt er zahlreiche Beiträge für die *Neue Zürcher Zeitung* sowie für die Emigranten-Blätter *Die Aktion* und →René Schickeles *Weiße Blätter*. In beiden Zeitschriften veröffentlicht er Gedichte, Aufsätze und programmatische Schriften. Im *Forum* erscheint 1918 sein politisches Manifest *Die Erneuerung*: „Aber das Ende des Klassenkampfes? Die Gewaltlosigkeit? Das dritte Reich der Menschheit? Beginne, der die Forderung erhebt! Der Weg geht durch die Solidarität. Du kannst nur noch Masse sein. Hier ist die Erneuerung." Während dieser Exiljahre werden eine Gedichtsammlung, *Das Himmliche Licht* (Ferdinand Hardekopf gewidmet), und eine Anthologie seiner bisherigen Essays, *Der Mensch in der Mitte*, gedruckt. Seine öffentliche Idealisierung der russischen Revolution führt zu seiner Ausweisung aus Zürich. Nachdem er am 24.12.1918 einen österreichischen Paß erhalten hat, verläßt er die Stadt und kehrt nach Berlin zurück.

W: *Das Himmliche Licht. Gedichtzyklus* (1916); *Zur Krise des geistigen Lebens.* In: *Zeitschrift f. Individualpsychologie* 1/1916; *Die Änderung der Welt* (1916); *Revolutionstage in Rußland* (1917); *Zeit-Echo* (1917–18); *Der Kampf mit dem Engel* (1917); *Der Mensch in der Mitte* (1917); *Die Erneuerung* (1918); *Die Gewaltlosen* (1918).

📖 W. Herzog: *Dem toten Kameraden Ludwig Rubiner.* In: *Das Forum* 4/1919–20; K. Petersen: *Ludwig Rubiner. Eine Einführung* (1980); W. Haug. *Ludwig Rubiner. Künstler bauen Barrikaden. Texte und Manifeste 1908–1919* (1988).

## 108. HANS SAHL
### (1902 Dresden – 1993 Tübingen)
### Lyriker, Romancier, Essayist, Übersetzer

1934 ist Hans Sahl über Prag, wo er bei →Max Brod unterkommt, in die Schweiz geflüchtet, immer wieder von Freunden versteckt. In Zürich kommt er in der „Pension Bickel" in der Plattenstraße unter. In seinen Memoiren schreibt er: „Meine Erinnerung an Zürich ist beinahe so fleckenlos wie an gewissen, sehr blauen Tagen der Himmel über Zollikon [...] Dabei hätte ich Grund genug, mich zu beschweren." Denn um dem rigorosen Arbeitsverbot, dem Emigranten unterliegen, zu umgehen, wählt er Paris zum dauernden Aufenhaltsort, während er immer wieder für begrenzte Zeit nach Zürich zurückkehrt. „Zürich war damals der geometrische Ort, an dem alle Fluchtlinien zusammenliefen [...] Man traf sich nachmittags um 6 Uhr im ‚Odeon', wo die vielen Zeitungen auslagen [...] Ich fuhr zwischen Paris und Zürich hin und her, zwischendurch einen Sommer in Ascona, schrieb Chansons für das ‚Cornichon' und die ‚Pfeffermühle' [...] Einmal, als meine Aufenthaltsbewilligung abgelaufen war, bekam ich den Auftrag, ein Festspiel für die Schweizer Arbeitersänger zum 1. Mai zu schreiben [...] Da ich ohne Aufenthaltsbewilligung nicht in Zürich bleiben konnte, versteckte mich ein Freund, der Dichter Gerber, in Küsnacht. Ich wagte mich nicht auf die Straße, aus Angst, daß die Polizei mich aufgreifen und über die Grenze stellen würde, also blieb ich zu Hause und schrieb. Ich wohnte in einer Dachkammer, die nicht geheizt werden konnte und in der Nacht zogen vom See her die eisigen Winternebel durchs Haus." Unter den Helfern sind ➤ Emil Oprecht, der Sahls *Jemand* verlegen wird, sowie →Marcel Fleischmann, der ihn und andere Flüchtlinge finanziell unterstützt, und viele Schauspieler, vor allem aus dem ■ N „Schauspielhaus"-Ensemble. Bei dem erwähnten Auftragswerk handelt es sich um das Oratorium *Jemand*, in dem das Schicksal der Arbeiterschaft unter dem Hitler-Regime bzw. dem Kapitalismus symbolisch dargestellt wird. Ganz in der Tradition des deutschen Agitproptheaters aus einem Sprecher, Sprechchören, Sängerinnen, Sänger und einem Arbeiterorchester bestehend, stehen insgesamt 800 Mitwirkende auf der Bühne. Sahl erinnert sich noch: „Nach Beendigung des ‚Jemand' fuhr ich nach Paris zurück und kehrte im Juni 1938 zur Uraufführung im Limmathaus zurück, wo mir, vor jubelnden, ergriffenen Massen auf der Bühne ein knixend errötendes Mädchen einen mächtigen Lorbeerkranz [...] um den Hals hängte und ich den von Tibor Kasicz großartig vertonten Schlußchoral mitsang: ‚Rettet den Menschen, rettet den Menschen, rettet die Welt vor der Barbarei.' Ich war mir

**R**
**S**

169

in diesem Augenblick sehr wohl bewußt, was da vor sich ging: daß da ein Emigrant ohne Arbeits- und Aufenthaltserlaubnis das Schweigen, das sich nach dem Frieden von München wie ein Leichentuch über Europa gelegt hatte, durchbrach und zum Sprachrohr derer, die nicht mehr sprechen durften, geworden war." Nach dieser denkwürdigen Uraufführung folgen noch weitere, die jeden Abend unter einem Zelt am Bellevueplatz vor ca. 6000 Zuschauern in Anwesenheit des Autors stattfinden. Die Zürcher Presse lobt die künstlerische Qualität des Werkes. Hans Sahl wird erst zehn Jahre später Zürich wiedersehen, als er am Drehbuch von Richard Schweitzers Film *Vier im Jeep* mitarbeitet. Er wohnt diesmal im „Hotel Seehof/Bollerei", ■ 108 Schifflände 26–28 (abgerissen): „Zürich war wieder so schön, fast schämte ich mich, es so ganz ohne Panik genießen zu können. Es war ein anderes, recht ungefährliches und verharmlostes Zürich [...]." Anläßlich des 50. Jubiläums seiner Uraufführung ist 1988 im Rahmen der Zürcher Juni-Festwochen eine Neuinszenierung des *Jemand* veranstaltet worden.

W: *Jemand. Oratorium* (1936; 1938 m. Holzschnitten v. F. Masereel ersch.); *Exil* (Gedicht, 1938); *Memoiren eines Moralisten* (1983); *Paradies in Raten. Zürcher Erinnerungen von Hans Sahl*. In: *Fluchtpunkt Zürich* (1987); *Das Exil im Exil* (1990).
&#x1F56E; K. Mann: *Passion eines Menschen*. In: ders.: *Das Neue Tage-Buch* [9.4.1938]; *An den Wind geschrieben. Lyrik der Freiheit 1933–1945* (1960); *Dreissiger Jahre Schweiz* (1982); *Wider das Vergessen* (1985); *E. W. Skwara: Hans Sahl. Leben und Werk* (1986); *Deutsche Intellektuelle im Exil* (1993); M. Wegner: *Chronist und Moralist. Zum 100. Geburtstag des Schriftstellers Hans Sahl*. In: *NZZ* vom 18.5.2002; F. Wende: *Hans Sahl und sein Chorwerk „Jemand"*. In: *Deutschsprachige Schriftsteller im Schweizer Exil 1933–1950*. Begleitbuch zur Ausstellung Frankfurt a. M. 2002.

### 109. FELIX SALTEN
(eigentl. Siegmund Salzmann)
(1869 Budapest – 1945 Zürich)
Erzähler, Dramatiker, Essayist, Feuilletonist
Als der namhafte Novellist, Burgtheaterreferent und Feuilletonist Wien 1938 verlassen muß, um nach Zürich zu flüchten, ist er vor allem durch eine Gelegenheitsarbeit international bekannt geworden: die Tiergeschichte *Bambi*. Die Verfilmung durch Walt Disney 1942 macht das junge Reh unsterblich, der Autor gerät jedoch beinahe in Vergessenheit. Salten ist schon für mehrere große Wiener Zeitungen tätig gewesen, bevor er zum Literaturverein „Freie Bühne" stößt. Seine Beiträge für Kunst und Literatur der Moderne verhelfen dem „Jung-Wien" (Karl Kraus, Arthur Schnitzler etc.) zum Durchbruch. Der Präsident des österreichischen PEN-Clubs ist aber auch erwiesenermaßen der (anonyme) Verfasser des erotischen Bestsellers *Josefine Mutzenbacher*. In Zürich hat Felix

Salten Glück, da der ➤„Schweizerische Schriftsteller-Verband" dem Schriftsteller ein positives Gutachten ausstellt: Seine Anwesenheit würde „niemandem zum Schaden" gereichen. Seine Aufenthaltsbewilligung wird daher mehrmals problemlos verlängert. Allerdings wird er von seinem Schweizer Verleger dazu genötigt, sich fortan als harmloser Tierbuch-Autor zu betätigen. Bis zu seinem Tod wohnt er in der ■ 109 Wilfriedstraße 4. Salten erlebt noch die Uraufführung von *Bambi* im Zürcher „Rex"-Kino. Er ruht im ■ G 4 Israelitischen Friedhof Unterer Friesenberg. Heute ziert ein Bambi-Brunnen die Ecke Winterthurer-/Langmauerstraße.

W: *Bambi. Eine Lebensgeschichte aus dem Walde* (1923); *Bambis Kinder* (1940); *Renni, der Retter* (1941); *Die Jugend des Eichhörnchens Perri* (1942); *Kleine Welt für sich* (1944); *Djibi das Kätzchen* (1945).

📖 K. Riedmüller: *Felix Salten als Mensch, Dichter und Kritiker* (1949).

## 110. ISOLDE SCHAAD

(1944 Schaffhausen SH) Journalistin, Romancière, Erzählerin, Dramatikerin
Kunst, Kunstgeschichte, Ethnologie und Publizistik studiert sie einige Jahre in Zürich. Während des Studiums beginnt sie ihre journalistische Tätigkeit als Kulturredaktorin der Zürcher *Weltwoche*, dies bis 1974. Anschließend lebt sie als freischaffende Journalistin und Autorin. Sie verfaßt Beiträge für diverse Zeitungen (*Tages-Anzeiger, NZZ, Die Zeit*), Zeitschriften (*GEO, Kursbuch, Pardon*) und seit 1988 schwerpunktmässig für die kulturelle Monatsschrift *du*. Seit 1986 konzipiert sie szenische Arbeiten für den Rundfunk und für verschiedene Zürcher Bühnen (Theater Neumarkt, Rote Fabrik, Schauspielhaus). Diese Stücke spiegeln ihr streitbares und kritisches Engagement wider: *Lektion zur ganz normalen Ausschaffungspraxis* z. B. beschäftigt sich – ausgehend von Berichten des „Amnesty International" – mit der menschenverachtenden Behandlung von zwangsausgewiesenen Ausländern. Isolde Schaad zeigt sich ebenfalls engagiert in ihren Romanen und Erzählungen, deren Stilmittel wie schwarzer Humor und Polemik ihre ketzerischen Standpunkte unterstützen. Dies wird in *Body & Sofa* besonders deutlich: In diesen „Liebesgeschichten aus der Kaufkraftklasse" ist von den Liebesbeziehungen zwischen den Menschen und unzähligen, scheinbar notwendigen Prestigeobjekten die Rede. Die verheerenden Folgen des Wohlstands werden in ihrem Essayband *Die Zürcher Constipation* ironisch dargestellt. Ferner enthält *Mein Text so blau* u. a. „eine Reise ins Innere des Geschlechts", die sich mit dem Frauenbild in Nordafrika am Beispiel von Assia Djebar und Tahar ben Jelloun auseinandersetzt. Neben dem Journalistenpreis 1990 hat sie zahlreiche Anerkennungen für ihre literarische Arbeit erhalten. Sie lebt in Zürich, ■ 110 Scheffelstraße 30.

W: *Die Zürcher Constipation. Texte aus der extremen Mitte des Wohlstands* (1986); *Auroras Nachlass* (1992); *Body & Sofa. Liebesgeschichten aus der Kaufkraftklasse* (1994); *Mein Text so blau* (1997); *Brauchen wir noch eine Demokratie? 3 Sketches* (1998); *Lektion zur ganz normalen Ausschaffungspraxis* (2000); *Keiner wars* (2001).
📖 J. Scheffer: *Satire im Werk von Jelinek und Schaad* (2001).

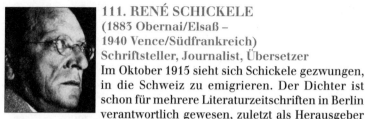

## 111. RENÉ SCHICKELE
(1883 Obernai/Elsaß –
1940 Vence/Südfrankreich)
Schriftsteller, Journalist, Übersetzer
Im Oktober 1915 sieht sich Schickele gezwungen, in die Schweiz zu emigrieren. Der Dichter ist schon für mehrere Literaturzeitschriften in Berlin verantwortlich gewesen, zuletzt als Herausgeber der *Weißen Blätter*, des wichtigsten Organs der expressionistischen Bewegung. Da aber nach Kriegsausbruch die pazifistische Haltung der Zeitschrift immer größere Schwierigkeiten nach sich zieht, soll sie nun in Zürich erscheinen. Zuvor besucht er Romain Rolland in Vevey und taucht dann im Sanatorium des Nervenarztes Binswanger in Kreuzlingen (TG) bis zum Jahresende unter, womöglich um sich einer Formalität zu unterziehen, welche die deutschen Behörden von auf Zeit Ausgemusterten verlangen. In Zürich wohnt Schickele ein halbes Jahr am ■ 111 Höhenweg 20, bevor er nach Ermatingen (TG) zieht: „Zürich, das ist eine Stadt mit einer sommerlich belaubten Straße, an deren Ende der Himmel ein Loch hat." Schickele gehört zum Kreis der Kriegsgegner im ■ E „Café Odeon". Im Januarheft 1916 eröffnet sein berühmtes Drama *Hans im Schnakenloch* symbolisch die Reihe der *Weißen Blätter* in der Emigration. Zürcher Mitarbeiter sind →Charlot Strasser und David Salomon Steinberg. Schickele kann von April 1916 bis Mitte 1917 den ➤Rascher Verlag für sich gewinnen. Dieser unterhält eine Filiale in Leipzig: So kann die Zeitschrift weiter in Deutschland verbreitet werden, ohne von der deutschen Kriegszensur behelligt zu werden. Auf Raschers Wunsch gibt der Schriftsteller die Reihe ➤„Europäische Bücher" und eine Anthologie, *Menschliche Gedichte im Krieg*, heraus. Ungeklärt bleibt der Grund für die Unterbrechung der Zeitschrift von August 1917 bis Juni 1918. Als sie im Juli 1918 wieder erscheint – diesmal in Bern-Bümpliz –, ist sie schmaler geworden und enthält zwei wichtige Essays von Schickele und Sven Borberg über den Krieg: Dieser sei die Konsequenz des in allen Industrieländern herrschenden Egoismus und Materialismus und des dadurch entstandenen Defizits an Herz und Geist. Eine Meinung, die von den Zürcher Schriftstellern der Nachkriegszeit ebenfalls vertreten wird.

W: *Hans im Schnakenloch* (Buchform: 1915; In: *Weiße Blätter*, Januar 1916); *Menschliche Gedichte im Krieg* (1916).

⬚ F. Bentmann (Hg.): *René Schickele. Leben und Werk in Dokumenten* (1974); A. Finck: *Introduction à l'oeuvre de René Schickele* (1982); M. Godé: *René Schickeles Pazifismus in den „Weißen Blättern"*. In: *Elsässer. Europäer. Pazifist. Studien zu René Schickele* (1984).

## 112. BRUNO SCHÖNLANK
(1891 Berlin – 1965 Zürich)
Lyriker, Bühnendichter

„Ich wurde am 31. Juli 1891 [...] in Berlin geboren. Einige Jahre später übernahm mein Vater die Chefredaktion der sozialdemokratischen Leipziger Volkszeitung, die er zum führenden Organ der Arbeiterpresse gestaltete." – Nach dem Gymnasium übt er verschiedene Berufe aus und schreibt Gedichte für den *Simplicissimus* und *Die Jugend*. Der politische Einfluß seines Vaters auf ihn äußert sich in Brunos sozialem Engagement: Mich aber trieb es, den größten Teil meines dichterischen Schaffens der Arbeiterbewegung zu geben. In den proletarischen Feierstunden im ‚Großen Schauspielhaus' wurde mein erster Sprechchor ‚Erlösung' uraufgeführt [...] Die Sprechchorbewegung ging wie ein Lauffeuer durch Deutschland, die Niederlande, ja nach Ungarn und Lettland. Die Sprecher der Chöre waren Arbeiter und Arbeiterinnen [...]" – Hitlers Machtergreifung bedeutet die Gefährdung seiner Arbeit und seiner Person: „Ich sah die massenhafte Vernichtung hereinbrechen – und ich warnte davor. Doch wer wollte das 1933 schon glauben. [...] Ich entging diesem Schicksal durch meine Emigration nach Zürich im Oktober 1933. Im Herbst dieses Jahres schrieb ich noch warnende Wahlsprechchöre für die Sozialdemokratische Partei der Schweiz. Vielleicht verdanke ich diesen Arbeiten die ständige Drohung meiner Ausweisung. Wohin? Im Juli 1935 waren meine Frau und mein Töchterchen mir nachgefolgt. Die Emigrationsjahre wurden immer bitterer, standen in der Wechselwirkung mit den außenpolitischen Ereignissen." Dank eines einflußreichen Schweizer Parteigenossen wird er als politischer Flüchtling bis auf weiteres geduldet und darf sogar schriftstellerisch tätig sein. Mit seiner Familie wohnt er zunächst in der ■ 112a Westbühlstraße 49, dann in der ■ 112b Leimbachstraße 70. Das Exil unterbricht seine literarische Produktion nicht: „Vor Ausbruch des Zweiten Weltkriegs gab ich bei Oprecht noch ein Band Gedichte heraus und schrieb als Dank für Zürich ein Bändchen Märchen, die in dieser schönen Stadt spielen." Es handelt sich hier um *Laß Brot mich sein* und *Schweizer Märchen*. 1945 gehört er dem Vorstand des neugegründeten ➤„Schutzverband Deutscher Schriftsteller" an, zusammen mit →Georg Kaiser, →Jo Mihaly und Hans Mayer. Das beantragte Dauerasyl in der Schweiz wird ihm 1949 gewährt. In den Stunden schwerer finanzieller und gesundheitlicher Not hilft ihm →Carl Seelig wie üblich selbstlos. Bis zu seinem Tod verfaßt Bruno Schönlank weitere Sprechchöre sowie Kantaten und Spiele für den DGB, die IG Druck und Papier und für den Rundfunk, ohne die Lyrik zu vernachlässigen.

W: a) Sprechchöre: *Fiebernde Zeit. Sammlung von Sprechchören und Kantaten* (1935); *Wir schaffen alle Hand in Hand* (1954); *Vom König Dampf zur Atomkraft* (1956). – b) Gedichte: *Laß Brot mich sein* (1939); *Mein Tierparadies* (1950); *Funkenspiel* (1955). – c) Prosa: *Schweizer Märchen* (1938); *Geburt eines Weltfeiertags. Märchenspiel* (1950).

📖 W. Mittenzwei: *Exil in der Schweiz* (1978); J. Clark: *Bruno Schönlank und die Arbeitersprechchorbewegung* (1984); F. Wende: *Bruno Schönlank.* In: *Deutschsprachige Schriftsteller im Schweizer Exil 1933–1950.* Begleitbuch der Ausstellung Frankfurt a. M. 2002.

## 113. BARBARA SCHULTHESS-WOLF
### (1745 Zürich – 1818 Zürich)
### Seelenfreundin

Als Tochter eines Seidenfabrikanten wächst sie im Haus „Zum kleinen Otter" (später „Neuhaus") in der ■ 113a Oberdorfstraße 5 (Gedenktafel) auf, wohin sie als Witwe 1811 zurückkehrt.

Mit →Lavater befreundet, besucht sie mit ihrem Mann, dem Seidenfabrikanten David Schulthess, dessen abendliche Zusammenkünfte zu religiösen Gesprächen. Lavater schätzt ihr selbstständiges Denken und klares Urteilvermögen sehr; er nennt sie seine „Seelenfreundin": „Ihr Schweigen ist belehrende Kritik [...] nichts von der verd ... Zürcher Pedanterie." Ihr Haus „Zum Schönenhof", heute ■ 113b Stadelhoferstraße 42 (1935 abgerissen; an der Stelle heute ein modernes Kaufhaus) entwickelt sich schnell zu einer „Filiale" des Lavater-Hauses und zu einem Mittelpunkt musikalischen und literarischen Lebens. Sie verkehrt und korrespondiert mit vielen Schöngeistern ihrer Zeit, u. a. ab 1774 mit →Goethe. Er lernt sie während seines ersten Aufenthalts in Zürich (26. Juni bis 6. Juli 1775) bei Lavater kennen, und eine Freundschaft entwickelt sich. In den nächsten Jahren schickt ihr Goethe ca. 64 Gedichte sowie verschiedene Manuskripte zum Abschreiben und Begutachten: dazu zählen der *Urmeister* (diese Abschrift wird 1909 von einem ihrer Urenkel im Vaterhaus wiederentdeckt; eine Sensation, denn Goethe hatte das Original vernichtet), die *Iphigenie* und die beiden ersten Akte seines *Ur-Tasso*: „Wann Du von dem ersten Akt des Tasso wenig gebrauchen kannst zu dem neüen, so geschieht uns desto besser – wir werden uns des neüen mit anderen freüen – und der alte wird ein Edelstein im Schatzkästlein Deinen Freunden bleiben", schreibt sie ihm am 20. 3. 1788. Auf seiner zweiten Schweizer Reise 1779 wird Goethe im „Schönenhof" herzlich empfangen. Er schenkt ihr die Abschrift seines *Gesang der lieblichen Geister* (später *Gesang der Geister über den Wassern*). Im Juni 1788 trifft Barbara Schultheß Goethe noch einmal in Konstanz, eine Woche, „wo nichts fehlte, nichts zu wünschen übrig blieb, als sich näher zu sein." 1784 erhält sie den Besuch vom Herzog von Sachsen-Weimar und im Herbst 1795 von Goethes ehemaliger Verlobter Lili, nun Frau von Türckheim, worüber sie nach Weimar berichtet. Auch ein ehemaliger Frankfurter Bekannter des Dichters, der Komponist P. C. Kayser, hat eine Anstellung als Musiklehrer ihrer Kinder gefunden. Während Goethes letzter Schweizer Reise 1797 kommt mühsam ein kurzes Treffen im „Schönenhof" zustande; Goethes Bruch mit Lavater, dem Barbara Schultheß jedoch die Treue hält, dämpft die Herzlichkeit. Der Dichter schickt ihr noch einmal ein kurzes Gedicht, *Schweizeralpe*, das er unterwegs verfaßt hat, dann bricht der Kontakt endgültig ab. Dennoch verleiht Goethe der Susanne in *Wilhelm Meisters Wanderjahre* (Zweite Fassung) eindeutig Barbaras Wesenszüge; und eine Notiz aus *Dichtung und Wahrheit* belegt, daß Goethe die Fortsetzung seiner Autobiographie ihr widmen wollte.

📖 H. G. Gessner: *Denkmahl einer Edlen Seele* (1818); F. Bertheau: *Göthe und seine Beziehungen zur Schweizerischen Baumwollindustrie nebst dem Nachweis, daß unt. Frau Susanna der Fabrikantenfrau in Wilh. Meisters Wanderjahren Frau Barbara Schulthess von Zürich zu verstehen ist* (1888); G. v. Schulthess-Rechberg: *Frau Barbara Schulthess zum Schönenhof* (1903); B. v. Orelli: *Die Tochter aus dem Schönenhof* (1925); P. Guyer: *Das „Neuhaus" im Oberdorf* (1956); U. Isler, *Nanny von Escher, [...] Barbara Schulthess Wolf [...]. Frauenporträts aus dem alten Zürich* (1983).

## 114. ANNEMARIE SCHWARZENBACH
### (1908 Zürich – 1942 Sils Maria GR)
### Schriftstellerin, Reisende, Fotografin

„Die elektrische Lampe beleuchtete ein schönes, kluges Mädchengesicht; jünglingshaft schlank und graziös, ein anmutiger Protest gegen alles tantenhaft Zugeknöpfte und Gezierte, saß sie da und las ihre jüngste Arbeit." So beschreibt →Carl Seelig in seinem Nachruf auf Annemarie Schwarzenbach diese außergewöhnliche Persönlichkeit, die er auf einem Leseabend 1933 im Studio Fluntern beobachten konnte. ‚Klug' ist die Tochter eines reichen, alteingesessenen Seidenindustriellen, der 1912 von Zürich nach ■ 114 Gut Bocken bei Horgen übersiedelt. Sie studiert in Zürich und Paris und promoviert mit 23 Jahren im Fach mittelalterliche Geschichte. Im gleichen Jahr erscheint ihr erster Roman *Freunde um Bernhard*. ‚Schön' ist sie, das wird von allen Zeitzeugen bestätigt, die gerade von dem ‚jünglingshaften' Aussehen bezaubert werden. Dieses Zwitterhafte und zuweilen Exzentrische ist teils bewußter Ausdruck ihrer Neigung zu gleichgeschlechtlicher Liebe, teils die Tarnung ihrer inneren Zerrissenheit, die sich mehrmals in Suizidversuchen entlädt. Denn der zornige ‚Protest‘ gegen eine einengende großbürgerliche Gesellschaft, von ihrer Mutter symbolisiert, fällt ihr nicht leicht. Die erste Form der Rebellion ist ihre enge Freundschaft zu →Erika und →Klaus Mann. Sie folgt ihnen nach Berlin, wo sie in Kontakt zu der dortigen Boheme tritt, einer „faszinierenden Gegenwelt" zu Zürich. Daß sie dort bald Morphium und Alkohol konsumiert, ist eine weitere, provozierende Art, ihrer Depressionen Herr zu werden. Diese Abhängigkeit macht später häufige Klinikaufenthalte nötig. 1933 verläßt sie Berlin und trifft Klaus und Erika in Zürich wieder. Der persönliche und literarische Austausch unter ihnen bleibt lange bestehen; Klaus nimmt sie als Modell für die Figur der Johanna in *Flucht in den Norden* und des Engels der Heimatlosen in *Der Vulkan*. Annemarie scheint sich übrigens häufiger bei →Thomas Mann in Küsnacht als zu Hause aufzuhalten. Der Dichter hat mit ihr das innerliche Chaos, die Zivilisationmüdigkeit und die Sehnsucht nach dem „Geschwister-Paar" – der Ur-Zelle der Geborgenheit – gemeinsam. Der Eklat der Fröntler um die ■ M „Pfeffermühle" ist aller Wahrscheinlichkeit nach von Annemaries Familie initiiert worden, um das Kabarett – und damit Erika Mann – zu diskreditieren. Ihr zweites, für damalige Verhältnisse schockierendes Werk *Lyrische Novelle* erscheint 1933, dem Jahr in dem sie auch die Manuskripte von *Flucht nach oben* und *Der Fluss* abschließt. Eine andere Art der Auflehnung ist das Reisen als einzig erträgliche Existenzform. Sie profiliert sich als herausragende Fotoreporterin in Persien, den USA, den baltischen Staaten, Skandinavien, der Sowjetunion und Afghanistan, aber auch in Wien unmittelbar nach dem deutschen Einmarsch. Über ihre Kontakte mit dortigen im Untergrund lebenden Nazigegnern berichtet sie für Schweizer Zeitungen. Auf einer dieser Reisen lernt sie den französischen Diplomaten Claude Clarac kennen und heiratet ihn. Während eines ihrer Aufenthalte in Sils Maria stirbt sie an den Folgen eines Fahrradunfalls. Daß ihre Bücher und unveröffentlichten Manuskripte in der Schweiz nicht in Vergessenheit geraten, wie es ihre Familie wünscht, verdankt man u. a. dem unermüdlichen Einsatz von →Niklaus Meienberg. Während man sich in Frankreich und Deutschland offen und interessiert mit ihrem Schaffen auseinandersetzt, qualifiziert der Zürcher *Tages-Anzeiger* ihr Buch *Tod in Persien* als „missratenes Mädchentagebuch". Erst Ende der 1980er Jahre wird Annemarie Schwarzenbach als Symbolfigur wieder entdeckt, und dasselbe Buch 1995 als „einzigartiges Dokument in der Geschichte der Frauen im 20. Jahrhundert" bezeichnet. 1998 bringt das Zürcher „Theater an der Winkelwiese" eine eindrucksvolle *Annäherung an Annemarie Schwarzenbach* auf die Bühne.

W: a) *Freunde um Bernhard* (1931); *Lyrische Novelle* (1933; [2]1988); *Der Fluß* (1933, verschollen); *Flucht nach oben* (1933; [2]1999); *Ein gefallener Engel im Hotel Schweiz ; Das Wunder des Baumes* (1941/42); *Wir werden es schon zuwege bringen, das Leben. Annemarie Schwarzenbach an Erika und Klaus Mann. Briefe 1939–1942.* Hg. v. U. Fleischmann (1993). – b) *Was nicht im Baedeker steht. Das Buch von der Schweiz* (1932/33); *Tod in Persien* (1938; [2]1995); *Das glückliche Tal* (1939; [2]1987); *Auf der Schattenseite. Reportagen und Fotografien. Hg.v.R. Dieterle u. R. Perret* (1995); *Alle Wege sind offen. Die Reise nach Afghanistan 1939/40* (2000).

📖 C. Seelig: *Annemarie Schwarzenbach †.* In: *Tages-Anzeiger* vom 18.11.1942; N. Meienberg: *Eine lehnt sich auf und stirbt daran.* In: ders.: *Die Welt als Wille und Wahn* (1987); C. Linsmayer: *Biographisches Nachwort.* In: *Das glückliche Tal* (1988); P. Unternährer: *Die Ruhelose.* In: *Jahrhundert-Schweizer* (1990); N. Müller / D. Grente: *Der untröstliche Engel* (1995); A. Georgiadou: *Das Leben zerfetzt sich mir in tausend Stücke. Annemarie Schwarzenbach. Eine Biographie* (1995); S. Henke: *Schreibende, aus der Einsamkeit, in die Verwilderung, ins Schwarze.* In: *Text + Kritik* Sonderbd. *Literatur in der Schweiz* (1998); E. Willems (Hg.): *Annemarie Schwarzenbach. Autorin – Reisende – Fotografin.* Dokumentation des Annemarie- Schwarzenbach-Symposiums in Sils/Engadin vom 25. bis 28. Juni 1998 (1998); H. Bezençon: *Annemarie Schwarzenbach oder Die fremde Heimat* (1999); V. Moeschler: *Annemarie Schwarzenbach ou les fuites éperdues* (2000).

## 115. CARL SEELIG
(1894 Zürich – 1962 Zürich)
Lyriker, Erzähler, Kritiker, Essayist

Als Autor ist Carl Seelig heute am bekanntesten durch seine *Wanderungen mit Robert Walser* und seine Einstein-Biographie. Als Mensch bleibt er vielen in dankbarer Erinnerung durch seine selbstlose und unermüdliche Hilfe zugunsten emigrierter Autoren. →R. J. Humm nennt ihn „Herbergsvater aller notleidenden Literaten". Aus einer reichen Zürcher Seidenindustriellenfamilie stammend, unterstützt er materiell und durch gute Ratschläge die Schriftsteller, die sowohl während des Ersten als auch schon vor Ausbruch des Zweiten Weltkriegs Zuflucht in Zürich suchen, wie →Kurt Tucholsky, →Ignazio Silone, →Robert Musil und →Alfred Polgar. →Thomas Mann dankt ihm in einem Brief vom 20. 7. 1941: „Daß jemand aus Europa mich fragt, ob er etwas für mich und die Meinen tun kann, ereignet sich wirklich zum ersten Mal! Ich war ganz betroffen und erheitert davon." Zusammen mit ➤ Emil Oprecht organisiert er unpolitische literarische Vorlese- und Vortragsabende für die Emigranten im ➤„Studio Fluntern". Viele von ihnen hat Seelig in Wien kennengelernt, als er nach einem Verlagsvolontariat im Zürcher ➤ Rascher Verlag eine Lektoratsstelle im Wiener E. P. Tal Verlag übernimmt. Er wird Verlagsteilhaber und betreut die Reihe „Die zwölf Bücher", in der Werke von Romain Rolland, →Herman Hesse und →Stefan Zweig erscheinen. 1924 kehrt er nach Zürich zurück und lebt von nun an als Literatur-Rezensent für verschiedene Schweizer Zeitungen, darunter den Zürcher *Tages-Anzeiger*. In dieser Tätigkeit fördert

S

er nach Kräften junge Autoren, ob Schweizer (z. B. Humm, Turel) oder Ausländer. Seine umfangreiche Korrespondenz mit vielen inzwischen bekannten Schriftstellern z. T. in der „Carl-Seelig-Stiftung" (Beethovenstraße 7) aufbewahrt zeugt von seinem Gespür für Talente und seiner großen menschlichen Anteilnahme. Das berühmteste Beispiel dafür ist Robert Walser, den er seit 1933 in der Heilanstalt in Herisau (AR) regelmäßig besucht und dessen Vormund er 1944 wird. Die auf Spaziergängen entstandenen Gespräche gibt Seelig 1957 in *Wanderungen mit Robert Walser* heraus. Darüber hinaus betreut er eine Werkausgabe des Dichters. Angesichts seines Eintretens für andere hat man Seeligs eigenes Werk fast aus dem Gedächtnis verloren. 1921 veröffentlicht er einen ersten Lyrikband, dem zwei weitere folgen. Sein Roman *Die Jagd nach dem Glück* ist in Vergessenheit geraten, seine Biographie Albert Einsteins hingegen nicht. Mit dem Physiker, dem er nie begegnet ist, verbindet ihn eine rege Brieffreundschaft. Auf Wunsch Einsteins sendet ihm Seelig 1954 ein Paket seiner beliebten Suppenwürfel nach Princeton, die den Ausgewanderten „mit einer ganz schweizerischen Umgebung versehen, wobei der Patriotismus durch Erwecken schöner Erinnerungen neu belebt wird." Carl Seelig hat verschieden Domizile gehabt: zunächst in der ■ 115a Sternenstraße 6, dann 115b Rämistraße 6 und schließlich in der ■ 115c Mühlebachstraße 17. 1962 kommt er bei einem Unfall am Bellevue-Platz ums Leben. Er ist auf dem ■ G 10 Friedhof Sihlfeld beigesetzt.

W: *Lieder* (1921); *Erlösung* (1922); *Erlebnisse* (1923); *Die Jagd nach dem Glück* (1923); *Gang durch die Dämmerung* (1953); *Albert Einstein. Eine dokumentarische Biographie* (1954); *Wanderungen mit Robert Walser* (1957, [2]1990); *Albert Einstein. Leben eines Genies unserer Zeit* (1960).

📖 *Carl Seelig zum Gedenken.* In: *Zürcher Almanach 1968;* R. J. Humm: *Bei uns im Rabenhaus* ([2]1975); W. Mittenzwei: *Exil in der Schweiz* (1978); U. Weinzierl: *Carl Seelig, Schriftsteller* (1982); G. Huonker: *„Mäzen, Mentor und Laufbursche".* In: ders: *Literaturszene Zürich* (1986); F. Wende: *Die Helfer der Emigranten: Rudolf Jakob Humm und Carl Seelig.* In: *Deutschsprachige Schriftsteller im Schweizer Exil 1933–1950.* Begleitbuch zur Ausstellung in Frankfurt a. M. 2002.

## 116. ANNA SEGHERS
### (1900 Mainz – 1983 Berlin/Ost)
### Schriftstellerin, Publizistin

Die unter dem Pseudonym Anna Seghers schreibende Netty Reiling-Radvanyi ist 1928 Gründungsmitglied des „Bundes Proletarisch-Revolutionärer Schriftsteller".

Als aktive Kommunistin und Frau eines marxistisch gesinnten Ausländers ist sie seit Hitlers Machtergreifung in Gefahr. „Ich verließ 1933 Deutschland, nachdem die Polizei mich schon einmal verhaftet hatte und mich unter ständiger Bewachung hielt." Der erste Anlaufpunkt des Ehepaars, das getrennt mit seinen Kindern flieht, ist Zürich. Dort kommen sie ab März in einer Pension unter, aller Wahrscheinlichkeit nach ■ 116 Gladbachstraße 65, in der Kurt Kläber und seine Frau ebenfalls wohnen. Sie verkehren bei →R. J. Humm, damals noch in der Neubühl-Siedlung wohnhaft, wo linke Einheimische Emigranten unterstützen. In Zürich treffen sie ebenfalls auf →Bertolt Brecht. Kläber schlägt vor, gemeinsam in seinem Zweitwohnsitz Carona bei Lugano zu leben. Brecht fährt jedoch als einziger dorthin. „Wir befanden uns in einem vagen Zustand [...] den wir für ein Zwischenstadium hielten, auf baldige Heimkehr hoffend.", erinnert sich Anna Seghers. Die Radvanyis beantragen jedoch ein Visum für Frankreich, das eine großzügigere Asylpolitik betreibt, und sind bereits im April 1933 in Paris, wo die Schriftstellerin einen hilfsbereiten Verleger findet.

📖 W. Mittenzwei: *Exil in der Schweiz* (1978); *Deutsche Intellektuelle im Exil* (1993). C. Zehl Romero: *Anna Seghers. Eine Biographie 1900–1947* (2000); S. Hilzinger: *Anna Seghers* (2000).

### 117. WALTER SERNER (eigentl. Seligmann)
### (1889 Karlsbad – 1942 osteurop. KZ)
### Schriftsteller, Jurist

„Tzara, Serner und ich haben im Café de la Terrasse in Zürich einen Gedichtzyklus geschrieben: ‚Die Hyperbel vom Krokodilcoiffeur und dem Spazierstock'. Diese Art Dichtung wurde später von den Surrealisten ‚Automatische Dichtung' getauft", erinnert sich →Hans Arp. Der Anfang dieses Simultangedichts lautet: „das elmsfeuer rast um die bärte der wiedertäufer / sie holen aus ihren warzen die zechenlampen / und stecken ihre steiße in die pfützen / [...]" Über Serner fügt er hinzu: „Er war groß, schlank gewachsen, von östlicher Eleganz und trug gelegentlich ein Monokel. Bevor er sich zu den Dadaisten bekannte gab er mit dem deutschen Buchhändler Hack an der Oetenbachgasse 9 in Zürich die Zeitschrift ‚Sirius' heraus. Serner liebte die Abenteuer und ist auch, wie es sich für einen Abenteurer geziemt, verschollen. [...] Er liebte Trapeze, Spiegelungen, Widerhall, synthetische Pilze und manikürte und pedikürte Sterne, also Stars. Gelegentlich hastete er unsichtbare Treppen empor, als gälte es einen Richter im Dachstock abseits und diskret sich erhängen zu sehen. Er hatte den Schritt des Artisten, der im Schutznetz unter dem tosenden Beifall der Zuschauer leicht tänzelnd, stolz, von dannen stampft." Der Sohn des Herausgebers der *Karlsbader Zeitung* studiert in Wien und Greifswald Jura und verfaßt Kunstkritiken, Buchbesprechungen sowie Aphorismen u. a. für Pfemferts *Aktion*. 1909 konvertiert er zum Katholi-

S

zismus und ändert seinen Namen. Aus pazifistischer Überzeugung geht er im Februar 1915 nach Zürich. Dort wechselt er sechzehnmal seine Unterkunft: u. a. in der ■ 117a Freiestraße 7, ■ 117b Morgartenstraße 12, ■ 117c Neptunstraße 16 und ■ 177d Bahnhofstraße 63. Zunächst skeptisch gegenüber den Aktivitäten des ■ D „Cabaret Voltaire", beginnt er 1917 selbst, dadaistische Gedichte zu schreiben, und konzipiert Simultangedichte mit Arp und →Tzara. Er gewinnt den Maler Picabia für die Finanzierung weiterer Dada-Veranstaltungen. Vor allem aber betätigt er sich als Herausgeber von Zeitschriften: die oben erwähnte *Sirius. Monatsschrift für Literatur und Kunst* (8 Hefte 1915–16), gemeinsam mit Johannes Hack, Besitzer des ■ O 7 Antiquariats „Zum Bücherwurm"; ferner mit Hugo Kersten und Emil Szittya das dritte Heft der prädadaistischen Anti-Kriegszeitschrift *Mistral*, sowie mit Tzara und →Otto Flake das einzige Heft von *Der Zeltweg* (Nov. 1919). Eine neue Zeitschrift *Hirngeschwür* bleibt im Zustand der Planung. Serner beteiligt sich außerdem an der Organisation von Dada-Ausstellungen und -Soirées. Dabei rezitiert er aus *LETZTE LOCKERUNG, manifest dada* – einem Text, der durch seine Sprunghaftigkeit und seinen Stil das Publikum empört: „Süße, süße Mar! Elle a un savon à la place du coeur … die apokalyptische Hure … je me tais …". Ende September 1919 übersiedelt er nach Genf. Auf der Flucht von Deutschland nach Österreich macht Serner von März bis April 1933 erneut einen kurzen Halt in Zürich.

W: *LETZTE LOCKERUNG, manifest dada* (1918; 1919 in der *Anthologie Dada*); *Die Hyperbel vom Krokodilcoiffeur und dem Spazierstock* (1919).
&#x1F56E; R. Meyer: *Dada in Zürich und Berlin 1916–1920. Literatur zwischen Revolution und Reaktion* (1973); J. Drews: „*Hinter jedem Satz hat man ein wildes Gelächter unmißverständlich anzudeuten". Zur geistigen Existenz Walter Serners.* In: *manuskripte* 89–90/1985; A. Backes-Haase: „*Über topographische Anatomie, psychischen Luftwechsel und Verwandtes". Walter Serner – Autor der „Letzten Lockerung"* (1989); H. Wiesner / E. Wichner (Hg.): *Walter Serner.* Katalog der Ausstellung in Berlin 1989; R. Schrott: *Walter Serner* (1989); C. Schad: *Relative Realitäten. Erinnerungen um Walter Serner* (1999).

### 118. JOHANN GOTTFRIED SEUME
(1763 Poserna/Sachsen – 1810 Teplitz/Österreich-Ungarn)
Schriftsteller, Offizier

„Nun bin ich bei den Helvetiern und fast wieder im deutschen Vaterlande […]" Der Aufklärer Seume will nach einer Fußwanderung durch Italien u. a. in Zürich Halt machen.

Am 14.6.1802 verläßt er Mailand und erreicht am 22.6. über Luzern und Zug den Zürcher See. Unterwegs hört sich der erfahrene Soldat gern Kriegsberichte an, z. B. über die Schlacht um Zürich und den General Suworow: „Hier in Zürich habe ich rundumher mich nach dem Betragen der Russen erkundigt, und man gibt ihnen überall das Zeugnis einer guten Aufführung, die man doch anderwärts als abscheulich geschildert hat [...] Man beklagt sich weit mehr über die Franzosen, deren Art, Krieg zu führen dem Lande entsetzlich drückend sein muß, da sie selten Magazine bei sich haben, und nur zusammentreiben, was möglich ist [...] Dies ist einigen Generälen und Kommissären, und nicht der ganzen Nation zuzurechnen." Von Einsiedeln aus nähert er sich mit einem Reisegefährten der Stadt auf damals übliche Weise: „Wir wandelten zusammen den Albis hinauf und herab, setzten uns unten in ein Boot und ließen uns über den See herüber nach Zürich fahren." Dort bewundert er die Stadt und erledigt einen Botengang in →Gessners Haus: „In Zürich möchte ich wohl leben: das Örtliche hat mir selten anderwärts so wohl gefallen. Ich trug einen Brief aus Rom zu Madame Geßner, der Witwe des liebenswürdigen Dichters, und ging von ihr hinaus an das Monument, das die patriotische Freundschaft dem ersten Idyllensänger unserer Nation errichtet hat, an dem Zusammenflusse der Siehl und der Limmat. Das Plätzchen ist idyllisch schön, und ganz in dem Geiste des Mannes, den man ehren wollte; und der Künstler, sein Landsmann, hat die edle Einfalt nicht verfehlt. Akazien, Platanen, Silberpappeln und Trauerweiden umgeben den heiligen Ort." Nach einer Nacht – aller Wahrscheinlichkeit nach – im ■ I „Gasthaus Zum-Schwert" verläßt er am nächsten Tag Zürich in Richtung Paris: „Einige Freunde begleiteten mich den 24sten Juni ein Stündchen von Zürich aus, und schickten mich unter des Himmels Geleite weiter."

W: *Spaziergang nach Syrakus im Jahre 1802* (1803); *Mein Leben* (1813).

📖 J.Drews (Hg.): *„Wo man aufgehört hat zu handeln, fängt man gewöhnlich an zu schreiben." Johann Gottfried Seume in seiner Zeit.* Bielefelder Seume-Colloquium 1989; *Johann Gottfried Seume. Text + Kritik* Heft 126/April 1995 (mit Bibliographie)

## 119. IGNAZIO SILONE
**(eigentl. Secondo Tranquilli)**
**(1900 Pescina/Italien – 1978 Genf)**
**Romancier, Erzähler, Essayist**
Seit den 1920er Jahren kämpft Silone, Gründungsmitglied der „Kommunistischen Partei Italiens", gegen das faschistische Regime und muß sich schon 1929 in die Schweiz absetzen. In zwei seiner autobiographischen Essays *Notausgang* reflektiert er über diese Exiljahre. Nach einem Kuraufenthalt in Davos reist er 1930 nach Zürich weiter, wo er zunächst bei Viktor Schlatter, dann im Haus der Familie Brennwald-Rossi und später bei dem Getreidegroßhändler und Mäzen ➤ Marcel Fleischmann ■ 119a Germa-

niastraße 35 unterkommt. 1932 wird er von der Schweizerischen Bundesanwaltschaft als politischer Flüchtling anerkannt. Bis 1944, dem Jahr seiner Rückkehr nach Italien, gehört Silone zur Zürcher Literaturszene. Er ist Stammgast bei →R.J.Humm und seiner Gesellschaft „Das neue Rußland" im „Rabenhaus" oder bei den italienischen Arbeitern und Emigranten in dem „Ristorante Cooperativo", früher in der Militärstraße, heute in der ■ 119b Strassburgstraße 5 (Werdplatz). Er lernt ➤ Emil und Emmie Oprecht kennen, in deren „Europa Verlag" viele seiner Werke unter dem Pseudonym „Ignazio Silone" herauskommen, wie die Welterfolge *Fontamara, Wein und Brot* oder *Die Schule der Diktatoren* – jedoch nicht ohne Eingriffe der Zensurbehörde. Weitere, für antifaschistische Publikationen bestimmte Kommentare und Analysen erscheinen unter anderen Decknamen. Silone verkehrt regelmässig bei der Familie Schiavetti, den Eltern der künftigen Journalistin Franca Magnani. Bei →Aline Valangin hält er Marxismus-Vorträge, und ➤ Nettie Katzenstein-Sutro übersetzt seine Romane. Man sieht ihn im ■ E „Café Odeon" oder im Kreise um Fritz Brupbacher, bei den Emigranten im ■ N „Schauspielhaus" oder im „Sozialarchiv" (damals im Chor der Predigerkirche). Eine Zeit lang betreut er die Bibliothek der ➤ „Museumsgesellschaft". Auswärtige Besucher lädt er gern in die ■ K „Kronenhalle" ein. 1932 zählt er zu den Mitbegründern der antifaschistischen Zeitschrift *information*, in der er u. a. die Stadt Zürich zur Verleihung ihres neugeschaffenen Literaturpreises an →C.J.Jung kritisiert. Am 5.5.1945 wird im „Schauspielhaus" sein Stück *Und er verbarg sich* uraufgeführt, mit ➤ Ernst Ginsberg und →Wolfgang Langhoff. Silones Gedichte werden von Hanns Eisler in seinem amerikanischen Exil als Grundlage für seine politischen Kantaten benutzt. 1936 erhält Silone eine „Ehrengabe" der Zürcher Literaturkommission und 1973 den ➤„Gottfried-Keller-Preis". Rätselhaft bleibt Silones politische Rolle während seines Zürcher Exils. Seine Kritik der stalinistischen Praktiken führt 1931 zum Ausschluß aus der KPI. Daraufhin wird er in Zürich Leiter der geheimen Auslandszentrale der „Sozialistischen Partei Italiens" („Centro Estero del PSI") und gibt mit anderen Exilanten die Gewerkschaftszeitung *L'Avvenire dei lavoratori* heraus. 1942 verhaftet ihn die Polizei anläßlich einer Flugblattaktion; ab 1943 sitzt er in Baden im Gefängnis und erhält seine Ausweisung, die jedoch nicht vollzogen wird. Jüngsten Untersuchungen zufolge soll Silone im Dienst der italienischen faschistischen Polizei seine Kollegen im Ausland bespitzelt und verraten haben; nach anderen, amerikanischen Quellen ist er 1942–44 eine Kontaktperson des amerikanischen Geheimdientes OSS gewesen. Silones Zusammenbrüche und seine Psychoanalyse bei →C. G. Jung seien auf dieses Doppelleben zurückzuführen. Der Erfolg seiner Bücher im Nachkriegsitalien wird den seiner Zürcher Produktion bei weitem nicht erreichen.

W: *Fontamara* (1933); *Die Reise nach Paris* (1934); *Der Faschismus – Seine Entstehung und Erziehung* (1934); *Wein und Brot* (1935); *Die Schule der Diktatoren* (1938); *Der Samen unter dem Schnee* (1941); *Und er verbarg sich* (1944); *Notausgang* (1965); *Memorial dal Carcere Svizzero* (1980).

📖 B. v. Brentano: *Du Land der Liebe* (1952); R. J. Humm: *Bei uns im Rabenhaus* (²1975); W. Mittenzwei: *Exil in der Schweiz* (1978); F. Bondy: *Pfade der Neugier* (1988); V. Todisco: *Sulle tracce di Ignazio Silone a Zurigo: intervista ad Ettore Cella*. In: *Quaderni Grigionitaliani* 4/1995; N. H. Petersen: *From Hitler's Doorstep. The Wartime Intelligence Reports of Allen Dulles, 1942–1945* (1996); P. Kamber: *Geschichte zweier Leben. Wladimir Rosenbaum und Aline Valangin* (²2000); D. Ploetz: *Ignazio Silone – Rebell und Romancier* (2000).

## 120. JOHANN WILHELM SIM(M)LER
(1605 Zürich – 1672 Zürich) Dichter, Geistlicher

Der Sproß einer angesehenen Zürcher Theologenfamilie ist der bedeutendste Zürcher Dichter des 17. Jhs. Sein Großvater Josias Simler hatte sich einen Namen als Verfasser von Werken zur schweizerischen Landeskunde und Geschichte gemacht. Sein Vater Rudolf Simler war Chorherr und Professor an der ■ F „Großmünsterschule" gewesen. Der Familientradition folgend, studiert Johann Wilhelm Theologie in Genf, wo er promoviert, und in Paris. 1629 wird ihm zunächst die Betreuung einer Filialkirche in Uitikon am Albis übertragen. Erst 1631 erhält er ein volles Pfarramt in ■ 120a Herrliberg bei Zürich und kann anschließend heiraten. Da ihm die Tätigkeit dort anscheinend nicht zusagt, wird er 1638 „Inspector collegii alumnorum" (➤ Alumnatsinspector) in Zürich. Schon 1640 bittet er darum, von „der Last diser Haushaltung" befreit zu werden und wieder „auff die Cantzel" zurückzukehren. Jedoch erst 1670 darf er zurücktreten. Während seiner Tätigkeit als „Zuchtherr" wohnt er mit seiner Familie allem Anschein nach im ■ 120b „Alten Zuchthof", d. h. im östlichen Kreuzgangflügel des Fraumünsters (1899 abgerissen). Sein Ruhm ist durch seine 1648 erschienenen *Teutschen Gedichte* begründet. Sie enthalten geistliche Poesie und Lehrdichtung: u. a. ein gereimter Katechismus, Bitt-, Lob- und Festgesänge, Epigramme zu biblischen Gleichnissen, Gelegenheitspoesien und christlich-moralische Belehrungen (*Tischzucht, Kinderzucht, Ehelehren*). Zum ersten Mal wendet ein Schweizer Dichter weitgehend die von Opitz vertretenen metrischen und stilistischen Grundsätze an (z. B. keine Knittelverse, Reinigung der deutschen Sprache von mundartlichen Wendungen und von Fremdwörtern). Nach neueren Untersuchungen wankt aber sein Ruf als eifriger Reformator der Orthographie. Er gehört zwar dem „Collegium Biblicum" an, das sich mit dem neuen Bibeldruck beschäftigt und sich bemüht, „daß die Version so wol in der Eidgenoßschaft als bey den Hochdeutschen verständlich sey." 1662 wird Simlers Aufgabe festgelegt: „Herr Zuchtherr Simler liest das Exem-

S

plar, stilisiert und orthographirt". Jedoch scheint er sich eher nach den von Druckern wie ➤ Froschhauer festgelegten Normen gerichtet zu haben. Die *Teutschen Gedichte* werden mehrfach neu aufgelegt, und 1684 tritt eine rätoromanische Ausgabe dazu, aus deren Titel man entnehmen kann, daß eine Vertonung stattgefunden hat – womöglich durch den Zürcher Kirchendiener Andreas Schwilge. Der Zürcher Maler und Kupferstecher Conrad Meyer illustriert die deutsche Ausgabe. Zusammen mit Simler hat er schon 1645 den Einblattdruck *Tischzucht* gestaltet und als erste Nummer der *Neujahrblätter* der ■ A „Bürgerbibliothek" herausgebracht.

Werk: *Teutsche Gedichte* (1648; ⁴1688).

📖 E. Ermatinger: *Dichtung und Geistesleben der deutschen Schweiz*, (1933) S. 284–87; E. Nägeli: *Johann Wilhelm Simler als Dichter* (1936); J. C. Thomas: *An edition of Johann Wilhelm Simlers Teutsche Gedichte*. 2 Bde. (1967); Ders.: *Johann Wilhelm Simler, ein Zürcher Dichter des Barock*. In: *Zürcher Taschenbuch auf das Jahr 1972*, (1971, S. 48–56).

## 121. JOHANN GOTTLIEB KARL SPAZIER
(1761 Berlin – 1805 Leipzig) Verfasser philosophischer, theologischer und pädagogischer Schriften

In seinen *Wanderungen durch die Schweiz* beschreibt der Gründer der *Zeitung für die elegante Welt* nicht nur Landschaften, sondern sinnt auch über Politik und Theologie nach. Auf dieser Fußreise erreicht er Zürich über den Albis und gerät ins Schwärmen beim Anblick des Panoramas: „Aber was sind Zuger-, Waldstätter- und Thunersee gegen den großen, herrlichen, bebauten und lebendigen Zürchersee, den ich ganz oben auf dem Berge von Rapperswyl an nach seiner Krümmung bis gen Zürch, das groß und gebietend gleich einer Königstadt am mitternächtlichen Ende desselben daliegt, mit einem Blick überschaute [...] Der drey Stunden lange Weg vom Schnabelberg nach Zürch ist beinahe eine einzige Fruchtallee und ein großer Obstgarten, welcher hier und da von Dörfern unterbrochen wird." Höchstwahrscheinlich steigt er im ■ I „Gasthaus Zum Schwert" ab. Spazier wundert sich über die dicht bevölkerte Innnenstadt: „Selbst in dem elendsten Wetter fand ich solch ein Leben und Weben auf den Gassen, daß es zuweilen schwer hielt durchzukommen [...] Schön kann man die Stadt im geringsten nicht nennen, ob sie gleich einzelne schöne Gebäude hat, besonders öffentliche, zu welchen vorzüglich das Rath- und Zunfthaus gehört." Er ärgert sich jedoch, daß eine „so gute Regierung als die zu Zürch gewiß ist" nicht daran gedacht hat, nachts eine Straßenbeleuchtung anzubieten. Auch die Platzspitzanlage gefällt ihm sehr: „Die neu angelegte Promenade ist in der That sehr angenehm [...] Noch mehr wird sie durch Gesners Denkmal gewinnen." Der Rousseau-Anhänger bewundert „einige vortreffliche Institute", welche der – für die Zeit fortschrittlichen – Ausbildung von Mädchen dienen, darunter die ➤Töchterschule und die Heb-ammenschule. Eine andere Zürcher „Spezialität" goutiert der ehe-malige Kirchensänger ebenfalls: „Was einem Fremden auffällt, der in Zürch den öffentlichen Gottesdienst besucht, ist der vierstimmi-ge Choralgesang der Gemeinen. Im ganzen Kanton trifft man keine einzige Orgel [...]." Das rege Geistesleben bewundert er: „Daß Zürch der Hauptort der Schweiz ist, wo wahre Gelehrsamkeit und Geschmack blühen [...] ist bekannt! Die Einschränkung, welche die verschiedene Denkart und persönliche Umstände hier und da nöthig machen, ist für die Ausbreitung nützlicher Erkenntnis und für die öffentlichen Verhältnisse der dortigen Gelehrten unterein-ander von gar keiner, oder nur sehr geringer Bedeutung."

W: *Wanderungen durch die Schweiz* (1790).

📖 K. Dielitz: *Karl Pilger: Kein Roman* (1837); *Gutzkow-Lexikon* (1999 ff).

## 122. CARL SPITTELER
(1845 Liestal BL – 1924 Luzern LU)
Erzähler, Lyriker, Dramatiker, Essayist
Zürich ist Spitteler seit seinem Theologiestudium 1865–67 vertraut. Er arbeitet außerdem 1890–92 als Feuilletonredakteur bei der *Neuen Zürcher Zeitung*, in der 1888 sein Roman *Das Wettfasten von Heimligen* vorabgedruckt wird. In diesem Zeitraum wohnt er in der ■ 122a Brandschenkestraße 20. Den ersten Durchbruch als Schriftsteller bringen die naturalistischen Szenen aus dem Leben eines Bauernknechts in dem Roman *Friedli der Kolderi*, der in Zürich fast gleichzeitig mit der Idylle *Gustav* und den satirischen Gedichten *Literarischen Gleichnissen* erscheint. In dem berühmten Roman *Imago* stellt die Gesellschaft „Idealia" den Zürcher ■ L „Lesezirkel Hottingen dar. Auf einen Schlag interna-tional berühmt wird Spitteler durch seine Rede ➤ *Unser Schweizer Standpunkt*, die er auf Einladung der „Neuen Helvetischen Gesell-schaft" am 14.12.1914 im Zürcher Zunfthaus „Zur Zimmerleuten", ■ 122b Limmatquai 40, hält. Nach dem Überfall der deutschen Wehrmacht auf Belgien droht eine tiefe politische Kluft zwischen der deutsch- und der französischsprachigen Schweiz. Spitteler stellt sich als unpolitischer Dichter dar, will jedoch seine „Bürgerpflicht" tun und als „Privatmann" dazu beitragen, diese Kluft zu über-brücken: „Bei aller herzlichen Freundschaft, die uns im Privatleben mit Tausenden von deutschen Untertanen verbindet, bei aller Soli-darität, die wir mit dem deutschen Geistesleben pietätvoll ver-spüren, bei aller Traulichkeit, die uns aus der gemeinsamen Spra-che heimatlich anmutet, dürfen wir dem politischen Deutschland, dem deutschen Kaiserreich gegenüber keine andere Stellung ein-nehmen als gegenüber jedem andern Staate: die Stellung der neu-

S

tralen Zurückhaltung in freundnachbarlicher Distanz diesseits der Grenze. [...] Als ob es eine ausgemachte Sache wäre, dass die Kulturwerte eines Volkes mit seiner politischen Machtstellung steigen und fallen!" Dieses Bekenntnis zur Schweiz als eigenständiger politischer und kultureller Einheit erzielt die gewünschte Wirkung in der Heimat, bringt ihm jedoch viele Feinde in Deutschland ein. Seine Popularität in Frankreich ist immens. Nach der Verleihung des Literatur-Nobelpreises 1919 wird Spitteler zu einer nationalen Symbolfigur der Schweiz. Nach dem Ehrendoktorat der Universität Zürich 1905 erhält er 1920 als erster den ➤„Großen Schillerpreis der Schweizerischen Schillerstiftung".

W: *Das Wettfasten von Heimligen* (1888); *Friedli der Kolderi* (1891); *Gustav* (1891); *Literarische Gleichnisse* (1892); *Imago* (1906); *Unser Schweizer Standpunkt* (1914). 📖 R. Faesi: *Spittelers Weg und Werk* (1933); W. Stauffacher: *Carl Spitteler. Biographie* (1973); P. Wegelin: *Carl Spittelers Schweizer Standpunkt* (1973); R. Scharpf: *Carl Spitteler und die Anfänge der modernen Erzählkunst in der Schweiz* (1999); C. Dejung u. a.: *Carl Spitteler.* In: dies.: *Jahrhundert-Schweizer* (2000).

## 123. JOHANNA SPYRI

(1827 Hirzel ZH – 1901 Zürich) Schriftstellerin Als Tochter der pietistischen Dichterin Meta Heusser-Schweizer verbringt sie ihre Kindheit in Hirzel, auf einem Hochplateau über dem Zürichsee. 1842/43 wird sie nach Zürich zu einer Tante geschickt, die im ■ 123a oberen Hirschengraben im „Bremer Haus" (abgerissen) wohnt. Dort lernt sie Fremdsprachen und Klavierspielen und freundet sich mit →Conrad Ferdinand Meyer und seiner Schwester an. Sie heiratet 1852 den Zürcher Juristen Johann Bernhard Spyri. Zuerst wohnt das Paar im „Kleinen Baumwollhof", ■ 123b Stadelhoferstraße 22 (durch modernes Haus ersetzt), dann zieht es zunächst ins „Liegende Hirschli", ■ 123c Hirschengraben 10, und 1855 ins „Bremer Haus" um. Als ihr Mann 1868 zum Stadtschreiber ernannt wird, erhalten sie eine Dienstwohnung im damaligen Stadthaus, ■ 123d Stadthausplatz 1, im Kratzquartier (1885 abgebrochen, im heutigen Bereich Börsenstraße/Fraumünsterstraße/Stadthausquai). Trotz ihrer regen Anteilnahme am gesellschaftlichen Leben, ihrer Präsenz in literarisch-künstlerischen Zirkeln und ihrer freundschaftlichen Beziehungen zu →Richard Wagner, den ihr Mann unterstützt, hat Johanna Spyri Schwierigkeiten, in den besseren Kreisen von Zürich heimisch zu werden. „In Zürich begegnet gar nichts. D.h. ich weiß eben von nichts; ich sitze in meiner hinteren Stube u. schaue hinaus wie der Bergwald sich röthet, u. höre nichts von Welt u. Menschen [...] Daneben schleiche ich umher still u. wenig froh, u. trage schwer an mir", schreibt sie 1858 an Betsy Meyer. Seit der Geburt ihres Sohnes leidet sie unter Depressionen und hat Sehnsucht nach dem Landleben. Als Therapie veröffentlicht sie anonym 1871 ihr erstes Jugendbuch *Ein Blatt auf Vrony's Grab*, gefolgt von weiteren Geschichten „für Kinder und auch für Solche, welche die Kinder lieb haben". Den große Durchbruch – vor allem in Deutschland, wo das Werk gedruckt wird – bringt schließlich 1880 *Heidi's Lehr- und Wanderjahren*, immer noch ohne Namensangabe. Erst mit der Fortsetzung *Heidi kann brauchen, was es gelernt hat* gibt sie 1881 ihre Anonymität auf. 1875–1892 wirkt sie in der Aufsichtskommission der Höheren Töchterschule und bietet einigen auswärtigen Schülerinnen eine Wohngelegenheit an. Als sie nacheinander ihren Sohn und ihren Mann durch Krankheit verliert, bezieht sie zunächst eine Wohnung in der Bahnhofstraße, dann 1886 in den Escherhäusern am ■ 123e Zeltweg 9 (Gedenktafel). Bis zu ihrem Lebensende verfaßt sie noch weitere Bücher (ihr Gesamtwerk umfaßt rund 48 Erzählungen) und reist viel. *Heidi* ist in mehr als 50 Sprachen übersetzt worden. Die Figur hat sich allerdings durch moderne Vermarktung aus ihrem ursprünglichen erzieherischen und moralischen Kontext völlig entfernt. Johanna Spyri ruht im Familiengrab auf dem ■ G 10 Friedhof Sihlfeld. Der Sitz des „Johanna Spyri-Archivs" befindet sich am Zeltweg 11. Außerdem existieren ein „Spyrihaus" in der ehemaligen Dorfschule in Hirzel sowie ein „Heididorf" im Maienfeld (Bündnerland), einer Gegend, die Johanna Spyri zu ihren Erzählungen inspiriert haben soll.

W: *Ein Blatt auf Vrony's Grab* (1871); *Heimathlos* (1877); *Heidi's Lehr- und Wanderjahren* (1880); *Heidi kann brauchen, was es gelernt hat* (1881); *Sina* (1884); *Aus den Schweizer Bergen* (1888); *Spyri, J. und Meyer, C.F.: Briefwechsel 1877–1897* (hg. u. kommentiert v. H. u. R. Zeller, 1977).

&#x1F4D6; A. Ulrich: *Johanna Spyri. Erinnerungen aus ihrer Kindheit* (1919); R. Fröhlich / J. Winkler: *Johanna Spyri. Momente einer Biographie. Ein Dialog* (1986); N. Meienberg: *Vom Heidi, seiner Reinheit und seinem Gebrauchswert.* In: ders.: *Vielleicht sind wir morgen schon bleich und tot* (1989); E. Halter (Hg.): *Heidi. Karriere einer Figur* (2001); G. Escher / M.-L. Strauss: *Johanna Spyri. verklärt, vergessen, neu entdeckt* (2001); R. Schindler: *Frau Stadtschreiber und Dichterin im Verborgenen. Vor hundert Jahren starb Johanna Spyri (7. Juli).* In: *NZZ* vom 30.1.2002.

S

## 124. ELSBET STAGEL
(um 1300 Zürich – um 1360 Töss b. Winterthur ZH)
Mystikerin, Biographin

Heinrich Seuses „liebste und fähigste geistliche Tochter" stammt aus einer Zürcher ➤ Ratsherrnfamilie: „Diese selige swester Elisabet Staglin die was bürtig von der stat Zürich Constanzer bistum von gutem riterlichen geschlechte", teilt uns Bruder Johannes Meier 1454 mit. In jungen Jahren tritt sie in das

Dominikanerinnenkloster Töss ein, das auch in Zürich einigen Grundbesitz hat. Das Kloster kann eine reichhaltige Bibliothek und eine bedeutende Schreibstube aufweisen. Dort wirkt die hochgebildete Elsbet Stagel und verfaßt eine Sammlung von Nonnenviten, das *Tößer Schwesternbuch,* als Exempelbuch zur geistlichen Nachfolge. Ihre literarisch qualitätsvolle Darstellung der dort praktizierten Frauenmystik gehört zu den bedeutsamen Schriften des deutschen Mittelalters und findet sogar Eintritt in die Weltliteratur. Fasziniert von der Lehre Meister Eckhardts, eines der führenden Mystiker, wendet sie sich brieflich an den Konstanzer Dominikaner und Mystiker Seuse mit der Bitte um Erläuterungen: „Nun lebte in derselben zeit ein vil heiliger man prediger ordens von dem covent ze Constantz; des namen geheissen was pruder Heinrich, und nach dem gemeinen namen so nennent wir in den Seüssen. [...] Do nun die selbe selige swester Elisabet küntsam gewan des selben heiligen brüder prediger ordens, do ward sy von Got mit grosser andacht zu seinem leben und zu seiner ler getrieben." Nach anfänglichem Zögern Seuses wird Elsbet Stagel seine Schülerin und später seine Hagiographin. Sie sorgt auch dafür, daß dieser eine Auswahl seiner an die Schwestern gerichteten Seelsorgebriefe zusammenstellt, die den Grundstock seines *Großen Briefbuchs* bildet. In ihren späteren Jahren wird sie Priorin des Klosters. Heute stehen in Töss nur noch wenige Gebäude auf dem ■ 124 Areal des Rieter-Konzerns oder an der Klosterstraße.

W: *Vita Seuses* (hg. v. K. Bihlmeyer 1907); *Das Leben der Schwestern zu Töß [...] samt der Vorrede von Johannes Meier und dem Leben der Prinzessin Elisabet von Ungarn* (ca. 1340; hg. v. F. Vetter 1906).

&#x1F56B; *Lexikon des Mittelalters* Bd. VIII (1997); *Literaturlexikon.* Hg. v. W. Killy; K. Grubmüller: *Die Viten der Schwestern von Töss und Elsbet Stagel.* In: *Zs. f. dt. Altertum* 1969; A. Baumann: *Elsbet Stagels Weg zu Gott.* In: *Turicum* 1976; U. Isler: *Frauen aus Zürich* (1991).

## 125. KARL STAMM

(1890 Wädenswil ZH – 1919 Zürich) Lyriker

„Bei meiner Geburt kulminierten keine auserlesenen Gestirne, auch geschahen keine Zeichen und Wunder." Seine Kindheit und Jugend in Wädenswil am Zürichsee, empfindet der Dichter als nicht besonders glücklich. Der frühe, nie überwundene Tod der Mutter, das pflichtgemässe Studium am Lehrerseminar Küsnacht und seine einsamen Jahre als junger Grundschullehrer in einem Dörfchen stehen im Widerspruch zu seiner frühen dichterischen Begabung und seiner Sehnsucht nach einem höherem Ziel. Die Natur inspiriert ihn sichtbar, wie in diesem Gedicht *Der Zürichsee* aus dem Nachlaß: „Auch mich ergreift ein unnennbares Sehnen, / schau ich den See und fern die Alpenwände, / die Friedensinseln, die sich drüben dehnen. / Dann ist es mir, als ob ich tief empfände / den Atem dessen, den wir Schöpfer nennen, / vor dem wir staunend senken unsere Hände." Quellen der Freude sind für ihn kurze Reisen nach Paris, Mailand und Venedig, ebenfalls seine lebenslange Freundschaft mit dem Künstler Eduard Gubler, der seine Gedichtbände mit Radierungen illustriert und sein Nachlaßverwalter wird. 1913 erscheint Stamms erfolgreiches Erstlingswerk *Das Hohelied*, bestehend aus den Teilen *Das Lied an die Natur, Das Lied der Liebe* und *Das Lied der Seele*. Ein mystischer Pantheismus und ein schwungvoller Rhythmus charakterisieren diesen lyrischen Zyklus. *Samstagabendgeläut* gibt die Stimmung des Dichters zu dieser Zürcher Abendstunde wieder: „Dröhnet, o Glocken! – Metall, von deinem Klang überwältigt / springt die Kruste entzwei, die sich ums Herz mir gelegt. / Jugendgedenken und erste Liebe, Sehnen der Kindheit / rauschen wie Quellen herauf, tragen ein leuchtendes Glück." Im Frühjahr 1914 erhält er eine Stelle in Zürich-Wiedikon und wohnt ■ 125a Gartenhofstraße 7. Als Soldat muß er sich mit grundsätzlichen Konfliktsituationen auseinandersetzen. Diese seelische Krise drückt er in Versen aus, bis er vor Verzweiflung zusammenbricht und krankheitsbedingt vom Dienst befreit wird. So entsteht, in Zusammenarbeit mit zwei Kameraden, der Sammelband *Aus dem Tornister*. Nach seiner Entlassung aus der Armee 1917 verfaßt er das Kultbuch einer ganzen Generation: *Der Aufbruch des Herzens*. Formal kühn, fast avantgardistisch klagen die Gedichte vehement über eine unmenschliche Gesellschaft, die durch ihre Selbstgerechtigkeit und ihren Egoismus zugrunde geht. Konsequenterweise erfaßt er die Aufgabe des Dichters als eine soziale. Das bei ➢ Rascher erschienene Werk wird von ➢ Eduard Korrodi in der *NZZ* gelobt. Auch von →Maria Waser, zu der Zeit Redaktorin der Zeitschrift *Die Schweiz*, erhält er Aufmunterung und Unterstützung. Bis zu seinem Tod im Zuge der großen Grippeepidemie wohnt er u. a. ■ 125b Münsterhof 17. Daß Karl Stamm nicht in Vergessenheit geriet, ist →Traugott Vogel zu verdanken, der ihn in den 1950er Jahren in seiner *Bogen*-Reihe wiederentdeckt. Auf dem Wädenswiler Friedhof hat der Dichter vor kurzem ein Ehrengrab erhalten.

W: *Das Hohelied* (1913); *Aus dem Tornister* (1915); *Der Aufbruch des Herzens* (1919); *Schlaraffenland* (1919); *Sterbendes Kind* (1919); *Dichtungen*. Hg. v. E. Gubler (1920); *Briefe*. Gesamm. u. eingel. v. E. Gubler (1931).

📖 K.Bänninger: *Karl Stamm*. In: *Der Lesezirkel* 8/1918–19; P.Müller: *Karl Stamms Lyrik* (1922); W.Günther: *Karl Stamm*. In: *Dichter der neueren Schweiz* (1968); *Helvetische Steckbriefe* (1981); C.Linsmayer: *Karl Stamm*. In: ders.: *Literaturszene Schweiz* (1989); K.Ruprecht: *Wie tief du dich vollendest. Karl Stamm zu seinem 100. Geburtstag*. In: *Zürichsee Zeitung* vom vom 21.3.1990.

S

## 126. FRIEDRICH LEOPOLD REICHS-GRAF ZU STOLBERG–STOLBERG
(1750 Bad Bramstedt – 1819 Schloß
Sondermühlen b. Osnabrück)
Dichter, Übersetzer, Jurist, Diplomat

In Göttingen, wo er zusammen mit seinem älteren Bruder Christian Jura studiert, tritt er dem „Göttinger Hain" bei, einem Freiheitsbund im Zeichen von →Klopstock. Seine ersten Werke sind vaterländische, weihevolle Verse, die im *Göttinger Musenalmanach* gleichzeitig mit einigen Gedichten →Goethes publiziert und später von Schubert vertont werden (z.B. *Auf dem Wasser zu singen*). Ein reger Briefaustausch mit Goethe (auch seitens Stolbergs Schwester Auguste) und ein Besuch in Frankfurt vertiefen die Affinitäten. Die Brüder Stolberg – zusammen mit ihrem Freund, dem Freiherrn Christian von Haugwitz – brechen im Mai 1775 zu einer Bildungsreise in die Schweiz auf, das Land „der Natur, der Freiheit, der alten Einfalt, des Tyrannenmordes". Sie machen in Frankfurt Station und überreden mühelos Goethe, sie zu begleiten. Die vier „Haimonskinder" – wie sie sich nennen – verlassen am 14. Mai Frankfurt in „Werthertracht" (blauer Frack, gelbe Weste, gelbe Hose). In Zürich am 9. Juni angekommen, steigen sie zuerst im ■ I „Gasthaus Zum Schwert" ab, während Goethe sich bei →Lavater einquartiert; später wohnen die Stolbergs beim Bauern Jakob Berli ■ 126b in Zürich-Enge (wahrscheinlich im Bereich der heutigen Brunaustraße): „Heute früh gingen wir aus und nahmen Besitz von unserm Landhause, das heißt von einem Stübchen in einem Bauernhaus. Drei Minuten vom Hause ist ein breiter Fluß zwischen Gebirg. Er heißt die Sihl." Sie besuchen →Bodmer, dem Friedrich Leopold sein 1775 in der Schweiz gedrucktes *Manuskript für Freunde* und seine Homer-Übersetzung gewidmet hat, ebenso wie Lavater und →Salomon Gessner. Sie verursachen einen mittleren Skandal, als sie nackt und sehr ausgelassen in der Sihl baden: „Allein ob ihnen frühere Mißwollende nachgeschlichen, oder ob sie sich durch diesen dichterischen Tumult in der Einsamkeit selbst Gegner aufgerufen, ist nicht zu bestimmen. Genug, sie mußten aus dem oberen stummen Gebüsch herab Steinwurf auf Steinwurf erfahren, ungewiß, ob von wenigen oder von mehrern, ob zufällig oder absichtlich, und sie fanden daher für das Klügste, das erquickende Element zu verlassen und ihre Kleider zu suchen", berichtet Goethe, der die beiden jungen Leute später als „gräfliche Salbaders" bezeichnen wird. Mit seinem Bruder und den Freunden Lavater, Heß, Goethe, Schinz, Passavant und Kayser unternimmt Friedrich Leopold am 15. Juni die berühmt gewordene zweistündige Bootsfahrt auf dem Zürichsee bis Oberrieden: „Die Ufer des Zürcher Sees sind gar zu schön; hart am Wasser geht der Fußsteig, der immer von den schönsten Wallnußbäumen beschattet ist", schreibt er an seine Schwester. Der Ausflug endet an diesem Tag im Kloster Einsiedeln (SZ). Goethe setzt seine Reise zum St. Gotthardt mit Passavant fort, während die beiden Stolbergs nach Zürich zurückkehren und bis November bleiben. Am 26. Juni 1775 werden Friedrich Leopold und sein Bruder als „Aderant" (Mitglieder) in die neu gegründete Zürcher „Physikalische Gesellschaft" aufgenommen. 1791 fährt Friedrich Leopold samt Familie wieder nach Zürich und nimmt als dänischer Gesandter Kontakt mit den republikanischen Institutionen der Stadt auf: „Der Zürcher Staat ist reich durch weise Ökonomie [...] Die öffentlichen Anstalten und Gebäude sind der Würde eines edlen Freistaates wert." Dabei besucht er noch einmal „den redlichen Jochen Berly" und dieser „sprang vor Freude [...] drückte mir [...] mit schweizerischer Herzlichkeit die Hand".

W: *Gedichte der Brüder Christian und Friedrich Leopold Grafen zu Stolberg*. Hg. v. *Heinrich Christian Boie*. (Leipzig 1779); *Reise in Deutschland, der Schweiz, Italien und Sicilien in den Jahren 1791–92* (1794).

 J. W. v. Goethe: *Voß und Stolberg (Biographische Skizze)*; Ders: *Dichtung und Wahrheit (4. Teil, 18. u. 19. Buch;* Christian Graf zu Stolberg: *Kurzer Lebensumriß des Grafen Friedrich Leopold zu Stolberg* (1821); C. Ulrich (Hg.): *Begegnungen mit Zürich im ausgehenden 18. Jahrhundert* ([2]1965, Kap.2).

## 127. CHARLOT STRASSER
(1884 Bern – 1950 Zürich)
Schriftsteller, Arzt, Psychiater

Seine Ausbildung erwirbt er an diversen deutschen Universitäten, sowie in Rußland, Japan und als Schiffsarzt in Südamerika. Erst 1911 kommt er mit seiner Frau Vera nach Zürich, um im ■ B „Burghölzli" sein Studium zu beenden. Ab 1913 führt er gemeinsam mit ihr eine psychiatrische Praxis in der ■ 127a Mythenstraße 23 (heute Genferstraße). In den darauffolgenden Jahren ziehen sie mehrmals um: ■ 127b Utoquai 37, ■ 127c Sternenstraße 6, ■ 127d Mythenquai 20. Charlot und Vera Strasser führen ein offenes, gastfreundliches Haus, in dem Literaten, Künstler, Wissenschaftler und vor allem Emigranten Gedankenaustausch pflegen oder – wie →Friedrich Glauser – auch wohnen: „In Zürich hatte Werfel in der Wohnung des Ehepaars Strasser verkehrt, das alles Avantgardistische an sich zog und durch einen buckeligen, etwas unheimlichen Diener bewirten liess. Beide waren bekannte Psychiater, Vera die stärkere Natur als Charlot, ihr sie vergötternder, lyrisch gestimmter Gatte", erinnert sich →Robert Faesi. In →Kurt Guggenheims *Alles in Allem* sind

Strassers als Ehepaar Ramseyer verewigt. Vera Strasser ist es auch, die ihren Mann zu sozialistischen bzw. anarchistischen Ideen bekehrt. Im ➤ Rascher Verlag erscheint 1916 *In Völker zerrissen*, die erste pazifistische Novelle des deutschen Sprachraums überhaupt. Strasser arbeitet auch an →Schickeles *Die Weißen Blättern* mit. Seine sozial-engagierten Kampfschriften und Gedichte (z. B. *Freiheit*) sind weniger bekannt als seine literarischen Reiseberichte wie *Gedichte eines Weltreisenden, Reisenovellen aus Rußland und Japan, Das Pestschiff* und *Exotische Erzählungen*. Sein einziger Roman *Geschmeiss um die Blendlaterne* ist das erste Werk, das die in Zürich exilierte ➤„Büchergilde Gutenberg" 1933 herausgibt. Darin wird die Geschichte Zürichs während des Ersten Weltkriegs dargestellt. Dr. Wankelung stellt deutlich ➤ Eduard Korrodi dar, „der hiesige Literaturmacher [...] von dem alles Wohl und Wehe unserer Stadt abhängt", das ■ E „Café Odeon" wird in „Kaffee Maulbeerbaum" umgetauft, die ➤ Dadaisten bezeichnet der Autor jedoch als „zu uns desertiertes oder refraktäres Grossstadtliteratengeschmeiß". Es dürfte sich eher um falsch verstandenen Patriotismus handeln, denn im gleichen Jahr erscheint Strassers antifaschistisches Pamphlet in Versen *Die braune Pest*. Als Mitglied der städtischen Literaturkommission, Dozent an sozialdemokratischen Bildungseinrichtungen und Volkshochschulreferent nimmt er am kulturellen Leben des „roten Zürich" in der Zwischenkriegszeit aktiv teil. Er erhebt z. B. starke Bedenken gegen die Verleihung des ersten ➤„Literaturpreises der Stadt Zürich" an →C. G. Jung. Für die zweite Preisträgerin, →Maria Waser, hält er 1935 allerdings die Laudatio. Nach 1935 verfaßt er nur noch Fachbeiträge, die sich an Bleulers autoritär-repressiven Auffassung der Psychiatrie orientieren. Charlot Strasser ist auf dem ■ G Friedhof Enzenbühl beigesetzt worden. In Strassers Nachruf im *Volksrecht* stand: „Der jüdischen Dichtung war er ein Heger und Helfer, als dies gefährlich und nicht wohlangesehen war. Der Arbeiterdichtung war er ein Richtungsweiser und steter Freund."

W: *Ein Sehnen. Gedichte* (1904); *Gedichte eines Weltreisende* (1908); *Reisenovellen aus Rußland und Japan* (1911); *In Völker zerrissen* (1916); *Das Pestschiff* (1918); *Exotische Erzählungen* (1921); *Arbeiterdichtung* (1930); *Geschmeiss um die Blendlaterne* (1933); *Die braune Pest* (1933).

📖 R. Faesi: *Erlebnisse. Ergebnisse. Erinnerungen* (1963); R. J. Humm: *Bei uns im Rabenhaus* ($^5$2000); D. Heinrich: *Dr. med. Charlot Strasser. Ein Schweizer Psychiater als Schriftsteller, Sozial- und Kulturpolitiker* (1987).

## 128. MARGARETE SUSMAN
### (1872 Hamburg – 1966 Zürich)
### Philosophin, Lyrikerin, Essayistin

Die Tochter eines jüdischen Hamburger Kauf-
manns zeigt schon als junge Frau eine auffallende lyrische Begabung, die von ihrem Vater geför-
dert wird. Er vermittelt ihr ebenfalls die Liebe zur
Schweiz, dem Asylland, in dem Margarete Sus-
man mehr als die Hälfte ihres Lebens verbringen wird. 1883 zieht
die Familie nach Zürich um und wohnt am ■ 128a Parkring, unweit
der Synagoge. Das Gedicht *Mein Zimmer* erinnert an diese glückliche Zeit. Sie absolviert die Töchterschule und verläßt die Stadt 1894
nach dem Tod ihres Vaters, der dort seine letzte Ruhe findet.

In Deutschland studiert sie Malerei und Philosophie, lernt dort
u. a. →Ernst Bloch und Martin Buber kennen. Sie heiratet den
Maler Eduard von Bendemann und lebt mit ihm 1912 – 1918 in
■ 128b Rüschlikon (ZH). Für die *Frankfurter Zeitung*, aber auch für
zahlreiche andere Blätter (*Basler Nachrichten, Die Neue Rundschau,
Friedenswarte*), verfaßt sie seit 1907 Rezensionen sowie Essays
über Philosophen, Ästhetikfragen und den deutsch-jüdischen Dialog. Auf der ersten Seite der *Neuen Zürcher Zeitung* vom 16. 8. 1914
fängt ihr Artikel *Der Krieg und das Wort Gottes* mit den Worten an:
„Das Ungeheure ist über uns hereingebochen. Die Zeit, in der wir
leben, ist schwer von Grausen; es ist keiner, dem sie nicht mit
dumpfer Faust aufs Haupt geschlagen hätte." 1918 kehrt sie nach
Deutschland zurück. Unermüdlich engagiert sie sich für die christ-
lich-jüdische bzw. die deutsch-französische Verständigung. Sie ist
eine der wenigen Frauen, die zu den berühmten literarischen
„Entretiens de Pontigny" eingeladen wird. 1933 muß sie nach
Zürich zurückkehren, diesmal als Geschiedene und mittelloser
Flüchtling: „Als ich im Sommer 1933 meine eigentliche Heimat verließ, tat ich es vor allem als Deutsche, die dieses neue Deutschland
nicht ertragen konnte. Das jüdische Schicksal war zu jener Zeit
noch nicht in seiner ganzen Furchtbarkeit zu sehen. [...] Die Sprache, die ich selber sprach, war mir zu einem Schrecknis geworden.
Das Schweizerdeutsch, in das ich mich flüchten konnte, war mir
gewiß ein Stück alter Heimat, aber ich sehnte mich noch im Wider-
streben nach dem wahren Deutsch, in dem ich alle Werte des
Lebens empfangen hatte." Im Gedicht *Das Erbe* (1935) hört man
den Schmerz der Exilierten heraus: „Ihr Wandernden, ihr ruhelos
Gehetzten, / Ihr Wild für alle – durch die Flucht gezeichnet / Mit
manchem Fehl und mit jedwedem Leid / Ihr Heimatlosen, ihr auf
allen Straßen / Der Welt verstoßen Irrenden, Verfemten, / [...]" Sie
findet eine Unterkunft in der ■ 128c Krönleinstraße 2. Obwohl sie
mit Hilfe des Pfarrers Lejeune als freie Mitarbeiterin der *Neuen*

S

*Wege* zum Kreis um Leonhard Ragaz Eingang gefunden hat, muß sie Monat für Monat ihre Toleranzbewilligung erneuern lassen und unterliegt dem damals üblichen Schreibverbot der Fremdenpolizei. Als sie trotzdem in Ragaz' Zeitschrift einen Artikel gegen den Faschismus veröffentlicht, wird ihre Tätigkeit nach einem Verweis scharf überwacht. 1942 erhält sie von der Stadt Zürich eine „Ehrengabe", die ihre finanzielle Not lindert, aber nur unter der Bedingung, daß niemand in Deutschland von dieser Unterstützung einer jüdischen Intellektuellen erfahre. 1943 hält sie einen Vortrag *Das jüdische Problem im Spiegel der Hiobdichtung* im ■ O 15 Zunfthaus „Zur Waag". Sie überwindet Krankheit und Armut und erlebt nach 1945 zahlreiche Ehrungen aus aller Welt. Ihr *Buch Hiob*, unter dem Eindruck des Holocaust entstanden, vergleicht das Schicksal Hiobs mit dem des jüdischen Volkes, und drückt ihre gemeinsame Hoffnung auf Erlösung aus. Das Thema der Liebe ist deshalb ein Leitmotiv ihres Werkes, ob in ihrer religionsphilosophischen Reflexion oder in ihren Untersuchungen über Frauenschicksale der Romantik. Ihr Grab befindet sich auf dem ■ G 3 Friedhof Oberer Friesenberg und trägt die Inschrift: „Dichterin, Denkerin, Deuterin".

W: *Mein Land* (1901); *Judentum und Kultur* (1907); *Vom Sinn der Liebe* (1912); *Die Liebenden* (1917); *Frauen der Romantik* (1929); *Das Buch Hiob oder das Schicksal des jüdischen Volkes* (1946; [2]1948); *Deutung einer großen Liebe – Goethe und Charlotte von Stein* (1951); *Aus sich wandelnder Zeit* (1953); *Gestalten und Kreise* (1954); *Brücke und Tür. Essays zur Geschichte, Religion, Kunst und Gesellschaft* (1957); *Die geistige Gestalt Georg Simmels* (1959); *Vom Geheimnis der Freiheit* (1964); *Ich habe viele Leben gelebt* (1964). 📖 *Margarete Susman. Eine Würdigung von Walter Nigg* (1959); *Für Margarete Susman. Auf gespaltenem Pfad. Zum 90. Geburtstag von Margarete Susman.* Hg. v. M. Schlösser (1964); *Helvetische Steckbriefe* (1981); W. Nigg: *Margarete Susman.* In: ders.: *Heilige und Dichter* (1991); E. Pulver: *Die grundlose Hoffnung. Die jüdische Schriftstellerin Margarete Susman.* In: NZZ vom 15.11.1992; C. Ueckert: *Margarete Susman und Else Lasker Schüler* (2000).

## 129. LEOPOLD SZONDI

**(1893 Nitra/Ungarn, heute Slowakien – 1986 Zürich) Tiefenpsychologe, Erbforscher**

1941 verliert der hochgeachtete Forscher und Professor für Psychopathologie und Psychotherapie an der Heilpädagogischen Hochschule Budapest seine Stellung infolge der Ariergesetze. Im Juni 1944 wird er ins KZ Bergen-Belsen deportiert, jedoch im Dezember freigelassen – die Konsequenz einer finanziellen Transaktion jüdischer Kreise mit Himmler. Bis 1946 ist er mit seiner Familie in den Flüchtlingslagern Caux und Prangins (GE) untergebracht. Obwohl man ihm in Budapest 1946 seine früheren Stellen wieder anbietet, entscheidet er sich für Zürich, weil er die Stadt für die weitere Erforschung und internationale Verbreitung seiner „Schicksalsanalyse" für geeigneter hält. Im März 1946 zieht die Familie Szondi nach Zürich in die ■ 129a Universitätsstraße 8, dann in die ■ 129b Jupiterstraße 4. Szondis Träume zerschlagen sich jedoch weitgehend. Er hatte sich eine Stelle im ■ B „Burghölzli" erhofft, die ihm die Verbindung zur Universität gewährleistet hätte. Dennoch mußte nach dem Zweiten Weltkrieg zwangsläufig eine Veränderung in der Psychiatrie des deutschsprachigen Raums stattfinden, und Genetiker sind nicht besonders erwünscht. Die Universität Zürich wird Szondi erst 1962 einen Lehrauftrag anbieten. Daher übernimmt er eine Dozentenstelle am „Institut für Angewandte Psychologie" (IAP), ■ 129c Merkurstraße 43. Schwierigkeiten begegnet er ebenfalls bei den Verlagen. Sein wichtigstes Buch *Schicksalsanalyse* hat er nach 1941 in Ungarn nicht veröffentlichen dürfen. Darin will er beweisen, daß das Schicksal nicht nur vom Zufall abhängt, sondern teilweise in der Erbstruktur jedes Einzelnen angelegt ist. Schon vor dem Krieg hatte er den nach ihm genannten Test entwickelt, wonach die Triebstruktur psychisch Kranker mit Hilfe von Fotos sichtbar gemacht wird, was Selbstreflexion und Therapie nach sich zieht. In der Schweiz hegen Herausgeber und Verleger Vorbehalte gegen das Werk. Nur dank der Intervention von Karl Kerényi kann das Buch erscheinen. In den folgenden Jahren wird glücklicherweise der Berner Verlag Hans Huber gewonnen. Szondi, der in die ■ 129d Dunantstr. 3 umgezogen ist, bietet ab 1956 unter der Leitung von Ulrich Moser Ausbildungsseminare in der ■ 129e Freiestr. 17 an. 1959 erhält er die Schweizerische Staatsangehörigkeit und gründet die „Internationale Forschungsgemeinschaft für Schicksalspsychologie", zwei Jahre später die „Schweizerische Gesellschaft für schicksalsanalytische Therapie". Er verfaßt zahlreiche Bücher, insbesondere über das Konzept des familiären Unbewußten. Mit der 1969 durch eine Spende ermöglichten Errichtung der „Stiftung Szondi-Institut", ■ 129f Krähbühlstraße 30, etabliert sich in Zürich die dritte tiefenpsychologische Schule. 1970 verleihen die Universität Löwen und 1979 die Universität Paris Szondi den Ehrendoktortitel, während die offizielle Schweiz es vorzieht, ihn nicht weiter zu beachten. 1985 übersiedeln Szondi und seine Frau Lili in das Pflegeheim „Bethesda" in ■ 129g Küsnacht. Sein Grab befindet sich auf dem ■ G Friedhof Fluntern. Sein Sohn Peter wird ein angesehener Literaturwissenschaftler an der Freien Universität Berlin bis zu seinem frühen Tod 1971.

W: *Schicksalsanalyse* (1944, [2]1978); *Ich-Analyse* (1956); *Schicksalsanalytische Therapie* (1963); *Freiheit und Zwang im Schicksal des Einzelnen* (1968); *Kain, Gestalten des Bösen* (1969); *Moses Antwort auf Kain* (1973); *Lehrbuch der experimentellen Triebdiagnostik* ([5]1977).

📖 L. J. Pongartz: *Psychotherapie in Selbstdarstellungen* (1973); A. A. Häsler: *Leopold Szondi.* In: ders.: *Aussenseiter – Innenseiter. Porträts aus der Schweiz* (1983); B. Kronenberg: *Die Schicksalsanalyse und die Lebensgeschichte ihres Begründers Leopold Szondi* (1998); K. Bürgi-Meyer: *Leopold Szondi. Eine biographische Skizze* (2000).

S

## 130. JOHANNES TOBLER
(1732 St. Margarethen SG – 1808 Zürich)
## GEORG CHRISTOPH TOBLER
(1757 Ermatingen TG – 1812 Zürich)
Theologen, Dichter, Philologen, Übersetzer

Johannes Tobler und sein Sohn Georg Christoph sind beide typische Vertreter der ➤ Zürcher Aufklärung. Johannes ist Helfer am ➤Fraumünster und wird 1777 Archidiakon und Chorherr am ➤Großmünster; Georg Christoph ist als Pfarrer zunächst in Offenbach, dann in Weltheim (ZH) tätig. Beide unterhalten enge Beziehungen zu den fortschrittlichen theologischen und literarischen Kreisen in Deutschland und Zürich. Der Vater, Schüler von →Bodmer, befreundet sich mit →Klopstock und →Wieland; mit →Barbara Schulthess gehört er zu dem Kreis der →Goethe-Verehrer in Zürich. Er selbst verfaßt Gedichte und übersetzt Thompsons *Jahreszeiten*. Sein Sohn, der früh beginnt zu dichten, hält sich nach seinem Studium am ■ F „Collegium Carolinum" als Hauslehrer u. a. in Genf, Straßburg, Göttingen und Weimar auf. Dank →Lavaters Vermittlung stellt →Goethe ihn im Sommer 1781 dem Weimarer Hof mit Erfolg vor; sein Aufsatz *Die Natur* erscheint 1782 im *Tiefurter Journal* und wird lange zu Unrecht Goethe zugeschrieben. Seine später verschollenen Übersetzungen griechischer Tragödien sind in Weimar sehr geschätzt. Nach seiner Rückkehr nach Zürich wendet sich der Dichter christlichen Themen zu (z. B. *Rhapsodien über Pontius Pilatus*). Ein Zeitgenosse rühmt ihm nach: „Damals war er ein origineller, kraftreicher, liebenswürdiger Junge. [...] Nachher sah ich ihn in Zürich oft, wo er von Goethe, mehr als nötig, inspiriert war."

W: a) J. Tobler: *Thomsons Gedichte. Aus dem Englischen* (1757 ff); eigene Gedichte in: J. Bürkli: *Schweitzerische Blumenlese II* (1781); b) G. C. Tobler: *Die Natur* (1782).
📖 R. Hering: *Der Prosahymnus „Die Natur" und sein Verfasser.* In: *Jahrbuch d. Goethe-Gesellsch.* 13; H. Funck: *Georg Christoph Tobler, der Verfasser des pseudogoethischen Hymnus „Die Natur".* In: *Zürcher Taschenbuch auf das Jahr 1924.*

## 131. KURT TUCHOLSKY
(1890 Berlin – 1935 Hindås bei Göteborg/Schweden) Schriftsteller, Publizist

Goebbels hatte schon 1932 erklärt, Tucholsky werde einer der ersten sein, den er sich vorknöpfen wolle. Seine Satiren und politischen Attacken, die er unter verschiedenen Pseudonymen in zahllosen Zeitungen und Zeitschriften geschrieben hat, werden von den Nazis gefürchtet. Nach der Machtergreifung wird er sofort ausgebürgert, und seine Bücher verbrennt man öffentlich. Zu dieser Zeit (Oktober 1932 bis September 1933) hält sich Tucholsky wieder einmal bei seiner Freundin in Zürich auf: Dr. Hedwig Müller, die er „Nuuna" nennt und in der ■ 131 Florhofgasse 1 (Gedenktafel) wohnt. ➤ Emil Oprecht organisiert literarische Lese-und Vortragsabende für Emigranten im ➤„Studio Fluntern" und lädt auch Tucholsky im Juni 1933 ein. Dieser lehnt ab: „Mit Rücksicht auf deutsche oder schweizer Faschisten ein zahmes Programm zusammenzustellen, ist mir nicht möglich. Wenn ich heute vor meine Leser trete, so habe ich das Selbstverständliche zu tun: für meine in Deutschland geschundenen und wirtschaftlich ruinierten Gesinnungsfreunde einzutreten und gegen ihre Peiniger. Eine andere Haltung kann ich nicht einnehmen – sonst will ich lieber schweigen [...]" Als Tucholsky wieder in Schweden weilt, wo er seit 1929 einen ständigen Wohnsitz hat, bietet ihm Oprecht an, ein Buch von ihm zu veröffentlichen. Der Schriftsteller lehnt jedoch ab. Er hat außerdem Kontakt zu →Aline Valangin und ihren Emigranten-Kreis; diese erinnert sich an die erste Begegnung im Juni 1932: „Kurt Tucholsky tauchte eines Tages bei uns in Zürich auf, von Freunden hergebracht, oder weil man wusste, dass bei uns Emigranten freundlich aufgenommen wurden. Ein kleiner dicker Mann mit rundem Gesicht, leicht gelocktem Haar und dunklem, eindringlichem Blick. Sehr gepflegt." Sie lädt ihn auch in ihr Sommerhaus in Comologno (TI) ein. Zürich dient Tucholsky ferner als Deckadresse für seine gesamte Post, die nach Schweden weitergeleitet wird, oder für Briefe, die er in Wirklichkeit in Hindås schreibt. Nach Tucholskys Selbstmord verwaltet „Nuuna" seinen Nachlaß. Erst nach ihrem Tod erscheinen die *Briefe aus dem Schweigen* und die *Q-Tagebücher*.

W: *Politische Briefe*. Hg. v. F. J. Raddatz (1969); *Briefe aus dem Schweigen*. Hg. v. G. Huonker (1977); *Die Q-Tagebücher*. Hg. v. G. Huonker (1978); *Briefe 1933–34, 1935*. Hg. v. G. Huonker (1996,1997).
&#x1F4D5; K.-P. Schulz: *Tucholsky* (1959); F. J. Raddatz: *Tucholsky. Eine Bildbiographie* (1961); *„Liebe Winternuuna, liebes Hasenfritzli"*. Ein Zürcher Briefwechsel. Begleitband z. Ausstellung im Museum Strauhof Zürich 1990; P. Kamber: *Geschichte zweier Leben – Wladimir Rosenbaum und Aline Valangin* (1990).

## 132. TRISTAN TZARA
(eigentl. Samuel Rosenstock)
(1896 Moinesti/Rumänien – 1963 Paris)
Dichter, Zeichner

T

Der in Frankreich eingebürgerte Dichter wechselt als Kriegsgegner von Paris nach Zürich im Oktober 1916. Er schreibt sich dort an der Universität ein und wohnt in der „Pension Altinger", ■ 132a Fraumünsterstraße 21. Er wird verschiedene Unterkünfte beziehen: in der ■ 132b Dahliastraße 7, in der „Pension Phönix", ■ 132c Zürichbergstraße 19, im „Hotel Seehof", ■ 132d Schifflände 28 und in der ■ 132e Seefeldstraße 35. Bald nimmt er für seine veröffentlichten Texte das Pseudonym Tristan Tzara an. Zusammen mit →Hans Arp, →Hugo Ball und dem Maler Marcel Janco gründet er im Februar 1916 das ■ D „Cabaret Voltaire". Tzara soll das Wort ➤ „Dada" erfunden und schon im Frühling 1916 in der Künstlerkneipe sein *Dada-Manifest* proklamiert haben, das er 1918 veröffentlicht. Tzara liest zunächst französische Verse von Verlaine, Mallarmé und Appollinaire vor, später verfaßt er eigene Dichtungen – auf Französisch oder Deutsch – und improvisiert Simultangedichte mit →Walter Serner und Hans Arp. Als Hugo Ball 1917 Zürich verläßt – teils aus gesundheitlichen Gründen, teils wegen Differenzen mit Tzara –, übernimmt dieser die Führung der Dada-Bewegung und macht aus dem „Hotel Seehof" deren Hauptquartier. Daraufhin entzweit sich der geschäftstüchtige Stratege mit →Richard Huelsenbeck, der den linken Flügel des Dadaismus vertritt. 1917 gründet Tzara die Zeitschrift *Dada*, die er bis 1919 in Zürich und anschließend bis 1921 in Paris herausgibt, sowie die Reihe „Collection Dada", in der er u.a. seine *Vingt-Cinq-et-Un poèmes*, von Arp illustrierte Gedichte, veröffentlicht. Mit →Otto Flake und Walter Serner gibt er im November 1919 eine neue Zeitschrift heraus, *Der Zeltweg*, bei deren 1. Ausgabe es bleibt. Da in beiden Zeitschriften anarchistische Tendenzen zutage treten, findet Ende September 1919 im „Hotel Seehof" eine Zimmerdurchsuchung wegen „Bolschewismus-Verdachts" statt, und Tzara wird verhaftet. Laut Akten des eidgenössischen Untersuchungsrichters entdeckt man jedoch nichts, „was für die Untersuchung von Belang sein könnte", und der Dichter wird freigelassen. In diesem Jahr beginnt er das Tagebuch seiner Zürcher Jahre. Anfang 1920 verläßt Tzara Zürich.

W: *La première aventure céleste de Mr. Antipyrine* (1916); *Poèmes nègres* (1916); *Poèmes simultanés* (1917); *Manifeste Dada* (1918); *Vingt-Cinq-et-Un poèmes* (1918); *L'art abstrait* (1919); *Deuxième aventure de Mr. Antipyrine* (1920); *Chronique zurichoise 1915–1919* (1922).

📖 H.Meyer: *Dada in Zürich und Berlin 1916–1920. Literatur zwischen Revolution und Reaktion* (1973); R.Lacotel / G.Haldas: *Tristan Tzara* (1973); *Tristan Tzara*. Sondernr. v. *Europe* 555–556/1975; *Dada Zürich. Dichtungen, Bilder, Texte* (1998).

### 133. ALINE VALANGIN
(eigentl. Rosenbaum-Ducommun)
(1889 Vevey VD – 1986 Ascona TI)
Schriftstellerin, Künstlerin

„Eine Frau, die erzählte, und so unterhaltend erzählte wie diese, fand er beruhigend; er hät stündenlang zuhören können." So stellt →R.J.Humm Gania vor, eine Gestalt seines Romans *Caroline* nach dem Vorbild seiner Freundin Aline Valangin. Die Enkelin des Friedensnobelpreisträgers Elie Ducommun erhält zunächst eine Ausbildung als Pianistin; später kann sie wegen einer Handverletzung nur noch Klavierstunden geben. 1917 zieht sie nach Zürich, beginnt eine Analyse bei →C.G.Jung und ist später als Analytikerin tätig. Sie heiratet 1917 den Anwalt Wladimir Rosenbaum. Beide finden eine Wohnung ■ 133a Plattenstraße 37, ziehen dann 1919 in die ■ 133b Sonnenhaldenstraße 5 um. Sie begeistern sich für die ➤Dadaisten: Aline webt nach Mustern von →Arp und Helbig, Wladimir kauft Arps Holzreliefs. 1923 wechseln sie in den „Baumwollhof", ■ 133c Stadelhoferstraße 26, den sie drei Jahre später erwerben (heute Privathaus; Tafel). Ab 1931 verkehren viele berühmte Dichter in ihrem Salon und lesen aus ihren Werken vor oder halten Vorträge, u.a. →Elias Canetti, →Thomas Mann, →Robert Musil, Ernst Toller, →Ignazio Silone, →James Joyce, Joseph Roth und →Kurt Tucholsky: „Im großen Hof befand sich das einstige Atelier des Malers Ferdinand Hodler. Es war als Lagerraum benutzt worden. Wir richteten es als Musiksaal ein. Da organisierten wir kleine Konzerte mit Zürcher Musikern [...], veranstalteten auch Leseabende und hatten viele Gäste." In dem 1929 erworbenen Sommer-Haus in Comologno (TI) hatte Aline begonnen zu schreiben, und zwar unter dem Pseudonym Valangin: Gedichte in französischer Sprache, dann Erzählungen und Romane auf Deutsch. In ihrem Tessiner wie im Zürcher Domizil gewährt sie zahlreichen Verfolgten des Nazi-Regimes Unterkunft und Unterstützung: „Oft sassen sie in einer Reihe im breiten Eingang zur Anwaltskanzlei und warteten. Diejenigen, die uns empfohlen worden oder die bekannt waren, baten wir zu Tisch." Sie und ihr Mann werden bald Zielscheiben der ➤Zürcher Faschisten: Anpöbeleien und Angriffe auf der Straße, Verlust des Anwaltspatents durch Intrigen und Verleumdungen, etc. Bei Kriegsbeginn zieht sich die Schriftstellerin endgültig ins Tessin zurück, wo sie sich wieder erholt. Sie lädt Künstler wie Max Ernst, Max Bill, Meret Oppenheim zu sich ein und lernt ihren zweiten Mann, den deutsch-russischen Musiker Wladimir Vogel kennen. Sie beginnt, Prosatexte und Gedichte auf Deutsch zu verfassen. Neben der Geschichte ihrer Familie in *Victoire oder Die letzte Rose* erzählt sie im Roman *Das Dorf an der Grenze* das Alltagsleben eines Tessiner Dorfes sowie die Schicksale italienischer Flüchtlinge und Partisanen. Dieses brisante Buch, das die verfehlte Schweizer Asylpolitik angreift, wird erst siebenunddreißig Jahre später einen Verleger finden.

W: *Dictées* (1936); *L'amande clandestine* (1937); *Geschichten vom Tal* (1937); *Tessiner Novellen* (1939); *Casa Conti* (1941); *Die Bargada* (1943); *Dorf an der Grenze* (1945; ersch. 1982); *Victoire oder Die letzte Rose* (1946); *Mutter* (2001).
&#x1F4D6; *Helvetische Steckbriefe* (1981); P.Kamber : *Geschichte zweier Leben – Wladimir Rosenbaum und Aline Valangin* ($^2$1990); E.Hasler: *Aline oder die Erfindung der Liebe* (2001).

V

## 134. PAUL VALÉRY
(1871 Sète – 1945 Paris)
Schriftsteller, Lyriker, Essyist, Dramatiker
→Max Rychner entdeckt 1926 bei einem seiner häufigen Aufenthalte in Paris in Valéry eine verwandte Seele: Rychners Maxime „Geschmack heisst tausend Nein auf ein Ja" entspricht ganz Valérys Spruch „le goût est fait de mille dégoûts".

Der Zürcher schätzt an dem französischen Schriftsteller, der zum Nationaldenkmal werden sollte, das „reine Denken" als Thema des Dichterischen. Rychner ist zu dieser Zeit ein geschätzter Mitarbeiter der 1923 gegründeten *Neuen Schweizer Rundschau*, die zwar in der Linie der aufkommenden ➤„Geistigen Landesverteidigung" für schweizerische Belange eintritt, sich jedoch dadurch nicht einengen läßt. In einem Faltblatt von 1930 steht über die Zeitschrift mit französischem Untertitel: „Die N.R.S. publiziert Novellen und Gedichte, die einen künstlerischen oder menschlichen Wert darstellen. Sie hat als erste Valéry, Pirandello, T.S.Eliot, Ortega y Gasset deutschsprachigen Lesern in Übersetzungen nahegebracht. Sie zieht es vor, statt einer bestimmten Richtung ein bestimmtes Niveau innezuhalten." Rychner läßt in den nächsten Jahren verschiedene Werke, die ihm Valéry gewidmet hat, wie *Cahier B, Monsieur Teste* und ein Essay über Stendhal, übersetzen und im angeschlossenen Verlag herausbringen. Außerdem druckt Martin Bodmers Zeitschrift *Corona* zehn Beiträge Valerys in deutscher Sprache. Der Schriftsteller wird häufig nach Zürich eingeladen: 1922 z. B. hält er eine Rede über die Krise des europäischen Geistes in der Universität, 1936 einen Vortrag in der ➤ ETH und eine Ansprache im Radio Zürich. Er ist ein stets willkommener Gast in Bodmers herrschaftlichem Familienwohnsitz in Enge, dem ■ 134a „Freudenberg" (Brandschenke/Steinentischstraße/Bedelstraße; durch den Neubau der Kantonschule ersetzt). Gelegentlich residiert er im nahegelegenen „Muraltengut", ■ 134b Seestraße 203, das Bodmer als Gästehaus dient. Ebenfalls im ■ L „Lesezirkel Hottingen" trägt er mehrmals aus seinen Werken vor. Im Gästebuch hat er die Zeilen hinterlassen: „Zürich – dieser Name weckt in mir Gefühle wie Rührung und Ängste, welche die Zeit langsam in eine liebe Erinnerung verwandelt hat. Hier mußte ich zum ersten Mal feierlich an einen Katheder treten und meine Gedanken einem unbekannten Publikum darlegen [...] Nach dem einsamen und konzentrierten Vortrag entwickeln sich ungezwungen angenehme Gespräche von sich; man gewöhnt sich wieder an gesellschaftliche Kontakte und einen charmanten Meinungsaustausch." Über die Stadt notiert er 1938: „Der Zufall führte mich hierher. Zuerst schien mir alles undurchdringlich. Die Sprache, die

Sitten und manche andere Einzelheiten machten mich zum fremdensten aller Menschen. Ich fühlte mich als Seele, die vorbeigeht und völlig sicher ist, daß sie nie wiederkehren wird. Aber die Seele täuschte sich [...] Tatsache ist, daß ich nach Zürich zurückkehre, sooft die Menschen und die Umstände das wollen, und ich finde jedesmal neue Gründe, mich hier wohl zu fühlen und meine Neugierde zu stillen." Zur Schweizerischen Landesausstellung in Zürich 1939 verfaßt Valéry für ein Werbeheft einen kleinen Essay mit dem Titel *L'amateur de Zurich:* die Wahrzeichen Zürichs sind für den Autor die Universität, die ETH und – für den Wagner-Verehrer – die Villa Wesendonck.

W: *Cahier B* (1910); *Monsieur Teste* (1896–1946); *L'amateur de Zurich. A Martin Bodmer, le 4 janvier 1938.* Hg. v. M. Bircher (1999).
M. Rychner: *Zur europäischen Literatur zwischen zwei Weltkriegen* (²1951); J. Fierz (Hg.): *So ist Zürich* (1969); J. Charpier: *Paul Valéry* (1975); *Max Rychner und Zürich* (Marbacher Magazin 41/1987);

### 135. AGLAJA VETERANYI
(1962 Bukarest – 2002 Zürich)
Schriftstellerin, Schauspielerin

„Wenn ich gewußt hätte, was die Demokratie aus uns macht, wäre ich nie von zu Hause weggegangen! sagt meine Mutter. Wir gehen ins Paradies, sagte dein Vater / Was, Paradies! / Hier sind die Hunde wichtiger als die Menschen!" Der Eindruck von Fremdheit und Einsamkeit prägt das Leben Aglaja Veteranyis in Zürich, nachdem die Familie sich 1977 in den Westen abgesetzt hat. „Spricht Gott fremde Sprachen? / Kann er auch Ausländer verstehen?", fragt sie in ihrem ersten Buch *Warum das Kind in der Polenta kocht*, das gleich ein internationaler Bestseller wird – bald mit der „Ehrengabe des Kantons Zürich", dem „Kunstpreis Berlin 2000" und dem „Adelbert-von-Chamisso-Förderpreis" ausgezeichnet. Darin erzählt sie aus der Sicht einer Heranwachsenden in eindringlichen, traurigen Collagen ihr Leben als Tochter einer Artistin und eines Clowns. In Zürich nimmt sie Schauspielunterricht und wechselt ihre Wohnung ■ 135a Im Strähler 21 gegen eine in der ■ 135b Feilengasse 3. Eines ihrer Lieblingslokale ist die ■ K „Kronenhalle". 1993 gründet sie mit René Oberholzer die literarische experimentelle Gruppe „Die Wortpumpe" und 1996 mit ihrem Freund Jens Nielsen die Performance-Theatergruppe „Die Engelmaschine", für welche sie zahlreiche Stücke schreibt. 1999 nimmt sie in Klagenfurt am Ingeborg-Bachmann-Wettbewerb teil. Ihr zweites Buch *Geschenke – Ein Totentanz* erscheint im gleichen Jahr, ihr drittes, *Das Regal der letzten Atemzüge*, posthum. Kurzgeschichten bringt sie in einer beachtlichen Anzahl von Anthologien unter. Im September 2001 erhalten sie und ihr Freund ein Stipendium für Berlin. Dort setzt ihre Augenkrankheit ein. Am 3. Februar 2002 begeht sie Selbstmord. Sie wird auf dem ■ G 7 Friedhof Manegg beigesetzt, eine Gedenkfeier findet im „Theater Neumarkt" statt.

W: a) Prosa: *Warum das Kind in der Polenta kocht* (1999); *Geschenke – Ein Totentanz* (1999); *Das Regal der letzten Atemzüge* (2002); *Die Apotheke.* In: *Swiss made* (2001).
b) Theater: *Die Liebe ist die schönste Banalität* (1998); *Herz. Ein Stück Luft* (1999–2001); *Kiosk international* (2001); *Warum das Kind in der Polenta kocht* (Theaterfassung 2001).

⟡ R. Bucheli: *Die Poesie des Kinderblicks. Zum Tod der Autorin Aglaja Veteranyi.* In: *NZZ* vom 4.2.2002.

## 136. TRAUGOTT VOGEL
(1894 Zürich – 1975 Zürich)
Schriftsteller, Essayist, Herausgeber, Lehrer
Für seine Schüler schreibt er zunächst kleine Theaterstücke und Bücher wie *Der Spiegelknöpfler* und *Der Engelkrieg.* 1948 erhält der in einer Gärtnerfamilie ■ 136a Burstwiesenstraße 56 geborene Traugott Vogel den „Jugendbuch-Preis" für seine zahlreichen, gern gelesenen Erzählungen, aber auch, weil er zu den ersten gehört, die Hefte für das „Schweizer Jugendschriftwerk" verfassen. Seine *Bekenntnisse eines Lehrers* sind voll wehmütiger Erinnerungen. In den für Erwachsene gedachten Romanen und Erzählungen zeigt sich oft als Leitmotiv die Diskrepanz zwischen einer überschaubaren ländlichen Vergangenheit und einer verwirrenden, den Menschen zerstörenden Gegenwart in industrialisierten Städten. Als Beispiele dienen sein Erstlingswerk *Unsereiner*, das autobiographische Züge trägt und in der Zürcher Vorstadt Wiedikon spielt, sowie *Leben im Grund oder Wehtage des Herzens*, ebenfalls am Stadtrand von Zürich angesiedelt. Stets kann er auf die Unterstützung von ➤ Eduard Korrodi rechnen, der einige Romane in seinem Feuilleton unterbringt. Im Essay *Vaterland und Muttersprache* setzt sich Traugott Vogel 1944 entschieden für die Erhaltung der Mundart ein: Er verfaßt nicht nur Bücher in Dialekt wie die dreibändigen *Gschichten us em Züripiet*, er sammelt ebenfalls Dialektproben aus allen Schweizer Kantonen (*Schwyzer Schnabelweid*). Im Sinne der ➤ „geistigen Landesverteidigung" soll diese Sammlung „ein Spielfeld zur Ohren- und Augenweide unseres Volkes" darstellen, einen Beitrag „zur nähern Kenntnis jener unsichtbaren Heimat, die durch kein Räderrollen hindurch vernehmbar ist". Dies hindert ihn nicht daran, sich kritisch mit seinem Vaterland auseinanderzusetzen; über *Der blinde Seher* urteilt *Die Vossische Zeitung* 1930: „Der Verfasser dieses wunderlichen und verschlungenen Romans ringt mit alemannischer Zähigkeit um die eidgenössische Seele." Im gleichen Jahr spricht ihm die Stadt Zürich eine „Ehrengabe" zu; 1948

verleiht sie ihm ihren ➤„Literaturpreis". Vogel, der zwischendurch
■ 136b Hotzestraße 72 gewohnt hat, zieht nach Witikon, ■ 136c Lue-
gete 29. Gewohnheitsmäßig trifft sich Vogel mit seinem Freund
→Albin Zollinger, mit →Bernhard Diebold und anderen Literaturin-
teressierten im ■ O 5„Café de la Terrasse". Er bemüht sich unermüdlich, Schriftsteller-Kollegen und Freunde in jeder Weise zu
unterstützen. 1932 verteidigt er →Albert Ehrismann vor dem Divi-
sionsgericht, als dieser wegen Dienstverweigerung angeklagt wird,
leider ohne Erfolg: Ehrismann wird zu acht Wochen Gefängnis verurteilt, und Vogel übernimmt in dieser Zeit dessen Tätigkeit als
Theaterkritiker des *Volksrechts*. Außerdem setzt er sich immer wieder bei den Behörden für →Friedrich Glauser ein und ist einer der
wenigen, der ihn damals als „eine einzigartige, beträchtliche literarische Potenz" bezeichnet. Als Herausgeber der Reihe *Der Bogen* (77
Hefte) in einem St. Gallener Verlag fördert er junge Autoren wie
Albin Zollinger und entdeckt Literaten wieder wie →Karl Stamm.
Weniger bekannt ist Vogels Tätigkeit nach 1933 als Holzschneider
und Maler für die ➤„Büchergilde Gutenberg".

W: *Unsereiner* (1924, zgl. Fortsetzungroman in der *NZZ*); *Der blinde Seher* (1930, zgl.
Fortsetzungsroman in der *NZZ*); *Spiegelknöpfler. 2 Bde.* (1932, 1934); *Schwyzer
Schnabelweid* (1938); *Leben im Grund oder Wehtage des Herzens* (1939); *Der Engel-
krieg* (1941); *Gschichten us em Züripiet* (1941, 1961, 1966); *Vaterland und Muttarspra-
che* (1944); *Briefe an einen Freund. Albin Zollinger an Traugott Vogel* (1955); *Bekennt-
nisse eines Lehrers* (1964); *Witikon.* In: *Zürich und seine Quartiere* (1966); *Über die Art
unserer Mundart.* In: *Schwyzerlüt 1/1966*; *Leben und Schreiben. Achtzig reiche magere
Jahre* (1975); *Meinrad Inglin. Die Briefwechsel mit Traugott Vogel und Emil Staiger.*
Hg. v. F.R. Hangartner (1992).
📖 P. Schuler (Hg.): *Freundesgabe für Olga Meyer, Traugott Vogel, Fritz Brunner* (1964).

## 137. RICHARD WAGNER
(1813 Leipzig – 1883 Venedig)
Musikdramatiker
Daß er 1849 in Dresden während des Maiauf-
stands auf Handzetteln zur Solidarisierung mit
den Aufständischen aufgerufen hat, macht ihn
zum politischen Flüchtling. Er fährt zunächst
über Zürich nach Paris. Da er jedoch in der von
der Cholera heimgesuchten Hauptstadt keine Unterstützung findet, kehrt er nach Zürich zurück. Obwohl steckbrieflich gesucht,
kann er dort eine Aufenthaltsbewilligung für sich und seine Frau
Minna erhalten, weil zwei Staatsschreiber für ihn Kaution leisten.
Sein Ankunft beschreibt er in lyrischen Tönen: „Die Fahrt im Post-
wagen, durch das freundliche St.-Gallener Ländchen nach Zürich,
erheiterte mich ungemein: als ich am letzten Mai, abends gegen
sechs Uhr, von Oberstraß hinab nach Zürich einfuhr und zum
ersten Male in glänzender Sonnenbeleuchtung die den See

begrenzenden Glarner Alpen glänzen sah, beschloß ich sofort, ohne dies deutlich im Bewußtsein zu fassen, allem auszuweichen, was mir hier eine Niederlassung verwehren könnte." Zunächst wohnt er bei dem deutschen Musiker Alexander Müller ■ 137a Rennweg 55, dann zieht er 1850 in die ■ 137b Sternenstraße in Enge um: „Ich fühle mich jetzt in Zürich wieder sehr wohl, und nach meiner Wahl möchte ich in der ganzen weiten Welt nicht anders wo leben als hier. Wir haben eine höchst angenehmen Wohnung am See, mit den herrlichsten Aussichten, Garten, usw [...] Dazu ein vortrefflicher Schlag Menschen, Teilnahme, Gefälligkeit, ja rührendste Dienstbeflissenheit wohin wir uns nur wenden", schreibt er 1850 an Theodor Uhlig. 1853–57 bezieht er eine Wohnung am ■137c Zeltweg 13 (Gedenktafel). →Gottfried Keller, seit Ende 1855 mit ihm befreundet, berichtet: „Wagner selbst verabreicht zuweilen einen soliden Mittagstisch, wo tapfer pokuliert wird [...]" Nachdem er zunächst hauptsächlich Abonnement-Konzerte der „Allgemeinen Musikgesellschaft" im sogenannten „Casino" sowie nebenan im ■ N „Actien-Theater" dirigiert hat, findet er bald als Komponist praktische und finanzielle Unterstützung. In der *Eidgenössichen Zeitung* vom 7.9.1851 macht der Redakteur Bernhard Spyri, Ehemann von →Johanna, seine Leser auf den Musiker aufmerksam: „Seit geraumer Zeit weilt in Zürich ein Mann, von dessen Existenz und Bedeutung der grössere Teil des Publikums noch wenig Kenntnis hat: es ist der in der musikalischen Welt immer berühmter werdende Komponist Richard Wagner aus Dresden [...] Wir zweifeln nicht daran, dass man seinen Bestrebungen [...] freudig entgegenkommen werde. Zürich ehrt damit die Kunst, den genialen Fremdling und sich selbst." Im ➤„Café littéraire" findet er Kontakte und Inspiration. 1852 lernt er Otto Wesendonck, einen Seidenfabrikanten und Kunstmäzen aus dem Rheinland, und seine Frau Mathilde kennen, die sich in Zürich-Enge eine prächtige Villa auf dem „grünen Hügel" bauen lassen (heute Museum Rietberg). Als sie 1857 dort einziehen, führen sie ein reges gesellschaftliches Leben und vermieten Wagners ein Haus im Park, das sog. ■ 137d „Asyl" (die heutige umgebaute „Villa Schönberg"; Wagner-Denkmal im Rieter-Park), für Fr. 800,–. Bei den Wesendoncks dirigiert Wagner 1857 und 1858 ein Hauskonzert. Zwischen dem Komponisten und Mathilde Wesendonck entsteht ein Liebesverhältnis, das Wagner zu zahlreichen Werken inspiriert (Vorspiel der *Walküre*, zweite Fassung der *Faust*-Ouvertüre, *Wesendonck-Lieder* und *Tristan und Isolde*). „Hochbeglückt, / Schmerzentrückt, / Frei und rein / Ewig Dein –", lautet die Widmung des *Tristan*. Jedoch wird 1858 mit der Abreise aus Zürich diese Beziehung abrupt beendet, später nur noch brieflich fortgesetzt. Wagners Zürcher Jahre, von Gastauftritten in Paris und

London unterbrochen, sind musikalisch sehr fruchtbar. 1852 wird *Der fliegende Holländer* im „Actien-Theater" uraufgeführt, 1853 dirigiert Wagner zum letzten Mal mehrere Konzerte mit Auszügen aus seinen Opern. Zum allerletzten Auftritt am 22.5.1853 schreibt Johanna Spyri ein Huldigungsgedicht an Wagner, das vorgetragen wird. Außer *Tristan* komponiert er in Zürich *Das Rheingold, Die Walküre, Der junge Siegfried* und *Siegfrieds Tod*; er entwirft außerdem *Die Sieger* und *Parsifal*. 1853 erscheinen die Texte der Tetralogie *Der Ring des Nibelungen* als Privatdruck. Daraus liest Wagner an vier Abenden im Hotel „Baur au Lac", ■ 137e Talstraße 1. Die Publikationsrechte verkauft er 1859 teuer an Otto Wesendonck. Einige musiktheoretische Schriften begleiten sein Schaffen (*Die Kunst und die Revolution, Kunstwerk der Zukunft*). Zu erwähnen wären noch sein deutlich antisemitischer Essay *Das Judenthum in der Musik*, den er unter einem Pseudonym herausgibt und ihm starke Anfeindungen einbringen. In seiner 40 Seiten umfassenden Schrift *Ein Theater in Zürich* entwirft Wagner den Plan, mit sorgfältig ausgewählten und ausgebildeten einheimischen Kräften ein Musiktheater einzurichten, um das Niveau der dargebotenen dramatischen Werke zu heben. Er zieht Zürich sogar als Festspielort in Erwägung. Sein Aufruf verhallt ohne Erfolg und seine Ideen werden sich erst 1890 mit dem neuen ■ N „Stadttheater" realisieren. Dort wird am 13.4.1913 *Parsifal* entgegen dem Verbot Cosima Wagners mit sehr großem Erfolg von Alfred Reucker aufgeführt. Zu seinen engeren Freunden zählen neben Gottfried Keller auch Franz Liszt, der oft nach Zürich zu Besuch kommt und Wagner zu einem *Offenen Brief* über seine symphonischen Dichtungen inspiriert, sowie →Georg Herwegh. Herwegh macht ihn auf Schopenhauers *Die Welt als Wille und Vorstellung* aufmerksam und führt ihn in den Salon von ➤ François und Elisa Wille auf dem „Gut Marienfeld" (heute noch Privatbesitz, ■137f Feldmeilen, General-Wille-Straße 165) ein. Bei ihnen wohnt Wagner auch vom 26.3. bis 28.4.1864 nach seiner Flucht aus Wien. Hans von Bülow – seit 1850 sein Schüler – wird auf seine Empfehlung hin kurze Zeit Musikdirektor im „Actien-Theater". Richard Wagner hat Zürichs musikalisches Leben durch die Einführung des Sinfoniebegriffs und die Forderung nach Professionalität nachhaltig beeinflußt. Als 1870 sein *Siegfried Idyll* in der Zürcher „Tonhalle" uraufgeführt wird, macht das Tonhalle-Orchester den Wünschen des Meisters alle Ehre. Eine der bedeutendsten Wagneriana-Sammlungen der Welt befindet sich heute in der ■ A „Zentralbibliothek" Zürich.

W: a) Abhandlungen: *Die Kunst und die Revolution* (1849); *Das Kunstwerk der Zukunft* (1849); *Oper und Drama* (1850); *Das Judenthum in der Musik* (in: *Neue Zeitschrift f. Musik* 1850, unter d. Pseudonym Freigedank); *Kunst und Klima* (1850); *Ein Theater in Zürich* (1851); *Eine Mitteilung an meine Freunde* (1851); *Über musikalische*

**W**

*Kritik* (1852); *Glucks Ouvertüre zu ,Iphigenie in Aulis'* (1854); *Über Franz Liszts Symphonische Dichtungen* (1857). b) Operntexte: *Wieland der Schmied* (Entwurf 1850); *Das Rheingold* (1853); *Die Walküre* (1852, 1853); *Der junge Siegfried* (1851, 1853); *Siegfrieds Tod* (1852, 1853); *Die Sieger* (Entwurf 1856); *Tristan und Isolde* (1857); *Parsifal* (1857). c) *Mein Leben* (1963; ²1977); *Sämtliche Briefe*. Hg. v. A. Mielke (2000).
  A. Steiner: *Richard Wagner in Zürich* (1901); M. Fehr: *Richard Wagners Schweizer Zeit* (1953); M. Hürlimann: *Richard Wagner in Selbstzeugnissen und in Urteil der Zeitgenossen* (1972); H. Bélart: *Richard Wagner in Zürich* (1976); *Richard Wagner. Leben und Werk in Daten und Bildern* (1978); M. Gregor-Dellin: *Richard Wagner. Sein Leben. Sein Werk* (1980); H. Erismann: *Richard Wagner in Zürich* (1987); W. G. Zimmermann: *Richard Wagner in Zürich* (1988); H. U. Mielsch: *Die Schweizer Jahre berühmter Komponisten* (1992); I. Hildebrandt: *Wagners Muse Mathilde Wesendonck 1828–1902*. In: dies.: *Die Frauenzimmer kommen. 15 Zürcher Porträts* (1994); C. Walton: *Richard Wagners Zürcher Jahre 1849–1858. Ein biographischer Index. 184. Neujahrsblatt der Allgemeinen Musikgesellschaft Auf das Jahr 2000.*

## 138. ROBERT (OTTO) WALSER
### (1878 Biel BE – 1956 Herisau AR)
### Lyriker, Erzähler, Romancier

Über Walsers Leben zu sprechen ist alles andere als einfach, denn er ist der geborene Nomade: „Ich bin noch überall, wo ich gewesen bin, bald weitergegangen, weil es mir nicht behagt hat, meine jungen Kräfte versauern zu lassen in der Enge und Dumpfheit von Schreibstuben [...] Gejagt hat man mich bis jetzt noch nirgends, ich bin immer aus freier Lust am Austreten ausgetreten, aus Stellungen und Ämtern heraus, die zwar Karriere und weiß der Teufel was versprachen, die mich aber getötet hätten, wenn ich darin verblieben wäre", meint Simon Tanner, der Held von *Geschwister Tanner*. Er könnte der Doppelgänger des Dichters sein. Ist er das? Von Walsers Werk zu sprechen, ist noch problematischer angesichts der vielen Masken, hinter denen der Autor sich versteckt: In den *Mikrogrammen* spricht er ironisch von der „Zerlesenheit meines literarisierenden Charakters". Im Laufe seiner zahlreichen Ortswechsel hat er mehrmals Station in Zürich gemacht. Am 30. 9. 1896 meldet er sich im Stadthaus an. Hinter sich hat er einen erfolglosen Versuch, in Stuttgart Schauspieler zu werden. „Er war ein hübscher, schlanker, nerviger, starker, zärtlicher, baumhoher und langaufgeschossener Mensch, und mitsamt seinen Eigenschaften, die für ihn mehr und mehr zu Fremdheiten oder Unbekanntheiten wurden, unternahm er es, in eine Stadt zu ziehen und sie zu seinem bleibenden Aufenthaltsort zu erwählen, die sowohl eine Universitäts- als auch eine Bahnhofsstraße besaß und als Europäerlager weit und breit bekannt zu sein das Vergnügen hatte und den holden Vorzug genoß", steht in *Der Europäer*. Wir dürfen annehmen, es handle sich um die Ankunft Walsers in Zürich. Er verweilt dort – mit Unterbrechung – bis Anfang 1899, kommt im Winter 1902/03 zurück, arbeitet von Juli bis Januar 1904 in Wädenswil (ZH), kehrt dann 1904/05 – wieder mit Unterbrechungen – nach Zürich zurück. In diesem Zeitabschnitt bezieht er nicht weniger als 17 Unterkünfte in der Altstadt, in Aussersihl und Unterstrass, u. a. in der ■ 138a Spiegelgasse 23 und der ■ 138b Trittligasse 6. Die Stelle wechselt er neunmal, wobei er sich immer als „Commis" in amtlichen Unterlagen einträgt. Er arbeitet als Kontorist in den Maschinenfabriken Oerlikon und Escher-Wyss, als Hilfskraft bei einem Rechtsanwalt, einem Buchhändler, zwei Banken, einer Versicherung, etc. In sein erstes publiziertes Buch, *Fritz Kochers Aufsätze*, fließen seine „Commis"-Erfahrungen reichlich ein. Zu →Carl Seelig sagt er: „Damals ist an der Spiegelgasse [...] ein Teil von *Fritz Kochers Aufsätze* entstanden, darunter das Kapitel über den Maler. Ein anderer Teil an der Trittligasse rechts, wenn man vom Oberdorf die Treppen hinaufsteigt." Auch sein Wädenswiler Arbeitgeber inspiriert ihn zu dem hochstapelnden Erfinder in *Der Gehülfe*. Eine andere Arbeitsstelle, die „Schreibstube für Arbeitslose" im ■ 138c Haus „Zum Steinböcklin" an der Schipfe, und deren seltsame Beschäftigte werden in *Geschwister Tanner* akribisch beschrieben. Seine poetische Tätigkeit entwickelt sich parallel: „Auch begann ich um jene Zeit auf dünne Streifen Papier kleine Gedichte zu schreiben. [...] Vielleicht fing ich an zu dichten, weil ich arm war und einer Nebenbeschäftigung bedurfte, damit ich mich reicher fühlte." (*Aus meiner Jugend*). Carl Seelig gesteht er: „Die ersten Gedichte verfertigte ich, sowie sie erschienen sind, als Commis auf dem Zürichberg, oft frierend, hungrig und zurückgezogen lebend wie ein Mönch." Diese Gedichte werden in Prag von →Max Brod und im Berner *Bund* von Joseph Viktor Widmann publiziert. Walser bildet sich vorwiegend in Bibliotheken, durch das Anhören von Vorträgen und den Kauf von Büchern weiter. Für ihn soll der Dichter „sich grundsätzlich verpflichtet fühlen, edelmännisch zu denken und zu handeln und nach dem Hohen zu streben"; deshalb habe er „nie in Dialekt geschrieben", denn er finde „das immer eine ziemliche Anbiederung an die Masse." 1905 nach Berlin übergesiedelt, kommt er erst im Januar 1915 nach Zürich zurück, dann im November 1920 und im März 1922, vom ■ L „Lesezirkel Hottingen" zu Lesungen eingeladen. 1915–16 liefert er zahlreiche Beiträge für die *Neue Zürcher Zeitung* und für →Schickeles *Weiße Blätter*. Ab 1920 verlegt der Zürcher ➤ Rascher Verlag diverse Bücher Walsers. 1929 wird dieser in die Heilanstalt Waldau (BE) aufgenommen, von wo er 1933 nach Herisau (AR) verlegt wird. Carl Seelig, der ihn dort vom ersten Tag an bis zu seinem Tod besucht, übernimmt 1944 Walsers Vormundschaft und gibt eine große Anzahl seiner Werke heraus. In seinen *Wanderungen mit Robert Walser* finden sich feinfühlige Erinnerungen an den Dichter. Allgemein lange verkannt – außer von →Franz Kafka – bleibt Walser noch heute als Klassiker der Schweizer Literatur der Gegenstand kontroverser Interpretationen. Bezeichnenderweise notiert →Max Frisch in seinem *Tagebuch*: „Jemand berichtet von einer verbürgten Begegnung zwischen Robert Walser und Lenin an der Spiegelgasse in Zürich, 1917, dabei habe Robert Walser eine einzige Frage an Lenin gerichtet: Haben Sie auch das Glarner Birnbrot so gern? Ich zweifle im Traum nicht an der Authentizität und verteidige Robert Walser, bis ich daran erwache – ich verteidige Robert Walser noch beim Rasieren." 1973 sind das „Robert-Walser-Archiv", angesiedelt bei der „Carl-Seelig-Stiftung" (Beethovenstraße 7), sowie die „Robert-Walser-Gesellschaft" in Zürich gegründet worden.

W: *Gedichte* (1898); *Fritz Kochers Aufsätze* (1905); *Geschwister Tanner* (1907); *Der Gehülfe* (1908).

📖 W. Benjamin: *Robert Walser* (1929); O. Zinniker: *Robert Walser der Poet* (1947); C. Seelig: *Wanderungen mit Robert Walser* (1957); R. Mächler: *Das Leben Robert Walsers. Eine dokumentarische Biographie* (1966); *Robert und Karl Walser.* Katalog der Ausstellung im Helmhaus Zürich 1978; K. Kerr (Hg.): *Über Robert Walser.* 3 Bde. (1978–79); E. Fröhlich / P. Hamm: *Robert Walser. Leben und Werk in Daten und Bildern* (1980); E. Camenzind-Herzog: *Robert Walser – „eine Art verlorener Sohn"* (1981); J. Amann: *Robert Walser. Auf der Suche nach einem verlorenem Sohn* (1985); B. Echte / A. Maier: *Die Brüder Karl und Robert Walser* (1990); K.-M. Hinz / T. Horst: *Robert Walser* (1991); J. Amann: *Robert Walser. Eine literarische Biographie in Texten und Bildern* (1996); P. v. Matt: *Warum man mit Robert Walser nie zurande kommt.* In: ders.: *Die tintenblauen Eidgenossen* (2001); *Robert Walser. Aus dem Bleistiftgebiet. du* 10.10.2002.

### 139. MARIA WASER

(1878 Herzogenbuchsee BE – 1939 Zollikon ZH)
Erzählerin, Essayistin, Redakteurin

Maria Wasers Lebensverlauf ist für ihre Zeit ungewöhnlich und zeugt von einer starken Persönlichkeit. Als einziges Mädchen besucht die Arzttochter das Berner Städtische Gymnasium und ist einige Jahre später die erste promovierte Schweizer Historikerin. Archivstudien für ihre Dissertation führen sie schon 1900 nach Zürich, das sie als heiter empfindet: „Die Zürcher Landschaft war mir in ihrer hellen, lachenden Fröhlichkeit etwas durchaus Neues, und sie hat mir unglaublich wohlgetan. Aber auch die Stadt gefällt mir sehr: Mit scheint, als ob der Ton warmer Fröhlichkeit bis in die engsten Winkel eines ‚Leuengäßli' hineindringe, und das fiel mir im Gegensatz zu dem ernsten Ton der Berner eigentümlich auf", schreibt sie an eine Freundin. Vier Jahre später wird sie in dieser Stadt als Redakteurin der Kulturzeitschrift *Die Schweiz* angestellt, was zu dieser Zeit eine Seltenheit darstellt. Der hauptverantwortliche Redakteur, Archäologieprofessor Otto Waser, wird bald ihr Mann. Auch hier sprengt sie den damaligen gutbürgerlichen Rahmen, indem sie als Ehefrau und Mutter weder ihre Redaktionstätigkeit noch ihr literarisches Schaffen aufgibt. Sie wohnt zu der Zeit in der ■ 139a Plattenstraße 68. *Die Schweiz* ist eine konservative Zeitschrift; Maria Waser fördert jedoch neue Autoren wie →Albin Zollinger und →Robert Walser, die dort Publikationsmöglichkeit erhalten. Sie interessiert sich ebenfalls für den damals umstrittenen Maler Ferdinand Hodler, der bei ihren Eltern verkehrte, und verteidigt ihn in der Biographie *Wege zu Hodler*. Ihr erster Roman, *Die Geschichte der Anna Waser*, macht sie 1913 auf einen Schlag in der ganzen Schweiz berühmt. Darin führt sie die Leser durch das spätmittelalterliche Zürich: „Anna saß im Stern des Schiffes, den Rücken gegen den See, und blickte nach der Stadt und dem westlichen Himmel hinüber. Das war das Bild, das sie so oft in Stunden des Heimwehs heraufbeschworen, früher, als sie fern war: Zürich im Abendbrand, mit dunkeln, weithin spiegelnden Füßen aus der roten Flut steigend […]" Womöglich spürt die Autorin eine Affinität zu dieser Zürcher Miniaturmalerin und Radiererin aus dem 17. Jh., einer Vorfahrin ihres Mannes, die versucht hat, ihre Rolle als Frau mit der als Künstlerin zu vereinbaren. Über ihre weiteren Romane und Novellen schreibt sie: „Ich möchte, daß meine Bücher sich einmal alle unter diesem Titel vereinen lassen: Von der Liebe und vom Leben." Daß das Leben meist nur durch Verzicht auf eine die Harmonie gefährdende Liebe möglich ist, zeigt sich in historischen Novellen, wie *Von der Liebe und dem Tod*, oder in stark autobiographischen Werken, wie *Die Wende, Begegnung am Abend* und *Sinnbild des Lebens*. Dieses Thema des „fraulichen Entsagens" erstaunt angesichts ihrer Karriere, zumal sie 1928 in ihrer Rede *Die Sendung der Frau* für eine gesellschaftliche Besserstellung der Schweizerinnen plädiert. *In Land unter Sternen* spricht sie von ihrer Heimat und spürt dabei „die Einfügung unter die grossen Bogen der Allverbundenheit". Ihre Angst um die Zukunft dieser Heimat angesichts der faschistischen Bedrohung und ihre Abwehrhaltung gegen Rassenverfolgung drückt sie 1934 in ihrem von der ➤„geistigen Landesverteidigung" inspirierten Vortrag *Lebendiges Schweizertum* aus. Als erste Frau erhält sie 1938 den ➤„Literaturpreis der Stadt Zürich"; als einziges weibliches Mitglied wird sie in den „Literarischen Clubs" des ■ L „Lesezirkels Hottingen" aufgenommen. Zum Vorstandsmitglied des ➤„Schweizerischen Schriftsteller-Verbands" gewählt, übt sie einen bedeutenden Einfluß auf den Zürcher Literaturbetrieb aus. Anfang 1939 stirbt sie nach langjähriger Krankheit in ihrem „Haus zum Quittenbaum", ■ 139b Dammstraße 19 in Zollikon, das sie seit 1917 bewohnt und bis heute in Familienbesitz geblieben ist. Sie ruht auf dem dortigen Friedhof.

W: *Die Geschichte der Anna Waser* (1913); *Scala Santa* (1918); *Von der Liebe und dem Tod* (1919); *Wir Narren von gestern* (1922); *Die Sendung der Frau* (1928); *Die Wende* (1929); *Land unter Sternen* (1930); *Begegnung am Abend* (1933); *Lebendiges Schweizertum* (1934); *Sinnbild des Lebens* (1936); *Nachklang. Texte aus dem Nachlaß* (1944).
📖 E. Gamper: *Frühe Schatten, frühes Leuchten. Maria Wasers Jugendjahre* (1945); W. Günther: *Maria Waser.* In: *Dichter der neueren Schweiz* (1963); G. Küfer: *Maria Waser.* In: *Schweizer Heimatbücher* 152/1971; *Frühling der Gegenwart*, Bd. 3 (1990); F. R. Provini: *Maria Waser: Die Geschichte der Anna Waser* (1990).

## 140. FRANK WEDEKIND
(1864 Hannover – 1918 München)
Dramatiker, Lyriker, Essayist, Erzähler, Schauspieler

Zum ersten Mal kommt der in Lenzburg (AG) aufgewachsene Wedekind 1886 nach Zürich, nachdem er sein Jura-Studium aufgegeben hat. Er arbeitet bis 1888 als Werbetexter für die Firma Maggi in Kemptthal (ZH), während er eine Wohnung in Zürich behält: zunächst ■ 140a Plattenstraße 35, später ■ 140b Schönbühlstraße 10 (abgerissen). Er verkehrt mit →Gerhart Hauptmann und seinem Bruder Carl, die ihn in den literarischen Zirkel „Das Junge Deutschland" einführen: dort interessiert man sich für die letzten psychopathologischen Studien von Charcot und Krafft-Ebings. In dieser Zeit erwacht sein Interesse für Nietzsche und Schopenhauer. Ein beträchtlicher Teil seiner Gedichte entsteht in den 1880er Jahren und die Tragödie *Frühlings Erwachen* erscheint 1891 in Zürich. Im Herbst 1895 tritt er als Ibsen-Rezitator unter einem seiner zahlreichen Pseudonymen in Zürich auf und bringt einen literarischen Essay über diesen Schriftsteller in der *Neuen Zürcher Zeitung* unter. Drei Jahre später muß er von München nach Zürich regelrecht fliehen: Durch ein satirisches Gedicht auf Kaiser Wilhelm II. im *Simplicissimus* hat er öffentliches Ärgernis erregt. Er bezieht eine Wohnung in der ■ 140c Leonhardstraße 10. Im Mai 1901 führt ihn ein Gastspiel des neugegründeten Münchner Kabaretts „Die Elf Scharfrichter" wieder nach Zürich: Auf dessen Bühne trägt er eigene Kompositionen zur Laute vor, in denen er das Spießbürgertum und dessen Verlogenheit angreift. →Robert Faesi erinnert sich: „Unwiderstehlich hielt bis spät in die Nacht Frank Wedekind mit seinen Liedern zur Laute sich und die Runde in Atem. Wie ein angegrauter Mephistopheles oder Abenteurer mutete er an, und wirklich war er mit allen Hunden gehetzt, in allen Sätteln gerecht und mit allen Wassern gewaschen [...] Ein unsicherer Kantonist des Geistes, ein ausserordentlicher, welchen denn auch trotz seiner Lenzburger Jugend die Schweizer Literatur nie für ihre ordentliche Ordnung in Anspruch genommen hat.". Elias Canetti schreibt in *Die gerettete Zunge*: „Wedekind kam manchmal nach Zürich und trat im Schauspielhaus auf, in ,Erdgeist'. Er war heftig umstritten, es bildeten sich

Parteien für oder gegen ihn, die gegen ihn war größer, die für ihn interessanter." Im Herbst 1917 kommt Wedekind zum letzten Mal nach Zürich. Zufällig zieht er die gleiche Wohnung wie früher in der Schönbühlstraße 10. Er tritt als Vorleser und Sänger auf, ist ebenfalls als Regisseur und Darsteller tätig: zusammen mit Elisabeth Bergner spielt er am 15.11.1917 in der Uraufführung seines in Deutschland verbotenen Stücks *Schloß Winterstein*. Das ■ N „Pfauentheater" ist vollbesetzt. Am gleichen Tag kommt es in Zürich-Wiedikon zu Demonstrationen gegen Munitionsfabriken. Zwei Tage später, als Wedekind gerade im ■ L „Lesezirkel Hottingen" aus seinen Werken liest, brechen die blutigen „Zürcher Unruhen" aus.

W: *Frühlings Erwachen* (1891); *Der Schriftsteller Ibsen* (1895); *Die vier Jahreszeiten* (1905); *Schloß Winterstein* (1917); *Lautenlieder* (1920); *Die Tagebücher* (1986).
📖 A.Kutscher: *Frank Wedekind. Sein Leben und seine Werke.* 3 Bde. (1922–31); R.Faesi: *Erlebnisse, Ergebnisse* (1963); G.Seehaus: *Frank Wedekind* (1974); E.Canetti: *Die gerettete Zunge* (1977); R.Kieser: *Benjamin Franklin Wedekind. Biographie einer Jugend* (1990).

## 141. FRANZ WERFEL
(1890 Prag – 1945 Beverly Hills/Kalifornien)
Schriftsteller, Übersetzer

Am 22.1.1918 findet im ■ N „Stadttheater" die Uraufführung der *Troerinnen* statt, die hohes Lob erntet. Franz Werfel hält sich für die Proben ein paar Monate in Zürich auf und genießt das ■ E „Café Odeon" als Stammgast: Er trifft →Else Lasker-Schüler wieder, die er aus Leipzig kennt, →Frank Wedekind, →Leonhard Frank und seinen Freund →Stefan Zweig. Zudem tritt er einige Male als Rezitator auf und ruft bei der *Neuen Zürcher Zeitung* Begeisterung hervor: „Der war in Wahrheit seines Gottes voll!" Im ■ L „Lesezirkel Hottingen" sowie in der „Tonhalle" liest es aus eigenen Werke vor. Ferner verkehrt er mit anderen Flüchtlingen im Haus des exilierten Musikers Ferruccio Busoni in der ■ 141a Scheuchzerstraße 36. Ebenso gute Kontakte unterhält er zu →Charlot Strasser und →Robert Faesi. Letzterer erinnert sich: „Unter den Neutönern fühlte ich mich am stärksten von Franz Werfel angezogen. Wie er mit hinreissender Wucht seine Gedichte herausschrie, das war für mich der Gipfel des Expressionismus. Er stürmte seiner jungen Generation als der Intensivste voran [...] In Zürich hatte Werfel in der Wohnung des Ehepaars Strasser verkehrt, das alles Avantgardistische an sich zog [...]" Jedoch darf er nicht den anderen Grund seines Aufenthalts in Zürich vergessen: Als Offizier im Dienst des Wiener Kriegspressequartiers soll er Propaganda für die Donaumonarchie machen. Er hält insgesamt zwölf Vorträge in der Schweiz, tut dies jedoch auf seine Art: Vor dem eigentlichen kulturellen Vortrag richtet er eine

W

kurze sozialistisch-pazifistische Ansprache an sein Publikum, z. B. Zürcher und Davoser Arbeiter. Bald wird er nach Wien zurückgerufen. Als er 1938 mit Frau Alma und Tochter Anna aus Österreich fliehen muß, macht er wieder Station in Zürich bzw. in ■ 141b Rüschlikon, in der Villa seiner Schwester, die Dramaturgin und selbst Autorin ist und mit dem damaligen Direktor des ■ N „Schauspielhauses", Ferdinand Rieser, verheiratet. In einem Gedicht, *Traumstadt eines Emigranten*, schildert er das soeben erlebte Grauen: „Ja, ich bin recht, es ist die alte Gasse. / Hier wohnt' ich dreißig Jahr ohn' Unterlaß [...] / Bin ich hier recht? Mich treibt ein Irgendwas, / Das mich nicht losläßt, mit der Menschenmasse. // Da, eine Sperre starrt [...] Eh ich mich fasse, / Packt's meine Arme: ‚Bitte, Ihren Paß! / Mein Paß? Wo ist mein Paß? Von Hohn und Haß / Bin ich umzingelt, wanke und erblasse [...] // [...] Und während Unsichtbare mich bespeien, / ‚Ich hab ja nichts getan,' – hör ich mich schreien – / ‚Als daß ich eure, meine Sprache sprach.'" Kurze Zeit später emigriert Werfel über Frankreich und Portugal in die USA. Seine im Exil entstandene pazifistische Komödie *Jakobowsky und der Oberst* wird 1944 im „Schauspielhaus" uraufgeführt.

W: *Die Troerinnen* (1916); *Traumstadt eines Emigranten* (1938); *Jakobowsky und der Oberst* (1944).

&#x1F4D6; R. Faesi: *Erlebnisse, Ergebnisse* (1963); L. B. Foltin: *Franz Werfel* (1972); W. Mittenzwei: *Exil in der Schweiz* (1978); P. S. Jungk: *Franz Werfel. Eine Lebensgeschichte* (1987); *Franz Werfel im Exil*. Hg. v. W. Nehring u. H. Wagener (1992); N. Abels: *Franz Werfel* (1993); E. u. K. Mann: *Escape to Life. Deutsche Kultur im Exil* (1996).

## 142. URS WIDMER

(1938 Basel)
Schriftsteller, Lektor
Die Stationen im Leben Urs Widmers heißen Basel, Frankfurt a. M. und Zürich. In der ersten Stadt verbringt er seine Kindheit und Jugend, in der zweiten ist er als Lektor im Suhrkamp Verlag tätig und in der dritten ab 1984 freier Schriftsteller. „Ich weiche der kalten Depression aus, die das Grundklima der Bundesrepublik geworden ist", nennt er als Grund seiner Rückreise in die Schweiz in *Abschiedsbrief an Deutschland*. Doch das „enge Land", die „ziemlich intolerante Welt ohne Kühnheit, Phantasie und Geheimnis", der er entflohen war, wartet auf ihn. In *Flug nach Zürich* (*Schweizer Geschichten*) läßt er uns an seinen symbolischen Flug im Fesselballon von Frankfurt nach Zürich teilhaben: „Die dicke Frau, der Pilot und ich gehen durch die riesengroße Halle des Flughafens von Frankfurt. [...] Dann sehe ich den Ballon hinter einem startenden Jumbo-Jet. Ich klatsche in die Hände und springe auf und ab. [...] Stunden vergehen. Wir segeln nun in

einem schönen, kräftigen Wind dahin. [...] Dann begreife ich wohin der Pilot will: auf einen großen Fußballplatz, den ich jetzt vor uns sehe. [...] Es ist zu spät für ein neues Manöver. [...] Tropfnaß sitzen wir zwei Kantonspolizisten gegenüber. Sie blättern im Reglement. ‚Soso', sagt der eine schließlich, ‚aus dem Ausland kommen Sie also. Ja, da muß ich telefonieren, ob es statthaft ist, daß Ausländer mit einem Ballon Kantonsgebiet überfliegen [...] Ihre Ausweise bitte [...] Können Sie mir erklären, warum Sie so lange im Ausland wohnhaft gewesen sind?'" In Deutschland hat er andere Denkmodelle kennengelernt und sich daran gewöhnt, Texte zu produzieren, die zwischen Unterhaltungsliteratur und „ernster Literatur" keinen Unterschied mehr machen. 1985 mit dem Preis der ➤„Schweizerischen Schiller-Stiftung" ausgezeichnet, hadert er allerdings immer noch mit seiner Heimat. Das Theaterstück *Jeanmaire. Ein Stück Schweiz* ist eine bewußte Provokation um den Landesverräter Jeanmaire. Die Themen Arbeitslosigkeit in *Top Dogs* oder Macht des Geldes in *Bankgeheimnisse* enthalten zwar Sprengstoff, auf der Bühne verläuft es jedoch politisch korrekt. Das Utopieprogramm seines Prosawerks hat er selbst so definiert: Bäume, Ozeane, Luft und Liebe. Seine Romanfiguren sind ständig auf der Suche nach etwas Vergangenem, etwas Verlorenem: nach der Geliebten in *Liebesbrief für Mary*, nach einem verlorenen Manuskript in *Das Paradies des Vergessens*, nach der eigenen Kindheit in *Der blaue Siphon*, nach Familiengeheimnissen in *Im Kongo*. Slapstick und Klamauk begleiten diese literarischen Reisen in eine abenteuerliche, oft groteske Welt. Sein letztes Buch *Der Geliebte der Mutter* ist zum internationalen Bestseller avanciert: Ohne Pathos wird eine lebenslange, tragische Liebesgeschichte erzählt, und das konventionelle Rollenverständnis der bürgerlichen Frau im 20. Jh. in Frage gestellt. Urs Widmer hat bis heute viele Hörspiele für den WDR und den SWF verfaßt und ist 1976 mit dem „Hörspielpreis der Kriegsblinden" ausgezeichnet worden. Zahlreiche andere schweizerische, deutsche und österreichische Preise sind ihm zuteil geworden. Urs Widmer lebt heute in Zürich-Hottingen, ■ 142 Englischviertelstraße 4.

W: *Schweizer Geschichten* (1987); *Das enge Land* (1988); *Das Paradies des Vergessens* (1990); *Jeanmaire. Ein Stück Schweiz* (1992); *Liebesbrief für Mary* (1993); *Der blaue Siphon* (1994); *Im Kongo* (1996); *Top Dogs* (1997); *Fragmentarisches Alphabet zur Schweizer Literatur*. In: Sonderbd. *Text + Kritik, Literatur in der Schweiz* (1998); *Vor uns die Sintflut* (1998); *Der Geliebte der Mutter* (2000); *Bankgeheimnisse* (2001); Mein Zürich. In: G.Kübler (Hg.): *Daheim & Daneben. Wo Schriftsteller zu Hause sind* (2001). 📖 *Die zeitgenössischen Literaturen der Schweiz* (1974); H. Steinert: *Ein Wirbelsturm aus Phantasie und Witz*. In: *Tages-Anzeiger* von 11.5.1996; *Urs Widmer. Text + Kritik* Heft 140/Okt. 1998; I.Schikorsky: *Ein Frauenleben, eine Leidenschaft, ein Jahrhundert. Urs Widmers grandioser Roman „Der Geliebte der Mutter"*. In: *Lesart* Heft 4/2000; P. v. Matt: *Im Urwald mit Urs Widmer*. In: ders.: *Die tintenblauen Eidgenossen* (2001).

## 143. CHRISTOPH MARTIN WIELAND
(1733 Oberholzheim bei Biberach –
1813 Weimar)
Dichter, Dramatiker, Übersetzer

„Wie preise ich den Himmel von einem Freund wie Sie sind? [...] Ich liebe Sie mehr als Hr. Klopstock Sie liebt", antwortet Wieland am 14. Mai 1752 auf die heißersehnte Einladung →Bodmers nach Zürich. Der junge Jura-Student aus Schwaben bemüht sich, sein Studium so schnell wie möglich abzuschließen, um seine Base Sophie Gutermann (die spätere →Frau von La Roche) heiraten und gleichzeitig seine literarische Begabung entwickeln zu können. Das 1752 erschienene Lehrgedicht *Die Natur der Dinge* (4000 Verse zum Lob Gottes in 6 Gesängen!) trägt ihm den Ruf eines deutschen Lukrez ein, und dafür erhält er einen lobenden und ermunternden Brief von Bodmer. – Daraufhin schickt er diesem sein Heldengedicht in Hexametern: *Herrmann.* Bodmer – durch die Klopstock-Erfahrung vorsichtig geworden – läßt von Freunden den künftigen Hausgast in Tübingen begutachten. Am 25. Oktober 1752 bezieht Wieland seine Unterkunft im „Haus Zum oberen Schöneberg" (heute ■ 143a Schönberggasse 15; Gedenktafel). Im Gegensatz zu →Klopstock paßt er sich dem Familienleben Bodmers an: Er arbeitet am selben Tisch, raucht nicht, verbringt seine Freizeit mit seinem Gastgeber und dessen Freunden und beugt sich zunächst Bodmers „Empfehlung", nur über biblische Stoffe und ausschließlich in Hexametern „engelgleich" zu schreiben. →Salomon Gessner, der von Anfang an in einen engen persönlichen Kontakt mit ihm getreten ist, amüsiert sich darüber: „Wieland sitzt bei Bodmern bei einem Schreibe Pult, sitzt da mit stolzer Zufriedenheit und überdenkt seine Hoheit und Tugend, sitzt da und wartet auf Anbetter und Bewunderer, sie mit gnedig segnendem Blick anzulecheln, aber es kommt kein Anbetter [...] Wieland ist ein Mensch, der in seinem ganzen Leben nichts als ein Dintenfaß und eine Wand voll Bücher gesehn." In Bodmers umfangreicher Bibliothek entdeckt der junge Dichter viele berühmte Autoren, von Xenophon bis Shaftesbury. Sein Freund, der Brugger Arzt Zimmermann, der →Lavater stark prägen wird, empfiehlt ihm, sich mit der zeitgenössischen französischen Literatur zu befassen. Wieland stellt sich jedoch hauptsächlich in den Dienst Bodmers, dessen Heldengedicht *Noah* er z. B. fünfmal überarbeitet. Ebenso als „Auftrag" entstehen die neun *Briefe von Verstorbenen an hinterlassene Freunde* und die Hexameterdichtung *Die Prüfung Abrahams.* Im Juni 1754 macht sich Wieland selbstständig, indem er auszieht. Zunächst wohnt er bei Bodmers Schwager, Dr. Gessner ■ 143b Hinter den Oberen Zäunen (Konstanzer Amtshaus in der Kirchgasse), dann zieht er als Privatlehrer der beiden Söhne zum Amtmann von Grebel- Lochmann. Nun pflegt er gesellschaftliche Kontakte. Die Patrizierfrauen erwählen ihn gerne zu ihrem Seelenfreund: „Ich bin in der That gewissermaßen der Großthürk unter ihnen." In *Sympathien* sind kaum verhüllte Porträts seiner Anbeterinnen. Obwohl der Einfluß Bodmers weiter wirksam ist, wird sein Schaffen persönlicher. Wielands spätere bahnbrechende und von Goethe hochgeschätzte Übersetzung von Shakespeares Werken (1762–66 in Zürich bei ➤„Orell, Geßner und Comp." gedruckt) geht wohl auf Bodmers Begeisterung für den englischen Dramatiker zurück und richtet sich nach dessen Übersetzungskanon. 1759 verläßt Wieland Zürich und arbeitet ein Jahr in Bern als Privatlehrer, bevor er nach Biberach zurückkehrt. Im Sommer 1796 verbringt er nochmals dreizehn Wochen in Zürich: Er besucht seine Tochter Lotte Wilhelmine, die mit dem Zürcher Buchhändler Heinrich Gessner, Sohn Salomon Gessners, verheiratet ist. 1801 erhält Wieland das helvetische Bürgerrecht.

W: *Zwölf moralische Briefe in Versen* (1752–53); *Gebet eines Christen* (1753); *Briefe von Verstorbenen an hinterlassene Freunde* (1753); *Der geprüfte Abraham* (1753); *Abhandlung von den Schönheiten des epischen Gedichts* (1753); *Die Empfindungen eines Christen* (1754); *Hymnen auf die Allgegenwart und Gerechtigkeit Gottes* (1754,1756); *Sympathien* (1754, 1756); *Araspes und Panthea* (1755); *Betrachtungen über den Menschen* (1755); *Fragmente in der erzählender Dichtart* (1755); *Edward Grandisons Geschichte in Görlitz* (1755); *Ankündigung einer Dunciade für die Deutschen* (1755); *Cyrus* (1759, unvollendet); *Lady Johanna Gray* (Trauerspiel, am 20.7.1758 in Winterthur uraufgeführt); *Plan einer Akademie zur Bildung des Verstandes und des Herzens junger Leute* (1758).

📖 E. Ermatinger: *Wieland und die Schweiz* (1924); V. Michel: *Christoph Martin Wieland. La formation et l'évolution de son esprit jusqu'en 1772* (1938); H. Seiffert: *Der vorweimarische Wieland* (1950); E. Jaeckle: *Der Zürcher Wieland* (Biberacher Hefte 1987); U. Blasig: *Die religiöse Entwicklung des frühen Christoph Martin Wieland* (1990); I. Brender: *C. M. Wieland* (1990); *Wieland – Schubart*. Marbacher Kataloge 31 (³1993); H.-U. Mielsch: *Christoph Martin Wieland in Zürich und Bern*. In: ders.: *Die Schweizer Jahre deutscher Dichter* (1994).

### 144. LAURE WYSS
(1913 Biel BE – 2002 Zürich)
Erzählerin, Lyrikerin, Publizistin, Übersetzerin

Einen bedeutenden Teil ihres Lebens hat sie außerhalb der Schweiz verbracht. Ihre journalistische Tätigkeit führt sie erst 1962 nach Zürich zum *Tages-Anzeiger*, dessen *Magazin* sie mitbegründet, und zum Schweizer Fernsehen (*Magazin der Frau, Unter uns*). Ihre Zeitungsbeiträge sind in *Was wir nicht sehen wollen, sehen wir nicht* zusammengestellt worden. Seit ihrer Pensionierung 1979 ist sie als Buchautorin und Gerichtsberichterstatterin tätig. 1972 schreibt sie ihre erste Erzählung und 1976 erscheint ihr

W

erstes Buch *Frauen erzählen ihr Leben*. Ein großes Einfühlungsvermögen prägt ihr Werk, wofür sie verschiedene Literatur-Preise und Ehrengaben bekommt. In *Liebe Livia, Mutters Geburtstag* und *Schuhwerk im Kopf* spürt man ihre harten Lebenserfahrungen, die zu einer Selbsterforschung geführt haben. Mitten aus dem Leben gegriffen und minutiös recherchiert ist *Ein schwebendes Verfahren*, mit dem bezeichnenden Untertitel *Mutmassungen über die Hintergründe einer Familientragödie*. Sie beschäftigt sich mit der Vergangenheit in *Weggehen ehe das Meer zufriert. Fragmente zu Königin Christina von Schweden*, und eingehend mit der Gegenwart in *Wahrnehmungen zur Schweiz in Europa*. Ihre Gedichte, Momentaufnahmen aus dem Leben, verbinden einen ästhetischen Anspruch mit einem moralischen. Nicht zu vergessen sind ihre Übersetzungen kirchlicher Widerstandsliteratur aus dem Schwedischen, Dänischen und Norwegischen. Laure Wyss ist Ende August 2002 in ihrer Zürcher Altstadtwohnung, ■ 144 Winkelwiese 6, gestorben.

W: *Frauen erzählen ihr Leben* (1976); *Mutters Geburtstag. Notizen zu einer Reise und Nachdenken über A.* (1978); *Ein schwebendes Verfahren. Mutmassungen über die Hintergründe einer Familientragödie* (1981); *Liebe Livia* (1985); *Was wir nicht sehen wollen, sehen wir nicht* (1987); *Weggehen ehe das Meer zufriert. Fragmente zu Königin Christina von Schweden* (1994); *Wahrnehmungen zur Schweiz in Europa* (1997); *Schuhwerk im Kopf* (2000); *Protokoll einer Stunde über das Alter* (2002).

📖 C. Caduff (Hg.): *Laure Wyss: Schriftstellerin und Journalistin* (1996); I. Sebestová: *Frauenliteratur der 70er Jahre in der Schweiz* (2002).

## 145. ERNST ZAHN
(1867 Zürich – 1952 Meggen LU)
Romancier, Lyriker
„An der Storchengasse im alten Zürich stand früher ein Haus, an dem ich immer mit sonderbaren Gefühlen, halb der Neugier, halb einer knabenhaften Scham vorbeigegangen bin, das ich nach meiner Erinnerung nie ‚betreten‘ habe, in dem ich aber ja doch geboren bin [...] In diesem Haus befand sich das Café littéraire, dessen Pächter zur Zeit seiner zweiten Ehe mein Vater, der aus Arzberg in Bayern eingewanderte Deutsche, aber Schweizerbürger gewordene Wirt und Wilhelm Zahn war. Wenn ich [...] da vorüberkam, las ich immer wieder die Firmaaufschrift, erinnerte mich, wie man mir erzählt hatte, auch Gottfried Keller habe da verkehrt [...]“ In der ■145 Storchengasse 18 geboren (heute Neubau), wächst der Dichter in Zürich-Hottingen auf, bis sein Vater 1880 nach Eröffnung der Gotthard-Bahn das Bahnhofsrestaurant in Göschenen (UR) übernimmt und seinen Sohn zum Nachfolger bestimmt. Er kann nicht ahnen, daß dieser der Verfasser von 28 Romanen und 30 Erzählbüchern nebst Gedichten mit einer Gesamt-

auflage von ca. 4 Millionen werden sollte. Bis 1914 ist Zahn der meistgelesene Autor, von der deutschen wie der Schweizer Kritik als Heimatdichter gefeiert. Er besitzt eine spannende Erzählweise, die sich eines etwas altmodischen Hochdeutsch sowie gelegentlich der Mundart bedient. Seine Leser können sich leicht mit den Menschenschicksalen identifizieren, die er aus seiner vertrauten Umgebung entnimmt – dem Bahnhofsbüffet, der Bergwelt und später der Stadt Zürich. Die Thematik beschränkt sich weitgehend auf den Triumph des Guten bzw. der Liebe über das Böse und auf „den Heldentum im Alltag". Der Komponist José Berr hat für drei seiner Chorwerke Texte von Zahn herangezogen (*Hymne an die Schweiz, Treueschwur ans Vaterland, Weihnachtszauber*). 1889 wählt ihn Göschenen in den Gemeinderat, 1904 ist er Landrat des Kantons Uri, erhält den Ehrendoktortitel der Universität Genf und wird 1913 Präsident des ➤„Schweizerischen Schriftstellervereins" (SSV). Er gehört zu den Gründern des „Zürcher Theatervereins" und steht der „Theater AG" als Präsident des Verwaltungsrates vor. Diese steile Karriere wird 1914 durch eine zu deutlich betonte deutschlandfreundliche Haltung unterbrochen. Er muß als SSV-Präsident zurücktreten. Nach dem Krieg verkaufen sich seine Bücher bis 1939 weiterhin gut, jedoch mehr in Deutschland als in seiner Heimat. Es folgen sogar zahlreiche Übersetzungen. →Thomas Mann notiert am 27.1.1934 in seinem Tagebuch, daß er mit Zahn, „einem recht würdig-freundlichen alten Herrn" im ➤ Salon Reiff in Berührung gekommen ist. Zu der Zeit wohnt der Dichter zeitweise in der Freiestr. Ab 1945 gerät Zahn weitgehend in Vergessenheit. Unsterblich macht ihn aber der Anfang der Melodie eines seiner Gedichte, den das Radiostudio Zürich jahrelang verwendet hat: „Chum Bueb und lueg dis Ländli a!" Sein Grab befindet sich auf dem ■ G 1 Friedhof Enzenbühl.

W: *An die gefallenen Arbeiter. Gedicht* (1887); *Kämpfe* (1893); *In den Wind. Gedichte* (1894); *Albin Indergand* (1901); *Lukas Hochstrassers Haus* (1907); *Nacht* (1917); *Bergland* (1917); *Blancheflur* (1923); *Frau Sixta* (1926); *Die tausendjährige Strasse* (1939); *Vorbei! Vorbei! Jugenderinnerungen* (1947).

📖 *Ernst Zahn.* Hg. v. Lesezirkel Hottingen (1904); H. Spiero: *Ernst Zahn. Das Werk und der Dichter* (1927).

## 146. ALBIN ZOLLINGER
### (1895 Zürich – 1941 Zürich)
### Schriftsteller, Publizist, Lehrer
Seine ersten schriftstellerischen Versuche finden während seiner Ausbildung im Lehrerseminar Küsnacht 1912–16 statt. Nach einigen Aushilfsstellen erhält er 1923 in Zürich-Oerlikon eine feste Anstellung, die er bis zum seinem Tod behält. Er bezieht eine Wohung in der ■ 146a Brunnenstraße 23 (heute Venusstraße), eine der vierzehn Adressen Zollingers. Der

fortschrittliche, unabhängige und pazifistisch gesinnte Lehrer hat
mehr Probleme mit der Schulleitung als mit seinen Schülern. In
seiner Freizeit verfaßt er Natur- und Liebeslyrik, die er zunächst
in Zeitschriften unterbringt und die ab 1933 in Buchform erscheinen (*Gedichte, Sternfrühe, Stille des Herbstes, Haus des Lebens*).
1919 veröffentlicht →Maria Waser seine Erzählung *Die Gemälde-*
*galerie* in der Kulturzeitschrift *Die Schweiz.* Zwei Jahre später
kommt sein erster Roman mit historischem Hintergrund heraus,
*Die Gärten des Königs.* Die beiden folgenden, *Der halbe Mensch*
und *Die große Unruhe,* sind stark autobiographisch. Zusammen
mit →Traugott Vogel und →R. J. Humm redigiert er 1935/36 die
Berner Kulturzeitschrift *Die Zeit,* die eine sozialkritische Tendenz
auf hohem Niveau aufweist. Außerdem schreibt er Artikel für verschiedene Zeitungen, u. a. um die Spanienkämpfer zu unterstützen oder auf die finanziell desolate Lage der Schweizer Schriftsteller aufmerksam zu machen. In seinen Literaturrezensionen
fördert er Außenseiter wie →Robert Walser und Ludwig Hohl. Er
hält zahlreiche Vorträge und Lesungen an der Volkshochschule
und für den Bildungsausschuß der sozialdemokratischen Stadt-
partei. Denkwürdig ist seine Initiative, neben einheimischen Kollegen ebenfalls emigrierten Schriftstellern zu helfen: 1940 eröffnet
er die literarischen „Katakomben-Abende" in der ■ 146b Genossenschaftsbuchhandlung am Helvetiaplatz. Nach seiner Schei-
dung wechselt er häufig die Wohnung, u. a. im ■ 146c Münsterhof 9, in der ■ 146d Wachtelstraße 6, ■ 146e Hornbachstraße 67,
ebenfalls bei Humm im ■ 146f Rabenhaus, Hechtplatz 1 sowie in
■ 146g Rüschlikon, Seestraße 83. Nach seiner Wiederverheiratung
1940 lebt er bis zu seinem Tod in der ■ 146h Zeppelinstraße 59
(nahe beim heutigen Albin-Zollinger-Platz). Man sieht ihn auch
oft im ■ O 5 „Café de la Terrasse", wo er entweder schreibt oder
sich mit Freunden wie Traugott Vogel trifft. Dort und im ehemaligen „Café Ernst" am Bahnhofplatz führt er zahlreiche Gespräche
mit →Kurt Guggenheim, wie man es in *Alles in Allem* lesen kann.
Da er ab 1939 tagsüber seinen Verflichtungen als Lehrer nach-
kommen und Aktivdienst leisten muß, schreibt er nachts in wil-
dem Tempo: Novellen (*Das Gewitter*), ferner autobiographisch
geprägte Romane (*Pfannenstiel, Bohnenblust*), eine Schildbürger-
satire auf Zürich (*Der Fröschlacher Kuckuck*) und eine Geschich-
tensammlung (*Die Narrenspur*). Geld haben sie ihm kaum eingebracht. In *Bohnenblust* gibt der Autor seine künstlerisch-kritische
Vision der Zürcher Altstadt wieder: „Um alles, um die Kastanien-
brater, die Regenlaternen, die Mansarden, die Bücherläden der
Kirchgasse, die Speiselokale, die Tonhalle, Unter den Bögen – um
alles lag die Verheißung! Es gab Dichter da irgendwo, in einem
Giebelfenster der Schipfe, in der Winkelwies, es gab Komponisten

und Geiger, man sah in Ziegeln die Glasverschläge der Maler, und die Sachverständigen der Kritik gingen in Pelzkragen eilig vorüber, die gottähnlichen Priester, die Inhaber der ewigen Maße, für deren Gnade man sich in Cafés, in den Galerien, auf Redaktionen zerknirschte." In dem Aufsatz *Zürich 1937* notiert Zollinger über die Bahnhofstraße: „Jemand hat die Bahnhofstraße die schönste Europas genannt. Es ist ja auch eine europäische Straße, man hört dort Berlinisch, Französisch, Italienisch, Russisch, Holländisch, Japanisch, gelegentlich sogar Schweizerdeutsch. [...] Südwärts schlüpft sie über einen gepflästerten Hang geradewegs unter den See, und wenn die Dampfer dort liegen in ihrer Wucht, denkt man nicht anders, sie würden auf Rädern hinaus in die Gassen fahren [...]" Mit nur 46 Jahren stirbt er; auf dem ■ G 8 Friedhof Nordheim wird ihm ein Ehrengrab errichtet.

W: *Die Gärten des Königs* (1921); *Der halbe Mensch* (1929); *Gedichte* (1933); *Sternfrühe* (1936); *Stille des Herbstes* (1939); *Haus des Lebens* (1939); *Die große Unruhe* (1939); *Pfannenstiel. Die Geschichte eines Bildhauers* (1940); *Bohnenblust oder Die Erzieher* (1942); *Die Narrenspur* (1940); *Der Fröschlacher Kuckuck* (1941); *Zürich 1937.* In: *Gesammelte Prosa* (1961); *Politische und kulturkritische Schriften.* Hg. v. G. Huonker (1984); *Briefe.* Hg. v. S. Weimar (1988).
📖 P. Häfliger: *Der Dichter Albin Zollinger* (1954); B. Albrecht: *Die Lyrik Albin Zollingers* (1964); F. Müller: *Albin Zollinger. Biographie mit Bilddokumenten und Materialien* (1981); M. Frisch: *Albin Zollinger. Zu seinem Gedächtnis.* In: *A. Zollinger, Gesammelte Werke* Bd. 1 (1981); E. Jaeckle: *Dichter in dieser Zeit.* Nachwort zur Neuausgabe von *Pfannenstiel* (1983); I. Chopin: *Albin Zollinger. Entre politique et poésie (1933–1939)* (2000).

### 147. FRITZ ZORN (eigentl. Fritz Angst)
### (1944 ZÜRICH – 1976 ZÜRICH)
Schriftsteller, Lehrer

„Ich bin jung und reich und gebildet; und ich bin unglücklich, neurotisch und allein." Der erste Satz vom scheinbar autobiographischem Bericht *Mars*, dem Kultbuch einer ‚zornigen' Generation, ist heute zum literarischen Zitat avanciert.

„Ich bin – natürlich – im Sternzeichen des Widders geboren, das ja als das eigentlich marsianische Zeichen anzusehen ist. [...] Mars ist bekanntlich der Gott des Krieges, der Aggression und der schöpferischen Kraft", fügt das fiktive Alter Ego des Autors hinzu. Und er habe „natürlich" Krebs. Wenn er schreibt: „Ich bin der Repräsentant meiner Gesellschaft", versteht er seine Erkrankung als letzte und logische Konsequenz seiner Herkunft und seines Lebenslaufs. Das nüchterne Protokoll seiner Zerstörung bedeutet für ihn ein schonungsloses Verdikt über eine unheilbare Gesellschaft, die sich nur durch ihre Doppelmoral erhält. „Ich stamme aus einer der allerbesten Familien des rechten Zürichseeufers, das man auch die Goldküste nennt. [...] Meine Familie ist ziemlich degeneriert, und ich bin vermutlich auch ziemlich erblich belastet und milieugeschädigt." →Adolf Muschg unterstützt die posthume Veröffentlichung des Buches, das bald zum internationalen Bestseller wird. Zahlreiche Dramatisierungen zeugen davon, z. B. 1983 in Heidelberg und 1992 im Pariser „Centre Culturel Suisse". Auch →Hansjörg Schertenleibs Stück *Mars* und Fritz Voegelins *Vier Szenen für Streichquartett – In Memoriam F.Z.* (1980) sind davon inspiriert.

In ■ 147a Meilen (ZH) aufgewachsen wohnt Fritz Angst in Zürich in der ■ 147b Frankengasse 16, mit Blick auf die Türme des Großmünsters. Er studiert Romanistik, promoviert über einen portugiesischen Dramatiker und unterrichtet danach in Baden (AG) Spanisch. Während seines Studiums und seiner Lehrtätigkeit verfaßt er bereits kleine Stücke. *Mars* ist sein erster großer Wurf gewesen.

W: *Mars* (1977).

📖 M. Verrey: *Lettre à Fritz Zorn – suivie de Le premier Puzzle de Zurich, récit de Fritz Zorn* (1980); D. Basler / W. Baumgärtner (Hg.): *Angst und Zorn-„Mars' zehn Jahre danach* (1986); A. Muschg: *Mars.* In: ders.: *Literatur als Therapie? Ein Exkurs über das Heilsame und das Unheilbare. Frankfurter Vorlesungen* (1981); D. Schläpfer: *Zorn über Angst in Zürich. Eine Annäherung.* In: *Denkbilder* 10/2001.

## 148. HEINRICH ZSCHOKKE

(1771 Magdeburg – 1848 Aarau AG)
Theologe, Schriftsteller, Publizist, Politiker
Nachdem 1795 sein Gesuch an den Preußischen König, seine Stelle als Privatdozent an der Universität Viadrina in eine ordentliche Professur der Philosophie umzuwandeln, ohne Antwort bleibt, verläßt Zschokke Frankfurt/Oder und beginnt eine Reise, die ihn in die Schweiz, „das gelobte Land", führt. Ab September 1795 hält er sich für drei Monate in Zürich auf: „Jedes Haus schien die Herberge eines Waisen zu seyn." Durch die Vermittlung des Zürcher Pfarrers ➤ Leonhard Meister, bei dem er vermutlich wohnt (■ 148 Badenerstraße 15), macht er auf Abendgesellschaften die Bekanntschaft zahlreicher Persönlichkeiten der Stadt, u. a. →Pestalozzi, Paul Usteri, →J. C. Hirzel und →J. J. Hottinger. Er wird überall als der Dichter des *Aballino* gefeiert. Zschokke bemerkt in seinen Memoiren: „Hier herrschte andrer Geist und Ton, als jener, den ich bisher, unter Schriftstellern und Professoren in Deutschland, gefunden, wo mir literarische Fraubaserei, oder ein übler Duft des Schulstaubes manchmal Herzweh gemacht hatten. Hier lebte der Mann von Wissenschaft nicht bloß als Büchermann, dem man, wie einem Müller, sein Gewerbe ansieht. [...] Inner der Ringmauern Zürichs wohnte die Republik [...]" 1796 reist er weiter nach Graubünden. Für den Rest

seines Lebens wird er in anderen Kantonen der Schweiz wichtige politische Arbeit leisten, sich für die Neuordnung und Verbesserung des Schulwesens einsetzen und eine ganze Reihe von Vereinen, Sozietäten und Zeitschriften gründen. In Zürich sind zahlreiche seiner Werke gedruckt worden.

W: *Abällino der große Bandit* (1794); *Der Ursprung von Zürich und Aachen.* In: *Erzählungen im Nebel* (1831); *Erinnerungen an Heinrich Pestalozzi.* In: *Prometheus. Für Licht und Recht. Bd.1* (1832); *Kanton Zürich.* In: *Die Klassischen Stellen der Schweiz* (1838); *Eine Selbstschau* (1842. Hg. v. R. Charbon 1977).

☐ G. C. Hamberger / J. G. Meusel: *Das gelehrte Teutschland oder Lexikon der jetzt lebenden teutschen Schriftsteller* (1796–1834); C. Günter: *Heinrich Zschokkes Jugend- und Bildungsjahre* (1918); W. Bänziger: *"Es ist freilich schwer, sein eigenes Bild mit Treue zu malen …". Die Autobiographien von Pestalozzi, Zschokke und Wessenberg* (1996).

## 149. CARL ZUCKMAYER
### (1896 Nackenheim/Rheinhessen – 1977 Saas-Fee VS)
### Lyriker, Dramatiker, Erzähler

Seit 1926 lebt der Schriftsteller mit seiner Familie bei Salzburg, als im März 1938 die deutschen Truppen Österreich besetzen. Daraufhin wird Zuckmayer zum Staatsfeind deklariert, sein Besitz konfisziert. Die abenteuerliche Grenzüberschreitung gelingt ihm, und er erreicht Zürich unversehrt; Frau und Kind kommen bald nach. Im Dezember des gleichen Jahres stehen seine Werke in Deutschland auf der „Liste des schädlichen und unerwünschten Schrifttums"; im Mai 1939 wird die Ausbürgerung folgen. Auf der anderen Seite der Grenze findet er zwar Freiheit und Demokratie, jedoch kein Wilkommen: „Ich werde nie vergessen, wie ich in Zürich bei meiner ersten Anmeldung als politischer Flüchtling, dem die Schweiz ja traditionsgemäß Asylrecht gewährt, von der Fremdenpolizei in biederer Mundart angeschnauzt und behandelt wurde, als sei ich ein potentieller Betrüger, Schwindler, Scheckfälscher oder womöglich gar ein Kommunist. Wieviel Geld ich habe, ob ich ein Bankkonto nachweisen könne? Im Augenblick konnte ich das keineswegs. Solche Leut habe man hier nicht gern, warum ich denn nicht geblieben sei, wo ich hingehöre?" Neben den ➢ Reiffs gewährt ihm Oskar Wälterlin, der Direktor des ■ N „Schauspielhaus", Unterstützung. Dort wird sein Stück *Bellman* am 17.11.1938 unter der Regie ➢ Leopold Lindtbergs uraufgeführt. Ursprünglich sollte Zuckmayer den Bellman spielen; die Rolle übernimmt jedoch ➢ Ernst Ginsberg, begleitet vom Ensemble der exilierten Schauspieler. Die ■ K „Kronenhalle" ist Zuckmayers liebster Treffpunkt, wo er z. B. mit →Robert Faesi diniert. Jedoch muß er aus finanziellen Gründen mit seiner Familie in immer billigere Pension umziehen. Im

Dezember 1938 kommen sie bei Bekannten in Chardonne (VD) unter, bevor sie im Juni 1939 nach Amerika übersiedeln. →Erika und Klaus Mann erinnern sich: „In der gleichen ländlichen Wirtschaft [...] trafen wir, ein paar Tage später, mit dem Schriftsteller Carl Zuckmayer zusammen, der etwas von Weinen versteht [...] Er erzählte uns, daß ihn schon jetzt irgendwelche Film-Geschäfte nach London riefen. Trotz dieser guten Aussichten hatten er und seine Frau bedrückte Mienen [...] Auch die Zuckmayers sagten uns, daß sie nach Amerika wollten." Nach dem Krieg überschreitet Zuckmayer, der sich als amerikanischer Zivilbeauftragter in Deutschland aufhält, die Schweizer Grenze illegal, um der Uraufführung seines Dramas *Des Teufels General* im „Schauspielhaus" am 14.11.1946 beizuwohnen. Dabei steigt er im „Hotel Neues Schloß", ■ 149 Stockerstraße 17 (Ecke Genferstraße) ab. Er beschreibt seine Gefühle: „Dennoch hatte man eine geheime Vorstellung davon, wie das sei: wiederzukommen. – und in dieser spielte für mich die Stadt Zürich eine besondere Rolle. Denn in Zürich, da war das Theater. [...] Ich ging langsam durch die winterlich besonnte Stadt, blieb oft stehen, bei den Schwänen am Quai, dort, wo man in der Ferne eine verschneite Gebirgskette der Mythen sieht [...] dann blieb ich vor der Buchhandlung von Oprecht in der Rämistraße stehen, schließlich an der Ecke des ‚Pfauen'. Ich brauchte immer noch Zeit, Besinnung – es war wie eine Wanderung durch die Stadien der Vorgeburt, die neun Monate dauert [...] Denn jetzt, hier, sollte ich wiedergeboren werden." Der Erfolg ist beachtlich: „Das Stück schlägt ein", schreibt der *Tages-Anzeiger*. Drei weitere Uraufführungen in Zürich wird Zuckmayer in den darauffolgenden Jahren erleben. Zu seinem 70. Geburtstag organisiert das „Schauspielhaus" für seinen Erfolgsautor eine beeindruckende Feier.

W: *Bellman* (1938; unter d. Titel *Ulla Windblad* 1953); *Pro Domo* (1938); *Boeße* (1939); *Elegie von Abschied und Wiederkehr* (1939); *Des Teufels General* (1946); *Als wär's ein Stück von mir. Horen der Freundschaft* (1966).
📖 *Fülle der Zeit. Carl Zuckmayer und sein Werk. Zum 60. Geburtstag des Dichters* (1956); E. u. K. Mann: *Escape to Life. Deutsche Kultur im Exil* (1966); *Carl Zuckmayer – sein Werk auf der Bühne.* Begleitheft der Ausstellung im Stadthaus Zürich 1977; *Carl Zuckmayer 1896–1977. ‚Ich wollte nur Theater machen'.* Katalog der Ausstellung in Marbach, Mainz und Zürich 1996–1997 (1996); U. Kröger / P. Exinger: *„In welchen Zeiten leben wir!" Das Schauspielhaus Zürich 1938–1998* (1998).

## 150. STEFAN ZWEIG
**(1881 Wien – 1942 Petropolis/Brasilien)**
Schriftsteller, Übersetzer

1914–17 muß Zweig im Wiener Kriegspresse-
quartier dienen. Seine Erfahrung als Berichter-
statter an der galizischen Front macht aus ihm
einen entschiedenen Kriegsgegner. Im November 1917 fährt er mit Friderike von Winternitz
und ihrer Tochter Suse in die Schweiz, zunächst um die Aufführung seines *Jeremias* in Zürich vorzubereiten. Sie steigen im
■ I/150a „Hotel Schwert" ab und das Kind wird in einem nahege-
legten Kinderheim untergebracht. In der vom Kriegsschauplatz
entfernten Stadt fühlt er sich so wohl, daß er sich vom Militär-
dienst befreien läßt gegen die Verpflichtung, jeden Monat ein
Feuilleton für die Wiener *Neue Freie Presse* zu schreiben. In seiner
Autobiographie *Die Welt von gestern* erklärt er: „Ich hatte diese
Stadt wegen ihrer schönen Lage am See im Schatten der Berge von
je geliebt und nicht minder wegen ihrer vornehmen, ein wenig
konservativen Kultur. Aber dank der friedlichen Einbettung der
Schweiz inmitten der kämpfenden Staaten war Zürich aus seiner
Stille getreten und über Nacht die wichtigste Stadt Europas geworden [...]" Im ■ E „Café Odeon" trifft er andere ➢ pazifistische Exilanten wie seinen Freund→Franz Werfel, kritisiert dennoch einige von ihnen: „[...] die Revolutionäre, die unbarmherzigen im Café
Odeon in Zürich, das ist eines der traurigsten Capitel des Weltkriegs. Mit ihnen abzurechnen ist eine Verpflichtung." Da Zweig
jedoch Ruhe braucht, um sein *Dostojewski*-Essay zu beenden,
zieht er mit Friderike ins nahe ■ 150b Rüschlikon und kommt im
„Hotel Belvoir", Säumerstraße 37 (heute umgebaut), unter: „Als
den richtigen Ort wählte ich mir etwa eine halbe Stunde weit von
Zürich einen kleinen Gasthof in Rüschlikon, von dessen Hügel
man den ganzen See und nur klein und fern noch die Türme der
Stadt überblickte." Er sieht nur wenige Freunde, darunter
→Robert Faesi, →Albert Ehrenstein, →Carl Seelig, →Hermann
Hesse, Romain Rolland und Frans Masereel. Ferner hält er Kon-
takt mit dem ■ L „Lesezirkel Hottingen", der ihn zum Vortrag ein-
lädt, und der kunstsinnigen Winterthurer Unternehmerfamilie
Reinhart. Nach der *Dostojewski*-Biographie nimmt er das Stück
*Legende eines Lebens* in Angriff. In seinem Artikel *Bekenntnis zum
Defaitismus* drückt er seine Position aus: „Wir wollen keines Sieg
und keines Niederlage, wir sind Siegfeinde und Freunde des Ver-
zichts. Europa muß von seiner Qual erlöst werden, um jeden
Preis." Daß man die Erneuerung des Geistes in der Niederlage fin-
den kann, legt er in seinem Stück *Jeremias* dar, das in gekürzter
Form am 27.2.1918 im ■ N „Stadttheater" aufgeführt wird. Jedoch

gelingt es ihm nicht, seine Ideen in die Tat umzusetzen; er weigert sich etwa, ein Manifest von →Otto Flake zu unterschreiben. Seine Abscheu gegenüber dem Krieg und sein wiederholtes Plädoyer für die Freiheit des Gewissens finden in Novellen wie *Der Zwang* (Originaltitel: *Der Refraktär)* und *Episode am Genfer See* Ausdruck. Masereel illustriert letztere, mit Stefan und Friderike als Modellen. Über sein Jahr in Rüschlikon berichtet Zweig an Emil Ludwig: „Daß Sie Zürich und Bern, diese Schlangennester der Intrige, wo Propaganda, Revolutionsgelüste und Spionage sich schwesterlich verstricken, so sorgfältig meiden, zeigt klare Erkenntnis der Zeit. Ich selbst habe mich hierher gerettet, ganz abseits hier, fahre einmal in der Woche nach Zürich, nur Bücher zu holen, sonst lebe ich abgeschlossen und fühle mich erst frei, seit ich nicht mehr die Leute hier sehe, die, selbst verwirrt, in allen andern Verwirrung schaffen wollen." Im Juni 1918 fahren der Schriftsteller, Friderike und ihr Kind nach Österreich zurück. Zweig besucht Zürich nochmals im März 1933 und im Frühjahr 1935 anläßlich einiger Vortragsreisen.

W: *Dostojewski* (1917); *Legende eines Lebens* (1919); *Das Herz Europas* (1917, [2]1918); *Bekenntnis zum Defaitismus.* In: *Die Friedenswarte,* Juli 1918; *Jeremias* (1917); *Der Zwang* (1918); *Episode am Genfer See* (1918); *Die Welt von gestern* (1942); *Tagebücher* (1984); *Stefan Zweig/Friderike Zweig: Unrast der Liebe. Ihr Leben und ihre Zeit im Spiegel ihres Briefwechsels* (1981).

📖 F. Zweig: *Stefan Zweig* (1961); Dies.: *Spiegelungen des Lebens* (1964); *Stefan Zweig im Zeugnis seiner Freunde* (1968); H. Müller: *Stefan Zweig* (1988); K. Renoldner (Hg.): *Stefan Zweig. Bilder, Texte, Dokumente* (1993); *Die Welt von gestern.* Katalog der Ausstellung in Salzburg und Zürich 1996.

# LITERARISCHE STÄTTEN

**A. BÜRGERBIBLIOTHEK** – In der Wasserkirche (Limmatquai/Münsterbrücke)
Im 17. Jh. weckt die vermehrte Produktion von Druckerzeugnissen den Wunsch nach einer der Öffentlichkeit zugänglichen Bibliothek. Konkrete Anregungen bringen junge Zürcher 1629 von einer Bildungsreise durch Italien, Frankreich und England mit. 1634 eröffnet als private Gesellschaft die „gemeine Bürger-Bücherey" in der ehemaligen „Wasserkirche" ihre Pforten. Ihr Grundstock wird mit Autorenexemplaren, Geld- und Bücherspenden gebildet; Ende des Jahrhunderts sind es bereits mehr als 8000 Bände. Hierzu kommen u.a. eine Münzsammlung, Porträts, Instrumente und Naturobjekte. 1679 wird dort eine wissenschaftliche Vortrags- und Diskussionsrunde, das „Collegium Insulanum", ins Leben gerufen. Berühmte Persönlichkeiten arbeiten als ehrenamtliche Bibliothekare: z.B. →Johann Jakob Bodmer (der einen wesentlichen Teil seiner Büchersammlung stiftete), →Johann Jakob Breitinger und →Salomon Gessner. Der Besuch der Bibliothek ist bis ins 19. Jh. ein Muß für jeden Reisenden. 1784 beschreibt →Sophie von La Roche die Bibliothek wie folgt: „Es ist sehr angenehm, in einer Bibliothek überall eine gleiche Helligkeit zu finden, wie es hier ist, weil auf drey Seiten die hohen Kirchenfenster alles beleuchten. Zwischen ihnen sind die Gefache angelegt, zu denen man auf zwey Gängen herum kommt, welche ehemals die Emporkirchen der Mannsleute waren. Die Schränke der Handschriften sind da, wo die Orgel stand [...] und zwischen den Bogen unten, wo die Stühle standen, sind große Welt- und Himmelskugeln, Lesepulte, römische Alterthümer, Meilenzeiger u.a.m. aufgestellt. Ordnung und Würde herrschen in der ganzen Eintheilung." Obwohl sie im Volksmund schon seit 1759 „Stadtbibliothek" heißt, wird sie erst 1803 offiziell zur städtischen Bücherei, unter Beibehaltung des halbprivaten Status. Ihr gesamter Bestand ist 1917 in die Sammlungen der neu eröffneten „Zentralbibliothek" am Zähringerplatz integriert worden. Die „Wasserkirche" dient heute hauptsächlich als Konzert- und Festsaal.
📖 *1629 Stadtbibliothek – Zentralbibliothek 1979*. Ausstellung 24.4.–7.7.1979. Beiheft bearb. v. R. Mathys (1979); *Die Zürcher und ihre Bibliothek*. Ausstellung Zentralbibliothek 4.9.–10.11.1979. Beiheft hg. v. J.P. Bodmer und G. Bührer (1979); R. Diederichs: *Zentralbibliothek Zürich* (1986); *Die neue Zentralbibliothek. Zürichs bestes Seiten*. Sonderbeilage der NZZ (1.11.1994); A. Cattani: *Zentralbibliothek Zürich. Lust zu schauen und zu lesen* (1994).

**B. BURGHÖLZLI** – Lenggstraße 31
Am 6.10.1866 findet das Richtfest der neuen, eleganten „Irrenanstalt" statt. Zur Feier des Tages reimt →Gottfried Keller: „Die edle Kunst und Wissenschaft / Und uns'rer Hände rege Kraft, / Sie bauten, bis das Haus bereit / Das tiefstem Unglück ist geweiht. // Denn unglückselig ist der Mann / der nicht mehr das Gesetz der Welt / Und dessen, der sie aufrecht hält, / In seinem Sinn begreifen kann!" Der erste Direktor August Forel, ein Spezialist der Gehirnanatomie, gehört noch zu jener Schule, die Geisteskrankheit als Nervenkrankheit ansieht. Erst sein Nachfolger Eugen Bleuler, der sich mit Schizophrenie befaßt, führt Sigmund Freuds psychoanalytische Methode ein. Einer seiner Mitarbeiter ist →C.G. Jung, dem Freud 1910 schreibt: „Ich gedachte, die psychoanalytische Bewegung zu organisieren, ihren Mittelpunkt nach Zürich zu verlegen." Auch wenn diese Absicht nicht ausgeführt wird, entwickelt sich das „Burghölzli" bald durch Jung zu einem Zentrum der Tiefenpsychologie. Die Irrenanstalt wird in „Nervenheilanstalt" umbenannt; heute ist das Gebäude ein Teil der Universitätskliniken und beherbergt einen Konzertsaal und ein Kongreßzentrum, wo regelmäßig internationale Symposien stattfinden. Einer dieser Tagungen – *Das Unbewußte in Zürich – Sigmund Freud, C.G. Jung und Thomas Mann* – erinnert daran, daß seit den 1920er Jahren zwischen Literatur und Tiefenpsychologie ein Spannungsverhältnis besteht. Für die dort stattfindenden Recherchen über das Unbewußte haben sich u.a. →Gerhard Hauptmann, →Charlot Strasser, →Aline Valangin, →Thomas Mann, →Friedrich Wilhelm Foerster, Jürg Acklin und →Adolf Muschg besonders interessiert. Andere Schriftsteller als Patienten dort eingeliefert worden wie →Ferdinand Hardekopf, →Friedrich Glauser oder →Heinrich Leuthold. Ein von der

Schließung bedrohtes Museum zeigt den Verlauf der 130jährigen Zürcher Psychiatriegeschichte. Deutlich wird hier, daß die Psychiater des „Burghölzli" im Zuge eugenischer und rassenhygienischer Theorien von Anfang an der Auffassung waren, man müsse die Gesellschaft vor „schädlichen Elementen" (Alkoholiker, Prostituierte, Homosexuelle, etc.) schützen. Neben dieser Psychiatrischen Universitätsklinik begründen das Alfred-Adler-Institut, das C.G. Jung-Institut, das Leopold-Szondi-Institut und die neu entwickelte Ethnopsychoanalyse (Parin, Parin-Matthèy, Erdheim) Zürichs Ruf als europäisches „Zentrum des Unbewußten" neben Wien.

📖 W. Wottreng: *Hirnriss. Wie die Irrenärzte August Forel und Eugen Bleuler das Menschengeschlecht retten wollten* (1999); *Das Unbewußte in Zürich – Literatur und Tiefenpsychologie um 1900. Sigmund Freud, Thomas Mann und C.G. Jung.* Hg.v. T. Sprecher (2000); *Liquidation oder Neuanfang. Ungewisse Zukunft des Burghölzli-Museums.* In: NZZ 2.2.2001.

## C. CABARET CORNICHON – „Gasthof Hirschen"

„Schweizerisch bleibt schweizerisch und wenn es zehnmal ein so freches wie schwaches Plagiat von Ausländischem darstellt.", schreibt Erika Mann erbost über das „Cabaret Cornichon", das als Nachfolger der „Pfeffermühle" nun im ■ J „Gasthof Hirschen" auftritt. Walter Lesch (Regisseur, Texter), Alois Carigiet (Bühnenbildner), Max Werner Lenz, Billy Weilenmann (Musiker), Otto Weißert (Komponist, später Intendant des Schauspielhauses) und Emil Hegetschweiler (Besitzer einer Konditorei und Amateur-Schauspieler) planen 1933 in Hegetschweilers „Tea-Room" am Helmhaus die Gründung des Kabaretts mit dem Namen der grünen scharfen Essiggurke: „Im Kern volkstümlich, schweizerisch, politisch, allen guten Geistern der Freiheit und Menschlichkeit verschrieben sollten die Programme sein, das stand fest. Unsicherheit gab es hinsichtlich der finanziellen Durchführung. Das notwendige Anfangskapital fehlte." Durch den Erfolg der „Pfeffermühle" angespornt und mit Hilfe von O. Weissert erlebt das Ensemble seine Premiere am 1.5.1934. Es besteht aus Schweizern wie E. Hegetschweiler und Mathilde Danegger, aber auch aus der Berlinerin Dora Gerson und dem Wiener Ludwig Donath. Nach anfänglichem Mißerfolg findet das Kabarett seinen richtigen Ton und wird von der Presse gelobt: „[...] sie geben es den Fronten, geben es den Liberalen; ihre Hiebe fallen nach allen Richtungen der politischen Windrose. Freude am Hieb; sie haben das l'art pour l'art des Hiebausteilens erfunden. Aber sie tun es auf eine erfrischende Weise, das Publikum freute sich über dies Kabarett, das allen Lyrismus abgestreift hat und nun eine klare, anpackende Art hat." Das Ensemble geht auf Tournee durch die Schweiz und gastiert mit großem Erfolg im August 1937 in Paris aus Anlaß der Weltausstellung. Im Winter 1939/40 spielt es bei den Grenztruppen und leistet seinen Beitrag zur „geistigen Landesverteidigung". Sie wird im Ausland bekannt und als der einzige öffentliche Widerstandsversuch im freien deutschen Sprachraum gewertet. „Ein echtes literarisches Cabaret will zu jeder Zeit und an jedem Ort mehr [...] Ein gutes Cabaret muss „tendenziös", muss „oppositionell", muss „politisch" sein [...]", schreibt Walter Lesch 1944. Zum Ensemble gestoßen sind nun u.a. als Texter C.F.Vaucher, →Albert Ehrismann,→ Hans Sahl und als Künstler Margrit Rainer, Voli Geiler, Hans Fischer und Elsie Attenhofer. Letztere resümiert: „Das *Cornichon* gehörte in seine Zeit. Es hätte in keiner anderen geboren werden können. Sie förderte in ihm den beharrlichen Willen, den tödlichen Ungeist, der heraufkam, mit Geist zu bekämpfen. Als winziger David stand es einem apokalyptischen Goliath gegenüber, auf den es nichts anderes zu schleudern vermochte als Satire, Ironie und gepfefferten Witz." In der Nachkriegszeit spielt das Kabarett „für das notleidende Deutschland": am 2.12.1945 fließt die Gesamteinnahme der Vorstellung „ohne Abzüge einer Hilfsaktion für Bedürftige in den deutschen Notgebieten zu." Leider verlassen die besten Künstler nach und nach das Ensemble, die neuen politischen Themen wecken nicht mehr wie früher unmittelbare Betroffenheit im Publikum. Der Umzug 1948 in einen größeren Vorstellungsraum im Haus „Zur Eintracht" am ■ Neumarkt 5 kann die Schließung des Kabaretts 1951 nicht abwenden.

📖 *Cabaret Cornichon. Erinnerungen an ein Cabaret.* Hg. v. E. Attenhofer (1975).

## D. CABARET VOLTAIRE – „Holländische Meierei", Spiegelgasse 1

Ephraim Jan, ehemaliger holländischer Seemann und Wirt der „Meierei", vermietet an Künstler-Ensembles den kleinen, dunklen Hintersaal seiner Kneipe, in dem höchsten 60 Personen an 15 Tischchen Platz finden: Er „bestand nur aus einem einzigen Raum. Er hatte keine Kleiderablage und keine Toilette. Es war nichts als ein Raum, der früher zu Wohnzwecken gedient hatte und wo man nun die Fenster mit undurchsichtigem Papier beklebt hatte.", schreibt Huelsenbeck. Die Bühne selbst ist winzig. Dort gastiert zunächst ab 1914 „Pantagruel", das erste literarische Kabarett Zürichs. Die emigrierten Literaten Cohn Milo, Hugo Kersten, Rudolf Czischka, Walter Serner und Marietta di Monaco rezitieren moderne und pazifistische Literatur. Nachdem sie 1915 unter Anarchismusverdacht geraten ist, löst sich die Künstlergruppe auf. Das „Pantagruel" wird dann von der „Künstlerkneipe Voltaire" – später „Cabaret Voltaire" – abgelöst, die →Hugo Ball zusammen mit →Tristan Tzara, Marcel Janco und →Hans Arp gründet. Die Eröffnung findet am 5.2.1916 statt. Die *Neue Zürcher Zeitung* notiert ein paar Tage darauf, daß „nach dem Vorbild des Münchner ,Simplizissimus' unter Leitung des frühern Dramaturgen der Münchner Kammerspiele, Hugo Ball, Zürich wiederum um eine interessante und unterhaltende Geistes- und Vergnügungsstätte bereichert wurde." Obwohl Ball sich keine Illusionen über das Publikum macht („Die Schweizer neigen übrigens mehr zum Jodeln als zum Kubismus"), entwickelt sich das Varieté-Programm rasch zur Manifestation einer Anti-Kunst auf hohem Niveau: Der Dadaismus ist geboren. Zu den Gründern des Kabaretts haben sich die Davoserin Sophie Täuber (Tänzerin und Schöpferin abstrakter Marionetten), der Zürcher Pianist und Komponist Hans Hausser, die Deutschen →Hans Richter, →Richard Huelsenbeck und Christian Schad gesellt sowie der Ukrainer Maler Marcel Slodki und der Karlsbader →Walter Serner. „Was wir zelebrieren, ist eine Buffonade und Totenmesse zugleich." Programmatisch deklariert Tzara im Frühjahr 1916: „Edle und respektierte Bürger Zürichs, Studenten, Handwerker, Arbeiter, Vagabunden, Ziellose aller Länder, vereinigt euch! Im Namen des Cabaret Voltaire und meines Freundes Hugo Ball [...] habe ich [...] eine Erklärung abzugeben, die Sie erschüttern wird [...] Wir fanden Dada, wir sind Dada, und wir haben Dada [...] Dies ist das bedeutende Nichts, an dem nichts etwas bedeutet. Wir wollen die Welt mit Nichts ändern, wir wollen die Dichtung und die Malerei mit Nichts ändern, und wir wollen den Krieg mit Nichts zu Ende bringen [...] Es lebe Dada, Dada, Dada, Dada." Am 15.5.1916 erscheint das erste Heft der von Ball ins Leben gerufenen Zeitschrift *Cabaret Voltaire*. Zu den seltenen schweizerischen Kunden in der „Meierei" zählen →Friedrich Glauser, →Kurt Guggenheim und →J.C. Heer. Klabund, auf einer Stipvisite, witzelt: „Die Emmy singt, Marietta spricht, / Zuweilen ist es ein Gedicht. / Ball spielt den Typerarymarsch / Und kratzt sich den Poetenarsch. / Ein deutscher Dichter / seufzt französisch. / Rumänisch klingt an Siamesisch. / Es blüht die Kunst, Hallelujah! / 's war auch schon mal ein Schweizer da." Die erste deklarierte „Dada-Soirée" findet am 16.7.1916 im ■ O Zunfthaus „Zur Waag" statt. Anschließend werden die Dadaisten die „Meierei" verlassen und in der ■ H „Galerie Dada", in Zunftsälen sowie in den ■ O „Kaufleuten" auftreten. 1966 ist eine Gedenktafel an der „Meierei" angebracht worden. Heute wird das als Diskothek benutzte Lokal gründlich umgebaut: An seiner Stelle soll eine Apotheke einziehen – darüber Luxuswohnungen. Proteste werden laut ...

📖 H. Ball: *Flametti* (1918); Ders.: *Die Flucht aus der Zeit* (1927); P. Schifferli: *Die Geburt des Dada. Dichtung und Chronik der Gründer* (1957); F. Glauser: *Dada, Ascona und andere Erinnerungen* (1976); G. Huonker: *Dada ist – was ist Dada?*. In: ders.: *Literaturszene Zürich* (1985); R. Huelsenbeck: *Reise bis ans Ende der Freiheit* (1984); Ders.: *Dada. Eine literarische Dokumentation* (1987; insb. S.115–120).

## E. CAFE ODEON – Limmatquai (früher Sonnenquai) / Rämistraße / Torgasse

Im *Tagblatt der Stadt Zürich* vom 1.7.1911 wird angezeigt, daß am gleichen Abend das „Café Odeon" im „Usterhof" eröffnet werde, mit eigener Konditorei und einer „Billard-Akademie". Von den vielen Zürcher Kaffeehäusern hat das „Odeon" eine besonders günstige Lage: in greifbarer Nähe zur Straßenbahn und mit einer Fensterfront an drei Straßen und Blick auf den Zürichsee. Im *Einhorn* bewundert →Robert Walser den Jugendstilsaal: „Offenbar gehört der Raum dieses Cafés zu den Räumen, die einen mindestens transportieren wollen. Aus orientalischem Wien, marmornem Rom und kaiserlichem Paris erhebt sich Reisewind, flott und benommen geht es darin." Zu den frühen regelmäßigen Gästen und späteren Berühmtheiten zählen Ferdinand Sauerbruch, Wilhelm Furtwängler und Albert Einstein (damals technischer Experte am Eidgenössischen Amt für geistiges Eigentum). Dort treffen sich ab 1913 die Emigranten. „Heimat der Refractäre, Revolutionäre, Deserteure" nennt →Stefan Zweig das Café. Und →Hans Arp erinnert sich: „Damals war Zürich von einer Armee von internationalen Revolutionären, Reformatoren, Dichtern, Malern, Neutönern, Philosophen, Politikern und Friedensaposteln besetzt. Sie trafen sich vorzüglich im Café Odeon." Es bildet sich hier eine regelrechte „Literaturbörse". 1919 kehrt wieder beschauliche Ruhe ein, bis 1933 und in den folgenden Jahren erneut mehrere Wellen von Emigranten Zürich erreichen. Das „Odeon" übernimmt noch einmal seine Rolle als Treffpunkt der geflüchteten Intellektuellen und Künstler. Einige Mitglieder des ■ N „Schauspielhauses" zählen ebenfalls zu den regelmäßigen Gästen. Zusätzlich hat die „Zürcher Freitagsrunde" dort ab 1942 ihren festen Stammtisch. Der Höhepunkt seines Ruhms erlebt das „Café Odeon" 1958 im gleichnamigen Film von Kurt Früh. Ende der 1960er Jahren ändert das Etablissement jedoch sein Gesicht: Rockergruppen machen sich breit, Drogen werden verkauft. Die „Freitagsrunde" muß in die gegenüberliegende ■ K „Kronenhalle" umziehen.1972 wird es aus ökonomischen und praktischen Gründen geteilt. Eine Hälfte beherbergt heute eine Apotheke, die andere Hälfte das Café, dessen alte prächtige Einrichtung erhalten geblieben ist und unter Denkmalschutz steht.

🕮 M. Rychner: *Odeon, Freitagnachmittag.* In: *Die Tat*, 15.9.1962; *Zürich überhaupt* (1970); N.O. Scarpi: *Das Odeon – eine Vergangenheit.* In: *Nebelspalter* 27.1.1971; C. Riess. *Café Odeon. Unsere Zeit, ihre Hauptakteur, und Betrachter* (1973); E. Jaeckle: *Die Zürcher Freitagsrunde* (1975); K. Thiele-Dohrmann: *Europäische Kaffeehauskultur* (1997).

F. COLLEGIUM CAROLINUM – Zwingliplatz 6 / Kirchgasse 9

Nach dem Besuch einer privaten „Deutschen Schule" (Primarstufe) sowie der anschließenden unentgeltlichen „Lateinschule" im Groß- oder im Fraumünster besuchen die männlichen Schüler in Zürich die „Hohe Schule", welche seit 1525 der Ausbildung reformierter Theologen dient. 1601 entsteht im Zuge einer Reform das „Collegium Humanitatis", später „Collegium Carolinum" genannt – eine zweiklassige Zwischenstufe zwischen Lateinschule und theologischer Lehranstalt. Der Lehrkörper besteht aus sieben Professoren, die Theologie, Bibelkunde, Hebräisch, Griechisch, Kirchen- und Profangeschichte sowie Philosophie und Ethik unterrichten. Dazu kommen „Physica" (Naturkunde) und Mathematik – zwei Fächer, die in der Aufklärung eine große Bedeutung erringen – sowie Eloquenz und Hermeneutik. Die Professoren müssen seit Ende des 16. Jh. Stadtzürcher Bürger sein; sie bleiben häufig ein Leben lang im Dienst und wohnen vorwiegend in den Stiftshäusern der Kirchgasse. Der Unterricht selbst findet seit 1534 in den ehemaligen Klausurgebäuden statt. Die berühmtesten Literaten und Forscher des 18. Jh. haben dort studiert und gewirkt. 1832 aufgehoben, wird das „Collegium Carolinum" 1833 von der neuen, nach dem Humboldtschen Modell gegründeten Zürcher Universität abgelöst. In den Räumlichkeiten, die im 19. Jh. umgebaut wurden und eine Zeit lang als Mädchenschule gedient haben, befindet sich heute das Evangelische Theologische Seminar. Die Bibliothek des „Carolinum" ist in die Sammlungen der 1917 eröffneten Zentralbibliothek eingegangen.

🕮 *Geschichte des Kantons Zürich.* Bd.2 (1996).

G1 – G11. FRIEDHÖFE IN ZÜRICH UND UMLAND

G1 Enzenbühl: Enzenbühlstraße / Forchstraße
G2 Fluntern: Zürichbergstraße / Orellistraße
G3 Oberer Friesenberg: Friesenbergstraße
G4 Unterer Friesenberg: Friesenbergstraße / Margaretenweg
G5 Kilchberg: Dorfstraße / Niedelbadstraße
G6 Küsnacht Dorf: Sternenfeldstraße / Untere Heslibachstraße
G7 Manegg: Morgentalstraße / Thujastraße

📖 D.Foppa: *Berühmte und vergessene Tote auf Zürichs Friedhöfen* (2000).

## H. GALERIE DADA – Bahnhofstraße 19–21 (früher Eingang Tiefenhöhe 12)

„Zürich, 18.3.1917: Mit Tzara zusammen habe ich die Räume der Galerie Coray übernommen (Bahnhofstraße 19) und gestern die ‚Galerie Dada' eröffnet mit einer ‚Sturm'-Ausstellung. Es ist eine Fortführung der Kabarett-Idee vom vorigen Jahr.[...] Es waren etwa vierzig Personen da. Tzara kam zu spät; so sprach ich von unserer Absicht, eine kleine Gesellschaft von Menschen zu bilden, die sich gegenseitig stützen und kultivieren. Die 1. Serie des ‚Sturm' enthält Bilder von Campendonck, Jacoba van Heemskerk, Kandinsky, Paul Klee, Carl Mense und Gabriele Münter", notiert Hugo Ball in *Die Flucht aus der Zeit*. Die über der Konditorei „Sprüngli" gelegene Galerie bietet sowohl Kunstausstellungen – im Austausch mit Waldens expressionistischer „Sturm"-Galerie in Berlin – als auch allerlei dadaistische Aufführungen. „Zürich, 29.3.1917: Feier zur Eröffnung der Galerie. Programm: Abstrakte Tänze (von Sophie Taeuber, Verse von Ball, Masken von Arp). – Frédéric Clauser [Glauser]: Verse. – Hans Heusser: Kompositionen. – Emmy Hennings: Verse. – Olly Jacques: Prosa von Mynona. – H.L.Neitzel: Verse von Hans Arp. – Mme. Perrotet: Neue Musik. – Tristan Tzara: Negerverse. – Claire Walther: Expressionistische Tänze [...]" Für Eintrittspreise von 1 bis 4 Franken präsentieren die Dadaisten ihre neue Kunst, die sich als Schocktherapie und Protest gegen den Krieg versteht. Sonntags gibt es kostenlose Führungen für Arbeiter. Nachmittagstees mit Diskussionen, literarische Vorträge und Lesungen ergänzen das Programm. „Die Galerie hat drei Gesichter. Tagsüber ist sie eine Art Lehrkörper für Pensionate und höhere Damen. Am Abend ist der Kandinsky-Saal bei Kerzenbeleuchtung ein Klub der entlegensten Philosophien. An den Soiréen aber werden hier Feste gefeiert von einem Glanz und einem Taumel, wie Zürich sie bis dahin nicht gesehen hat" (Hugo Ball). Die Räumlichkeiten des heutigen Cafés im ersten Stock der Konditorei „Sprüngli" entsprechen in etwa der ehemaligen Galerie Dada.

## I. GASTHAUS „ZUM (ROTEN) SCHWERT" – Weinplatz 10

Aus einem mittelalterlichen Gebäude, das sich seit dem 16. Jh.in Familienbesitz befindet, machen Anton Ott (1748–1800) und seine Frau das erste Gasthaus am Platz, damals „Hôtel de l'Epée" genannt. Dort steigen im 18. und frühen 19. Jh zahlreiche prominente Gäste ab: Zaren und Könige, Literaten, Offiziere, etc – davon zeugt das „steinerne Gästebuch" über dem Hauseingang.
Wie auf einem Stich von Johann Caspar Uehlinger (um 1750) zu erkennen ist, steht das dreistöckige Haus am Brückenkopf der Gemüse-Brücke (heute Rathausbrücke). →Goethe schreibt an Herrn von Stein im November 1779: „Wohnen in einem allerschönsten Wirtshaus das an der untern Bruck steht, die die Stadt zusammenhält, eine liebliche Aussicht auf den Fluß, See, Gebirge, trefflich zu essen, gute Betten und also Alles, was sonst in verzauberten Schlössern, um Ritter zu erquicken, herbeigewinkt." Ott ist Obmann der „Gesellschaft der Herren Wirthe" in der Zunft „Zur Meise" und wird 1790 Rittmeister. In der *Jenaer Zeitung* steht einmal: „An dem Hauptmann Ott [...] fand der Reisende ein Original unter Gastwürthen. Sowie er das Tranchir-Messer niedergelegt, und die Serviette nicht mehr unterm Arm hat, verschwindet an ihm alles, was Gastwürth heißt, und seine Unterredungen am Nachtische unterhalten den Geist so angenehm, als seine Tafel den Gaumen." Seine Frau gilt als herausragende Schönheit und gebildete Dame von Welt. Ott ist auch mit →Lavater befreundet. Auf dessen Empfehlung vertraut er 1788–90 die Erziehung seiner Kinder →J. G. Fichte an. In Lavaters *Gespräch im Schattenreiche* unterhalten sich der Schriftsteller und der Gastwirt; dieser spricht jenen an: „Ich erinnere mich noch mit Entzücken Ihrer Besuche mit Fremden. Immer erschien der gleiche Galant Homme mit Kronprinzen, Fürsten, Grafen, Ministern, Helden, Gelehrten und Künstlern." 1799 wird Ott als Anhän-

ger der alten Ordnung von den Franzosen nach Basel deportiert; Lavater erreicht, daß er bald nach Zürich zurückkehren darf. Im gleichen Jahr bricht ein Brand im Gasthaus aus. Nach wiederholtem kurzem Exil stirbt Ott 1800 auf seinem Zürcher Landsitz. Die Eröffnung des renommierten „Hôtel Baur-en-Ville" schafft 1838 eine starke Konkurrenz, und das Gasthaus muß 1918 an den Kanton verkauft werden. Nach etlichen Um- und Ausbauten (seit 1851 gehört ein viereckiges Türmchen dazu) wird es heute als Bürogebäude benutzt.

    📖 F.O. Pestalozzi: *Die berühmteste Fremdenherberge des alten Zürich.* In: *Zürcher Taschenbuch auf das Jahr 1938*, S.17–46.

## J. GASTHOF HIRSCHEN / HÔTEL DU CERF – Hirschenplatz (Niederdorfstr. 13)

Das „Variété Hirschen", eine unscheinbare Kleinbühne, erfährt einen ungeahnten Aufschwung durch zwei Kabaretts, die zwischen 1933 und 1948 dort gastieren: Die ■ M „Pfeffermühle" und das ■ C „Cabaret Cornichon". Beide Ensembles, deren Name Programm ist, kämpfen mit künstlerischen Mitteln hauptsächlich gegen die Bedrohung der Demokratie durch rechtsextreme Ideologie und für die Freiheit des Einzelnen; ebenso schneiden sie soziale Themen wie die Arbeitslosigkeit an. Zu Anfang ihrer Zürcher Exils 1915 haben →Hugo Ball und →Emmy Hennings in dem ebenfalls dort auftretenden „Maxim"-Ensemble – einem Tingel-Tangel – Geld verdienen müssen. Etwas sarkastische Erinnerungen daran finden sich in Balls *Die Flucht aus der Zeit* und Emmy Hennings *Ruf und Echo*. Jedoch finden die richtigen Anfänge des Dada-Bewegung später andernorts statt: im ■ D „Cabaret Voltaire". Nach einer langwierigen Renovierung des baufälligen Gebäudes hat im Juli 2002 das „Hotel Hirschen" wiedereröffnet, allerdings nur mit einer Weinschenke im mittelalterlichem Keller.

## K. DIE KRONENHALLE – Rämistraße 4

Als das Ehepaar Gottlieb und Hulda Zumsteg Anfang der 1920er Jahre das in der Biedermeierzeit erbaute „Hôtel Couronne" aufkauft, sehen dessen Räumlichkeiten reichlich verwahrlost aus. In diesem Traditionslokal haben bis dahin Berühmtheiten wie →Conrad Ferdinand Meyer, →Gottfried Keller oder Arnold Böcklin gespeist; ihre Tischnachbarn sind Professoren der Universität und des Polytechnikums, Zürcher Honoratioren, Fabrikanten, Gelehrte gewesen. Hulda Zumsteg besteht auf Qualität in Küche und Keller ihrer „Kronenhalle". Außerdem haben sie und ihr Sohn Gustav ein sicheres Gespür für Kunst und kaufen Originale von Kandinsky, Miró, Braque, Chagall, Tinguely, Hartung und Varlin, die heute noch an den Wänden des Restaurants hängen. Sie betätigen sich auch als Kunstförderer, schenken dem „Kunsthaus" einen frühen Chagall und unterstützen junge Künstler. Viele von ihnen haben Hulda Zumsteg Blätter und Zeichnungen gewidmet, und ihr von Varlin gemaltes Porträt ist in einem der Speisesäle ausgestellt. Das Lokal wird im Laufe der Jahre zum beliebten Treffpunkt von Prominenten, vor allem aus dem benachbarten Schauspielhaus: es kommen z. B. →Dürrenmatt, →Frisch, →Brecht, →Zuckmayer, aber auch Schauspieler und Regisseure wie Langhoff, Horwitz und Ginsberg. Dürrenmatt widmete der „Kronenhalle" das Gedicht *Ich bin an wenigen Orten daheim*: „Im Haus über dem See / Auf der anderen Seite des Monds // Auf der Bühne des Schauspielhauses / Umstellt von Kulissen // Und in der Kronenhalle / In Mutter Zumstegs Reich // Die Leberknödelsuppe dampft / Aldo kommt mit dem Wagen angerollt / Und ich denke über einen Auftritt der Giehse nach." Andere berühmte Namen aus der Zürcher Literaturszene sind im Gästebuch verewigt: →Alfred Polgar, →Gerhard Hauptmann, →James Joyce oder die Nachbarn Emil und Emmi Oprecht. Durch ihre Sohn vermittelt, der jahrelang in Paris ein Zweigunternehmen des Zürcher Seidenhauses Abraham geleitet hat, bekommt sie Besuch von angesehenen ModeschöpferInnen wie Dior, Balanciaga, Givenchy, Saint-Laurent und Chanel, von denen sie auch eingekleidet wird. An den Tischen haben ebenfalls der Schah von Persien, Aga Khan, Curd Jürgens, Nurejew, Richard Strauss, Stravinsky, Einstein oder Niels Bohr gesessen. Nach dem Tod ihres Mannes 1957 übernimmt sie die Führung des Hauses. Als sie 1994 stirbt, strömt ganz Zürich zu ihrer Beerdigung auf dem ■ G10 Friedhof Sihlfeld. Zum Gedenken an seine Mutter hat Gustav Zumsteg eine

Stiftung eingerichtet, um das Traditionslokal der Öffentlichkeit zu erhalten; heute hat eine Enkelin das Familienunternehmen übernommen.

📖 H. Zumsteg: *Aus meinem Leben.* Aufgezeichnet von M. Gasser (1970); *Briefe an Hulda Zumsteg.* Einleitung Gustav Zumsteg (1980); W. Baumann: *Zu Gast im alten Zürich...* (1992); I. Hildebrandt: *Die Frauenzimmer kommen. 15 Zürcher Porträts* (1994); D. Foppa: *Hilda Zumsteg.* In: ders.: *Berühmte und vergessene Tote* (2001).

## L. LESEZIRKEL HOTTINGEN – Gemeindestraße 4

In einer Zeit, als die Macht der Bildung noch nicht angezweifelt wird, gründen am 4.11.1882 zwei Turnvereinskameraden, Wilfried Treichler und Hans Bodmer, einen Lesezirkel zur „nützlichen Unterhaltung und Belehrung" in der Hottinger Wirtschaft „Zur Sonneneck". Ein Lesemappen-Verleih wird eingerichtet und hat bald großen Erfolg (1919 gibt es ca. 2000 Mitglieder). Schüler, die sich ein Taschengeld verdienen wollen, tragen die Mappen in ca. 200 Ortschaften aus. Das Angebot ist umfangreich (ca. 150 Zeitschriften), international und mehrsprachig; eine Leihbibliothek kommt später dazu. Von 1913 bis 1933 wird monatlich eine eigene Zeitschrift *Der Lesezirkel* herausgegeben. Ab 1896 lädt der Lesezirkel zu „Abenden für Literatur und Kunst" im großen Tonhallesaal in Zürich ein: lebende „Klassiker" wie →Paul Valery, Hugo von Hofmannthal, Rainer Maria Rilke, →Carl Spitteler, Karl Kraus, →Stefan Zweig treten dort auf, aber auch weniger bekannte lokale Schriftsteller wie Guido Looser oder Max Pulver. Der Lesezirkel stellt ferner das wichtigste Instrument der →Gottfried-Keller-Verehrung dar, die 1919 im prunkvollen Fest zum 100. Geburtstag des Dichters kulminiert. „Was der Lesezirkel Hottingen während Jahrzehnten zur Förderung und Popularisierung der Literatur geleistet hat, ist von keiner anderen Institution unserer Stadt mehr erbracht worden. Diese frühe Bürgerinitiative aus der Vorstadt hatte sich rasch zu einem Brennpunkt des geistigen Lebens in Zürich entwickelt", urteilt Gustav Huonker. Kritik an der Entwicklung des Lesezirkels zu einem Klüngel von Bildungsbürgern fehlen andererseits nicht. Der Lesezirkel entwickelt weitere Aktivitäten, die der Heimatpflege dienen: Vereinskränzchen im Muraltengut oder in der Tonhalle, Dichterfeiern an historischen Stätten, Frühlings- oder Sommerfeste in der Umgebung und Maskenbälle zum Fastnachtkehraus. 1902 gründet der Verein einen „Literarischen Club", in dem alle Zürcher Autoren vorlesen und zu dessen Mitgliedern Universitätsprofessoren, Künstler, Ärzte, Redakteure der *NZZ* zählen. Stefan Zweig bemerkt kritisch: „Ein bärtiges Durcheinander von Herren vor gedeckten Tischen, dazwischen Wedekind, der vorliest in einer gespannten und doch sumpfigen Atmosphäre." Die rückwärtsgerichtete, exklusive Einflußnahme dieser Herren (eine einzige Frau nimmt gelegentlich teil) auf die Literatur der deutschen Schweiz ist oft kritisiert worden. Jedoch gehören der Lesezirkel und sein Club zu den wenigen Stätten in Zürich, in denen sich nach 1933 Exil-Schriftsteller und –Schriftstellerinnen Gehör verschaffen und Resonanz finden können. Der wohl größte Verdienst dieser Institution ist 1905 die Gründung der „Schweizerischen Schillerstiftung" zur Förderung und Unterstützung einheimischer Schriftsteller und seit 1920 die Verleihung des „Grossen Schillerpreises" von anfänglich 5000 Franken (u.a. an Inglin, →Frisch, →Dürrenmatt, Ramuz, →Spitteler, de Rougemont). Nach dem Ersten Weltkrieg wandelt sich die Wertschätzung von Wissen und Bildung; neue Medien treten als Konkurrenten in der Freizeitgestaltung auf. Vorträge und Dichterlesungen werden weit weniger besucht als Kinos. Innere Querelen geben dem Lesezirkel den Todesstoß: Im April 1941 wird er aufgelöst und sein beeindruckendes Gästebuch dem Zürcher Verkehrsverein übergeben.

📖 C. Ulrich: *Der Lesezirkel Hottingen* (1981); G. Huonker: *Lesezirkel Hottingen: Weltliteratur live.* In: ders.: *Zürcher Literaturszene* (1986).

## M. DIE PFEFFERMÜHLE – „Gasthof Hirschen"

Am 1.1.1933 hatte →Erika Mann unter Beteiligung ihres Bruders Klaus in München das literarisch-politische Kabarett „Die Pfeffermühle" eröffnet. Nachdem jedoch die NSDAP Ende Januar die Macht ergriffen hat, muß das Kabarett angesichts der Verhaftungswelle – insbesondere von Künstlern und Intellektuellen – am 28.2. schließen.

Statt in Paris wie ursprünglich geplant, wird das Kabarett in Zürich neueröffnet, „einer weltoffenen Stadt". Im August findet Erika die passende Bühne im ■ J „Gasthof Hirschen". Eine Genehmigung für die Eröffnung wird von der Fremdenpolizei davon abhängig gemacht, daß sie zwei Schweizer beschäftigt, da sie als Arbeitgeberin auftritt. Am 30.9.1933 findet die Premiere in Anwesenheit von →Thomas und Katja Mann statt. „Die kleine Truppe von jungen Deutschen, Schweizern und Österreichern trat mit ihren Liedern und kurzen Szenen zunächst in einem engen, rauchigen Wirtshaus-Saal in der Zürcher Altstadt.", erinnert sich Erika Mann. Zürich erlebt damit sein erstes politisches Kabarett. Der Erfolg ist überwältigend, die Kritik „einhellig im Lob", die Zusammenarbeit der Truppe ausgezeichnet; nicht selten sitzen Freunde oder emigrierte Kollegen des ■ N „Schauspielhauses" bei den Proben. Jedoch muß sich die „Pfeffermühle" zunächst von der Zürcher Linken den Vorwurf mangelnden klassenkämpferischen Engagements gefallen lassen. Zudem stößt das „Emigrantenkabarett" von Programm zu Programm zunehmend auf Beschwerden der deutschen Konsulate und Legationen sowie auf den gewalttätigen Protest Schweizer Nationalisten, der „Fröntler". „In den Jahren, die folgten, bis zum Herbst 1936 gastierte das antifaschistische Kabarett mit seinen lustigen und bitteren, grotesken oder anklagenden Nummern nicht nur in allen Städten der Schweiz, sondern auch in der Tschechoslowakei und in Holland, in Belgien und Luxemburg [...] Damals hatte die *Pfeffermühle* schon über tausend Vorstellungen hinter sich [...]", erinnert sich Erika Mann. Als im November 1934 die Truppe nach Zürich zurückkehrt, muß sie diesmal im „Kursaal" (Ecke Stockerstr./General-Guisan-Quai; abgerissen) auftreten, denn das schweizerische ■ C „Cabaret Cornichon" hat sich – von der heimischen Presse begrüßt – seit dem 1.5.1934 im „Gasthof Hirschen" etabliert. Die „Frontisten" beginnen eine Hetz- und Verleumdungskampagne gegen die „Pfeffermühle", Krawalle werden im Kursaal „organisiert". „Fast die ganze Schweizer Öffentlichkeit, Presse und Publikum, nahmen für die *Pfeffermühle* Partei. Das war ehrenvoll und erfreulich, aber es nützte nicht viel. Das Kabarett bekam die Spiel-Erlaubnis nicht mehr [...]", stellt Erika fest. Das Ensemble reist im Oktober 1936 nach New York ab, und das literarische Kabarett findet dort als „Peppermill" mangels Resonanz 1937 ein Ende.

📖 T. Mann: *Tagebücher 1933–1934* (1977); K. Mann: *Die Pfeffermühle.* In: ders.: *Der Wendepunkt. Ein Lebensbericht* (1981); R. Hippe: *Pfeffermühle.* In: *Tages-Anzeiger Magazin* 11.10.1986; H. Keiser-Hayne: *Beteiligt euch, es geht um eure Erde. Erika Mann und ihr Kabarett die „Pfeffermühle" 1933–1937* (1990); R. Kieser: *Die Legende von der Pfeffermühle.* In: *Der zweite Weltkrieg und die Exilanten. Eine literarische Antwort* (1991); E. u. K. Mann: *Escape to Life. Deutsche Kultur im Exil,* S. 216 (1996).

## N. DAS SCHAUSPIELHAUS – Rämistraße 34

1834 gelingt es dem liberalen Bürgertum, gegen den erbitterten Widerstand der konservativen Geistlichkeit in Zürich ein Theater zu gründen. Ein Theaterverein beschließt die Bildung einer Aktiengesellschaft und kauft 1833 die „Barfüsserkirche" an den Unteren Zäunen (abgerissen). Am 10.12.1834 kann das „Aktientheater" mit 800 Plätzen eingeweiht werden. Trotz finanzieller Schwierigkeiten ist die erste Direktorin, die Schauspielerin und Autorin Charlotte Birch-Pfeiffer (1837–42), äußerst erfolgreich. Die Musik- und Sprechbühne bietet einen raschen Repertoire-Wechsel an. →Richard Wagner läßt dort 1853 einige seiner Opern aufführen. Sein Schützling Hans von Bülow debütiert in dem Haus 1850 als Kapellmeister. Mitte der 1880er Jahre werden neben Boulevard-Repertoire verstärkt deutsche Klassiker und Shakespeares Werke aufgeführt. Nach der Zerstörung des „Aktientheaters" durch einen Brand an Neujahr 1890 beschließen die Aktionäre, einen Neubau auf dem Areal des damaligen Dufourplatzes zu errichten. Am 30.9.1891 erfolgt die Neueröffnung des „Stadttheaters". Zehn Jahre später trennt der neue Direktor, der Deutsche Alfred Reucker (1901–1921), das Sprechtheater vom Musiktheater, um ersterem mehr Entfaltungsmöglichkeit zu geben: Er mietet das „Pfauen-Theater" am Zeltweg 1/Heimplatz, das der „Genossenschaft Pfauen" gehört. Aus dem ursprünglichen Bayrischen Biergarten mit Kegelbahn war 1888/89 durch das Engagement des Wirtes Heinrich Hürlimann das feste, jedoch schlichte „Volkstheater am Pfauen" entstanden, das Platz für ca. 100 Zuschauer bot und Variete aufführte. Reucker führt ein ernsthaftes, sehr anspruchvolles Repertoire ein (z. B. Gogol, Shaw, Wedekind, Ibsen) sowie eine konstruktive Spielplan- und Ensemblepolitik. Das Ensemble Max Reinhardts wird mehrmals eingeladen und seine Inszenierungen bleiben für die Zürcher Theaterkünstler lange ein Vorbild. Aus finanziellen Gründen trennt sich 1921 das „Stadttheater" von der „Pfauenbühne", um sich ausschließlich auf Oper und Ballett zu konzentrieren (heutiges „Opernhaus", Falkenstr. 1, 1980 umgebaut und erweitert). Das kleine „Pfauen-Theater" wird an den Berliner Theaterdirektor Franz Wenzler (1921–26) verpachtet. Dieser ändert den Namen der Bühne in „Schauspielhaus" und versucht, das hohe künstlerische Niveau zu halten; u.a. werden Peter Lorre und Otto Preminger engagiert. Er scheitert jedoch an der ablehnenden Haltung von Kanton und Bund hinsichtlich einer Subventionierung der Bühne und an einer heimischen Kabale (sein Repertoire gilt als zu „ausländisch") – ein auf Jahrzehnte andauernder Zustand. 1926 wird das „Pfauentheater" von den neuen Besitzern, den Brüdern Rieser, gründlich umgebaut und von 600 auf ca.1000 Plätze erweitert. Anschließend lösen sich die Eigentümer vollständig vom „Stadttheater" und leiten das Unternehmen vom rein kommerziellen Standpunkt aus. Durch die Emigranten aus Deutschland und Österreich gewinnt das „Schauspielhaus" ab 1933 wieder an Bedeutung: Ein nun homogenes Ensemble bietet eine neue Qualität der Darstellung an. Die Klassiker werden wieder einstudiert, die „Exil-Dramatik" eingeführt (z. B. Ferdinand Bruckners *Die Rassen*), Werke von großen modernen Dramatikern uraufgeführt, u. a. →Brecht, Wilder und →Zuckmayer. „Wo aber findet es sich noch, das wirkliche deutsche Theater? Wo wird seine Tradition bewahrt und, in ihrem Geiste, fruchtbar gemacht? [...] Das Zürcher Schauspielhaus war schon ein achtenswertes Institut, ehe es ein Drittes Reich, ehe es emigrierte deutsche Schauspieler, Regisseure, Dramatiker und Bühnenbilder gab [...] Es ist eines der wenigen – schrecklich wenigen! – freien deutschen Theater überhaupt geworden.", schreibt Klaus Mann. Als 1938 Ferdinand Rieser in die USA auswandert, wird auf Initiative des Verlegers Emil Oprecht und Kurt Hirschfelds die „Neue Schauspiel AG" ins Leben gerufen; die Stadt Zürich ist am Grundkapital beteiligt und damit fürsorgepflichtig. Unter der Direktion von Oskar Wälterlin (1938–61) erwirbt das Haus durch sein klares Bekenntnis zum politischen Engagement internationale Anerkennung und wird zu einer führenden Bühne Europas. Ihre aktive Verteidigung der Demokratie durch Theaterkunst bildet bis Kriegsende ein Instrument der schweizerischen „Geistigen Landesverteidigung". 1948 initiert Wälterlin eine Ausbildungsstätte für junge Talente aus der Schweiz. In der Nachkriegszeit helfen das Schauspielhaus und sein Ensemble beim Wiederaufbau des Theaterwesens in Deutschland und Österreich. Es sind jedoch hauptsächlich die Werke von →Frisch und →Dürrenmatt, die das Bild des innovativen Theaters bis Mitte der 60er Jahre aufrechterhalten. 1951 wendet die „Schweizerische Bankgesellschaft" die Schließung des Theaters ab, indem sie die Liegenschaft erwirbt und einen günstigen Mietvertrag anbietet. Kurt Hirschfeld (1961–64) behält trotzig und erfolgreich die bisherige anspruchsvolle Linie bei und unterstützt zeitgenössische (auch einheimische) Dramatik. Dagegen setzt Leopold Lindtberg (1965–68) eher auf Stars. „Am greifbarsten [...] wird die Langeweile bei Aufführungen von einer gewissen Qualität. In ihnen hat sich, was vorbei ist, als Routine etabliert zu einem kulturellen Anlaß an und für sich.[...] In ihnen zeigt sich, daß sich trotz der gewissen Qualität nichts ereignet. Wir suchen im Theater das Ereignis.[...] Eine Bühne steht und fällt mit ihrer Unverwechselbarkeit.", klagt ein Lokalpolitiker 1968. Ein Versuch, mit dem Schweizer Peter Löffler als Direktor (1969–70) aus den erstarrten Formen auszubrechen, scheitert. Der von ihm engagierte Regisseur Peter Stein bemüht sich vergeblich, neue Stücke durchzusetzen. Unter Harry Buckwitz (1970–77) werden mit dem „Nachtstudio" und der „Studiobühne" im ehemaligen Tramdepot Tiefenbrunnen weitere Möglichkeiten für zeitgenössisches experimentelles Theater geschaffen. Außerdem erfolgt 1976–78 ein gründlicher Umbau des „Schauspielhauses". Die darauffolgenden Direktoren legen mehr Wert auf zeitgenössische Dramatik u.a. aus Frankreich, den USA und England sowie auf politisch aktuelle Stücke. Der „Schauspielhaus-Keller" bietet zusätzlich Eigeninszenierungen an, aber auch Gastspiele, Diskussionen, Videotage und literarische Veranstaltungen. Anfang der 1990er Jahre verursachen das negative kulturpolitische Klima und die Finanzmisere ein weiteres Mal beinahe die Schließung des Hauses und den von →Elias Canetti öffentlich bedauerten Rücktritt von Achim Benning. Daraufhin wird beschlossen, daß zukünftig der kaufmännische Direktor in eigener Verantwortung neben dem künstlerischen Direktor arbeitet. Durch die Eröffnung des neuen Kultur- und Werkzentrums „Schiffbau" am Escher-Wyss-Platz im August 2000 kann nun das „Schauspielhaus" wieder ein Theater für Zürich sein. Theaterchef ist derzeit der Zürcher Christoph Marthaler, laut Presse ein „Chaot", der „poetische Schweinereien erzeugt". Unter seiner Leitung hat das Schauspielhaus zweimal den Titel „Theater des Jahres" bekommen. Dennoch ist ihm im September 2002 angeblich wegen sinkender Besucherzahlen gekündigt worden – in Wirklichkeit soll einigen sein politisches Theater zu weit gehen. Im Oktober ist die Kündigung zurückgenommen worden.

📖 *Festschrift zur Jahrhundertfeier des Zürcher Stadttheaters 1834–1934* (1934); K. Mann: *Zürichs Schauspielhaus.* In: *Die Neue Weltbühne* 15.4.1937; *Theater in Zürich. 125 Jahre Stadttheater.* Hg.v. der Theater AG Zürich (1959); *Theater in Zürich. Bücher und Bilder aus150 Jahren.* Katalog der Ausstellung in der Zentralbibliothek Zürich 21.5.–6.6.1985; H. Dumont: *Das Zürcher Schauspielhaus von 1921 bis 1938* (1973); *Vom Varieté zum neuen Schauspielhaus. Die Geschichte des Schauspiels in Zürich* (1978); M. Hürlimann: *Vom Stadttheater zum Opernhaus. Zürcher Theatergeschichten* (1980); *Fluchtpunkt Zürich. Zu einer Stadt und ihrem Theater. Schauplätze des Selbstbehauptung und des Überlebens 1933–1945.* Katalog der Ausstellung Nürnberg 1987; U. Kröger/P. Exinger: „*In welchen Zeiten leben wir!*". *Das Schauspielhaus Zürich 1938–1998* (1998); *Handbuch des deutschsprachigen Exiltheaters 1933–1945.* 2 Bde (1999); B. Villiger-Heilig: *Hotel Angst – geschlossen. Christoph Marthaler, sein Ensemble und Zürich.* In: *NZZ* 3.10.2002; Stadtrat nimmt Stellung zur Situation am Schauspielhaus (Medienmitteilung vom 4.9.2002)

## O. WEITERE STÄTTEN DES DADAISMUS

1. **Galerie Neupert,** Usteristr. 10–12 – eröffnet schon 1913 eine Futuristen-Ausstellung; zeigt avangardistische Kunst – Filiale in der Bahnhofstr. 57.
2. **Galerie Tanner,** Bahnhofstr. 39 – Ausstellung von Werken Arps und van Rees' 1915.
3. **Galerie Bollag,** Utoquai 29–31.
4. **Grand Café des Banques,** Bahnhofstr. 70–72 – Beliebter Treffpunkt von Christian Schad und Walter Serner. Im angeschlossenen „Cabaret Bonbonniere" tritt Emmy Hennings 1915 auf.
5. **Café de la Terrasse,** Limmatquai 2 – Treffpunkt einiger Dadaisten, Stammlokal von Claire und Yvan Goll sowie von Else Lasker-Schüler
6. **Restaurant „Schwänli",** Predigerplatz 34 – Stammlokal der Sozialisten um F. Brupbacher. Dort sind auch H. Ball, L. Frank, E. Hennings und M. Oppenheimer Gäste.
7. **Buchhandlung und Antiquariat „Zum Bücherwurm",** Oetenbachgasse 26 und Predigerplatz 14 – Treffpunkte der Dadaisten und Emigranten; wichtige Vertriebsagentur ihrer Literatur und Kunst.
8. **Buchhandlung und Antiquariat Coray,** Kirchgasse 6 – Gehört dem Kunst- und Künstlerförderer Han Coray. Dort arbeitet Friedrich Glauser 1917 als Gehilfe.
9. **Laban-Schule,** Oetenbachgasse 24 – Schule des freien Tanzes.
10. **Kunsthaus,** Heimplatz 1 –1919 Ausstellung der Künstlergruppe „Das neue Leben"; heute Dada-Archiv.
11. **Hotel Seehof,** Schifflände 28 – Gemeinsame Tafelrunden einiger Dadaisten. 1918–19 Wohnstätte von Tristan Tzara, gleichzeitig offizielle Adresse des „Mouvement Dada".
12. **Museumsgesellschaft,** Limmatquai 62 – Große Bibliothek mit internationalem Zeitschriftenangebot; von Emigranten gern besucht.
13. **Druckerei Julius Heuberger,** Weinbergstr. 25 – Druckt prädadaistische und dadaistische Publikationen sowie anarchistische Literatur.
14. **Zunfthaus „Zur Meisen",** Münsterhof 20.
15. **Zunfthaus „Zur Waag",** Münsterhof 8.
16. **Zunfthaus „Zur Zimmerleuten",** Limmatquai 40.
17. **Zur Kaufleuten,** Pelikanstr.18 – Dort findet am 9.4.1919 die letzte Dada-Soiree statt.

📖 *Dada Zürich. Dichtungen, Bilder, Texte* (1998).

# AUSWAHLBIBLIOGRAPHIE

## ALLGEMEINES ÜBER ZÜRICH

ANGST, Kenneth (Hg.): Die Schweiz und Zürich. Zürich und die Schweiz. Perspektiven und Chancen eines Kantons. Zürich 2001

BEGUIN, Pierre: Zürich – mit welschen Augen gesehen. Zürich 1970

BODMER-GESSNER, Verena: Die Zürcherinnen. Kleine Kulturgeschichte der Zürcher Frauen. Zürich ³1966

CATTANI, Alfred (Hg.): Zürich. 650 Jahre Eidgenössisch. Zürich 2001

EUROPA ERLESEN. ZÜRICH. Hg. v. Suzanne Gretter. Klagenfurt/Celovec 1998

FADEGRAD. 13 denkwürdige Geschichten von Frauen aus Zürich. Hg. v. Verein Frauenstadtrundgang. Zürich 2001

FOPPA, Daniel: Berühmte und vergessene Tote auf Zürichs Friedhöfen. Zürich 2000

FRIES, Heinrich: Im Zürcher Oberdorf. Memorabilien eines Buchhändlers und Antiquars. Geschichten und Denkwürdigkeiten von Gassen und Häusern, vom Leben und Wirken der Bewohner.

GANG DURCH ZÜRICH mit Walter Baumann. 7 Bde. Zürich 1987–1993

GESCHICHTE DES KANTONS ZÜRICH. 3 Bde. Zürich 1994–1996

GUYER, Paul / Guntram SALADIN / Fritz LENDENMANN: Die Straßennamen der Stadt Zürich. Zürich ³1999

HETTLING, Manfred u. a.: Eine kleine Geschichte der Schweiz. Frankfurt a. M. 1998

HILDEBRANDT, Irma: Die Frauenzimmer kommen. 15 Zürcher Porträts. München 1994

HILTY, Hans Rudolf / Herbert Ernst STÜSSI: Zürich zum Beispiel. Signatur einer Stadt in lyrischen Texten von heute. Sankt Gallen 1959

HÜRLIMANN, Martin: Stadt und Land Zürich. Zürich 1974

ISLER, Ursula: Nanny von Escher das Fräulein, Judith Gessner-Heidegger, Barbara Schulthess-Wolf, L. Welti Escher. Frauenporträts aus dem alten Zürich. Zürich 1983

ISLER-HUNGERBÜHLER, Ursula: Zürcher Album. Sehens- Denk- und Merkwürdigkeiten aus Zürich von annodazumal bis heute. Wabern/Bern 1970

LAGIARDÈR, Anton: Geschichte von Stadt und Landschaft Zürich. 2 Bde. Zürich 1945

REICHLER, Claude / RUFFIEUX, Roland: Le voyage en Suisse. Anthologie des voyageurs français et européens de la Renaissance au XXe siècle. Paris 1998

SCHIRNDING, Albert von: Zürich, zum Beispiel. In: Ders.: Literarische Landschaften. Frankfurt a.M./Leipzig 1998

SCHNEEBELI, Robert: Zürich: Geschichte einer Stadt. Zürich 1986

SCHNETZLER, Kaspar: Dr. Huch, Lenin, Keller & Co. Unwahrscheinliche Begegnungen in Zürich. Zürich, Düsseldorf 1996

SEIDE: STOFF FÜR ZÜRCHER GESCHICHTE UND GESCHICHTEN. Zürich 1999

SO IST ZÜRICH. Was Nichtzürcher über Zürich und seine Bewohner sagten. Gesammelt und präsentiert von Jürg Fierz. Zürich 1969

WIDMER, Sigmund: Zürich – Eine Kulturgeschichte. 12 Bde. Zürich 1975–1985

Ders.: Illustrierte Geschichte der Schweiz. München ⁴1979

ZEUGNISSE DES ZÜRCHER BUCHDRUCKS AUS SECHS JAHRHUNDERTEN: Katalog der Ausstellung Zentralbibliothek Zürich 21.6. bis 1.10. 1977

ZIEGLER, Peter: Kulturraum Zürichsee. 5000 Jahre Geschichte in Bildern und Dokumenten. Stäfa 1998

ZÜRCHER BILDNISSE AUS FÜNF JAHRHUNDERTEN. Texte von Marcel Fischer, Hans Hoffmann, Paul Kläui, Anton Lagardèr u. Dietrich W.H. Schwarz Zürich 1953

ZÜRICH. Architektur und Städtebau 1850–1920. Hg. v. der Gesellschaft für Schweizerische Kunstgeschichte.

ZÜRICH ÜBERHAUPT. Eine Stadt im Spiegel der Literatur. Hg. v. Hans Schumacher. Zürich 1970

ZÜRICH UND SEINE QUARTIERE. Zürcher Schriftsteller sehen ihr Quartier. Zürich 1966

BAUMANN, Walter: Zürich. Lebendige Stadt am See. Zürich 1996
BINDER, Dorothea: 33 Spaziergänge in und um Zürich. Zürich 1993
FIERZ, Jürg / Hanny FRIES: Zürcher Spaziergänge. Von Straßen und Plätzen, Häusern und alten Quartieren. Zürich 1978
FRAUEN-STADTPLAN ZÜRICH. Zürich 2001
GUBLER, Martin / Hans A. LÜTHY/ u. a.: Zürich. Stadtführer für Zürcher und Nichtzürcher. Zürich 1990 (6. Aufl.)
HEIMGARTNER, Susanna: Zürich komplett. Zürich 2002
STURZENEGGER, Hannes: 12 Gänge in die Zürcher Kulturgeschichte. Stäfa 1982

## AUSWAHLLITERATUR IN EPOCHEN
### Nachschlagewerke

DEJUNG, Christof / Thomas GULL / Patrick KUPPER / Pascal UNTERNÄHRER: Jahrhundert – Schweizer. 50 bedeutende Schweizerinnen und Schweizer. Basel 2000
GROSSE SCHWEIZER UND SCHWEIZERINNEN. Erbe als Auftrag. Hundert Porträts. Hg. v. Erwin Jaeckle. Stäfa 1990
HELVETISCHE STECKBRIEFE. 47 Schriftsteller aus der deutschen Schweiz seit 1800. Zürich/München 1981
HOFER, Fritz / Sonja HÄGELI: ZÜRCHER PERSONENLEXIKON. Zürich 1986
LEXIKON DER SCHWEIZER LITERATUREN. Hg. v. Pierre-Olivier Walzer. Basel 1991
LEXIKON DEUTSCHSPRACHIGER SCHRIFTSTELLER. Hg. v. Kurt Böttcher u. a. 2 Bde. Hildesheim/Zürich/New York 1993
LINSMAYER, Charles: Literaturszene Schweiz. 157 Kurzporträts von Rousseau bis Gertrud Leutenegger. Zürich 1989
NEUES HANDBUCH DER DEUTSCHSPRACHIGEN GEGENWARTSLITERATUR SEIT 1945. Hg. v. Hermann Kunisch. München 1997
SCHRIFTSTELLERINNEN UND SCHRIFTSTELLER DER GEGENWART – Schweiz. Aarau 2002
SCHWEIZER LEXIKON. 6 Bde. Luzern 1993
SCHWEIZERISCHES ZEITGENOSSEN- LEXIKON. Begründet und redigiert von H. Aellen ([2]1932)
WALL, Renate: Lexikon deutschsprachiger Schriftstellerinnen im Exil 1933–1945. 2 Bde. Freiburg i. Br. 1995
ZÜRCHER TASCHENBUCH – Zürich 1858–2002.

### Mittelalter und Reformationszeit

ALLTAG IN ZÜRICH ZUR REFORMATIONSZEIT. Katalog der Ausstellung Zentralbibliothek Zürich 18. September bis 10. November 1984
BÄCHTOLD, Jakob (Bearb.): Schweizerische Schauspiele des sechzehnten Jahrhunderts. Hg. v. der Stiftung von Schnyder von Wartensee. 2 Bde. Zürich 1891
BRUNNSCHWEILER, Thomas: Johann Jakob Breitingers „Bedencken von Comoedien oder Spilen". Die Theaterfeindlichkeit im alten Zürich. Edition-Kommentar-Monographie. Bern-Frankfurt-New York-Paris 1989 (= Zürcher Germanistische Studien Bd. 17)
EDELE FROUWEN – SCHOENE MAN:. Die Manessische Liederhandschrift in Zürich. Katalog der Ausstellung im Schweizerischen Landesmuseum 12.6.–29.9.1991 (1991)
PFISTER, Ulrich: Die Zürcher Fabriques. Protoindustrielles Wachstum vom 16. zum 18. Jahrhundert. Zürich
SCHMID, Stefan G.: Gründer der Zürcher Seidenindustrie: David Werdmüller / Heinrich Werdmüller. Meilen 2001 (= Schweizer Pioniere der Wirtschaft und Technik)
ZÜRICH IM ZEITRAFFER. Von der Römerzeit bis zum Schanzenbau 1642. Gezeichnetes und kommentiertes Stadtbild von Thomas Germann. Archäologische Beiträge von Jürg E. Schneider. Zürich 1997

BORRIES, Ernst und Erika von: Aufklärung und Empfindsamkeit, Sturm und Drang. (= Dt. Literaturgeschichte Bd. 2) München 1992

BRANDES, Helga: Die „Gesellschaft der Maler" und ihr literarischer Beitrag zur Aufklärung. Eine Untersuchung zur Publizistik des 18. Jahrhunderts. Bremen 1974 (= Studien zur Publizistik. Bremer Reihe. Deutsche Presseforschung. Bd. 21)

DUCRET, Siegfried: Die Zürcher Porzellanmanufaktur und ihre Erzeugnisse im 18. und 19. Jahrhundert. Bd. 1: Geschirr; Bd. 2: Die Plastik. Zürich 1958–1959

GEIST UND SCHÖNHEIT IM ZÜRICH DES 18. JAHRHUNDERTS. Mit Beiträgen von Martin Bircher, Franz Hafner, Richard Zürcher. Zürich 1968

DAS GEISTIGE ZÜRICH IM ACHTZEHNTEN JAHRHUNDERT. Texte und Dokumente von Gotthard Heidegger bis Heinrich Pestalozzi. Hg. v. Max Wehrli. Zürich 1943. Nachdruck Basel 1989

GUTHKE, Karl S.: Literarisches Leben im achtzehnten Jahrhundert in Deutschland und in der Schweiz. Bern/ München 1975

HENTSCHEL, Uwe: Mythos Schweiz. Zum deutschen literarischen Philhelvetismus zwischen 1700 und 1850. Tübingen 2002

HOLZHEY, Helmuth / Simone ZURBUCHEN (Hg): Alte Löcher – neue Blicke. Zürich im 18. Jahrhundert : Aussen- und Innenperspektive. Zürich 1997

IM HOF, Ulrich: Aufklärung in der Schweiz. Bern 1970

KEMPE, Michael / Thomas MAISSEN: Die Collegia der Insulaner, vertraulichen und Wohlgesinnten in Zürich 1679–1709. Die ersten deutschsprachigen Aufklärungsgesellschaften zwischen Naturwissenschaften, Bibelkritik, Geschichte und Politik. Zürich 2002

MIELSCH, Hans-Ulrich: Die Schweizer Jahre deutscher Dichter. Wieland, Schlegel, Goethe, Hölderlin und Kleist. Zürich 1994

REICHLER, Claude / RUFFIEUX, Roland: Le voyage en Suisse. Paris 1998

RICHNER, Felix: Zürcher Studenten in Halle, Ein Beitrag zur Personen- und Bildungsgeschichte Zürichs im 18. Jahrhundert. In: *Zürcher Taschenbuch auf das Jahr 1990.* Zürich 1989, S. 79–102

ULRICH, Conrad (Hg.): Begegnungen mit Zürich im ausgehenden 18. Jahrhundert. Zürich ²1965

ZOLLINGER, Friedrich: Goethe in Zürich. Zürich 1932

ZÜRICH IM 18. JAHRHUNDERT. Zum 150. Jahrestag der Universität Zürich. Hg. v. Hans Wysling. Zürich 1983

DER ZÜRICHSEE IN DER DICHTUNG: Friedrich Gottlieb Klopstock, Johann Wolfgang von Goethe, Gottfried Keller, Conrad Ferdinand Meyer. Zürich 1967

## 19. Jahrhundert

BAUMANN, Walter: Das waren noch Zeiten: Zürich vom Biedermeier zur Belle Epoque. Zürich 1986

GERLACH, Antje: Deutsche Literatur im Schweizer Exil. Die politische Propaganda der Vereine deutscher Flüchtlinge und Handwerksgesellen in der Schweiz von 1833 bis 1845. Frankfurt a. M. 1975

HUNDERT JAHRE BILDER AUS DER GESCHICHTE DER STADT ZÜRICH IN DER ZEIT VON 1814–1914. Hg. v. S. Zurlinden. Zürich Bd. 1 (1914), Bd. 2 (1915)

MEIJER, Marinus: The Russian Colony in Zuerich (1870–1873). A contribution to the Study of Russian Populism. Diss.phil. Amsterdam 1955

ZAPLATA, Zdenek: Theater in Zürich. Bücher und Bilder aus 150 Jahren. Katalog der Ausstellung in der Zentralbibliothek Zürich 21. Mai – 6. Juli 1985

ALBERS-SCHÖNBERG, Heinz: Die Schweiz und die jüdischen Flüchtlinge 1933–1945. Eine unabhängige Studie. Stäfa 2000

BOLLINGER, Hans / Guido MAGGNAGUAGNO / Raimund MEYER: Dada in Zürich. Zürich 1985

BRAND, Olga: Stilles Wirken. Schweizer Dichterinnen. Zürich 1949

CATTANI, Alfred: Zürich im Zweiten Weltkrieg. Sechs Jahre zwischen Angst und Hoffnung. Zürich 1989

CURTIUS, Ernst Robert / Max RYCHNER: Briefe. Hg. v. Claudia Mertz-Rychner. Bern/Stuttgart/Wien 1969

DADA. Katalog der Ausstellung im Kunsthaus Zürich 1966

DADA GLOBAL. Hg. v. R. Meyer u. a. Katalog der Ausstellung im Kunsthaus Zürich 12.8.–6.11.1994

DADA ZÜRICH. Dichtungen, Bilder, Texte. Hg. v. Peter Schifferli. Zürich 1998

DADA ZÜRICH. Texte, Manifeste, Dokumente. Hg. v. Karl Riha u. Waltraud Wende-Hohenberger. Stuttgart 1992

DUMONT, Hervé: Das Zürcher Schauspielhaus vom 1921 bis 1938. Lausanne 1973

DREISSIGER JAHRE SCHWEIZ. Ein Jahrzehnt im Widerspruch. Katalog der Ausstellung Kunsthaus Zürich 30. Oktober 1981 bis 10.Januar 1982

DEUTSCHSPRACHIGE EXILLITERATUR SEIT 1933. Bern 1976 ff

FLUCHTPUNKT ZÜRICH: Zu einer Stadt und ihrem Theater. Schauplätze der Selbstbehauptung und des Überlebens 1933–1945. Materialien zur Ausstellung. Zusammengestellt v. Ute Cofalka und Beat Schläpfer. Nürnberg 1987

FRINGELI, Dieter: Dichter im Abseits. Schweizer Autoren von Glauser bis Hohl. Zürich 1974

Ders.: Von Spitteler zu Muschg: Literatur der deutschen Schweiz seit 1900. Basel 1975

FRÜHLING DER GEGENWART. Deutschschweizer Erzählungen 1890–1950. Hg. v. Andrea und Charles Linsmayer. 3 Bde. Frankfurt a. M. 1990

GRENZGÄNGE: Literatur aus der Schweiz 1933–45. Ein Lesebuch. Zürich 1981

HÄSLER, Alfred Adolf: Aussenseiter – Innenseiter. Porträts aus der Schweiz. Frauenfeld 1983

Ders.: Das Boot ist voll: Die Schweiz und die Flüchtlinge 1933–1945. Zürich 1989

HUELSENBECK, Richard (Hg.): Dada, eine literarische Dokumentation. Reinbeck b. Hamburg 1987

HUMM, R. J.: Bei uns im Rabenhaus. Literaten, Leute und Literatur im Zürich der Dreißigerjahre. Zürich 1963 [Neuauflage 2000]

HUONKER, Gustav: Literaturszene Zürich. Menschen, Geschichten und Bilder 1914 bis 1945. Zürich 1985. [2]1986

INGLIN, Meinrad: Schweizerspiegel. Zürich 1994. Berlin [2]1998

DEUTSCHE INTELLEKTUELLE IM EXIL. Eine Ausstellung des Deutschen Exilarchivs 1933–1945 der Deutschen Bibliothek. Frankfurt a. M. München/London u. a. 1993

JAECKLE, Erwin: Niemandsland des Dreissigerjahre. Meine Erinnerungen 1933 bis 1942. Zürich 1979

KLENNER, Fritz (Hg.): 50 Jahre Europa Verlag. Wien/München/Zürich 1983

KNAUER, Matthias / Jürg FRISCHKNECHT: Die unterbrochene Spur. Antifaschistische Emigration in der Schweiz von 1933–1945. Zürich 1983

KORRODI, Eduard: Aufsätze zur Schweizer Literatur. Bern/Stuttgart o. J.

KRÖGER, Ute / EXINGER, Peter: „In welchen Zeiten leben wir!". Das Schauspielhaus Zürich 1938–1998. Zürich 1998

DEUTSCHE LITERATUR IM EXIL. Briefe europäischer Autoren. Hg. v. Hermann Kesten. Frankfurt a. M. 1973

LUDWIG, CARL: Die Flüchtlingspolitik der Schweiz seit 1933 bis zur Gegenwart. Bericht. Bern 1966

MAX RYCHNER UND ZÜRICH ZUM BEISPIEL. Marbacher Magazin 41/1987 für die Ausstellung Januar-April 1987 im Schiller Nationalmuseum Marbach und April-Mai 1987 im Stadthaus Zürich.

MAYER, Hans: Die Schweiz und das Floß der Medusa. In: Ein Deutscher auf Widerruf. Erinnerungen I. Frankfurt/Main 1982

MEYER, Raimund: Dada in Zürich. Die Akteure. Die Schauplätze. Frankfürt/Main 1990

MEYER, Reinhart u. a.: Dada in Zürich und Berlin 1916–1920. Literatur zwischen Revolution und Reaktion. Kronberg/Ts 1973 (= Skripten Literaturwiss. 2)

MITTENZWEI, Werner: Exil in der Schweiz. Leipzig 1978

Ders.: Das Zürcher Schauspielhaus 1933–1945 oder Die letzte Chance. Berlin [DDR] 1979 (= Deutsches Theater im Exil)

DER JUNGE MORGEN. Neue Schweizer Lyrik. Basel 1939

DEUTSCHSPRACHIGE SCHRIFTSTELLER IM SCHWEIZER EXIL 1933–1950. Begleitbuch zur Ausstellung des Deutschen Exilarchivs und der Deutschen Bibliothek Frankfurt a. M. 2002. Wiesbaden 2002

SPRECHER, Thomas (Hg.): Das Unbewußte in Zürich. Literatur und Tiefenpsychologie um 1900. Sigmund Freud, Thomas Mann und C. G. Jung. Zürich 2000

STAHLBERGER, Peter: Der Zürcher Verleger Emil Oprecht und die deutsche politische Emigration 1933–1945. Mit einem Vorwort von Prof. Dr. J. R. von Salis. Zürich 1970

DIE SCHWEIZ UND DIE FLÜCHTLINGE zur Zeit des Nationalsozialismus. Hg. v. d. Unabhängigen Expertenkommission Schweiz-Zweiter Weltkrieg Bd. 17. Überarb. u. erg. Fassung des Zwischenberichts von 1999. Zürich 2001

ÜBER DIE GRENZEN. Alltag und Widerstand im Schweizer Exil. Katalog der Ausstellung im Quartierzentrum Kanzlei. Zürich 10. 6.–3. 7. 1988

VAN DEN BERG, Hubert: Avantgarde und Anarchismus. Dada in Zürich und Berlin. Heidelberg 1999

WEISSERT, Otto: Das Cornichon-Buch. Basel 1945

ZÜRICH 1914–1918. Sondernummer von *du* – September 1966. Zürich 1966

DER ZWEITE WELTKRIEG UND DIE EXILANTEN. Eine literarische Antwort. Hg. v. Helmut F. Pfanner. Bonn/Berlin 1991


Nach 1950

GESCHICHTE DER DEUTSCHSPRACHIGEN SCHWEIZER LITERATUR IM 20. JAHRHUNDERT. Von einem Autorenkollektiv unter der Leitung von Klaus Pezold. Berlin 1991

GÜNTHER, Werner: Dichter der neueren Schweiz, 2 Bde. Bern 1963

HILTY, Hans Rudolf: Modernes Schweizer Theater. Egnach 1964

JAECKLE, Erwin: Der Zürcher Literaturschock. Bericht. München-Wien 1968

Ders.: Die Zürcher Freitagsrunde. Ein Beitrag zur Literaturgeschichte. Zürich 1975

LITERATUR IN DER SCHWEIZ. Sonderband von Text + Kritik. Hg. v. Heinz Ludwig Arnold. München 1998

DIE ZEITGENÖSSISCHEN LITERATUREN DER SCHWEIZ. Hg. v. Manfred Gsteiger. (= Kindlers Literaturgeschichte der Gegenwart. Autoren. Werke. Tendenzen seit 1945). Zürich/München 1974

MATT, Beatrice von (Hg.): Antworten. Die Literatur der deutschsprachigen Schweiz in den achtziger Jahren. Zürich 1991

MATT, Peter von: Die tintenblauen Eidgenossen. Über die literarische und politische Schweiz. München 2001

NIGG, Heinz (Hg.): Die achtziger Jugendunruhen in der Schweiz und ihre Folgen. Zürich 2001

DER SCHRIFTSTELLER IN UNSERER ZEIT. Schweizer Autoren bestimmen ihre Rolle in der Gesellschaft. Eine Dokumentation zu Sprache und Literatur der Gegenwart. Bern 1972

SCHWEIZ UND SCHWEIZER. In: Tintenfass – Das Magazin für überforderte Intellektuellen Nr. 22. Zürich 1998

SCHWEIZER SCHRIFTTUM DER GEGENWART. Zürich/Stuttgart 1964

SEBESTOVÁ, Irena: Frauenliteratur der 70er Jahre in der Schweiz. Frankfurt/Main 2002 (= Europ. Hochschulschriften Reihe I, Serie I, Bd.1821)

SORG, Reto / PASCHEDAG, Andreas (Hg.): Swiss made. Junge Literatur aus der deutschsprachigen Schweiz. Berlin 2001

TEXTE. PROSA JUNGER SCHWEIZER AUTOREN. Hg. v. Hugo Leber. Einsiedeln/Zürich/Köln 1964

WYSS, Gottfried: Weggefährten. Blick in die soziale Schweizer Dichtung unserer Tage. Olten 1958

ZÜRCHER ALMANACH. Zürich/Einsiedeln/Köln 1/1968 ff

ZÜRCHER SCHRIFTTUM DER GEGENWART. Autoren des Zürcher Schriftsteller-Vereins und ihre Werke. Zürich 1961

## ABKÜRZUNGEN UND ZEICHEN

| ➢ | verweist auf die Einleitung |
| → | verweist auf den Autor |
| W: | Werke (Auswahl) |
| 📖 | Ausgewählte Sekundärliteratur |

| NB. | In den Zitaten wurde die schweizerische Rechtschreibung beibehalten. |

## ABKÜRZUNGEN DER ZITIERTEN SCHWEIZER KANTONE

| AG | Aargau |
| AR | Appenzell Ausserrhoden |
| BE | Bern |
| BL | Basel-Land |
| FR | Fribourg |
| GE | Genf |
| GR | Graubünden |
| LU | Luzern |
| NE | Neuenburg |
| NW | Nidwalden |
| OW | Obwalden |
| SG | St.Gallen |
| SH | Schaffhausen |
| SO | Solothurn |
| SZ | Schwyz |
| TG | Thurgau |
| TI | Tessin |
| UR | Uri |
| VD | Vaud (Waadt) |
| VS | Valais (Wallis) |
| ZG | Zug |
| ZH | Zürich |